# 국어교과교육론

*Korean Teahing Theory*

# 국어교과 교육론

서종훈 지음

경진출판

# 책을 내면서

이 책은 국어과 교육과정에서부터 평가에 이르기까지 그 동안 필자가 국어 교육현장에 근무하면서 겪었던 다양한 문제들과 그에 대한 소견을 밝혀 놓은 결과물이다. 〈국어교과교육론〉이라는 책 제목을 달기에는 여러모로 부족한 면이 있지만, 국어 교육현장의 미시적이고 구체적인 문제에서부터 국어교육의 거시적이고 이론적인 문제까지를 두루 포함하려고 하였다.

책은 전체 5부로 구성되어 있다. 1부는 총론 성격을 지닌 장으로 국어과 교육과정에 대한 문제를 비판적 시간에서 다루고 있다. 특히 최근 교육과정이 지나치리만큼 자주 바뀌는 근원적인 문제를 국어교육 내적인 영역 구분의 논의 관점에서 다루었다. 교육과정이 자주 바뀐다는 것은 교과의 외적인 문제에도 그 이유가 있겠지만, 우선은 국어교육의 가장 기본인 국어과 영역의 틀이 허술하다는 점과 상통하기 때문이다.

2부는 3개의 장으로 구성되는데, 말하기·듣기 교육과 관련된다. 특히 대화라는 담화가 모국어 교육에서 어떻게 교육되어야 하는지를 이론과 실제의 측면에서 구체적으로 다루고 있다. 또한 중등학교 현장에서 가장 보편적 담화인 발표를 평가와 관련시켜 어떻게 교육하는지를 보여주고 있다. 아울러 이러한 모국어 담화는 다양한 준언어적 표현과 결부되고 있음을 실증적으로 논의하고 있다.

3부는 읽기 교육과 관련된 3개의 장으로 구성된다. 먼저 독서를 왜 해야 하는지에 대한 독서의 가치 문제를 교육과정과 교과서를 중심으로 다루고 있다. 아울러 읽기 교육에서 가장 핵심적인 전략이라고 할 수 있는 요약하기를 거시규칙과 결부시켜 그 방법론적 타당성에 대해 고찰하고, 단락 중심의 의미구성 행위를 언어 수행 수준과 결부시켜 논의하였다.

4부는 쓰기 교육과 관련되는데, 역시 3개의 장으로 구성된다. 최근 중·고등학교 현장뿐만 아니라 대학교 현장에서도 강조되고 있는 자기소개서 쓰기에 대한 문제를 이론과 실제를 포괄하여 다루었다. 또한 사회적 구성주의 바탕을 둔 협동 작문과 쓰기 평가의 신뢰성과 타당성의 문제를 현장연구 조사의 틀에서 논의하였다.

마지막으로 5부는 국어과 영역 통합에 대한 문제를 다루었다. 입말과 글말 사용의 통합에서부터 학습자들의 언어 자각의 문제를 언어 사용과 결부시켜 구체적으로 다루었다. 나아가 문법과 관련된 띄어쓰기 문제를 읽기 및 쓰기와 통합하여 학습자들의 인식의 측면에서 구체적으로 논의하였다.

경제적으로 크게 득이 되지 않음에도 불구하고 책을 쓰고 낼 수 있도록 독려해 주시는 양정섭 이사님께 감사의 말씀을 전한다. 그리고 힘들 때마다 한 마디 따스한 말로 격려해 주시는 김지홍 선생님께도 머리 숙여 감사드린다. 다음번에는 좀 더 나은 글로 독자를 만날 수 있기를 기대해 본다.

2015.10.<br>필자 씀.

# 차례



## 1부 국어과 교육과정론



## 2부 말하기·듣기 교육론



## 3부 읽기 교육론

## 4부 쓰기 교육론



## 5부 영역 통합 교육론

# 1부 국어과 교육과정론

국어과 영역 구분 문제

# 국어과 영역 구분 문제

## 1. 교육과정과 국어과의 정체성

최근 2009개정 교육과정까지 국어과 교육과정은 미군정기의 교육과정에서부터 여러 차례 변화를 거듭해왔다.[1] 애초 출발이 미국의 교육과정을 기본으로 했기 때문에, 우리와 여러 면에서 맞지 않은 측면이 있었고, 그 이후 수차례 교육과정을 고쳐 왔지만, 여전히 만족스러운 수준에 이르지 못하고 있다. 이런 문제는 우선 우리 국어교육에 대한 짧은 역사에서 비롯된다. 아울러 국어과 내의 여러 교과들 간의 복잡한 역학 관계와 교과 외의 외부적인 문제들까지 모두 관련된다고 할 수 있다.

하지만 이런 문제들이 공통적으로 안고 있는 가장 큰 문제는 무엇

1) 2015년도 9월에 2015국어과 교육과정이 고시되었다. 이 글에서는 2015 교육과정에 대해서는 다루지 못했다. 이 책이 나오는 시기와 맞물려 교육과정이 나왔다는 점에서 시기상의 문제가 있었고, 기실 교육과정의 내용을 들여다보면 이 글에서 논의된 측면들이 그대로 적용될 수 있다는 점 등을 감안하였기 때문이다.

보다 국어교육의 정체성을 어떻게 세우느냐에 있었다. 정작 이런 정체성의 문제가 국어 교과 내에 제대로 정립되어 있다면, 굳이 교육과정을 바꾸거나 혹은 바꾸지 않더라도 학습자들에게 여전히 강력한 배움의 동기와 욕구를 불러일으키거나 혹은 시대적 상황에 휩쓸리지 않고 교육과정이 교육현장에 자연스럽게 뿌리 내릴 것이다.

2009년 12월 17일에 2009개정 교육과정이 확정, 발표되었다. 2007개정 교육과정이 지닌 어떤 논리적, 시대적 결함을 인정한다고 하더라도, 그것이 교육현장에 모두 반영되기도 전에 새로운 교육과정이 나왔다는 것은 교육이 백년지대계라는 말을 정말로 무색하게 만드는 일이다. 교육과정은 크게는 한 나라, 작게는 일선 학교의 교육방향, 내용, 평가 등을 모두 포괄하는 중요한 교육정책의 일부이다. 이런 중요성이 따르기 때문에 섣불리 새로운 교육과정을 어떤 일시적인 논리에 의해 개정한다는 것은 학교 현장의 교사와 학습자들을 여러 면에서 혼란에 빠트리게 된다.

하지만 2009개정 교육과정은 이른바 '미래형 교육과정'이라는 이름 아래, 공통교육과정과 선택교육과정의 재설정, 교과별 수업시수 20% 증감 허용, 학년군과 교과군 도입을 통한 집중이수로 학기당 이수 교과목수 축소 등을 바탕으로 이루어졌다. 특히 고등학교 전 학년을 이른바 선택교육과정 중심으로 구성함으로써, 학습자들의 교과 선택에 있어 선택과 집중의 효과를 고려하고 있다.

특히 국어과는 선택교육과정의 근거 아래, 고등학교에서 이수해야 할 다양한 국어 교과들이 모두 선택과목으로 설정되었다. 아울러 선택과목 다수가 서로 결합되는 모양새가 되었다. 이런 교육과정의 틀은 기본적으로 급변하는 사회상에 재빠르게 대응할 수 있도록 학습자들의 선택의 폭을 넓히고, 수능과 관련하여 보다 실질적인 과목 선택과 학습이 될 수 있는 데 그 목표를 두고 구성되었다고 할 수 있다.

이런 점들은 기존의 선택, 심화 과목들이 완전히 해체되고, 재편성되는 결과를 가져왔다. 고등학교 선택, 심화 과목들은 이른바 공교육

체제에서 학습자들이 도달할 수 있는 기본적이면서도 심화된 학습 내용들을 담고 있는 교과이다. 이는 대학에서의 다양한 학문을 하는 데 가장 기본적인 능력을 길러 주는 주요한 도구 교과로서의 성격을 가지며, 아울러 초·중학교에서 배운 국어 교과의 내용 영역들의 교수·학습이 완성되는 시점이기도 하다. 따라서 고등학교에서의 선택과목들은 초·중학교와 대학을 잇는 주요한 연결 고리를 역할을 한다. 하지만 2009개정 국어과 교육과정에서는[2] 이런 점들이 거의 고려되지 않은 채 외적 논리만으로 선택과목들을 재구성하는 결과에 이르고 말았다.

이 글에서는 2009개정 국어과 교육과정에서 드러나는 문제들을 그간의 교육과정 변천에서 문제시되었던 주요한 논의들을 바탕으로 다루어본다. 이를 바탕으로 바람직하고 합리적인 국어과 교육과정 내용 영역 체계의 양상을 살피고, 나아가 국어 교과의 정체성에 대한 인식의 문제를 고찰하는 데 그 목표가 있다.

## 2. 기존 연구에 드러난 주요 논의들

이 글에서는 국어과 교육과정 연구에 대한 기존 논의들에서 주요하게 언급된 문제를 개괄적으로 다루어보고자 한다. 따라서 특정 연구자나 논의에 초점을 두어 선행 연구를 살피기보다 개략적으로 몇몇 논의들을 중심으로 기존의 국어과 교육과정 연구에 대한 논의들을 정리하고, 아울러 문제의식을 공유하고자 한다.

본격적인 우리 교육과정이라 할 수 없는 미군정기의 교육과정을 빼고, 1차 교육과정 때부터 최근 2009개정 교육과정까지 국어과 교육

2) 정확한 명칭은 2009개정 고등학교 국어 선택 교육과정일 것이다. 다만 이 글에서는 2009개정 국어과 교육과정의 대의가 본 개정 교육과정 속에 담겨 있으며, 이를 바탕으로 초·중학교의 교육과정도 개정될 것이기 때문에 이 명칭을 사용하였다. 이하에서도 그대로 사용하였다.

과정은 총 9차례의 변천 과정을 겪었다. 그간의 수차례의 변화 속에서 국어과 교육과정은 거시적으로는 외국 교육 사조에 부합하는 큰 틀을 수용했고, 미시적으로 거시적인 큰 틀을 바탕으로 국어 교과 내의 다양한 내용 영역들의 바탕을 마련해 왔다.

1차에서 3차까지는 듣기, 말하기, 읽기, 쓰기의 언어 사용을 중심으로 국어 교과의 기본 틀을 마련했는데, 여기에서 언어 사용은 주로 문맹을 극복하기 위한 기능 중심이었기 때문에 이후의 교육과정에 깔려 있는 언어 사용 기능과는 본질적으로 차이가 있다고 볼 수 있다. 4차 교육과정은 학문 중심 교육과정이라는 큰 틀 아래 국어 교과의 내용적인 측면을 부각시키는 데 초점을 두었다. 특히 문법과 문학이 본격적인 국어 교과의 틀 아래 독립적인 과목으로 설정되었다.

5차 교육과정은 수능이라는 시험체제로의 변환과 맞물리면서 국어 교과의 기능적 측면, 혹은 도구적 측면으로 성격이 강하게 부각되기 시작하였다. 여기서는 기존의 3영역 체계에서 6영역 체계로 국어과 내용 영역이 바뀌게 된다. 지금까지 듣기, 말하기, 읽기, 쓰기, 문법, 문학의 여섯 영역 체계의 본격적인 시작은 5차 때부터라 할 수 있다. 대략 2009개정 국어과 교육과정까지 이 6영역 체계를 바탕으로 교육과정이 구성되고 실제 학교 현장에 파급되어 왔다.

이런 9차례의 교육과정의 변화 속에서 지속적으로 논쟁의 대상이 된 문제들이 있다. 이런 문제들은 큰 틀에서는 국어교육이라는 정체성 논의에서부터 시작되고, 나아가 국어 교과 내의 각 영역에 대한 문제로 나아간다. 결국 이런 논쟁들은 국어교육의 큰 틀에서 앞으로 지속적으로 해결해야 할 주요한 문제들이기도 하다. 2009개정 교육과정에 대한 문제를 살펴보기에 앞서, 기존의 교육과정 변화 속에서 끊임없이 논의되어 온 문제들을 다룸으로써 보다 2009개정 국어과 교육과정이 안고 있는 문제들을 확실하게 파악하고, 이를 바탕으로 보다 바람직한 국어과 내용 영역과 선택과목을 구성하는 데 밑바탕이 될 수 있다.

## 2.1. 국어 교육정체성 수립의 문제

우선 가장 먼저 다루어야 할 문제가 바로 국어교육의 정체성에 대한 것이다. 이 문제는 국어과 교육과정이 생겨난 시기에서부터 지금까지, 그리고 앞으로도 계속해서 논의되어야 할 사항이다. 그만큼 국어교육의 정체성의 문제는 복잡하고도 풀기 어려운 것이라고 말할 수 있다.3)

1차부터 3차까지 교육과정에서는 근대 국가 수립이라는 미명하게, 무엇보다도 교육의 기초적인 영역들의 수립이 시급하던 시기였다. 이에 발맞추어 국어교육도 학습자들의 듣기, 말하기, 읽기, 쓰기의 기능 영역들의 습득에 초점을 두게 되었다. 하지만 여기에서는 기능 영역들은 말 그대로 기본적이고, 기초적인 기능 영역의 습득에 있었다. 따라서 이런 기본적인 기능들의 습득 이외에는 그다지 크게 국어교육의 본질에 대해 논의할 수 있는 부분들이 많지 않았다. 즉 외국어 교육으로서의 의사소통 기능 영역과 비교할 때, 크게 차별성이 드러나지 않았다. 이는 국어교육이 정작 모국어를 대상으로 한다는 점에서의 차별성을 제대로 확보하지 못한 것이라 할 수 있다.

4차 교육과정은 학문 중심 교육과정에 기반하여, 이른바 내용 영역인 문법과 문학이 국어 교과 내에 독립적으로 자리 잡게 되었다. 이런 상황으로 인해 학습자들은 문법과 문학의 이론적 지식을 습득하는 데 치중하게 되고, 자연스럽게 평가에도 이런 측면들이 반영되었다. 이는 자연스럽게 국어교육의 본질이 무엇인지에 대한 문제로 대두되었고, 이를 비판하면서 나온 5차 교육과정은 이른바 앞선 교육과정과는 다른 기능 중심의 도구 교과 속성을 확연하게 부각시킨다. 이하 6차, 7차, 2007개정, 2009개정 교육과정들도 5차 이후의 교과 속

3) 김창원(2009)는 공시와 통시, 현실과 이념적인 측면에서 국어 교과의 정당성과 정체성에 대한 문제를 비교적 심도 있게 논의하고 있어 참고가 된다.

성을 지니면서 약간씩 그 내용을 더하거나 빼면서 수정되어 왔다.

결국 문제는 국어교육의 정체성을 어디에 두어야 하는가이다. 지금도 여전히 이 문제는 계속해서 국어교육 전문가들 사이에서도 논쟁의 대상이 되고 있다. 이는 단지 우리가 사용하는 모국어가 단순히 의사소통만을 위한 도구이냐, 그렇지 않으면 우리 민족의 삶과 결부되는 이른바 얼의 영역과 결부되느냐에 문제와 관련된다. 현재로는 도구 중심의 언어 교육에 기반한 이른바 의사소통 양상에 역점을 두는 언어관이 교육과정 전반에 깔려 있다. 물론 이와 같은 언어관을 철저하게 비판하고, 민족 문화의 영역까지 국어교육의 영역으로 포함하려는 시도가 있기도 하다.[4)]

과연 '국어교육'의 정체성은 어디에서 찾아야 할까? 이 문제는 결국 국어교육의 존재 근거를 분명하게 하는 부분이며, 나아가 학교 현장에서 국어교육의 정당성을 다지는 중요한 밑바탕이 된다. 아울러 이 문제는 국어 교과의 내용 영역 및 선택과목을 선정하고 구성하는 데에도 핵심적인 사항이 될 수 있다. 아울러 이는 언어가 단순한 의사소통의 도구냐, 그렇지 않으면 언어는 그 민족의 정신과 밀접하게 결부되는 것이냐의 문제와 관련하여 앞으로도 끊임없이 논쟁의 대상이 될 것으로 판단된다.

## 2.2. 국어과 내용 영역 간 혼란의 문제

국어과 내용 영역 체계에 대한 문제는 오래 전부터 국어 교과에서 주요하게 다루어져 온 문제 중의 하나이다. 크게 언어 활동이 중심이 되는 4영역 체계와 문학과 문법이 언어 활동과 나란하게 놓여 있는

4) 김대행(2002, 2006, 2007) 등의 일련의 논의들이 여기에 해당한다. 대다수 이 연구들은 국어 내용학을 정립하려는 시도로 파악되며, 나아가 국어가 단순한 도구가 아닌 우리 삶의 여러 측면과 밀접하게 관련되는 주요한 문화의 영역으로 파악하고 있으며, 이를 적절하게 교육과정으로 편입하려는 시도이다.

6영역 체계가 중심이 되어 논의되어 왔다.[5] 하지만 이런 논의들이 국어 교과의 순수한 내적 논리에 의해 다루어지기보다는, 외적 논리, 즉 국어 교과내의 영역별 자리 확보를 위한 논쟁으로 다루어지기 십상이었다. 이런 시각과 관점 속에서 오롯이 국어교과 내의 영역들에 대한 제대로 된 논의가 이루어지기란 쉬운 일이 아니었다.

물론 그간의 교육과정 변천 속에서 국어 교과 간 위상은 많은 변화를 거듭했다. 하지만 그런 변화가 주는 학교 현장에서의 교수·학습 상승 효과 및 타 교과와 비교했을 때, 그 위상은 크게 나아지지 않았다. 오히려 학교 현장에서 조금씩 다른 과목들에 밀려가는 인상을 주고 있다. 시대를 둘러싼 여러 측면들이 주요하게 작용했겠지만, 기초 과목으로서 가장 중요하게 다루어져왔던 국어 과목이 시대적인 상황에 의해 교육현장에서 타 과목들에 밀려가는 측면은 재고되어야 할 문제이다.

여전히 이 문제는 논란의 소지를 안고 있으며, 아울러 일정한 논의의 결과들이 2009개정 국어과 교육과정 속에 구현되고 있다. 하지만 드러난 교육과정 결과는 오히려 이전 교육과정보다 그 내용이나 운용 면에서 후퇴했다는 인상을 주고 있다. 그만큼 국어과의 내적 논리에 대한 충실한 논의가 없이 성급하게 교육과정이 이루어진 결과라 할 수 있다.

그런 점에서 김용석(1987)과 김수업(2006)의 논의는 국어과 영역 체계에 대한 토대가 되는 주요한 성과라 여겨진다.[6] 전자는 국어교육의 내용을 인식과 운용의 측면에서, 후자는 삶과 앎의 측면에서 다루

---

5) 4영역과 6영역 체계에 대한 기본적인 주장과 그에 대한 논의는 이주섭(2010)을 참고할 수 있다.

6) 두 논의가 선행연구의 최신성과 대표성으로서 합당한가의 문제를 한 심사위원께서 지적해 주셨는데, 필자가 최근의 자료까지 두루 확인한 바로는 위 두 논의를 넘어서는 국어과 영역 논의는 찾아보기 힘들었다. 물론 다수의 논의가 위의 두 논의를 참고했는지의 여부는 알 수 없지만, 기본적인 토대는 두 논의에서 크게 나아가지 못하고 있는 것으로 판단되었다.

고 있다. 비슷한 맥락으로 볼 수 있지만, 후자는 보다 상세하게 국어과 영역의 체계를 나누고 있다. 편의상 전자는 〈표 1〉인 국어과 영역 체계 1로, 후자는 〈표 2〉인 국어과 영역 체계 2로 구분한다.[7)]

**〈표 1〉 국어과 영역 체계 1**

| 국어교육 내용 | 국어인식 | 언어로서의 국어 | |
|---|---|---|---|
| | | 국어의 역사 | |
| | | 국어의 구조 | |
| | 국어운용 | 일상적 운용 | 이해와 표현 |
| | | 예술적 운용 | 감상과 표현 |

〈표 1〉은 국어교육의 내용을 인식과 운용으로 나누고, 인식은 국어 지식 혹은 문법의 측면에서 운용은 언어 사용과 문학의 측면에서 접근하고 있다. 문법을 독립된 하나의 영역으로 부각시켜 국어에 대한 앎의 측면을 강조하고 있는 점이 특징이다. 이는 문법을 단순히 형태·통사론적으로만 접근한 것이 아니라, 국어의 다양한 부면을 언급하고 있다는 점이 특징이다.

**〈표 2〉 국어과 영역 체계 2**

| | 삶 | | 앎 | |
|---|---|---|---|---|
| | 주기(표현) | 받기(수용) | 공시적 앎 | 통시적 앎 |
| 말(일상 국어) | 말하기·쓰기 | 듣기·읽기 | 말의 이론 | 말의 역사 |
| 말꽃(예술 국어) | 말하기·쓰기 | 듣기·읽기 | 말꽃의 이론 | 말꽃의 역사 |

〈표 2〉는 보다 상세하게 이분적인 관점에서 국어과 영역 체계를 다루고 있는데, 특히 삶과 앎의 큰 틀에서 말과 말꽃의 다양한 부면들을 다루고 있다는 점에서 그 의의를 찾을 수 있다. 앞선 체계 1이

7) 전자는 김용석(1987, 12쪽), 후자는 김수업(2006, 222쪽)에 제시되어 있다. 이 글에서는 〈표〉에 편의상 제목을 붙여 제시하였다.

문법의 측면을 보다 강조하고 있다면, 체계 2는 문법과 문학(말꽃)을 골고루 국어과 영역 체계 속으로 편입시키고 있다는 점이 특징으로 들 수 있다. 기존의 많은 연구들이 국어과를 내용 혹은 기능 교과로 나누어 접근하면서, 아울러 각자의 영역들에 대한 중요성을 강조하고 있는 반면에 체계 2는 국어과의 내용과 기능적인 측면들을 모두 적절하게 다루고 있다는 점에서 그 의의가 크다고 할 수 있다.

## 2.3. 문법 과목의 위상에 대한 문제

문법 과목만큼 교육과정 개정 시에 영향을 많이 받았던 과목도 드물다. 기본적으로 문법은 언어의 구조와 체계를 다루는 과목이기 때문에 국어 과목에서도 핵심적인 과목으로 다루어져야 함에도 불구하고, 언어 사용 기능에 대한 과중한 관심과 초점으로 인해 점차 그 자리를 학교 현장에서 잃고 있는 것이 현실이다. 아울러 2009개정 국어과 교육과정에서는 독서 과목과 합쳐지는 결과에 이르렀다.

문법 과목은 그 정체성에 대한 문제가 오래 전부터 논의되어 왔다. 우선 그 과목의 명칭에 대한 것부터 '언어', '국어지식', '문법' 등으로 다양하게 불려 왔다. 이는 결국 그 과목이 지니는 정체성과 관련된 심각한 문제라 할 수 있다. 문법이라는 학문이 지니는 근본적인 체제와 일선 학교 현장에서 문법 과목이 담당해야 할 몫 사이의 간극이 지나치게 크고, 나아가 학교 현장에서 문법이라는 학문의 체제를 재구성하는 역량이 부족한 점도 여기에 기인한다고 볼 수 있다.

문법 과목이 본격적으로 국어 과목의 전면으로 부상된 것은 4차 교육과정 시기라 할 수 있다.[8] 그 이전까지의 교육과정에서는 문법

---

8) 갑오경장 이후부터 7차 교육과정까지의 문법 교육과정을 사적으로 살핀 대표적인 연구로 허재영(2004)를 들 수 있다. 여기에서는 각 교육과정의 변천 시에 문법 교육과정 어떻게 변모되는가를 자세하게 살피고 있어 참고가 된다. 물론 학교 현장에서 문법 과목의 교수·학습이 각 시기별 교육과정과 상응하지는 않는다는 전제를 달고 있기도 하다.

은 언어 사용에 귀속되는 속성을 지녔는데, 4차에서부터 보다 지식 위주의 문법 교육이 학교 현장에 파고들기 시작하였다. 하지만 4차에서 지식 중심의 문법 과목으로서 위상은 이후의 교육과정에서는 언어 사용과 나란히 놓이거나 또는 언어 사용에 귀속되고 만다.

그렇다면 과연 교육과정 변천에 따른 문법 과목의 위상의 문제는 어떻게 보아야 할까. 김광해(1997)에서 이른바 문법의 외연을 확대한 국어지식 영역의 논의와 더불어 문법의 교수·학습 방법론으로서 탐구 학습을 제시함으로써 이전의 문법 과목의 정체성과 문법 교수·학습 방법론에 대한 일대 전환기를 마련했다고 볼 수 있다. 하지만 정작 학교 현장에서는 크게 파급되는 효과를 보지 못하고, 이후로는 대체로 읽기나 쓰기와 통합되는 양상으로 나아가고 있는 것이 현실이다.[9)]

## 3. 2009개정 국어과 교육과정상의 문제들

### 3.1. 선택과목 중심의 개정으로 인한 국어 교과의 위상 약화

우선적으로 2009개정 국어과 교육과정상에 드러나는 가장 표면적인 특징은 고등학교 전체 교과목이 선택 중심으로 변화되었다는 점에 있다. 특히 기존의 국어 과목조차도 선택과목으로 설정되었다. 물론 학교 현장에서 어느 정도 이런 점들을 감안하여 국어 과목은 필수와 같은 연장선상에 놓이는 선택과목으로 선택될 가능성이 높지만, 기본적으로 국어라는 이름하에 놓인 모든 과목들이 필수가 아닌 선택과목으로 구성되었다.

9) 고영근(2005)의 논의도 이 맥락선상에서 전통 문법학자의 문법에 대한 시각의 전환을 살피는 계기가 된다.

시대가 급변하고, 그에 부합하는 교과목들의 재구성은 당연히 학교 현장에도 필요하다. 하지만 국어 과목들이 지니는 위상들이 과연 그런 시대적 변화 양상에 제대로 부합하지 못했는가의 문제부터 물어야 할 것이다. 수능이라는 시험의 잣대로만 그동안 쌓여 왔던 학문적 축적물인 교과들을 작위적으로 결합한다는 것은 이후에 또 다른 문제점을 파생시킬 수 있기 때문이다.

최근 각 대학들에서는 각 학문 영역별 전문 글쓰기 및 독서 프로그램을 구상하여 대학교 저학년 학생들에게 교양 필수과목으로 지정하는 경우가 늘고 있다. 이는 그만큼 글쓰기와 읽기가 차후 사회 생활이나 직장 생활에서 매우 필요하다는 인식과 더불어, 중·고등학교에서 제대로 된 쓰기와 읽기 교육을 학습자들이 받지 않았다는 점과 관련될 수 있다. 이런 상황으로 말미암아 대학에서는 수많은 쓰기와 읽기 강좌를 통해 학습자들의 언어 수행 능력을 향상시키는 데 많은 노력을 기울이고 있는 실정이다. 즉 이와 같은 대학들의 자구 노력은 중·이 시절에 이미 습득해야 할 학습자들의 기본적인 쓰기와 읽기 능력에 대한 근원적인 회의에서 나온 것이라고도 할 수 있다.

이런 상황에서 그나마 국어 교과 내에서 독서나 작문 과목들의 존재 근거가 사라진다면 그야말로 고등학교에서의 국어 과목들은 오로지 수능을 위한 선택의 상황 아래에 놓일 것이다. 아울러 문제는 수능 과목에서 국어 과목이 차지하는 위상이 영어나 수학에 비해 턱없이 낮기 때문에 대다수의 학생들은 영어나 수학 과목에 치중할 것이고, 학교 현장에서도 마찬가지 이런 점들에 역점을 둘 가능성이 있다.

시대가 변화하고 이에 걸맞은 교과의 재구성이 필요한 것은 당연하다. 하지만 국어 교과 내에 존재하는 다수의 과목들이 서로 합쳐져서 선택과목으로 재구성된다는 것은 오로지 수능 시험에 적합한 교과 양상의 재구성이지 현 시대가 요구하는 의사소통 능력의 향상이나 문제 해결력의 향상, 나아가 창의적인 사고력의 증진과는 상당히 거리가 있어 보인다. 따라서 국어 과목의 선택과목으로서의 위상 약화는 단지 학교 현장과 그것을 둘러싼 외부 환경에서의 다양한 권력과 이권의 문제를 넘어서 사회적으로 상당한 비용과 희생을 요구할 것이다.

### 3.2. 교과 이외의 외부적 논리와 상황에 의한 변화

2009개정 국어과 교육과정은 미래형 교육과정이라는 큰 틀 아래에서 수능과 관련하여 밀접한 관련성을 지니지 못하는 과목들에 대한 문제들을 어떻게 처리해야 할지를 단적으로 잘 보여주고 있다. 특히 국어과 교과들은 사상 초유의 과목들 간의 결합으로 이어졌고, 이는 단순히 학교 현장에서 선택의 비율이 낮고 무엇보다 수능 과목으로서의 유의미성이 떨어졌기 때문이라고 지적하고 있다.

가령 화법, 독서, 작문 과목들을 예로 들어보자. 이런 과목들은 무엇보다 사회 생활을 하는 데 있어, 특히 전문적인 직업군에서 매우 중요한 영향을 끼치는 기본 교과들이다.[10] 그런데 이들 과목들이 수능에서 그 유의미성이 단순히 떨어진다고 해서 화법과 작문을 독서와 문법을 결합해야 하는 것은 교수·학습 방법이나 평가 측면에서 이전보다 더 혼란스러운 국어교육의 현장을 초래할 것이다.

즉, 이들 과목들은 수능과 관련하여 그 선택 비율이 낮다고 해서 무조건 과목들을 제대로 된 준거 설정도 없이 합쳐 놓는다는 것은 학습자들의 사고력과 창의력을 신장시키는 데 가장 효율적으로 작용할 수 있는 언어 사용 교육에 대한 포기나 다름없다.[11] 대다수의 학

10) 고급 공무원 시험으로 치러지는 공직 적격성 검사인 PSAT도 일종의 언어 자료의 해석과 산출에 대한 것이라 할 수 있다.

11) 교육과학기술부(2009, 4쪽)에 따르면, 교과들의 합병 이유를 제7차 교육과정에서 국어과 선택 과목의 선택률에서 화법(6.0%), 독서(26,9%), 작문(20.3%), 문법(6.2%), 문학(40.6%)으로 나타나, 국어 교과 내의 불균형한 선택 과목 이수율을 보이고 있고, 특히 화법과 문법 과목은 대학수학능력 시험과 특별한 연관성이 없다는 것으로, 선택 과목 결합의 옹색한 이유로 들고 있다.

습자들은 중·고등학교를 졸업하고, 대학에서 재차 토론과 토의, 읽기와 쓰기, 발표 등에 대한 기초 과목들을 필수 혹은 선택과목으로 이수해야 하는 실정이다. 뿐만 아니라, 실제 대학 학습자들에게서도 기본적인 언어 사용에서의 많은 문제점들이 중·고등 학습자들과 마찬가지로 드러나고 있는 실정이다.

즉, 국어 교과 간의 엄밀한 내적 논리에 의해 과목들의 결합과 재구성으로 나아가야지, 일시적인 외적 상황으로 인한 국어 교과들의 해체와 재구성은 그야말로 학교 현장의 혼란만 초래하거나 혹은 잘못된 국어 교과의 인상만 학생들에게 심어 줄 수 있다.

대학에 와서 학습자들이 재차 언어 사용 영역들에 대한 기본적인 학습을 힘들여 해야 하는 실정이라면 단순 객관식 위주의 문제로부터 벗어나 학습자들의 사고력과 창의력을 이끌어 낼 수 있는 다양한 형식의 문제들로 나아가는 것이 바람직하다. 기존의 수능 시험 문제에 화법과 문법 과목의 문제가 적게 출제된다고 해서 그런 과목들의 필요성에 대해 재고의 여지를 남기는 것은 정작 이 시대가 학습자들에게서 무엇을 요구하는지를 제대로 바라보지 못한 결과라 할 수 있다.

### 3.3. 선택과목 결합의 비논리성과 그에 따른 과목 선택상의 문제점

2009개정 국어과 교육과정에서 가장 큰 특징은, 고등학교의 국어 교과들을 모두 선택과목으로 지정했다는 것이다. 물론 국어 과목은 거의 필수 영역으로 지정할 수 있게 유도하고 있지만, 정작 7과목 모두 선택과목으로 지정함으로써 선택의 폭을 넓혀 놓았다기보다는, 오히려 선택의 폭을 좁히거나 초·중학교에서 배운 여섯 영역들에 대한 심화 학습으로 나아가는 것에 있어 자연스럽지 못한 양상으로 드러났다. 고등학교 국어과 선택과목은 다음 〈표 3〉과 같이 제시된다.

〈표 3〉 고등학교 국어과 선택과목

| 교과 영역 | 교과(군) | 과목 |
| --- | --- | --- |
| 기초 | 국어 | 국어, 화법과 작문 I, 화법과 작문 II, 독서와 문법 I, 독서와 문법 II, 문학 I, 문학 II |

2007개정 교육과정에서는 '화법, 독서, 작문, 문법, 문학, 매체언어'가 선택과목으로 지정되었고, '국어' 과목은 필수로 지정된 것에 비해 2009개정 국어과 교육과정은 여러 면에서 큰 변화를 시도하였다. 가장 눈에 띄는 현상은 기존 선택과목들의 결합에 있다. 화법과 작문, 독서와 문법의 결합이 그것이다. 화법과 작문은 입말과 글말의 운용을 다루는 것으로 엄연히 가는 길이 다르며, 독서와 문법도 언어 운용과 언어 그 자체에 대한 것으로 역시 두 과목이 합쳐질 수 있는 근거를 찾기는 어렵다.[12)]

그렇다면 그 결합의 근거를 어디에서 찾아야 하는 것일까. 직관적으로 화법과 작문의 언어 사용의 표현 측면에서 공통점을 찾을 수 있다. 하지만 독서와 문법은 그 결합의 근거를 찾기가 어렵다. 글말의 이해에서 담화 중심의 언어 단위에 대한 정확한 이해를 초점으로 결합 관계를 상정할 수 있지만, 정작 문법의 핵심은 낱말이나 문장임을 감안한다면 이 또한 결합에 대한 문제로 남게 된다.[13)] 낱말이나 문장의 이해는 언어 사용의 정확성을 추구하는 외국어 교육에서는 적절한

12) 정구향(2009)에서는 2009개정 국어과 선택 교육과정의 재구조화 측면을 다루면서, 이 측면에 대한 기초적인 연구조사가 이루어져야 할 것으로 제시하고 있는데, 이는 결국 2009개정 국어과 교육과정에서 가장 주요하게 드러난 선택과목들의 결합에 대한 기본적인 연구가 이루어지지 않았음을 말하는 것이다.

13) 임규홍(2010)에서는 독서와 문법의 결합에 대한 다양한 측면을 제시하고 있는데, 정작 2009 개정 교육과정이 고시된 이후에 나왔기 때문에 정작 검토 측면에서 도움은 되지만, 실제 교육과정을 구성하는 데 있어 반영할 수 있는 독서와 문법 과목의 결합에 대한 분명한 기준과는 거리가 멀어 보인다. 6차 교육과정 이후에 담화나 이야기가 문법 교과 영역으로 들어오기는 했지만, 학교 문법 측면에서 여전히 담화 문법은 용어에서는 제대로 확립되지 못한 인상을 주며, 정작 학교 현장에서 이런 담화 문법의 측면이 제대로 가르쳐 지고 있는지에 대해서는 의심스럽다.

방안이 될 수 있지만, 언어 사용의 능통성이나 유창성을 추구하는 모국어 교육에서는 적절하지 못한 결과로 드러날 가능성이 높다.

즉 2009개정 국어과 교육과정을 구성할 시에, 선택과목들에 대한 결합의 문제를 심도 있게 다루지 못했으며, 미래형 교육과정이라는 미명하게 수능과 관련하여 그 직접적인 관련성이 떨어지는 과목들을 위주로 결합시켰다는 점이 그 유일한 기준이 되고 있다. 결국 이는 학교 현장에서의 혼란을 일으킬 것이고, 학습자들에게 고스란히 그 피해가 돌아갈 수밖에 없다.

과목에서 '국어'는 '학습의 위계를 고려하여 선택할 수 있도록 지도하며, 이 과목은 4단위 범위 내에서 증감하여 운영할 수 있다'고 하여 '국어' 과목의 선택은 여타 과목에서 비해 그 선택의 폭이 크다고 할 수 있다.14) 결합된 과목들의 I과 II는 수준에 따른 구분이기보다는 교수·학습 과정상의 학습 내용 중점에 따른 것이다. 자칫 수준별로 구성된 것으로 보일 수 있지만, 엄밀하게 보면 내용상의 차이에 따른 구분이다.

김영미(2010: 125)에서는 2009개정 국어과 교육과정상에서 국어 교과의 선택과목들을 일선 학교 현장에서 어떻게 선택할 것인지에 대한 문제를 학기별로 매우 현실적으로 제시하고 있어 참고가 된다. 약간 변형해서 〈표 4〉와 같이 제시할 수 있다.

**〈표 4〉 선택 가능성으로 본 국어 교과들**

<table>
<tr><th rowspan="2">학기</th><th colspan="2">1학년</th><th colspan="2">2학년</th><th colspan="2">3학년</th><th rowspan="2">이수 단위 합계</th></tr>
<tr><th>1</th><th>2</th><th>1</th><th>2</th><th>1</th><th>2</th></tr>
<tr><td>선택과목의 배열(A형)</td><td>국어</td><td>문학 I</td><td>독서와 문법 I</td><td></td><td></td><td></td><td>15</td></tr>
<tr><td rowspan="2">선택과목의 배열(B형)</td><td>국어</td><td rowspan="2">독서와 문법 I</td><td rowspan="2"></td><td rowspan="2"></td><td rowspan="2"></td><td rowspan="2"></td><td rowspan="2">15</td></tr>
<tr><td>문학 I</td></tr>
<tr><td>선택과목의 배열(C형)</td><td>국어</td><td></td><td>문학 I</td><td></td><td>독서와 문법 I</td><td></td><td>15</td></tr>
</table>

14) 교육과학기술부 고시 제 2009-41호(2009: 11)

물론 학교 자율 과정에서 국어 교과들이 선택과목으로 더 지정될 가능성이 있다. 하지만 수능과 관련된 학습자들의 선택에서 다른 기초 과목인 영어과 수학에 밀릴 가능성이 높다면, 위의 표는 상당히 현실적이면서도 고등학교 현장에서 국어 과목의 교수·학습 과정은 파행을 겪을 가능성이 높을 것임을 시사한다.

특히 I과 II가 어느 정도 연속이 있는 내용으로 구성된 과목들이라면 학습자들이 I만 선택해서는 선택과목을 제대로 학습할 수 없는 결과를 초래한다. 따라서 현실적인 이수 단위를 고려한다면 국어와 문학 I, II만을 선택해서 이수하는 상황을 초래할 수 있다. 오히려 학습자들의 선택 폭을 더 좁히고, 아울러 국어 교과가 지니는 정체성에 대한 역효과를 발생시키는 악순환을 거듭하게 된다.

앞서도 지적했듯이, 고등학교 국어 교과목들은 초·중학교에서 배운 내용 영역들에 대한 완성 지점이다. 하지만 2009개정 국어과 교육과정에 드러난 상황만으로는, 이런 과정이 불가능하다는 점이 분명하게 드러난다. 아울러 대학교에서 재차 다양한 언어 사용 영역들에 대한 학습을 지속적으로 시키고 있다는 점을 감안한다면 고등학교 국어과 교육과정은 마치 수능만을 준비시키기 위한 과정으로 밖에는 볼 수 없다.

### 3.4. 공통 기본 교육과정과 선택과목 교육과정과의 연속성 관계

2009개정 국어과 교육과정의 가장 큰 문제는 무엇보다 초·중학교의 6영역 체제와 고등학교 선택과목 간의 내용상의 연속성의 괴리에 있다. 일반적인 교육과정 조직 원리로 계열성, 계속성, 통합성의 원리를 들 수 있다. 계열성과 계속성은 수직적 조직이고, 통합성은 수평적 조직상의 원리이다.[15] 2009개정 국어과 교육과정은 학년군의 개

15) 보다 자세한 교육과정 조직 원리는 이성호(2009, 260~264쪽)를 참조할 수 있다.

념에 따라 초·중학교의 경우 몇 개 학년을 합쳐 교육과정이 구성될 것으로 예상된다.[16] 따라서 초·중학교 교육과정상의 내용 영역과 고등학교 국어과 과목 간의 교육 내용의 연속성에 문제가 없지 않을 수 없다. 간략하게 그 내용을 다음 〈표 5〉와 같이 정리할 수 있다.

**〈표 5〉 초·중학교와 고등학교 국어 교과 내용 영역 및 과목 체계**

<table>
<tr><th>초·중학교 국어과 내용 체계</th><th colspan="3">2007개정 교육과정상의 고등학교 과목 현황</th><th colspan="2">2009개정 교육과정상의 고등학교 과목 현황</th></tr>
<tr><td>듣기</td><td rowspan="6">국어<br>(필수)</td><td rowspan="2">화법(선택)</td><td rowspan="6">매체언어<br>(선택)</td><td rowspan="6">국어<br>(선택)</td><td rowspan="3">화법과 작문 I, II<br>(선택)</td></tr>
<tr><td>말하기</td></tr>
<tr><td>쓰기</td><td>작문(선택)</td></tr>
<tr><td>읽기</td><td>독서(선택)</td><td rowspan="2">독서와 문법 I, II<br>(선택)</td></tr>
<tr><td>문법</td><td>문법(선택)</td></tr>
<tr><td>문학</td><td>문학(선택)</td><td>문학 I, II<br>(선택)</td></tr>
</table>

2009개정 국어과 교육과정은 초·중학교의 교육과정은 그대로 둔 채, 우선적으로 고등학교의 국어 교과목들에만 초점을 두고 개편 작업을 하였다.[17] 그 결과 정작 국어과의 기본적인 내용 영역들에 대한 살핌은 없이, 고등학교 선택과목들만 수능이라는 시험 잣대에 맞추어 급하게 개편하는 결과에 이르렀다. 따라서 그 결과만 놓고 본다면,

16) 초등학교의 경우는 1~2학년, 3~4학년, 5~6학년으로, 중학교의 경우는 7~9학년으로 구성된다.

17) 물론 2009개정 교육과정이 학년군과 교과군의 주요한 특징으로 말미암아, 곧 국어과도 초·중학교 영역에서 개편 작업이 있을 것으로 사료된다. 가령 중학교의 경우 이전 7~9학년이 동일 학년군으로 묶이게 되는데, 이렇게 되면, 기존의 학년별 교육과정상의 내용들이 새롭게 재구성되어야 하는 형편에 놓이게 된다. 여기에서 기존에 발생했던 교육과정 내용상의 중복이나 역위계화 문제 등이 제기되고, 아울러 재고되어야 할 것으로 판단된다. 다만 2009 개정 국어과 교육과정이 이런 점들을 미루어 둔 채, 급한 대로 고등학교 선택 과목들을 위주로 재편 작업이 이루어졌는데, 정작 기초적인 내용은 미뤄 두고, 이를 바탕으로 한 상위 학년의 교육과정부터 재편한 것이다. 따라서 순서가 뒤바뀐 듯한 인상을 주며, 아울러 과연 초·중·고 국어과 교육과정이 계속성, 계열성, 통합성의 관점에서 제대로 구성될 수 있을지 의문이다.

정작 초·중학교와 고등학교 교육 내용 체계에 대한 고찰은 실제로 이루어지기 어려웠거나 거의 이루어지지 않았다.

고등학교 국어과는 초·중학교에서 이루어진 교육 결과를 보다 심화하여 학습자들이 대학이나 사회에 진출해서 보다 고급스러운 국어생활을 꾸려나갈 수 있도록 해야 한다. 하지만 그와 같은 의도가 2009개정 교육과정에서는 2007개정 교육과정에 비해 더 후퇴한 양상으로 드러났다. 수능이라는 입시에만 오직 초점을 두고, 그것과 밀접하게 결부되지 않는 영역은 과감하게 버리는 식의 양상을 선택했기 때문이다.

2007개정 국어과 교육과정에서는 국어 과목이 필수로 정해져 있어, 다소 선택과목의 부족한 부분들을 메울 수 있으리라는 생각을 할 수 있지만, 2009개정 국어과 교육과정에서는 국어 과목마저 선택과목으로 전락하였고, 기존의 선택과목들은 어떤 분명한 논리적 근거도 없이 결합되고 말았다. 따라서 고등학교 국어 교과들이 초·중학교에서 배운 내용들에 대한 심화 과목으로서의 성격을 드러내고 있는지에 대해 의문이 들 수밖에 없다.

아울러 선택과목의 선택 폭도 매우 좁아, 국어 교과가 기초 과목으로서 기본 단위수가 45단위임을 감안한다면, 결국 입시와 관련된 문학 과목 등이 선택될 가능성이 높아 선택과목들로의 의의가 퇴색된다고 할 수 있다. 고등학교 기초 교과목으로서 국어 과목은 실제로 의사소통 영역에서 매우 중요한 역할을 하고 있다. 하지만 정작 2009개정 국어과 교육과정상의 과목 개설 양상은 국어 과목이 기초 교과로서 그 의의가 높음에도 불구하고, 초·중학교와 대학을 잇는 매개 역할을 제대로 할 수 없음을 단적으로 보여주고 있다.

# 4. 바람직한 국어과 교육과정 내용 영역 구성의 방향

## 4.1. 과제 중심 및 담화 중심 언어교육의 강조

교육과정은 학교 현장에서 각 교과에 대한 목표, 교수·학습 방법, 평가 등 다양한 요소를 포함하고 있는 주요한 교육 지침이다. 하지만 학교 현장에서 이런 교육과정이 제대로 반영되고 있거나 혹은 구체적으로 활용되는 경우는 많지 않다. 심지어는 교육과정 및 그와 관련된 해설서가 있는지조차 모르는 교사들도 허다하다. 매번 막대한 비용과 인원을 동원해 교육과정이 바뀌지만 학교 현장에서 느끼는 교육과정의 효과는 미비하다.

2007개정 국어과 교육과정에서는 이전의 교육과정과는 달리, 담화와 맥락이 교육과정의 내용 영역 전반에 부각되고 있다. 이는 이전의 교육과정과는 매우 차별적으로 접근된 부분이라 할 수 있다. 특히 국어교육이 외국어 교육과 그 차별적인 의의를 어디에서 찾아야 할지를 분명하게 드러낸 부분이라 할 수 있다. 즉 국어교육이 지향해야 하는 바를 제대로 전면에 드러낸 것이다.

2009개정 국어과 교육과정도 이 맥락선상에서 초·중학교 교육과정이 구성될 것으로 예상되며, 아울러 선택 중심의 고등학교 교육과정은 이 맥락의 선상에서 크게 벗어나지 않고 있다. 따라서 궁극적으로 국어교육이 그 나름의 정체성을 더 확실하게 지니기 위해서는 현재 교육과정 전반에 깔려 있는 의사소통 중심 교육과정의 틀에서 과제를 중시하는 교육과정으로 재구성되어야 할 필요성이 있다.[18)]

의사소통 중심 교육과정은 기본적으로 외국어 교육과정에서 나온

18) 데이브 윌리스·제인 윌리스, 김지홍 뒤침(2007, 미발간)에서는 외국어 교육의 관점에서 과제의 의미와 더불어 구체적인 과제 중심의 언어교육에 대한 전반적인 내용을 상세하게 소개하고 있다. 국어교육의 관점에서와 차이는 있지만, 기본적으로 의미를 중시하고 다양한 실제 삶의 영역과 밀접하게 관련되는 다양한 과제들을 제시하고 있어 참고가 된다.

것인데, 국어 교육과정도 이를 바탕으로 실제 구성되고 있다. 아울러 과제 중심 교육과정은 의사소통 중심 교육과정을 잘 구현하기 위한 하위 영역의 교육과정으로 제기된 것인데, 이런 점이 국어 교육과정에 더 부각되어야 할 것으로 판단된다. 특히 국어교육이 언어 사용을 통한 고차원적인 사고력 배양과 창의력 증진에 초점이 맞추어져야 한다면 과제 중심 교육과정의 기본적인 생각 틀의 적용은 매우 중요한 부분이라 할 수 있다.

과제 중심 교육과정은 학습자들이 해결해야 할 과제를 교수·학습 현장에서 가장 주요하게 부각시키는데, 외국어 교육과정에서는 주로 낱말과 문장 차원에서의 과제가 중요시되는 반면, 국어교육에서는 담화 차원에서 이런 과제들이 구성되어야 한다는 점에서 차이가 있다. 아울러 2009개정 국어과 교육과정에서는 독서와 문법 교과가 결합되었는데, 문법 교과가 지니는 단어와 문장 중심에서 오는 언어 사용의 정태적인 측면을 독서와 결합시킴으로써 언어 사용의 폭을 확대하고, 나아가 사고력을 증진시키는 데 초점을 두고 있다. 하지만 이런 상황들이 담화 중심의 교육과정의 기본 틀이 제대로 갖추어지지 않은 상황에서 기존 과목들의 단순 결합으로서만 적용되어 학교 현장의 혼란만 부추길 가능성이 매우 높다.[19]

즉 학교 현장에서 실제로 사용할 수 있는 다양한 과제가 담화를 중심으로 교육과정 내용 영역으로 개발되어야 할 것이다.[20] 김지홍 뒤침(미발간, 2007: 173)에서는 '과제'의 변인으로 크게 일곱 가지를 제

19) 마이클 머카시 지음, 김지홍 뒤침(2010)은 기존의 문장과 글말 중심의 문법 관점을 넘어, 입말에서 드러나는 다양한 기능적, 의미적 담화 단위를 다루고 있다는 점에서 주목을 끈다. 특히 담화 문법의 관점에서 정형화되어 드러나는 다양한 표현들을 말뭉치를 활용해서 인간 사고의 공통된 형식으로 이끌어내고 보여주고 있는 점이 돋보인다.

20) 임규홍(2010)에서도 7차 개정 국어교육과정의 '문법'에서 '담화'차원의 교육 내용만 제시하고 있지, 정작 담화의 내용과 담화의 구조나 규칙에 대한 이해도 없음을 제기하고 있다. 이런 지적 역시 담화 교육이 제대로 이루어지고 있지 않음을 지적하는 부분이라 할 수 있다.

〈표 6〉 과제 변인들에 대한 머릿속 지도

| 과제 변인 | 과제 내용 |
|---|---|
| ① 결과물: 열린, 닫힌 과제? | 과제가 애매한가, 정밀한가? |
| | 중간 하위 목표 마련: 언어적 단서? |
| | 구체적 서식: 글말, 도식, 입말? |
| | 최종 결과물의 독자는? |
| | 완결점이 분명한가? |
| ② 과제의 출발점-텍스트? | 시각적인가? |
| | 사례 연구인가? |
| | 교사 이야기, 학습자 경험인가? |
| | 누리집 탐색 자료인가? |
| | 입력물과 점화 단계의 시간 안배 |
| ③ 예비과제 준비 | 계획 시간이 주어지는지 여부? |
| | 점화 단계: 시간 안배? |
| | 입력물: 자유, 계획된 안내? |
| | 교사 주도, 학습 중심인가? |
| | 글말 도움말: 메모 형태인가, 완전한 모습인가? |
| ④ 논제의 통제와 과제 구조 | 명시적 단계, 제공된 서식? |
| | 시간제한/마감시간/낱말수 제한? |
| | 과제 도중에 제약 추가 정도는? |
| | 참고서의 정도나 글말 뒷받침? |
| ⑤ 상호작용 유형, 참여자 역할 | 개별적, 짝끼리, 모둠별 활동 |
| | 교사 주도의 학급 활동: 의장/집필자/대변인/언어상담자/수정편집 주체의 역할 등을 맡음 |
| | 한 방향 또는 두 방향 정보 흐름 |
| | 짤막하거나 기다란 발언 기회 |
| ⑥ 언어 산출의 압박감 | 정확성 성취용 산출물을 '압박함'-위신 있는 언어(계획적, 미리 연습, 공식적): 격식 없는 언어(자발적, 탐구적, 개인적) |
| | 학습자 상호작용 녹음 및 녹취 기록: 교사가 되짚어보기로 발판 마련-실험과 복잡성을 권장해 주는 부정적(오류), 긍정적(칭찬) 되짚어보기 |
| ⑦ 과제 이후 활동 | 텍스트 재순환 위한 후속 과제 |
| | 긍정적/부정적 보고 |
| | 보고를 듣는 청중 |
| | 과제들의 반복(시간 지연?) |
| | 형식에 초점 모은 활동, 평가 |

시하고 있어 참고가 되는데, 〈표 6〉과 같이 과제의 변인들이 재구성될 수 있다. 이는 교육과정 개발 시에 고려될 수 있는 주요한 교수·학습 변인들이라 할 수 있다.

## 4.2. 기능과 내용 영역 간의 단절보다는 통합으로의 전환

2009개정 교육과정까지 국어과 교육과정에서 가장 첨예하게 논의되어 온 바는 국어과 내용 영역 체계에 대한 것이다. 앞선 김수업(2006)에서는 그와 같은 논의를 심도 있게 논의하고 있어 참고가 되는데, 특히 여기에서는 말(일상 국어)과 말꽃(예술 국어) 영역을 삶과 앎의 영역으로 구분해서 상세하게 제시하고 있어 국어교육의 큰 틀을 마련하는 데 중요한 단서가 된다.

다만 이 글에서는 이 틀을 바탕으로 보다 현실적인 대안으로 내용 영역인 문법과 문학, 기능 영역인 듣기, 말하기, 읽기, 쓰기의 결합 방식을 제시해 보았다. 기능 영역에 초점을 둔 〈그림 1〉과 내용 영역에 초점을 둔 〈그림 2〉의 방식으로 구분해 보았다. 기능과 내용 영역의 통합으로 나아가되, 학습자들의 수준과 연령을 고려하여 어느 한 편을 보다 강조할 수 있다는 것이다. 가령 상급 학교로 갈수록 아울러 언어 수행 수준이 높아질수록 기능에서 내용 영역으로의 전환이 필요할 것이다. 즉 어느 한편을 강조하거나 혹은 두 영역을 타협 선에서 나누기보다는 학습자들의 수준과 연령에 따른 영역 설정이 필요할 것이다.

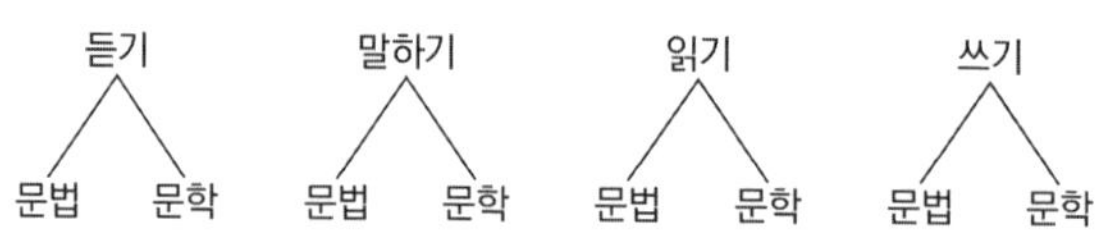


〈그림 1〉 기능 영역에 초점을 둔 결합 양상

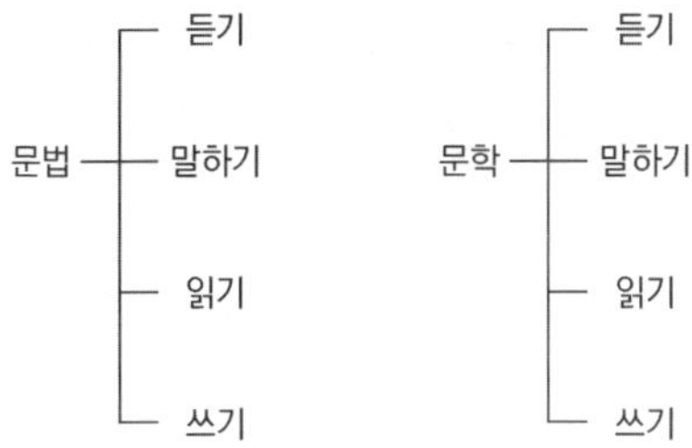


**〈그림 2〉 내용 영역에 초점을 둔 결합 양상**

물론 학습자들의 수준과 연령을 고려하여 기능과 내용 영역을 구분한다고 하더라도, 문제가 모두 해결되는 것은 아니다. 가령 어떤 시점에서 내용 영역과 기능 영역 중에서 어디에 강조를 둘 것인가의 문제에서부터, 통합된다면 어떤 식으로 교과서를 구성해야 할 것인지의 문제에까지 매우 어려운 문제를 남겨 두게 된다. 다만 2009개정 국어과 교육과정에서 제시하고 있는 문법과 독서의 통합, 작문과 화법의 통합과 같은 일시적이고 편의적인 통합은 지양해야 할 것이다.

내용과 기능 영역으로 나누고, 내용 영역을 강조한다면 문법과 문학 과목의 정체성의 더 도드라지는 쪽으로 교과가 편성될 것이고, 기능 영역이 강조된다면 내용 영역들은 기능 영역을 뒷받침하거나 혹은 언어 사용 자료로 활용될 수 있을 것이다. 즉 통합의 방식으로 가되, 각 교과의 전문적인 내용들은 살려두고, 그것의 활용 방안에 대해 더 고민하는 쪽으로 나아가야 할 것이다. 그렇다면 결국 앞서 언급한 과제 중심과 담화 중심의 언어 교육이 강조될 수밖에 없다. 즉 내용을 강조하든, 기능 영역을 강조하든 결국 참된 실생활의 속성을 담을 수 있는 언어 자료가 핵심이 될 것이다.[21]

21) 가령 〈그림 2〉에서 문학 영역의 경우, 구비와 기록 문학으로 대별될 수 있으며, 아울러 학교 현장에서 다양한 교수·학습 내용이나 방법론상으로 이를 구현해낼 수 있을 것이다. 하지만 문법 영역에서는 현재 우리 학교 문법의 성과물로는 입말과 글말을 싸잡을 수 있는 담화 문법의 토대를 구성했다고 보기 어렵다. 마이클 머카씨 지음, 김지홍 뒤침(2010: 159 이하)에서는 입말과 글말 문법을 근원적 차이를 말뭉치를 활용하여 다양하게 접근함으로써 입말과 글말의 문법적 양상을 다루고 있다. 아울러 전통 문법은 결정적

다만 정작 학교 현장에서는 여전히 수능이라는 시험 잣대로만 과목들의 중요성을 인식하고 있어 문제가 된다. 가령 듣기·말하기 교과인 화법의 중요성을 인정하면서도 정작 수능과 크게 관련되지 못한다는 이유로 고등학교에서는 거의 선택을 받지 못하고 있다. 특히 2009개정 교육과정에서는 이런 문제가 가장 부각되었다고 볼 수 있다. 국어 교과는 기능만을 혹은 내용만을 강조하기 힘든 측면이 있다. 하지만 현재의 수능 시험은 5차 이후의 기능 중심의 언어 교육을 강조하고 있지만 정작 시험은 내용 영역에 치중한 모습을 보여주고 있다.[22] 따라서 화법, 독서, 작문 등의 과목들이 주요하게 다루어져야 함에도 불구하고, 교육과정에 깔려 있는 기본적인 인식의 틀과 대학 입사와 직결된 수능과는 괴리가 있다. 결국 수능으로 인해 내용과 기능 쪽의 균형을 맞추어야 하는 국어 교과 영역들 간의 균열이 생기고, 이로 인해 국어 교과의 정체성에 대한 혼란이 더해진 것이다.

따라서 이런 점들을 극복하기 위해서는 우선적으로 국어 교과들 내의 내용과 기능 영역들 간의 조화를 이루는 것이 중요하며, 나아가 수능 시험 자체에 다양한 언어 사용 영역들에 대한 문항의 개발과 이의 적용 등이 시급하게 요구된다. 아울러 기존의 수능 출제 영역이 지나치게 문학 쪽에 편중되어 있기 때문에, 문법과 같은 내용 영역에 대한 문항 개발이 필요하다. 즉 수능 시험 문항에 대한 적극적인 전환을 통해 국어 교과의 내용과 기능 영역의 조화를 꾀하는 과정도 고려될 수 있다.

---

문법으로 확률적, 개연적 문법은 담화 문법으로 접근하는데, 담화 문법에서 언어 사용의 맥락을 더 충실하게 고려하고 있음을 다양한 예를 통해 보여주고 있다.

22) 단적으로 수능 언어 영역 시험은 크게 문학과 비문학 영역으로 나누어져 학교 현장에서 학생들에게 지도되고 있다. 대략 그 출제 비중도 50 : 50 정도로 비슷하게 출제된다.

## 4.3. 초·중·고 국어과 교육과정 간의 계속성, 계열성, 통합성 강조

고등학교 과정은 국민의 공통된 기본 교육과정을 최종적으로 달성하는 데 그 목표가 있다. 즉 누구나 도달해야 하는 기본적이고도 핵심적인 교육 내용을 담고 있는 최종 과정이라 할 수 있다. 따라서 초·중학교와 그 교육과정의 연계선상에서 최종적으로 도달해야 할 교육과정을 구성해야 한다. 하지만 이제까지 우리 국어과 교육과정은 초·중·고의 교육과정이 담고 있는 내용이 중복되거나 혹은 학습자들의 위계를 거슬러 편성되는 경우도 많았다. 아울러 아예 학습자들의 수준을 고려하지 못한 교육과정 내용 영역의 구성도 허다했다.

이는 언어 교육에 대한 기본적인 현장조사가 철저하게 이루어지지 않고 교육과정을 구성했기 때문이라 할 수 있다. 물론 그간 우리 국어교육의 짧은 역사에도 불구하고, 다양한 교육과정상의 실험과 시도가 있어왔지만, 정작 학교 급간의 교육과정 내용에 대한 철저한 연구와 반성은 다소 미비하게 이루어져 왔다고 해도 과언이 아니다.

가령 읽기와 쓰기에서 주요한 처리 단위로 활용되는 단락이 교육과정상에 어떻게 설정되어 있는지 살펴봄으로써 교육과정 내용들이 학교 현장의 학습자들의 수준과 위계를 고려하지 않았는지를 단적으로 알 수 있다. 2007개정 국어과 교육과정상의 단락과 관련되는 내용은 〈표 7〉과 같다.

〈표 7〉 2007개정 국어과 교육과정상의 단락 관련 내용

| 학교급별/학년별 | 영역 | 내용요소 및 세부내용 |
|---|---|---|
| 초등학교/3학년 | 읽기 | • 단락의 개념 이해하기 |
| 초등학교/3학년 | 쓰기 | • 설명할 내용을 단락이 갖춰야 할 요건에 맞게 표현하기 |
| 중학교/8학년 | 읽기 | • 단락 요약 및 단락 간 관계 파악의 원리 이해하기<br>• 단락 간 관계 분석을 통해 글의 짜임 파악하기 |
| 고등학교/11, 12학년 | 독서 | • 단어, 문장, 단락 등 글을 구성하는 각 단위의 내용과 그들 사이의 관계를 파악한다 |

〈표 7〉에서 제시된 바와 같이 초·중·고 교육과정상의 단락과 관련된 내용들이 학습자들의 위계나 그것이 지니는 의미 단위로서의 속성이 제대로 고려하지 않았음을 단적으로 알 수 있다. 교육과정의 기본적인 조직 원리인 계열성, 계속성, 통합성과 상당한 거리가 있는데, 특히 읽기와 쓰기 영역에서 단락이 지니는 사용 가치를 매우 지엽적으로 제시하고 있으며, 개념을 먼저 제시함으로써 단락에 대해 학습자들의 접근의 융통성을 저해함으로써 계열성의 원리에 위배되고 있다. 또한 계속성의 측면에서도 초등학교 3학년에서 단락의 개념과 구성 원리를 제시했지만, 이후에는 거의 다루지 않고 있다가 기껏 중학교 3학년에서 갑자기 단락들의 관계를 다루는 것으로 제시되고 있다.

2009개정 교육과정은 학년군과 교과군이라는 큰 틀 아래 기존의 학년과 교과의 불필요한 교육과정상의 중복 및 혼란을 극복하려는 시도에서 그 의의를 찾을 수 있다. 따라서 가장 시급하게 다루어야 할 영역이 바로 교육과정상의 내용 영역들에 대한 철저한 현장 조사를 바탕으로 한 교육과정 내용 영역들에 대한 검토이다. 이는 교육과정상의 내용들 간의 중복이나 학습자들의 수준이나 위계를 무시한 내용들의 수정에 역점을 두어야 할 것이다.

## 5. 마무리

2009개정 국어과 교육과정은 이전 교육과정이 학교 현장에서 제대로 정착하기도 전에 등장하였다. 개정의 이유가 이전 교육과정이 지닌 내적 논리의 문제에서 출발한 것이 아니라, 대학 입시와 관련된 수능 과목으로서의 의의가 현저하게 떨어진다는 것에 있었다. 따라서 이는 정작 국어 교과 내의 정체성을 고려하지 않은 외적 강요에 의해 매우 급조된 교육과정 개정의 논리라 할 수 있다.

물론 시대가 급변하고 그에 걸맞은 교과들의 재구성은 반드시 필요하다. 이 글에서는 이런 대의를 인정하면서, 2009개정 국어과 교육과정이 여러 측면에서 많은 문제를 내포하고 있음을 살폈다. 국어교과의 위상 약화, 외적 논리와 상황에 의한 영향, 선택과목 결합의 비논리성, 교육과정의 연속성 등이 문제로 부각되었다. 아울러 바람직한 국어과 교육과정 내용 구성의 방향으로는 과제 중심 및 담화중심 언어교육의 강조, 국어과 기능 영역과 내용 영역 간의 단절보다는 통합으로의 전환, 초·중·고 국어과 교육과정 간의 계속성, 계열성, 통합성 강조 등이 제기되었다.

국어교육은 외국어 교육과 달리 우리 민족의 숨결이 녹아 있는 말과 글을 다룬다. 따라서 단순한 기능 중심의 의사소통 혹은 지엽적인 내용 중심의 논리로는 국어교육의 정체성을 드러내기 힘들며, 아울러 교육현장에서 기본 교과로서의 역할을 발휘하기도 힘들다. 따라서 영역 간의 통합에 초점을 두되, 학습자들의 수준과 연령에 걸맞은 영역들의 재구성이 필요할 것이다.

# 2부 말하기·듣기 교육론

대화의 속성과 위상 고찰

담화와 말하기 평가

준언어적 표현

# 대화의 속성과 위상 고찰

## 1. 대화라는 담화의 정체성

현재 학교 현장에서 대화는 듣기와 말하기, 그리고 화법교육의 주요한 교수·학습 담화 중의 하나이다. 즉 대화는 다른 담화와 마찬가지로 교육과정과 교과서상에서 일정하게 교수·학습상의 내용으로 제시되고 있으며 학교 현장에서 교수·학습되어야 하는 담화이다. 하지만 다른 담화, 가령 토론이나 발표와는 그 교육적 중요성이나 방법적인 측면에서 일정한 차이가 있다.

대화는 일반적으로 사적 영역에서 이루어지는 담화이다. 따라서 공식적인 학교 교육에서 본격적인 담화로 다루어지기에는 방법론상으로 많은 어려움이 따른다. 특히 대화가 이루어지는 삶의 다양한 맥락을 교수·학습 현장으로 고스란히 옮겨놓기가 어렵고, 아울러 그와 같은 맥락을 고려한다고 하더라도 사적 영역에서의 미묘한 면대면 소통 관계를 구현하는 것은 더 어려운 일이다.

현재 화법교육에서 고려되는 담화는 대화를 비롯해 토의, 토론, 발표, 면접, 협상, 연설 등이다.[1] 이들 7가지 담화는 초등학교에서부터 고등학교까지 적절하게 나뉘어져 교육하도록 제시되고 있다. 대화도 초등학교에서부터 고등학교까지 교육과정상에 배치되고 있기는 하지만, 학년이 올라갈수록 사적인 대화 영역보다는 공적인 담화 영역으로 교육 내용이 옮겨가고 있는 실정이다.

즉 사적 영역에서 이루어지는 대화는 학년이 올라갈수록 그 교육적 유의미성이 떨어지고 중·고등학교 교수·학습 현장에서는 거의 다루어지지 않고 있는 실정이다. 뿐만 아니라 초등학교에서도 저학년을 중심으로 다양한 현실 맥락을 고려하거나 과제 중심의 문제 해결력을 향상시키는 대화교육보다는 극과 같이 미리 짜인 대본 중심의 대화글 읽기 교육에 초점을 두고 있는 것이 현실이다.[2]

이런 사정으로 인해 학교 현장에서 대화는 다른 담화에 비해 제대로 교수·학습되고 있지 않거나 혹은 거의 도외시되고 있는 실정이다. 따라서 국어과 평가에서도 거의 비중을 차지하고 있지 못하다.[3] 그렇다면 분명 대화가 듣기·말하기 혹은 화법교육에서 이런 식으로 다루어져 온 이유가 있을 것이다.

교육과정마다 약간의 차이가 있기는 하지만, 대화는 꾸준하게 교

---

1) 2007개정 국어과 교육과정에서부터 일곱 가지 담화가 화법 영역에 자리 잡게 되었다. 이는 2009 개정 국어과 교육과정에서도 마찬가지 양상이다. 다만 2009에서는 담화 제시의 순서에서 약간의 차이가 있다. 가령 2007에서는 대화, 면접, 토의, 토론, 협상, 발표, 연설이었고, 2009에서는 대화, 토의, 토론, 발표, 면접, 협상, 연설이다. 이는 교수·학습 내용상의 위계성을 고려한 결과로 판단된다.

2) 이도영(2011)에서는 초등학교 교과서상의 듣기와 말하기 영역을 중심으로 지식, 기능, 태도로 구분해서 맥락의 문제를 다루고 있다. 특히 맥락과 관련성이 없거나 떨어지는 언어 사용 상황의 상정과 이의 교육을 주요한 문제로 지적하고 있는데, 특히 "그 결과 현재의 듣기·말하기 맥락 교육은 거의 다 인사, 칭찬, 감사, 위로 등과 같은 사회적 상호작용과 관련 있는 것만 다루고 있다고 할 수 있다. 그러면서도 사회적 작용이라는 말에 맞지 않게 일방향적인 소통 중심으로 활동이 짜여 있고, 쌍방향적인 소통을 하더라도 서로 말을 한 번씩만 주고받고 있다"(213쪽)와 같이 맥락이 거의 고려되지 않은 교과서의 내용을 비판하고 있다.

3) 2014 수능부터 화법 영역이 지필 평가로 출제되고 있지만, 과연 평가의 타당성 면에서 문제가 없는지 차후 검토가 필요할 것이다.

육과정과 교과서에서 그 교육적 가치를 인정받아 왔다. 하지만 정작 구체적인 교수·학습 맥락에서는 대화가 제대로 수용되어 다루어지지 못한 것이 사실이다. 즉 이런 문제가 대화라는 담화가 지니는 차별적인 속성과 위상에 대한 문제인지, 그렇지 않으면 교수·학습 방법론상의 문제인지에 대한 구체적인 검토가 필요한 시점이다.

이는 대화가 그 자체의 정체성 확보를 통한 존립과 다른 담화의 이론 및 실제에 영향을 줄 수 있는 기본적인 담화 영역으로서의 가치 확보라는 이중의 과제를 안고 있다는 점에서 중요하다. 특히 대화 담화의 교육 속성과 위상에 대한 정체성을 확보하는 것은 대화교육이 국어 교육현장에서 제대로 자리 잡을 수 있는 핵심적인 계기가 될 수 있다.[4)]

이 글에서는 이상의 문제의식을 바탕으로, 우선적으로 우리 국어 교육현장에서 대화교육이 제대로 이루어지지 못했던 상황과 그 이유를 제시하며, 이를 바탕으로 대화 담화만이 지니는 속성과 다른 담화와의 관계에서 드러날 수 있는 위상의 문제를 본격적으로 고찰한다. 나아가 학교 현장에서의 대화교육의 가능성을 존재론적 차원과 의미론적 차원으로 구분하여 총체적으로 다룬다.

## 2. 대화교육의 부재

### 2.1. 전통적인 글말 중심의 문화와 군사 문화의 영향

우리의 전통 문화는 한문 중심의 글말이 중심이 되어왔다고 해도 과언이 아니다. 훈민정음이 창제되기 이전까지 말과 글의 불일치 속

4) 임칠성(2008)에서도 담화 유형에 대한 국어교육적 합의가 제대로 이루어지지 못했음을 지적하고 있다.

에서 수많은 언중들은 절름발이 언어 생활을 영위해 왔으며, 이런 상황에서 언어적 표현이나 내용보다는 일방향 관계 중심의 말글살이에 얽매여 살아왔다.

결과적으로 대다수 언중들의 입말을 통한 자연스러운 내용 표현의 몫은 줄어들 수밖에 없었고, 관계나 계층을 통해 일방향 소통의 상황에 암묵리에 놓이는 경우가 많았다. 이런 상황은 입말의 공적, 사적 상황을 막론하고 말을 통한 공존과 협력의 장을 공유하기 어렵게 만들었고, 일부 식자층에 의한 지식의 독점을 가져오게 하였으며 더딘 문화의 발전의 결과를 나았다.[5)]

이는 우리 사회가 근대화라고 부르기 시작하는 시기에도 마찬가지였다. 외세의 침탈과 군사 문화의 영향으로 상호 관계 중심의 화법이 아닌 지시와 강제의 일방향적 소통만이 이루어졌다. 이런 사회문화적 상황은 국어교육의 근간이 되는 국어과 교육과정에도 반영되어 듣기와 말하기, 화법교육이 제대로 이루어질 수 없는 분위기가 조성되었다.

이는 해방 이후 1차 교육과정에서 거의 제4차 국어과 교육과정까지 이어졌다고 볼 수 있다. 다만 제5차 국어과 교육과정에 와서야 듣기와 말하기가 국어과의 한 영역으로, 그리고 제6차 국어과 교육과정부터 화법이 고등학교 선택과목으로 자리를 잡았고, 학교 현장에서도 교과목으로 가르치기 시작했다. 이처럼 우리의 입말교육은 지극히 최근에 와서야 비로소 학교 현장에서 본격적인 과목으로 수용되었다.[6)]

---

5) 그런 점에서 수사학 혹은 웅변술이 번창했던 고대 그리스의 문화적 번영은 논리적이고 합리적인 서구 사회의 토대를 만들었다고 해도 과언이 아니다.

6) 전은주(2006)에서는 개화기에서부터 7차 교육과정까지의 화법교육의 변천사를 고찰하고 있다. 특히 각 교육과정 별로 화법교육의 변모를 비판적 관점에서 고찰하고 있어 참고가 된다. 다만 5차 이후부터 화법교육을 발전기로 자리매김하고 있는데, 이는 외형상으로는 그렇지만 실상 학교 현장에서의 화법교육이 앞선 시기와 크게 차이가 있었는지에 대해서는 의문이 든다.

## 2.2. 언어 표현에만 치중한 입말교육

국어 과목이 내용 중심이 아닌 기능 혹은 도구 중심이 되고, 이런 생각들이 반영된 제5차 국어과 교육과정부터 언어 사용 영역이 국어과의 주요한 근간이 된다. 이 시기를 기점으로서 이른바 도구 중심 혹은 기능 중심의 국어 교과관이 학교 현장에 반영되며, 자연스럽게 읽기와 쓰기, 그리고 듣기와 말하기 교육이 국어교육에서 중요한 부분을 차지하게 된다.

하지만 정작 듣기와 말하기, 그리고 화법교육은 읽기와 쓰기에 비해 학교 현장에서 자리를 제대로 잡지 못했다. 이는 듣기와 말하기 영역, 그리고 화법 과목의 정체성 수립의 실패와도 관련될 수 있다. 이런 실패의 주된 원인은 무엇보다도 입말과 글말의 본질적인 차이를 고려하지 못하고 읽기 및 쓰기 영역의 글말 중심 내용들과 차별성 없이 듣기와 말하기 영역과 그리고 화법 과목의 내용 구성이 이루어졌기 때문이다.

입말은 글말과 달리 맥락과 현장에서 벌어지는 소통 관계에 초점을 두어야 한다. 하지만 이들 제5, 6차 국어과 교육과정들은 이를 제대로 반영하지 못하고 언어 전달상의 내용 표현에만 치중했다.[7] 이는 입말의 고유한 속성을 살리지 못하는 결과로 이어졌고, 당연히 입말교육은 제대로 학교 현장에서 자리 잡기 어려운 결과가 되었다.

특히 입말 담화 중에서도 대화는 공적보다는 사적 자리에서의 차별적인 속성이 드러남으로, 이와 같은 언어 표현 중심보다는 관계 중심에 더 초점이 놓이는 담화라고 할 수 있다. 아울러 이와 같은

7) 이문규(2006)에서는 이를 표현관과 소통관으로 구분한다. 즉 듣기와 말하기, 화법교육의 핵심을 언어 사용 중심에 둘 것인가, 혹은 언어 사용 이면에 깔려 있는 다양한 관계 측면에 초점을 둘 것인가에 따라 두 가지로 구분된다고 볼 수 있다. 나아가 임택균(2013)에서는 국어 교사들이 관계 차원보다는 언어 차원에 초점을 두는 것으로 조사 결과를 논의하고 있다. 특히 이는 현재 우리 화법교육이 제대로 되고 있지 못한 주요한 한 요소로 논의되고 있다는 점에서 참고의 의의가 있다.

사적 영역에서는 다양한 준언어와 비언어적 표현이 더 중요한 소통의 수단이 될 수 있는데, 이를 도외시한 채 지나치게 언어 표현에만 초점을 둔 이른바 관계 형성보다는 정보 전달이나 교환에 치중한 입말교육이 되어 왔다.

즉 이런 상황에서 사적 영역에서의 관계 형성을 중요시하는 대화교육은 제대로 공교육의 장에서 다른 여타 담화에 비해서 그 기틀을 마련하기 더 어려웠다. 입말교육, 특히 사적 영역에서의 대화는 언어 표현에 초점을 두는 교육이 아닌 관계에 초점을 두는 교육이 이루어져야 한다.[8)]

## 2.3. 공적 화법 및 대중과 집단 화법이 중시된 입말교육

화법은 참여자 구성에 따라 다양하게 구성된다. 일반적으로 참여자 관계의 공식성 정도에 따라 사적과 공적 화법으로, 그 관계가 일 대 일, 일 대 다, 아니면 집단적인가에 따라 대화, 대중 화법, 집단 화법으로 나뉜다. 대화는 주로 사적이면서 일 대 일 관계 유형에 속하는 담화이다.

엄밀하게 말하자면 대화는 다른 담화와는 다르게 사적 영역에서의 관계 형성에 초점을 둔 담화라고 할 수 있다. 하지만 사적 영역에서의 미세한 맥락을 교육적으로 유의미하게 살려내기가 매우 어렵다. 물론 다양한 대화 상황을 만들고, 이에 부합하는 언어 표현과 관계 형성에 초점을 두는 극 형식의 대화 공간을 연출할 수 있겠지만, 이런 내용들이 실제 삶의 현장으로 얼마나 의미 있게 전달될 수 있을지

8) 이런 점은 국어교육이 응용 학문이라는 점을 제대로 반영하기 못한 결과이기도 하다. 국어교육은 철학, 언어 심리학, 미시 사회학(작은 사회학)이라는 학문 분과의 내용을 토대로 구성된 응용 학문이다. 이 중에서도 미시 사회학은 관계의 문제를 직접적으로 다룰 수 있는 주요한 분야이다. 임칠성(2012)에서는 외적 관계의 유형을 국어교육의 틀에서 일부 개괄하고 있어 참고가 된다.

는 의문이다.

따라서 대화는 주로 초등학교 저학년 수준에서 교육되고 있는데, 이는 실제 삶의 미묘한 관계 중심의 대화라기보다는 피상적인 정보 전달이나 교환에 그치는 경우가 많다. 아울러 학교라는 공적 현장에서 대화라는 담화가 교육되기 어려운 이유 중의 하나는 평가와 관련하여 대화는 거의 교육적 유의미성을 지니지 못하기 때문이다. 다만 토론, 토의, 면접 등은 대학 입시를 위해서라도 다수의 학습자들이 학교와 사교육을 통해 일부분 교육받고 있는 것이 사실이다.

이처럼 학교 현장에서 듣기와 말하기, 화법교육이 실시된 이후로 주로 교육의 대상이 되어 온 담화는 토론이나 토의, 발표 등 집단과 대중 화법이 주를 이루어왔다. 이러한 결과로 대화가 교육과정상에 다른 담화와 함께 포함되어 있음에도 불구하고 교수·학습 현장에서는 거의 다루어지지 않거나 도외시 되어 온 것이 사실이다.[9] 이는 대화교육이 학교 현장에서 피상적으로 혹은 명목상으로만 존재하는 담화로 오랜 시간 자리 잡아 온 주요한 이유 중의 하나이다.

## 2.4. 담화 유형으로서의 독자적인 위상 마련의 소홀

대화가 국어 교육현장에서 과연 독자적인 담화로서 그 정체성을 분명하게 지니고 있는지에 대해서는 논란의 여지가 있을 수 있다. 특히 대화라는 표현 자체가 듣기와 말하기, 화법에서만 사용되는 것이 아니다. 소통이 중시되는 다양한 학문 현장뿐만 아니라, 일상생활에서도 많이 사용되기 때문에, 그것이 지니는 의미의 진폭이 매우

9) 서영진(2013)은 고등학교 학습자들을 대상으로 한 말하기 효능감 조사에서, 고등학교 학습자들은 공적 담화인 발표나 토론과 관련하여 실질적인 효능감을 드러내지만 대화에 대해서는 그렇지 못하다고 보고하고 있다. 그 이유를 대화는 사적 영역의 담화로 평가와 거의 관련이 없으며, 교육받지 않아도 누구나 수행 가능한 것으로 지적하고 있다. 이는 결국 대화 담화가 공식적인 담화로서 교육되고 있지 못하다는 반증이기도 하다.

넓고 깊다고 할 수 있다.

또한 대화는 다른 담화에 귀속되는 경우가 많다. 특히 토론, 토의, 면접, 협상 등도 대화를 주 기반으로 전개되는 담화 유형이기 때문이다. 다만 일정한 규칙이나 순서, 아울러 담화의 목적에 있어서 차이가 있을 뿐이다. 따라서 이런 여러 담화들에서 대화만이 지니는 독자적인 속성이나 위상을 이끌어내기가 어렵다.

아울러 이런 공식적인 담화들에서의 규칙이나 목적이 중시되다 보면 자연스럽게 대화는 이들 담화를 뒷받침하는 담화 정도로 취급되거나 혹은 독립적인 담화 유형으로서의 교육적 필요성이 떨어지게 된다. 따라서 대화는 다른 담화에 쉽게 귀속되어 그것의 독자적인 속성을 자연스럽게 잃게 되는 경우가 많다.

물론 대화의 구조, 원리, 예절 등을 중심으로 한 대화교육의 독자성을 확보하기 위한 연구들도 있어 왔다.[10] 하지만 이와 같은 대화의 구조, 원리, 예절 등이 학교 현장에서 교육적으로 환원되어 학습자들에게 삶으로 전이되기 위해서는 여전히 대화의 독자적인 부면에 대한 연구들이 심층적으로 이루어져야 한다.

듣기, 말하기 영역과 화법교육이 학교 현장에 본격적으로 들어온 지도 제법 많은 시간이 흘렀다. 하지만 이들 영역과 과목에서 이루어지는 입말교육은 여전히 답보 상태이다. 특히 이들 영역과 과목에 포함되는 수많은 담화들 중에서도 가장 기본이 되는 대화에 대한 속성, 위상, 교수·학습 내용과 방법에 대해서는 더 많은 고찰이 필요할 것으로 판단된다. 이하의 장과 절에서는 이를 중점적으로 다루어보고자 한다.

---

10) 구현정(2001)은 대화의 비언어, 구조, 원리를 중심으로 말하기 교육의 전체적인 틀을 보여주고 있다는 점에서 참고가 된다.

# 3. 대화의 속성과 위상

## 3.1. 대화의 속성

대화는 분명 다른 담화와 내용과 형식상으로 차이가 있다. 이는 자연스럽게 교육적으로 환원되어 교수·학습 내용과 방법론상으로도 차별적으로 구성될 수 있다. 하지만 과연 우리 입말교육에서 대화가 교육현장에서 독립된 담화로서 차별적으로 다루어지고 있는지에 대해서는 의문을 제기할 수밖에 없다. 이는 곧 대화가 지니는 고유의 입말 속성을 제대로 학습자들에게 전달하기 어렵다는 점과 맥을 같이 한다.

이런 점을 감안하여 본 절에서는 우선적으로 대화가 지니는 입말로서의 고유한 속성의 문제를 다루어보고자 한다. 이는 다른 담화와의 비교를 통해서 이루어질 수 있다. 아울러 대화만의 속성을 제대로 고려해야만 교수·학습 내용의 선정과 방법, 그리고 평가 면에서 입말교육적 효과를 얻을 수 있다.

우선 대화의 속성을 논의하기 전에, 대화가 무엇인지에 대한 개념부터 살펴볼 필요가 있다. 이런 개념 정의를 통해 대화의 속성을 유추해 볼 수 있다. 아울러 이를 통해 대화라는 담화가 지향하는 바가 무엇인지를 고찰해 수 있기 때문이다. 이는 곧 다른 담화와의 차별성을 확보할 수 있는 첫 번째 단계가 된다. 몇몇 대화의 뜻매김은 아래와 같다.

- 인터넷 표준 국어 대사전: 마주 대하여 이야기를 주고받음, 또는 그 이야기
- 이규호(1999: 69): 진정한 대화는 이성의 교환일 뿐만 아니라 이성과 정서와 의지의 전인적 만남이다. 대화가 일상적인 지껄임이 아니라 참다운 대화라면 그것은 언제가 실존적인 만남이다. 실존을 건 결단으로서의 만남이다.

- 전은주(1999: 80): 일상생활에서 비공식적으로 구어를 통하여 이루어지는, 둘 이상의 사람 사이에서 이루어지는 상호작용적인 언어 행위
- 이주행 외(2003: 119): 일상생활에서 두 사람 이상이 모여 말로써 생각과 느낌을 표현하고 이해하는 활동
- 교육과학기술부(2008: 149): 두 사람 이상이 모여 말로써 서로의 생각과 느낌을 표현하고 이해하는 상호 교섭적 활동[11)]
- 박용익(2010: 526): 좁은 의미로는 의사소통 목적을 추구하는 구체적인 두 명 이상의 대화 참여자가 말할이와 들을이의 역할교체, 즉 발화 순서 교체를 하면서 수행하는 의사소통의 유형, 넓은 의미로는 인간의 모든 의사소통 행위
- 이창덕 외(2010: 220): 대화란 두 사람 이상의 대화 참여자가 형식에 얽매이지 않고 자유롭게 화자와 청자의 역할을 순서 교대에 의해 바꾸어 가며 언어적인 상호작용을 하는 것

위에서 이루어진 대화의 뜻매김에서 대화의 가장 공통적인 속성은 두 명 이상의 참여자가 소통에 관여한다는 것이다.[12)] 대화가 관계 지향적인 담화임을 직접적으로 말해주는 것이라고 할 수 있다. 아울러 대화는 일정한 규범적인 틀에 의해 이루어지기보다는 다소 자유롭고 허용적인 분위기 속에서 소통이 이루어진다.

즉 이런 점 등을 감안하여 이 글에서는 대화의 차별적인 속성을 다른 담화와 비교해서 대략 네 가지 정도로 구분한다. 이는 이후의

---

11) 2007 개정 국어과 교육과정에서는 '상호교섭'이라는 용어를 사용함으로써 화자와 청자 간의 보다 역동적인 관계를 고려하고 있으며, 이는 이후의 교육과정에도 그대로 이어지고 있다.

12) 대화의 개념은 보통 세 가지 층위에서 사용되고 있다. 가장 넓은 범위로는 '대면 상황에서의 상호적 발화교환'을, 일반적으로는 '제도적인 환경이 아닌 상황에서 두 명 이상의 참여자들이 자유롭게 번갈아가며 주고받는 발화교환'으로, 가장 협소한 의미로는 '친근한 참여자들이 사적인 화제를 중심으로 우호적으로 하는 발화교환'이다. 이 글에서는 기본적으로 가장 넓은 범위를 상정하되, 가장 협소한 범위에서의 친근성을 바탕으로 한 사적 관계도 포함시켜 대화의 개념 범위를 상정한다.

장에서 대화 담화의 본질적인 속성과 위상의 문제를 다루고, 나아가 교육현장에서 대화를 어떻게 차별적으로 교수·학습할 것인지의 문제와 연계선상에서 이루어진다.

### 3.1.1. 친밀성

대화의 가장 기본적인 속성은 무엇보다 대화 참여자 간의 친밀성에 있다. 이는 무엇보다 심적 불안을 동반하지 않거나 그 정도가 매우 낮은 상태에서 이루어질 수 있는 가장 보편적인 소통 상황과 관련될 수 있다. 대화는 인간 본연의 표현 욕구와 관계 욕구가 결합되어 이루어지는 소통의 보편적인 모습이라는 점에서 친밀성은 대화 담화의 정체성을 수립하는 데 가장 주요한 속성이라고 할 수 있다.

물론 대화도 사적과 공적 영역에 따라 그 목적을 달리하면서 전개될 수 있다. 특히 공적 영역에서는 정보 전달이나 교환에 초점을 둘 수 있다. 하지만 이것으로 대화의 본모습을 단정 짓기는 어렵다. 일상생활에서 일어나는 수많은 대화 상황 중에서 삶과 유의미하게 관련되기 어려운 짧은 순간의 정보 전달과 교환 중심의 대화를 교육적으로 유의미하게 시키기는 어려울 것이다.

따라서 대화의 가장 본질적인 기능은 사적 영역에서 내가 누구인지에 대한 표현과 관계의 욕구를 상대방을 통해 확인해 가고 달성해 가는 과정에 있다. 곧 대화를 통해 화자와 청자 간의 정체성을 수립해 가는 것이 대화가 지닌 본질적인 기능이자 모습이라고 할 수 있다. 이는 곧 친밀성이 수반되지 않고는 어려운 일이다. 여기에서 대화가 놓이는 중요한 자리가 있다.

### 3.1.2. 관계 지향성

이른바 내가 누구인지를 대화를 통해 확인하고 자각해가는 과정은 인간됨을 형성해가는 가장 기본적인 과정이라고 할 수 있다. 특히 대화의 상대방이 누구인가에 따라 그 인간됨의 모습이 형성되기도 한다. 이처럼 대화를 통해 자신을 대화 상대방에 투영하며, 그 투영된 모습에서 자신을 재발견하게 된다.

이는 곧 대화라는 담화는 다른 어떤 담화보다는 대화 상대방의 존재에 대한 전제를 통해 이루어지며, 나아가 존재 대 존재의 만남에 의해 그 본질적인 모습이 결정된다고 할 수 있다. 이른바 대화는 곧 만남이고, 그 만남을 통해 인간은 인간됨을 형성해 가는 것이고, 그 만남이 제대로 이루어질수록 존재의 가치는 더 크게 발휘된다.

입말교육이 제대로 이루어져야 한다는 당위성은 바로 이러한 관계 지향성의 문제에서 도출된다. 입말교육은 글말교육과는 달리 면대면의 관계를 항상 전제하기 때문에 필연적으로 상대방과의 관계 설정이 매우 중요하다. 특히 사적이든 공적이든 대화 담화는 언어의 표면적 전달보다는 그 전달의 이면에 놓여 있는 다양한 관계의 측면을 먼저 인식하는 것이 중요하다.

따라서 대화교육에서는 언어 구조보다는 언어 사용에 따르는 복합적인 신호 양상에 주목해야 하며, 이는 결국 화자와 청자 간의 관계에서 제기되는 협력 문제와 밀접하게 관련되어야 한다. 아울러 이와 같은 대화에서의 언어 사용은 다양한 '수준', '경로', '층렬'에 따른 화자와 청자 간의 복합적인 소통을 모습을 반영한다.[13]

### 3.1.3. 맥락 밀착성

대화는 본질적으로 사적 영역에서 친밀성을 바탕으로 화자와 청자 간의 관계를 협력적 토대 위에 형성해 가는 담화이다. 특히 사적 영

---

13) Herbert H., Clark(2009, 김지홍 뒤침)은 언어 사용 전반에 깔린 모습을 매우 실증적으로 보여주고 있다.

역에서 화자와 청자 간의 미세한 준언어적, 비언어적 표현들이 주변 맥락에 많은 영향을 받으면서 상호 간의 의미 관계를 형성해 가는 데 주요한 역할을 한다.

다른 담화들도 대화와 마찬가지로 상황 맥락에 영향을 받는다. 하지만 대다수 공적인 자리에서 청자나 청중과의 관계에서 오는 언어 표현상에서 오는 의미 전달상의 해석과 판단의 문제가 초점이 된다. 이는 대화가 다른 담화와 상당히 차별적으로 부각될 수 있는 부분이다. 특히 대화가 일어나는 상황 맥락은 매우 중요한 요소로 작용한다.

즉 대화의 언어적 표현에 부가된 다양한 준언어적, 비언어적 표현들은 대화가 진행되는 미세한 상황 맥락에 의존해야만 정확하게 해석될 수 있다. 이런 점에서 대화는 다른 어떤 담화들보다 상황 맥락에 의존해야 하는 유형이라고 할 수 있다. 아울러 이는 언어 표현에 부가된 다양한 준언어와 비언어적 표현들의 수반에 기인한다고 할 수 있다.

### 3.1.4. 저부담성(낮은 불안성)

대화는 면대면 관계를 유지하는 중요한 소통의 수단이다. 특히 인간 관계를 유지하는 데 주요한 매개가 되는데, 무엇보다도 특정한 목적을 위해서라기보다 일상에서의 관계 유지를 위해 우리 삶에 매우 밀착된 모습하에 지속적으로 수행된다. 따라서 고부담 혹은 고불안의 심적 상황을 수반하기보다는 저부담 혹은 저불안의 다소 편안한 심리 상태를 유지하면서 소통이 이루어지는 경우가 많다.

이는 주요한 대화 담화의 한 속성이라고 할 수 있다. 대화 이외의 담화는 기본적으로 심적으로 상당한 부담과 불안을 수반한다. 특히 대중 화법은 말할 것도 없거니와, 집단 화법도 상당한 심적 부담을 수반하며 화자와 청자 간의 관계를 경직되거나 혹은 조심스럽게 만든다. 따라서 화자는 표현에 많은 부담을 느끼게 되며, 자유스러운 내면의 세계를 구성하는 데 많은 한계를 노출하게 된다.

이런 점에서 대화는 다른 담화에 비해 독자적이면서도 교육적으로 상당한 응용 가능성을 지녔다고 할 수 있다. 즉 대화를 다른, 특히 공적 담화를 본격적으로 교육하기 전에 교육되어야 하는 기본 담화로서 자리매김 시킬 수 있다는 점이다. 이는 무엇보다 대화가 지니는 낮은 부담과 불안의 문제와 직결된다고 할 수 있다. 학습자들이 말하기를 꺼려하는 가장 큰 이유 중의 하나가 불안과 심적 부담의 문제이기 때문이다.

## 3.2. 대화의 위상

이 절은 대화의 속성에 대한 문제에서 한 걸음 더 나아가 대화를 다른 담화들과 어떻게 차별적으로 다룰 것인지의 문제를 담화 간 다양한 관계 모습을 통해 살펴보고자 한다. 이는 대화교육이 제대로 이루어질 수 있는 기반 마련과 관련이 있으며, 나아가 대화가 지니는 본질적인 속성을 다른 담화와의 관계 속에서 찾고자 하는 의도와도 관련된다. 이를 위해 대화가 다른 담화와 가지는 세 가지 관계로 대등 관계, 위계 관계, 상관 관계가 상정된다.

### 3.2.1. 대등 관계

매개 도구 – 토의 – 협상 – 토론 – 면접 – 연설 – 발표

〈그림 1〉 대등 관계

대등 관계는 〈그림 1〉에서와 같이 대화를 다른 담화와 나란히 놓고 접근하는 방식이다. 이는 현행 교육과정과 교과서, 그리고 학교 현장에서 대화를 교수·학습하는 기본적인 관점이다. 대화를 다른 담화와는 독립된 것으로 보고, 대화만이 지니는 다양한 속성이 교수·학습

가능하다는 관점이다. 대화 담화의 독자성과 차별성이 인정된다는 점에서 일단 의미가 있다.

하지만 이 관점하의 듣기·말하기, 그리고 화법교육에서 대화교육이 제대로 이루어지고 있는지 의문을 제기할 수밖에 없다. 대화는 자연스럽게 습득된다는 인식이 팽배해서 의도적인 학교 현장에서 본격적인 교육 대상의 담화로 보지 않는 경우가 많다. 아울러 이는 초등학교 저학년에서 일부에서만 지엽적으로 다루어지며, 이후의 중·고등학교에서는 주요한 담화 유형으로 다루어지지 않고 있다.

기본적으로 대화는 사적 영역의 담화이다. 물론 공적인 틀에서 대화를 다룰 수도 있지만, 이 경우는 토의나 협상, 토론 담화와 겹치는 경우가 상당 부분 발생하고, 오히려 대화의 독자성이 상실된 채 다른 담화에 귀속될 수 있는 가능성이 있다. 즉 대화를 여타 담화와 대등한 관점에서 독자적인 담화를 다루기 위해서는 무엇보다는 대화만이 지닐 수 있는 담화 속성을 부각시키지 않으면 안 되며, 이에 부합하는 기능적, 내용적 독자성을 확보할 수 없다면 대화 담화를 학교 현장에서 유의미하게 교육하기는 어렵다.

하지만 현행 국어과 교육과정과 교과서에 반영된 화법교육상의 대화는 그것 자체의 독자적이고 차별적인 교육 내용이 제대로 확보되지도 않은 채 이루어지고 있는 상황이다.[14] 따라서 〈그림 1〉에서와 같은 관점하에 놓인 대화 담화는 다른 담화의 구어적 차별성에 밀려 독자성을 확보하기가 쉽지 않다.

대화는 앞선 속성에서 제시된 바와 같이 언어적 표현에 중점을 두

14) 물론 교육과정에서는 대화의 주요한 교육 내용으로 말하기 규범의 일종인 협동의 원리나 공손성의 원리를 제시하고 있다. 하지만 이는 서양 사회의 입말 문화와 관습 하에서 도출된 대화 규범이지, 우리의 입말 전통 문화와는 일정한 거리가 있다고 볼 수 있다. 아울러 실제 대화에서는 이런 규범들이 제대로 지켜지지 않는 경우가 더 자연스러운 대화 양상으로 전개되기도 하며, 또한 대화의 규범이라고 하는 내용들이 실제 맥락의 대화에서 전개되는 양상과는 거리가 먼 경우도 많다. 따라서 이를 대화의 주요한 교육 내용으로 삼는다면 지식 전달 위주의 학습이 될 가능성이 높다.

기보다는 관계 형성의 역할에 초점이 더 주어진다. 아울러 다른 담화와는 달리 주로 사적 영역에서 이루어기 때문에 말하기에 따른 불안의 척도가 낮다는 점이 주요한 특성으로 제기될 수 있다. 이런 점을 감안해 본다면, 대화는 공적 담화를 본격적으로 학습하기 이전에 말하기와 듣기에 따른 심적 불안감을 낮추고, 말하기 유창성과 관련된 다양한 훈련 과정으로 접근할 수 있는 담화이다.

### 3.2.2. 위계 관계

이는 대화를 일종의 상위 인지, 즉 메타 담화로 보는 방식이다. 대화를 일종의 소통 기저를 이루는 주요한 과정으로 보는 것이다. 아울러 다양한 학문 분야에서 일종의 선언적 명제처럼 제시되는 대화의 중요성, 혹은 필요성을 강조할 때의 관점이라고 할 수 있다.[15] 대화는 기본적으로 면대면 소통의 가장 기본적인 담화이다. 아울러 대화 이외의 모든 담화도 대화의 이런 소통의 속성을 직·간접적으로 공유한다. 이는 아래 〈그림 2〉와 〈그림 3〉과 같이 두 가지 형태로 구분할 수 있다.

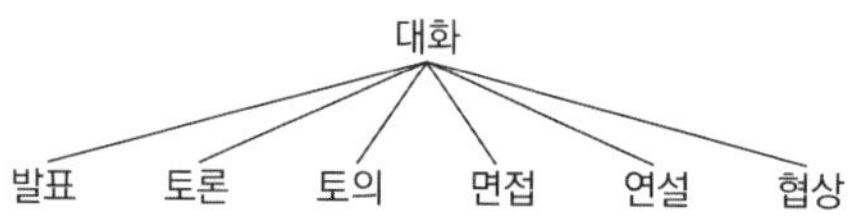


〈그림 2〉 위계 관계 1

15) 철학, 교육학, 문학 등에서 대화 그 자체를 주요한 논의의 대상으로 삼기도 한다. 이는 인간의 가장 기본적인 의사소통의 수단인 대화가 그만큼 우리 삶의 여러 측면에 영향을 끼친다는 점을 말해주는 것이다. 하지만 대화의 이와 같은 사상적 깊이와 폭이 실제 담화 유형으로서 대화를 뜻매김하고 교육하는 국어 교육현장에는 오히려 부정적으로 영향을 주는 것은 아닌지 고민해 보아야 할 것이다.

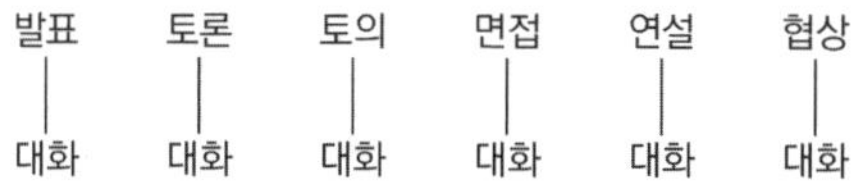


**〈그림 3〉 위계 관계 2**

두 가지 형태의 그림이 제시되고 있는데, 〈그림 2〉의 경우는 대화가 모든 담화의 상위에 위치하는 것으로, 〈그림 3〉은 각 담화의 하위에 대화가 위치하는 것으로 드러난다. 큰 차이는 없지만, 〈그림 2〉의 경우는 대화의 메타 인지적 속성을 강조한 것이고, 〈그림 3〉의 경우는 대화의 기본적인 속성이나 구조를 각 담화에서 부분적으로 사용할 수 있음을 강조한 것이다.

앞서 언급한 바와 같이 실제 국어 교육현장에서 대화는 다른 담화와 대등한 관점에서 고려되고 있지만, 실제 학교 현장에서 대화는 그림에서와 같이 일종의 메타 담화로 적용되고 있는 것이 오히려 현실적인 모습이라고 할 수 있다. 즉 대화를 상위 인지적 관점에서 접근하는 양상으로, 대화가 지니는 기본적인 소통상의 속성이 다른 담화에 기본이 되며, 나아가 이런 소통적 속성이야말로 가장 중요한 입말교육의 초점이 된다는 것이다.

대화의 상위 인지적 측면을 강조한 것은 대화의 소통적 측면을 범담화적 양상으로, 아울러 대화를 각 담화의 하위 영역에 둔 것은 각 담화에서 대화의 기본적이고 필요한 기능이나 구조적 양상을 취사선택해서 이용할 수 있음을 강조한 관점이다. 가령 발표의 경우, 상위 인지적인 측면에서는 청자와의 면대면 소통의 과정을 발표 시에도 청중과의 관계에 적용할 수 있고, 하위 위치에서는 대화의 청자를 가상으로 상정해서 발표 이전에 연습 과정으로 대화의 과정을 발표 장면을 상정해서 실연해 볼 수 있다는 점과 관련시킬 수 있다.

하지만 위계 관계를 통해 대화에 접근한다면, 대화교육은 그 독자성을 상실할 가능성이 높다. 즉 대화가 다른 담화를 위한 존재하는 혹은 다른 담화의 기저를 이루는 것으로만 다루어질 가능성이 높기 때문이다. 따라서 이 관계에서 드러나는 대화 또한 그것의 독자적인 차별성을 확보하기 어렵다. 다만 대화의 상위 인지적 혹은 기능, 구조적 속성을 유효하게 활용할 수 있다는 장점은 부각될 수 있다.

### 3.2.3. 상관 관계

이는 대화 담화에 접근하는 가장 현실적인 방식이다. 대화를 제외한 다른 담화는 직·간접적으로 대화의 속성을 지니고 있다. 구체적으로 대화와 다른 담화와의 상관 관계를 고찰하기 위해 공·사 영역과 심적 불안의 정도에 따라 담화의 유형을 재구성해 볼 수 있다. 물론 다소 직관적인 구성이기는 하지만, 기존의 참여자의 구성, 의사소통 목적, 상황에 따른 담화 유형보다는 보다 구체적으로 담화 유형들의 속성을 보여줄 수 있다.[16) ]〈그림 4〉에서 드러나는 바와 같이 대화는 토의와 그 거리가 가장 가깝고, 발표와 그 거리가 가장 멀다고 할 수 있다.

〈그림 4〉에서와 같이 대화를 기점으로 다른 담화들의 상관 관계를 상정해 볼 수 있다. 물론 접근 방식이나 관점에 따라 차이가 있겠지만, 발표나 연설은 청중을 대상으로 한 전형적인 공적 담화라는 점에서 대화와 거리가 있다고 할 수 있다. 아울러 면접은 기본적으로 면대면 소통을 기본 양상으로 하고 있지만, 참여자의 관계에서 대등한 관계를 상정하기 어렵기 때문에 대화와 일정한 거리가 있다고 할 수 있다.[17)]

16) 기존의 교육과정이나 교과서에 제시된 담화 유형은 일종의 병렬식 혹은 나열식이라고 할 수 있다. 즉 담화들 간의 연계성이 전혀 고려되지 않은 구성 방식이라고 할 수 있다. 〈그림 4〉에서 면접과 협상, 발표나 연설의 위치는 담화가 진행되는 상황 맥락에 따라 그 위치를 달리 할 수도 있다. 아울러 위의 개별 담화를 몇몇 그룹으로 묶어 위치지울 수도 있는데, 이 역시 상황 맥락에 따른 자의성을 완전히 피하기는 어렵다. 차후 연구과제로 남겨두고자 한다.

17) 면접과 면담의 경우는 그 양상이 다르다고 할 수 있다. 면담의 경우는 참여자의 외적

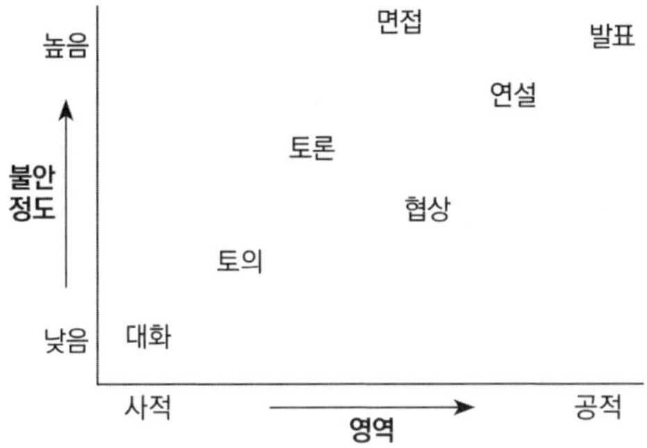


〈그림 4〉 상관 관계

이 관점은 대화를 독립된 담화로 두되, 다른 담화의 속성을 고려할 때 대화의 속성이 얼마나 더 많이 관여되는지를 기준으로 구분한 것이다. 따라서 대화를 교수·학습의 주요한 담화로 고려할 시에는 이런 점을 반영할 필요가 있다. 이는 대화가 가장 기본적인 담화 양식이라는 점을 고려할 때, 대화교육의 정체성을 밝히는 데 주요한 계기가 될 수 있다.

다만 문제는 대화와 각 담화의 관계를 무엇으로 차별성 있게 연관시킬 것인지에 있다. 아울러 대화교육에서 이와 같은 상관 관계가 어떤 교육적 의미를 지닐 수 있을지의 문제가 될 수 있다. 앞선 두 가지 관점은 대화교육이 다른 담화와의 관계에서 위계 혹은 대등 관계를 지님으로써 대화를 독립적인 담화로 교육하기 어렵거나 기존의 대화교육 틀을 벗어나지 못하는 것으로 드러났다.

따라서 이런 문제를 극복하기 위해서는 대화교육의 독자성도 확보하면서, 아울러 다른 담화와의 관계에서 드러나는 대화의 특별한 소

---

관계가 대등하기보다는 내적 관계의 대등성을 기본으로 하고 있다고 볼 수 있다. 아울러 그와 같은 내적 관계가 외적 관계를 우선해서 이루어지는 소통 과정이라고 할 수 있기 때문에 면담에 비해서는 대화와 보다 밀접한 연관성을 지닌다고 할 수 있다. 임칠성(2008)에서는 7가지의 담화 유형의 범주적 속성을 기본 의미소와 정의로 구분해서 보여주고 있어 참고가 된다.

통 양상을 모두 포괄할 수 있는 관점이 필요하다. 바로 이 관점은 대화의 다른 담화와의 상관 관계에서 도출될 수 있다. 즉 대화가 다른 담화와 상관 관계를 지님으로써 실제 교수·학습 과정에서도 이와 같은 면이 적용될 수 있다. 특히 대화 담화가 지니는 구조적, 기능적 특성 및 대화 규범 등을 다른 담화와 유효적절하게 관련시킬 수 있을 것이다. 구체적으로 대화를 교육상으로 다른 담화와 간략하게 연계시켜 보면 〈표 1〉과 같다.

〈표 1〉 대화 담화와의 연계성

| 담화 | 영역 | 불안 정도 | 연계 요소 |
|---|---|---|---|
| 토의, 협상 | 공·사 | 저→고 | 순서교대, 협력의 원리 |
| 토론 | 공·사 | 고 | 순서교대, 협력의 원리 |
| 면접 | 공 | 고 | 대응쌍, 협력의 원리 |
| 연설, 발표 | 공 | 고 | 협력의 원리[18] |

## 4. 대화교육의 가능성

'대화교육은 가능한가'라는 물음은 화법교육이 우리 국어 교육현장에 제대로 자리 잡기 위해서는 반드시 해결해야 하는 문제이다.[19] 특히 화법교육의 가장 초석이 되는 대화가 그 교육적 정체성의 문제가 분명하게 해결되어야 독자적인 담화로서 교육이 가능해지기 때문

18) 발표나 연설에서 화자는 자신의 말하기 과정상의 문제를 청중의 실시간 반응로부터 읽어야 하며, 이는 결국 상위 인지적 측면에서 화자 자신의 말하기 과정을 점검하는 계기가 될 수 있다. 특히 말하기 주제의 적절한 전개와 전달, 그로부터 나오는 청중의 반응에 대한 고려 등이 주요한 요소가 될 것이다. 이는 결국 대화 규범과 같은 선상에서 인식될 수 있다.

19) 2009 개정 교육과정에서는 화법 교육의 독자성을 인정하지 않고, 크게 표현 영역에서 작문과 화법이 통합되는 방식으로 선택과목의 구성이 이루어졌다. 이는 결국 작문이든 화법이든 그 독자적인 교과 영역이 확보되지 못한 것이고, 이는 학교 현장에서의 교수·학습의 유의미성과 그 효과가 떨어졌다는 것과 맥을 같이하는 결과라고 할 수 있다.

이다.

이 글에서는 앞선 대화의 속성과 위상에 대한 논의를 바탕으로 대화교육의 가능성을 존재론적 차원과 의미론적 차원으로 구분하고, 이를 앞장에서 언급한 다른 담화와의 관계 측면에서 고찰하고자 한다. 이는 대화교육의 가장 기본적인 얼개를 마련하기 위한 것으로, 향후 이를 바탕으로 보다 구체적인 교수·학습 내용과 방법이 고안되어야 할 것이다. 대강의 얼개는 〈그림 5〉와 같다.[20]

**〈그림 5〉 대화교육의 두 차원**

〈그림 5〉에서 제시된 바와 같이 크게 정체성의 수립과 정보 격차 해소의 두 가지 차원으로 구분된다. 존재론적 차원은 무엇보다 이야기를 갈망하는 인간의 보편적이고 근원적인 욕망과 관련된다. 이는 대화를 통해 화자가 내면적 문제를 스스로 풀어 헤치고 그 대안을 찾아감으로써 자신의 모습을 형상화시켜 가는, 즉 정체성의 수립에 초점이 있다.[21] 아울러 이는 화자 자신의 내적 대화 및 사적 영역에서의 친밀감을 바탕으로 면대면 관계에 밀접하게 관련될 수 있다.

의미론적 차원은 정보 격차 해소와 밀접하게 관련된다. 일상에서 이루어지는 수많은 대화는 다양한 차원의 직·간접적인 목적을 지닌

---

20) 김종영(2012: 71)에서도 말하기 교육의 교육 목표를 크게 자기 성찰, 소통, 그리고 설득의 범주로 묶어 서술하고 있는데, 설득은 소통의 하위 범주로 본다면, 목표는 크게 자기 성찰과 소통으로 구분될 수 있다고 할 수 있다. 즉 존재론적 관점에서의 자기 성찰과 의미론적 관점에서의 소통으로 말하기 교육의 목표를 재구성할 수 있으며, 이는 이 글에서의 대화교육 가능성에서의 범주와 크게 다르지 않다.

21) Shotter(1993)과 Stewart 외(2005)에서도 한 개인의 정체성은 대인 관계적 의사소통을 통해 형성된다고 지적하고 있다. 특히 가족 내에서의 소통 문제에 더 세심한 주의를 기울이고 있다.

다. 하지만 이와 같은 목적들이 대화라는 소통의 창을 통해 다양한 시·공간적 차이 속에 놓이게 됨으로써 해석상의 어려움을 발생시킨다. 이는 곧 대화에 참여한 다양한 관계자들 간의 소통간격의 문제로 드러날 수 있다. 즉 의미론적 차원은 대화를 통해 이러한 소통간격을 적절하게 수립하는 데 있다.

아울러 위의 두 차원은 대화교육과 관련하여 사적 영역과 공적 영역으로 구분해 볼 수 있다. 물론 이들 두 영역의 이원화된 양상으로만 대화교육에 접근할 수 없지만, 존재론적 차원과 의미론적 차원을 사적 영역과 공적 영역의 연속선에서 관련시킨다면 보다 유의미한 대화교육의 차원을 설정할 수 있을 것이다. 그 개괄적인 도식은 〈그림 6〉과 같다.

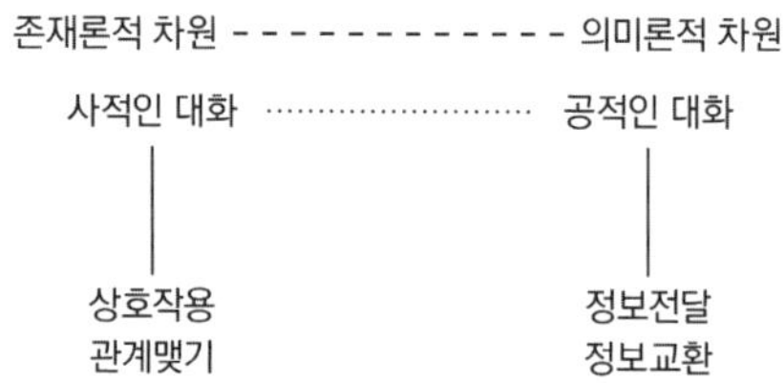


**〈그림 6〉 영역에 따른 대화 초점**

## 4.1. 존재론적 차원: 자아 정체성 수립

존재론적 차원은 대화를 다른 담화와 차별적으로 구분할 수 있는 가장 중요한 토대가 된다. 이는 기본적으로 인간이 말을 통해 자신을 드러내고, 타인과의 관계를 맺고, 나아가 공동체에 참여함으로써 사회 구성원으로서 살아가는 데 가장 필요한 조건이다. 즉 인간이 인간다운 삶을 영위하는 데 가장 핵심적인 조건이라고 할 수 있다.

이와 같은 대화교육의 존재론적 차원의 목표는 자아가 타자와의 관계 수립을 통해 스스로의 정체성을 수립해 가는 것에 있다. 대화를 통한 정체성 수립의 과정은 어머니의 품속에서 시작되며 인간으로서 죽음을 맞이하는 그 날까지 지속된다. 즉 대화를 통한 존재론적 탐구에의 모색은 삶 전반에 걸쳐 있는 일종의 순환적이고 회귀적 과정이라 할 수 있다.

대화교육에서 이런 차원은 탐구는 특히 사적 영역에서 더 활발하게 이루어진다고 볼 수 있다. 이는 다른 담화에 비해 대화만이 지니는 독자적인 속성으로 부각될 수 있는 부분이라고 할 수 있다. 이런 사적 영역에서의 대화의 단절 혹은 부재는 곧 존재의 정체성 수립에 결정적인 영향을 줄 수 있다.

2007개정 교육과정 이후에는 화법교육에서 화법의 성격을 상호 교섭적이라고 명명하고 있다. 이는 말하기와 듣기의 과정은 단순히 언어의 표현과 이해에만 초점이 있기보다는, 말하기와 듣기를 통해 삶을 공유할 수 있는 맥락까지를 아우르고 있다는 점이 특징적이다. 특히 당사자들의 협력을 통해 의미가 재구성됨을 강조하고 있다. 즉 언어 중심을 넘어서 삶의 중심으로 화법이 자리매김 될 수 있도록 해야 하는 것이다.

그렇다면 이런 존재론적 차원에서 말을 통해 삶의 공유하기 위한 가장 최적의 담화는 다름 아닌 대화이다. 무엇보다 대화가 지니는 사적 영역에서의 소통의 가능성이 가장 크게 부각될 수 있다. 말하기와 듣기에는 항상 불안이 따르게 된다. 특히 교육적인 공적 담화에서 가장 크게 부각되는 문제가 다름 아닌 학습자 자신의 불안 문제이다. 이런 불안이 심적 영역에서 크게 자리 잡힌다면 존재론적 차원에서 정체성은 수립되기 어렵다.

따라서 사적 영역에서 개인 내, 개인 대 개인, 개인 대 집단으로 만날 수 있는 장을 마련하는 것이 우선되어야 한다.[22] 이는 교육적으

22) 특히 사적 영역에서도 가장 기본이 될 수 있는 가족 내 소통으로서의 대화 담화의 역할에 대한 중요성이 여기에서 더 부각될 수 있다. 이는 사적 영역에서의 소통의 원활성이 그대로 공적 영역으로 이어질 가능성이 높기 때문이다.

로도 매우 중요한 화법교육의 맥락이 될 수 있다. 대다수 학교 현장에서 화법교육은 공적 현장이나 혹은 그와 같이 상정된 맥락에서 거의 이루어지고 있다.

이와 같은 상황에서 인간 본연의 정체성을 수립하는 데 가장 필요한 소통 담화가 대화라는 점을 감안한다면, 우리의 말하기와 듣기, 혹은 화법교육은 많은 문제를 안고 있는 것이 현 실정이다. 특히 이는 중·고등학교 국어 교육현장에서의 말하기와 듣기 교육에서 사적 영역에서의 대화교육이 거의 이루어지고 있지 않다는 점에서 그 문제는 심각하다고 할 수 있다.

그렇다면 이와 같은 현 실정에서 대화교육이 보다 유의미한 교수·학습의 장이 되기 위해서는 무엇이 필요할까. 대화는 사적 영역에서 자신의 마음속의 이야기를 자유스럽게 상대방과 공유함으로써 스스로의 삶이 의미 있음을 느낄 수 있고, 나아가 공적 담화로 나아가기 위한 준비 단계의 담화로서 그 의미가 있다고 할 수 있다. 존재론적인 관점에서 대화교육의 얼개는 〈표 2〉와 같이 구성될 수 있다. 초점은 교육 내용의 예시이며, 이를 교육 활동으로 구체화할 수 있을 것이다.

**〈표 2〉 존재론적 관점에서 대화교육의 얼개**

| 관점 | 관계 | 유형 | 초점 |
|---|---|---|---|
| 존재론적 | • 개인 내 | 자아형성 | • 상정된 '나'의 모습 살피기 |
| | • 개인 간<br>• 개인과 집단 | 관계 형성 | • 관심사 살피기<br>• 전환 인식하기[23]<br>• 체면 높이기와 낮추기 인식<br>• 입말과 글말 차이 살피기<br>• 매체와 입말의 관계 살피기 |

23) 관계 형성을 위한 사적 대화에서는 대화의 주제 혹은 화제가 수시로 바뀔 수 있다. 이는 의미론적 관점에서 정보 전달이나 교환을 목적하는 대화와는 그 성격이 다르다. 특히 사적 영역에서의 대화는 미묘한 주제 전환에 대한 화자와 청자들의 인식 능력을 키워주는 것이 중요하다.

## 4.2. 의미론적 차원: 정보 격차의 해소

대화교육의 주목적 가운데 하나는 면대면 간의 정보 격차를 해소하는 데 있다. 이는 발화의 의미를 맥락에 따라 정확하면서도 융통성 있게 해석하는 차원이다. 이를 통해 대화 상대방과의 정보 격차를 줄여나가는 것이 목적이 된다. 즉 대화 상대방과의 의미 동질성과 이질성을 확인함으로써 소통의 영역을 확장할 수 있다.

하지만 대화는 그 쓰임이 비단 국어교육 내에서만 있는 것은 아니다. 의사소통이 중요하다고 인정되는 많은 학문 영역들에서 대화가 주요한 매개의 수단으로 사용된다. 심지어 언어 사용이 주된 양상이 되지 않는 비언어 예술 영역에서도 대화가 주요한 소통의 수단으로 언급된다.[24)]

이는 대화가 그만큼 인간의 본질적인 소통의 수단으로 중요하다는 점을 시사하는 것이라고 할 수 있다. 그러나 이 점이 때로는 대화 담화의 독자적인 개념을 수립하는 데 걸림돌로 작용한다. 즉 수많은 학문 영역에서 사용되고 있는 대화가 기본적으로 소통의 중요성 관점에서 부각되고 있다는 점에서는 이의가 없지만, 이를 곧바로 국어교육의 틀로 받아들여서 사용하기 때문에 대화가 국어교육 내에서 개념 정립이 어렵거나 독자적인 담화로 다루어지지 못한다.

의미론적 차원에서의 대화교육은 화자들 간의 정보 격차를 해소하는 데 그 주요한 목적이 있다. 이는 비단 언어 사용뿐만 아니라 비언어적 소통의 경로까지를 모두 포함한다. 따라서 의미론적 차원에서의 대화는 그 작용 범위가 존재론적 차원보다 확대된다고 할 수 있다. 아울러 존재론적 차원에서의 대화는 주로 개인 내 혹은 사적 영역에서의 개인 대 개인의 관계에 국한되지만, 의미론적 차원에서는

24) 소홍렬 외(1992)에서는 철학 및 예술 작품에서 대화의 다양한 의미 범주를 논의하고 있어 참고가 된다.

공적 영역으로 관계가 확장된다.

여기에서는 무엇보다 대화의 주목적이 다양한 과제를 해결하는 데 있다. 즉 대화를 통한 정보의 전달 및 재구성을 통해 현실에서의 다양한 문제를 해결하는 데 의미론적 차원의 의의가 있다. 하지만 여기에서는 무엇보다 대화의 성격이 사적 차원의 정체성 수립과는 달리 전략적이며 의도적인 성격을 띠게 된다. 이와 같은 성격은 대화 담화를 토의, 토론, 협상 등의 담화로까지 확장시킬 수 있거나 연계시킬 수 있는 계기가 될 수 있다.

다만 대화 이외의 담화와 연계 혹은 통합됨으로써 대화가 지니는 본연의 모습을 잃어버리게 되는 경우가 많고, 자칫 다른 담화의 중요성에 비해 그 가치가 교육적으로 평가 절하되기도 하다. 따라서 의미론적 관점에서는 대화 담화의 그 영역이 보다 확대된다는 점에서 그 독자적인 속성을 유지하면서도 다른 담화와 적절하게 연계 통합하는 것이 중요하다. 의미론적 차원에서의 대화교육의 얼개는 〈표 3〉과 같이 구성될 수 있다.

〈표 3〉 의미론적 관점에서의 대화교육의 얼개

| 관점 | 관계 | 유형 | 초점 |
|---|---|---|---|
| 의미론적 | • 개인 간<br>• 개인과 집단 | 과제 해결 | • 의미의 격차 인식하기<br>• 의미의 타개 과정 살피기<br>• 입말과 글말 차이 인식하기<br>• 다른 담화와 연관성 살피기<br>• 매체와 입말의 관계 살피기 |

## 5. 마무리

이 글에서는 대화 담화의 속성과 위상의 문제를 대화교육의 부재와 그 가능성이라는 틀 아래에서 고찰하였다. 기존의 대화교육의 부재를 대화 담화의 속성과 위상의 문제를 제대로 고려하지 못했다는 점에서 찾았고, 그 대안으로 존재론적 관점과 의미론적 관점에서의 대화교육 가능성을 제기하였다.

우선 기존의 우리 대화교육 부재의 원인을 네 가지로 규명하였다. 첫째, 전통적인 글말 중심의 문화와 군사 문화의 영향, 둘째, 언어 표현에만 치중한 입말교육, 셋째, 공적 화법 및 대중과 집단 화법이 중시된 입말교육, 넷째, 담화 유형으로서의 독자적인 위상 마련의 소홀이다. 즉 이런 이유들로 인하여 대화교육이 학교 현장에서 겉돌았음을 이 글에서 지적하였다.

이런 문제를 극복하기 위해 우선적으로 대화의 속성이 무엇인지, 그리고 다른 담화와의 관계에서 드러나는 대화의 위상을 제대로 고려해야 한다. 대화의 속성으로는 크게 친밀성, 관계 지향성, 맥락 밀착성, 저부담성이 다른 담화와의 관련성을 다룬 대화의 위상으로는 대등 관계, 위계 관계, 상관 관계가 제시되었다. 나아가 대화와 다른 담화의 관계는 상관 관계가 가장 적절한 접근 방식으로 지적되었다.

이상의 점들을 토대로, 이 글에서는 대화교육의 가능성을 존재론적 관점과 의미론적 관점으로 구분해서 다루었다. 전자의 관점에서는 정체성의 수립이, 후자의 관점에서는 정보 격차의 해소가 주요한 문제로 대두되었다. 이는 대화의 공·사 영역에 따라 각기 정보전달과 교환, 그리고 상호작용과 관계맺기로 구분되었다.

이 글에서는 우리 학교 현장의 대화교육이 잘 되고 있지 못하다는 문제의식으로부터 대화 담화의 속성과 위상, 그리고 교육 가능성의 문제를 개괄적으로 다루어보았다. 하지만 정작 문제 제기는 했지만, 구체적인 교육 방법론으로까지 제대로 나아가지 못했다. 따라서 향후 보다 구체적인 대화교육 방법론에 천착해야 할 필요성을 과제로 남긴다.

# 담화와 말하기 평가

## 1. 발표와 수행평가

듣기·말하기 영역의 평가는 학교 현장에서 평가에 대한 시간 확보와 신뢰성이나 타당성 문제 때문에 실제로 쉽게 이루어지지 못하고 있다. 뿐만 아니라, 교수·학습 과정에 대한 이론적 토대의 형성이나 평가에 대한 객관적인 지침의 확보에 있어서도 많은 문제가 따른다.

물론 최근에 수사학의 열풍과 말하기에 대한 관심의 고조로 인하여, 관련 논의들이 많이 이루어지고 있다. 하지만 중·고등학교 현장의 듣기·말하기 영역의 교수·학습 과정이나 평가 부분은 여전히 제대로 정착되지 못하고 있는 실정이다.

국어의 듣기·말하기 과정에 대한 학습에의 필요성은 누구나 다 인정하고 있다. 특히 의사소통의 중요성이 날로 증대되고 있고, 아울러 사회 각 분야에서 그 효용성의 문제가 제기되고 있는 만큼,[1] 국어교

---

1) 장경희 외(2006)에서는 다양한 계층의 성인들을 대상으로 하여 말하기 능력의 신장에

육에서는 듣기·말하기 영역의 교수·학습 방법이나 평가의 측면에서 실제적 활용 가치가 큰 이론과 실제의 틀을 갖추어야 할 것이다.

이런 문제 인식을 바탕으로, 이 글에서는 고1 학습자들의 듣기·말하기 수행에 대한 일련의 과정을 구성하였다. 주제 선정에서부터 듣기 평가에 이르기까지 듣기·말하기에 대한 다양한 활동이 학습자 중심에서 이루어질 수 있도록 하였다.

이는 수행평가의 과정으로서, 학습자의 자기 평가, 학습자 상호 평가가 반영됨으로써 듣기·말하기 과정의 평가에 대한 신뢰성과 타당성의 문제와 말하기 준비 시간에 따른 평가 점수의 변별도의 문제를 일정한 통계 절차를 통해 유의미하게 밝혀내려는 데 목적이 있다. 아울러 이 과정은 듣기·말하기 교육에 대한 현장조사 연구로, 앞으로 현행 중·고등학교 교육과정과 교과서를 만드는 데 기초 자료를 모으기 위해 계획되고 실시되었다.

## 2. 선행연구

최근에 듣기·말하기 과정에 대한 연구가 입말 의사소통의 중요성과 더불어 활발하게 이어지고 있다. 특히 일선 학교의 현장 조사연구에 바탕을 둔 학위 논문들뿐만 아니라, 언어 심리학적 관점에서 말하기 과정을 매우 심도 있게 다룬 번역서도 출간되고 있다.

장경희 외(2006)과 조재윤(2006)은 국어 말하기와 듣기에 대한 방대한 실태 조사에 대한 것으로, 듣기·말하기 과정에 대한 일반적인 대중과 교사들의 인식 측면을 골고루 살필 수 있어 참고가 된다. 다만 학교 현장에서 학습자들에게 실시된 듣기·말하기 과정의 조사가 아

대한 방대한 조사의 결과를 제시하고 있는데, 여기에서는 내용 구성의 논리성, 발음의 명확성, 말차례 교환의 구성 요소가 입말 의사소통에 기여하는 바가 크며, 여기에 대한 교육의 필요성을 아울러 제기하고 있어 참고가 된다.

니기 때문에 조사 결과의 측면을 구체적으로 적용해 볼 필요성이 제기된다.

신지영(2008)에서는 말하기의 비언어 부분 평가에 대해 성인들을 대상으로 심도 있게 실시한 결과를 보여주고 있다. 인상 평가를 통해 발음, 목소리 크기, 속도, 억양, 리듬감 등 다양한 측면을 다루고 있어 참고가 된다. 다만 언어 수행 능력이 뛰어난 성인들만 대상으로 했다는 점에서 이 글에 그대로 적용하기에는 한계가 따른다.

전은주(2004)와 임칠성(2005)에서는 중·고등학교 듣기·말하기 교육과정에 대한 고찰 아래, 듣기·말하기 교수·학습 방법에 대한 측면과 평가에 대한 측면을 개괄해서 다루고 있어 참고가 된다. 다만 교육과정에 한정되어 있기 때문에 실제 교육현장에서 말하기 평가 접근의 실효성 측면에서는 한계가 따른다.

Martin Bygate 지음(김지홍 뒤침, 2002)는 외국어 교육의 관점에서 말하기 영역에 대한 교수·학습 방법과 평가의 측면을 현장 조사연구 차원에서 개괄적으로 다루고 있다. 외국어 교육의 측면에서 다루었지만, 실제 수업에서 활용할 수 있는 다양한 방법적인 측면에 대한 소개가 있어 활용면에서 가치가 있다.

Willem J. M. Levelt 지음(김지홍 뒤침, 2008)은 말하기에 대한 언어 심리학적 관점의 매우 심도 있는 내용을 담고 있는 것으로, 일선 교육현장에서 다루어지고 있는 말하기의 제반 과정에 대한 성찰이 필요함을 제기하고 있다. 다만 매우 전문적인 내용을 담고 있기 때문에 교육 실천 현장에서 활용할 수 있도록 재구성하는 과정이 필요하다.

## 3. 연구방법 및 연구가설

### 3.1. 연구방법

본 과정에는 특목고인 경남 K고 1학년 91명 학습자들이 연구 대상자로 참여하였다. 우선 본 현장 조사가 듣기·말하기라는 점을 감안하여, 교사가 학습자들을 면밀히 관찰할 수 있고, 관찰 결과가 직접적으로 평가에 반영되기 때문에 조사 대상자를 타 학교로 확대하기는 어려웠다.

이 연구조사가 완전한 이론적 토대 위에서 이루어지기보다는 이론적 토대를 형성하기 위한 조사이기 때문이다. 듣기·말하기에 대한 명확한 평가 토대가 형성되어 있지 않은 마당에 자칫 조사 대상자의 범위를 확대한다는 것은 평가의 신뢰성과 타당성에 문제가 될 수 있기 때문이다.

아울러 본 현장 조사연구는 양적, 질적 연구가 혼재된 양상으로 진행된다. 양적 연구와 질적 연구는 어느 것이 낫다는 측면보다는 두 연구의 장·단점 측면에서 접근해야 한다. 연구 과정은 소집단 학습자들의 말하기 과정에 면밀한 관찰 결과를 서술식 평가와 표준화를 통한 상대 평가가 동시에 이루어져야 하기 때문에 두 접근 측면이 모두 고려된다.[2)]

조사연구에 참여한 경남 K고 학습자들은 대략 수능 모의고사에서 대다수가 1~3등급 내에 들어가는 우수한 대상자들이다. 이들만으로 조사대상자를 한정한 것은 시간적 문제나 평가 잣대의 문제도 있었지만, 무엇보다 한정된 시간 내에 발표를 위한 준비를 하고, 실제 발표에서도 일정 시간 내에서 주제를 드러낼 수 있는 언어 수행 능력이 있어야 하기 때문이다.[3)] 구체적인 과정과 시기는 〈표 1〉과 같다.

---

2) 언어 교육과 관련된 현장 조사연구의 상세한 지침은 마이클 J. 윌리스 지음(김지홍 옮김, 2009)을 참고할 수 있다.

3) 조사자는 경남 K고 학습자들에게 듣기·말하기 수행평가를 실시하기 이전에 농·어촌 고

〈표 1〉 조사 과정 및 시기

| 과정 | 시기 | 조사대상 |
|---|---|---|
| 발표 주제 공모 | 2009.03.30~2009.04.05 | 경남K고<br>1학년 91명 |
| 발표 주제 공고 | 2009.04.08 | |
| 발표 및 평가 | 2009.04.09~2009.04.10 | |

이 과정은 크게 듣기·말하기 주제 선정, 듣기·말하기 과정, 말하기 평가 단계로 구성된다. 듣기 평가에 대해서는 이전 과정이 모두 이루어진 후에 학습자들의 자기, 상호 말하기 평가 결과를 바탕으로 교사가 평가하게 된다. 상세한 서술은 〈표 2〉와 같다.

〈표 2〉 듣기·말하기 수행평가 단계

| 단계 | 과정 | 내용 |
|---|---|---|
| 1 | 듣기·말하기 주제 공모 | • 발표할 주제를 약 일주일 전에 공모함, 수행평가에 반영하며 주제에 선정된 학습자는 일정한 가산점을 받음. |
| 2 | 주제 선정 | • 두 명의 교사가 합의하여 다섯 가지 주제의 발표 주제를 선정함. |
| 3 | 발표 주제 공고 | • 발표 하루 전에 주제를 공고함, 학습자들이 사전에 다섯 가지 주제에 대한 내용을 암기할 수 있는 시간적 여유를 주지 않기 위함. |
| 4 | 발표 순서 무작위 선정 | • 무작위로 발표 순서를 정함, 수행평가에 대한 공정성과 평가에 대한 시비를 방지하기 위함. |
| 5 | 발표 주제 무작위 선택 | • 다섯 가지 주제 중에서 한 가지를 학습자가 무작위로 선택할 수 있도록 함, 말하기 주제에 대한 내용을 사전에 암기하는 것을 방지하기 위함. |
| 6 | 발표 | • 3~5분 정도의 발표 시간을 주며, 지나치게 기준 시간에 미흡한 경우에 평가에 반영함. |

등학교에서 똑같은 과정으로 실시했던 적이 있었다. 대다수 학습자들이 내신에 들어가는 평가임에도 불구하고 발표를 포기하는 경우가 많았다. 따라서 말하기를 준비할 수 있는 시간을 넉넉하게 주었고, 주제도 미리 정해 발표하게 했던 적이 있었다. 하지만 경남 K고 학습자들은 대다수가 매우 우수한 언어 수행 능력을 지녔을 뿐만 아니라, 최근 대입과 관련하여 발표력이 중요한 합격 변수가 되어 왔기 때문에 동기유발도 충분히 되었으리라 점도 감안되었다.

| 단계 | 과정 | 내용 |
|---|---|---|
| 7 | 말하기 평가 | • 교사 평가, 학습자 상호 평가, 자기 평가를 실시하여 평가의 객관성과 신뢰성을 확보하며, 서술식으로 평가하되 일정한 정상 분포 곡선상의 점수대를 유지하도록 함. |
| 8 | 듣기 평가 | • 학습자 상호 평가와 자기 평가에 드러난 학습자들의 듣기 결과를 토대로 교사가 평가함. |

1·2단계에서는 학습자들 스스로 듣기·말하기 주제를 선택하도록 하였다. 이는 학습자들이 자신의 삶의 맥락 내에서 평소에 생각해 보았거나 고민해 보았던 문제를 보다 논리적이고 분명하게 표현하는 일과 직·간접적으로 연계하는 것이 필요하기 때문이다.

말하기에서 학습자들이 겪는 가장 큰 어려움은 무엇보다도 무엇을 말해야 한다는 강박 관념과 그로부터 오는 불안감에 있다. 특히 공적인 자리에서 남들 앞에서 격식을 갖추어 말할 수 있는 기회가 적었을 뿐만 아니라, 기회가 있다손 하더라도 말하기 본령과는 거리가 먼 원고를 미리 암기하여 발표하는 형식으로 여겨지는 경우가 많았다.

이 글에서는 이런 문제의식에 기반하여, 우선적으로 학습자들의 듣기·말하기에 대한 인식력을 제고하는 것에서부터 출발하였다. 이는 과제 중심 언어교육(TBLT)에서 알려진 바와 같이 학습자들에게 일정한 과제를 부여하고, 이를 통하여 학습자들의 다양한 언어활동을 이끌어내는 것과 관련된다.

주제 선정 단계에서 학습자들은 듣는 청중을 고려하지 않을 수 없다. 교사와 동료 급우들이 청중이 된다는 점을 고려하여, 특히 동료 급우들이 주요한 평가자로서의 청중이 되기 때문에 그들의 성향을 고려하지 않을 수 없다. 이는 쌍방향 의사소통으로서의 듣기·말하기 과정을 주제 선정 과정에서부터 고려해야 한다는 점을 학습자들에게 깨닫도록 할 것이다.

91명의 학습자들로부터 나온 주제의 특성을 살펴보자면, 우선 대상 학교가 이공계 특목고라는 점이 감안되어 과학이나 공학 분야에 관련된 내용들이 제기되었다. 내용상의 특성으로는 질문들이 분명하게 이원 분류할 수 있는 것들이 많았고, 질문 내용도 최근에 있었던 사회적 사건들에 대한 것들이 많았다. 91 명의 학습자들로부터 나온 주제들 중에서 〈표 3〉와 같이 최종 다섯 가지 주제를 최종 선정하였다. 다섯 가지 주제가 선택된 것은 '하루'라는 발표 준비 시간을 감안한 것이고, 내용상으로 특목고 학생들의 대학진학시의 면접에서 제시될 수 있는 문항이라는 점과 관련된다.

〈표 3〉 듣기·말하기 선정 주제

| | 듣기·말하기 선정 주제 |
|---|---|
| 1 | • 고도로 발달된 로봇을 생명체라고 할 수 있는가? |
| 2 | • 왜 과학자도 인문학, 형이상학적 소양이 필요한가? |
| 3 | • 다니엘 헤니는 추대 받지만, 코시안은 천대받는 우리 사회의 인식을 어떻게 생각하는가? |
| 4 | • 사회적으로 논란이 되는 사건의 피해자, 또는 유가족의 모습을 뉴스나 신문에서 보도해도 되는가? |
| 5 | • 아무도 모르고, 모든 것이 낯선 환경에서 친구를 사귈 수 있는 세 가지 방법은? |

선정된 발표 주제 공고는 학습자들이 암기한 내용을 그대로 발표하는 폐단을 막기 위해 발표 준비 시간을 최소한으로 줄였다. 하루 전에 주제를 공고했기 때문에 학습자들이 개략적으로만 다섯 가지 주제에 대해 준비했을 것이라 짐작할 수 있다.

4단계와 5단계는 발표 순서와 주제 선택에 관한 것인데, 둘 다 학습자들의 평가 형평성에 맞추기 위해 무작위 추점을 통해 이루어졌다. 가령 발표 순서를 맨 앞 발표자만 교사나 학급 반장이 무작위 선정하고, 이후 발표자는 앞선 발표자가 무작위로 뽑아서 선정하였다. 순서가 정해진 학습자는 다섯 가지의 주제 중에서 역시 무작위로 선택하여 발표를 하게 하였다.[4)]

4) 학습자들에게 발표 시에는 일절 발표와 관련된 메모나 단서 자료를 가지고 나올 수 없도

발표 순서와 주제를 무작위로 추첨해서 선정하게 한 것은, 무엇보다 평가에서 발생할 수 있는 형평성 문제와 주제에 대한 사전 암기를 통한 발표를 막기 위해서였다. 다섯 가지 주제 중에서 하나가 선택되기 때문에 학습자들은 다섯 가지 주제에 대한 개략적인 준비만 할 수 있었을 것이라 짐작된다. 이는 말하기가 완벽하게 암기된 내용의 표현과는 다르다는 점을 학습자들이 스스로 깨닫는 계기가 될 수 있다.

6단계 발표에서는 3~5분 정도의 시간을 주었다. 교사는 준비된 시간 계측기를 통해 학습자들이 5분 넘을 경우는 시간을 알려주고, 적절한 시점에서 말하기를 그칠 수 있도록 하였다. 수업 시간 등을 고려하여 일정한 시간 안에 수행평가를 마쳐야 하기 때문에 학습자들에게 무한정 시간을 줄 수는 없었다.

7단계는 말하기 평가에 대한 것이다. 이 단계는 이 글에서 밝히려는 가장 핵심적인 과정으로, 학습자가 발표하면서 드러나는 내용과 형식상의 다양한 측면을 고려할 수 있도록 하였다. 이는 말하는 과정에서 실시될 수 있으며, 말하기가 종결된 이후에 기술될 수도 있다. 즉 말하기가 진행되는 과정과 끝난 이후에 모두 평가할 수 있도록 하였다.

또한 평가의 신뢰성과 타당성을 확보하기 위하여 교사 평가, 학습자 상호 평가, 자기 평가를 모두 실시하였다. 말하기 준비 시간에 따른 점수의 차별성도 고려하였다. 이 과정은 이 글에서 제기하는 평가자간 평가 관점의 차이와 시간차에 따른 점수의 차이를 가설로 설정하여 검증하는 가장 핵심적인 단계이다.

마지막 단계는 학습자들이 말하기 평가에서 작성한 것을 토대로 교사가 학습자들의 듣기 수준을 평가하는 것인데, 여기에서는 이 부분을 다루지 못하였다.

---

록 하였다. 이것을 어길 시에는 최하점을 준다고 미리 학습자들에게 공지하였다.

### 3.2. 연구가설

이 글에서는 세 가지 가설이 설정되고 이에 준하여 결과와 논의가 이루어진다. 이는 듣기·말하기 과정에 드러나는 학습자들의 다양한 인지 과정을 관찰하고, 나아가 말하기 평가의 이론적 토대를 마련하기 위해서 설정되었다.

연구가설 1: 학습자 상호 평가에서 최상위와 최하위 판정을 받은 학습자들의 점수 편차가 기타 점수대의 학습자들보다 낮을 것이다.

연구가설 1에서는 학습자들의 상호 평가에 드러난 점수의 편차를 살펴보는 데 논의의 초점이 있다. 즉 학습자들 간 상호 평가에 기반한 평가 점수가 어느 정도 합의를 이루는 양상으로 드러나는지를 파악함으로써, 학습자들 간 말하기 평가 점수의 신뢰성을 밝히는 데 있다. 물론 교사 평가를 근간으로 하여 학습자 자기 평가와 학습자 상호 평가가 다루어진다.[5)]

조사자는 평가 점수인 6~10점까지를 어느 정도 정상분포상에 두었고, 각 점수별로 학습자 수를 적절하게 고려하였다. 이는 학습자들이 학습자 상호 평가에 있어 말하기 수준을 비교 평가하고 아울러 이를 점수에 반영할 수 있도록 고려한 조치였다.

다만 7~9점까지의 점수는 명확하게 변별력 있게 드러나기가 어렵기 때문에 최하점인 6점과 최고점인 10점만으로 학습자들의 평가 편차에 드러나는 합의점을 살펴보려 했다. 나아가 최상위와 최하위로 평가된 학습자들의 경우에 그 점수의 표준편차가 7~9점으로 판정받은 학습자들보다 적을 것이라고 예상하였다. 즉 최상위와 최하위로

---

5) 2007 개정 교육과정의 화법의 평가 영역에서도 자기 평가와 학습자 상호 평가를 적극적으로 활용할 것을 제시하고 있다.

판정받은 학습자들은 보다 많은 학습자들로부터 동일 점수대로 판정받을 가능성이 높으며, 이는 학습자들의 말하기 수준의 명확한 차이에 대한 인식력의 반영이라 볼 수 있다.

연구가설 2: 교사 평가, 학습자 상호 평가, 자기 평가에서 점수의 차이가 유의미하게 드러날 것이다.

연구가설 2에서는 말하기 평가와 관련된 교사 평가, 학습자 상호 평가, 자기 평가가 각각 유의미한 차이를 보일 것이라고 가정하였다. 교사와 학습자가 말하기에 드러난 다양한 요소들을 평가하는 데 일치를 보일 것이라고 볼 수 없으며, 아울러 학습자 자신과 그의 급우들을 평가하는 데도 차이가 있을 것으로 판단되기 때문이다.

또한 이 가설에서는 교사와 학습자가 말하기 과정을 평가하는 데 있어 주요한 평가 점수의 변수가 무엇인지를 파악하는 점에 각각 관련된다. 따라서 이를 통해 교사와 학습자 평가 점수의 차별성을 살피고, 나아가 학습자들이 말하기를 평가하는 데 있어 어떤 점들에 주목하였는지를 고려할 수 있다.

한편 자기 평가 점수가 교사나 학습자 상호 평가에서 드러난 점수보다 높게 나올 것으로 가정할 수 있다. 이는 우선 조사 대상 학습자들이 성취동기가 매우 높다는 점과 대학진학과 직결된 문제인 내신에 초미의 관심을 두고 있기 때문이다. 이런 점들이 자연스럽게 평가 점수에 반영될 것이라 보았기 때문이다.

연구가설 3: 발표 준비 시간이 많이 확보될수록 말하기 평가 점수가 향상될 것이다.

연구가설 3에서는 발표 시기에 따른 점수에 차이가 있을 것이라고 가정하였다. 모든 학습자들이 특정 시간 안에 모두 발표할 수 없다는 점을 감안하여 조사 과정에서는 이틀에 걸쳐 발표를 실시하였다. 모든 학습자들이 무작위로 뽑혀서 발표 대상자가 되기 때문에 먼저 발표하는 이와 나중에 발표하는 대상자 사이에 점수차가 날 것으로 예상할 수 있다.

물론 의도적으로 하루의 격차를 두고 발표를 실시한 것은 아니었다. 학교 수업과 기타 여러 가지 행정상의 문제 때문에 충분한 발표 시간을 확보할 수 없었기 때문이다. 물론 이런 점들을 미리 학습자들에게 공지하고, 발표 시기를 잡았기 때문에 발표를 진행하는 과정에서는 무리가 없었다. 다만 직관적으로 하루의 격차를 두고 발표를 하면, 다음날 발표할 학습자들이 발표를 준비할 시간을 더 확보할 수 있기 때문에 말하기 평가 점수에서 더 많은 점수를 얻을 것이라 추측할 수 있다.

한편으로 학습자들은 하루라는 발표 준비 시간을 확보하는 반면에, 말하기를 준비하는 과정에서 느끼는 불안감과 초조감으로 인하여 느끼는 심적 부담감이 준비 과정의 장애 요소로 작용할 수도 있을 것이다. 물론 이런 점들이 어떻게 말하기 평가에서 지적되며, 점수로 반영될지의 문제가 본 가설의 핵심적인 파악 요소이다.

## 4. 연구결과 및 교육적 의의

### 4.1. 연구결과 및 논의

본 현장 연구조사의 대상자들은 모두가 선택된 주제로 발표하였으며, 아울러 말하기 평가에도 모두 참여하였다. 말하기 평가에서 자기 평가, 학습자 상호 평가, 교사 평가 모두 인상 평가에 기대어 서술식으로 평가의 요소를 기술하게 하였으며, 이를 바탕으로 6~10점대의 점수 중에서 정규분포상에 부합하는 평가 점수를 부여하도록 하였다. 즉 이는 질적 평가와 양적 평가가 절충된 방식이다.

네 반은 22명, 23명, 23명, 23명으로 구성되어 있고, 여학생은 대략 각 반에 4~5명으로 구성되어 있다. 본 과정에서는 남·여에 따르는 평가 점수의 차이를 감안하지 않았기 때문에 남·여 학생을 따로 구별하여 평가 점수의 차별성을 고려하지 않았다. 22명의 경우에는 6~10점대에 각각 3, 4, 6, 5, 4명씩을, 23명의 경우에는 3, 5, 6, 5, 4명씩을 두었다.

〈표 4〉 1-가(반) 말하기 평가 결과

| 발표순 | 1-가(반): 자기 평가·학습자 상호 평가(22명, 10번 없음) | | | | | | | | | | | | | | | | | | | | | | 평균 | 표준 편차 | 교사 평가 |
|---|---|---|---|---|---|---|---|---|---|---|---|---|---|---|---|---|---|---|---|---|---|---|---|---|---|
| | 20 | 15 | 22 | 14 | 13 | 21 | 11 | 4 | 9 | 17 | 2 | 3 | 7 | 19 | 16 | 1 | 23 | 6 | 5 | 18 | 12 | 8 | | | |
| 20 | **8** | 7 | 6 | 7 | 6 | 8 | 6 | 9 | 6 | 9 | 8 | 6 | 8 | 6 | 8 | 7 | 7 | 7 | 6 | 6 | 7 | 6 | 7.00 | 1.02 | 8 |
| 15 | 9 | **8** | 10 | 9 | 8 | 9 | 7 | 9 | 6 | 8 | 9 | 9 | 8 | 7 | 9 | 8 | 8 | 8 | 8 | 8 | 9 | 9 | 8.32 | 0.89 | 7 |
| 22 | 7 | 9 | **10** | 7 | 10 | 7 | 9 | 7 | 10 | 9 | 8 | 7 | 8 | 9 | 7 | 8 | 7 | 8 | 9 | 9 | 8 | 8 | 8.23 | 1.07 | 6 |
| 14 | 8 | 10 | 9 | **10** | 8 | 9 | 8 | 9 | 8 | 7 | 9 | 8 | 10 | 8 | 8 | 9 | 9 | 9 | 8 | 7 | 8 | 8 | 8.50 | 0.86 | 9 |
| 13 | 10 | 9 | 9 | 10 | **9** | 8 | 8 | 9 | 10 | 8 | 9 | 10 | 10 | 7 | 10 | 10 | 6 | 10 | 9 | 10 | 9 | 9 | 9.05 | 1.09 | 10 |
| 21 | 8 | 8 | 7 | 9 | 8 | **8** | 9 | 10 | 9 | 7 | 6 | 6 | 7 | 8 | 8 | 7 | 9 | 7 | 9 | 9 | 7 | 7 | 7.86 | 1.08 | 9 |
| 11 | 8 | 9 | 9 | 8 | 8 | 9 | **10** | 10 | 8 | 9 | 7 | 10 | 8 | 9 | 10 | 9 | 9 | 8 | 10 | 10 | 9 | 10 | 8.95 | 0.90 | 9 |
| 4 | 8 | 9 | 8 | 7 | 7 | 8 | 7 | **9** | 8 | 8 | 8 | 9 | 9 | 8 | 9 | 7 | 9 | 9 | 8 | 8 | 9 | 9 | 8.23 | 0.75 | 8 |
| 9 | 8 | 6 | 8 | 8 | 9 | 8 | 8 | 7 | **8** | 7 | 8 | 8 | 7 | 7 | 9 | 6 | 7 | 7 | 7 | 7 | 8 | 8 | 7.55 | 0.80 | 8 |
| 17 | 9 | 10 | 9 | 8 | 9 | 10 | 8 | 10 | 9 | **10** | 10 | 10 | 9 | 10 | 10 | 10 | 10 | 9 | 10 | 8 | 10 | 10 | 9.45 | 0.74 | 10 |
| 2 | 10 | 8 | 10 | 10 | 9 | 9 | 9 | 8 | 9 | 10 | **9** | 9 | 9 | 10 | 6 | 10 | 10 | 9 | 8 | 9 | 9 | 9 | 9.05 | 0.95 | 9 |
| 3 | 7 | 6 | 8 | 6 | 7 | 6 | 6 | 6 | 8 | 9 | 7 | **7** | 6 | 7 | 7 | 6 | 8 | 6 | 7 | 7 | 7 | 7 | 6.86 | 0.83 | 7 |
| | | | | | | | | | | | | | | | | | | | | | | | 8.25 | | |
| 7 | 10 | 8 | 10 | 10 | 10 | 10 | 10 | 8 | 10 | 10 | 10 | 9 | **8** | 10 | 9 | 9 | 9 | 10 | 10 | 10 | 10 | 10 | 9.55 | 0.74 | 9 |
| 19 | 6 | 6 | 7 | 8 | 8 | 8 | 7 | 6 | 7 | 8 | 7 | 8 | 6 | **9** | 7 | 8 | 6 | 6 | 6 | 7 | 6 | 8 | 7.05 | 0.95 | 6 |
| 16 | 9 | 7 | 8 | 9 | 10 | 10 | 10 | 8 | 9 | 10 | 10 | 9 | 10 | 8 | **8** | 9 | 10 | 10 | 10 | 8 | 10 | 9 | 9.14 | 0.94 | 10 |
| 1 | 6 | 6 | 6 | 6 | 6 | 7 | 6 | 6 | 6 | 6 | 6 | 8 | 6 | 8 | 6 | **7** | 6 | 6 | 6 | 6 | 7 | 6 | 6.32 | 0.65 | 6 |
| 23 | 9 | 7 | 7 | 7 | 7 | 8 | 9 | 8 | 8 | 7 | 8 | 6 | 7 | 8 | 8 | 8 | **8** | 8 | 8 | 9 | 8 | 7 | 7.73 | 0.77 | 7 |
| 6 | 7 | 7 | 8 | 8 | 6 | 7 | 8 | 8 | 7 | 6 | 8 | 7 | 9 | 6 | 6 | 6 | 8 | **8** | 7 | 9 | 8 | 6 | 7.27 | 0.98 | 8 |
| 5 | 6 | 8 | 8 | 8 | 7 | 6 | 8 | 7 | 10 | 6 | 7 | 8 | 9 | 7 | 10 | 8 | 8 | 9 | **7** | 8 | 8 | 7 | 7.73 | 1.12 | 8 |
| 18 | 10 | 10 | 7 | 9 | 10 | 10 | 10 | 10 | 9 | 9 | 10 | 10 | 10 | 10 | 9 | 10 | 10 | 10 | 9 | **10** | 10 | 10 | 9.64 | 0.73 | 10 |
| 12 | 9 | 8 | 9 | 9 | 8 | 7 | 9 | 7 | 7 | 8 | 9 | 8 | 8 | 9 | 8 | 9 | 8 | 8 | 9 | 8 | **6** | 8 | 8.14 | 0.83 | 8 |
| 8 | 7 | 7 | 8 | 6 | 7 | 6 | 7 | 8 | 7 | 8 | 6 | 7 | 7 | 6 | 7 | 8 | 7 | 7 | 8 | 6 | 6 | **8** | 7.00 | 0.76 | 7 |
| | | | | | | | | | | | | | | | | | | | | | | | 7.96 | | |

네 반 학습자들의 자기 평가, 학습자 상호 평가, 교사 평가의 결과 및 시간적 격차에 따른 결과는 〈표 4〉와 같다. 학습자들의 개인 정보를 보호하기 위해 이름은 생략하였다. 아울러 제시된 순서는 학습자들의 발표 순서를 그대로 반영한 것이다. 표에서 '발표 순'의 열과 행에 해당한다. 반의 명칭도 조사자가 임의로 붙인 것인데, '1-가'에서 '1-라'까지이다.

22명의 학습자들을 발표순으로 각각 행과 열로 배치하였다.[6] 가령 〈표 4〉에서 20번 학습자가 발표를 했다면, 평가의 결과는 20번 학습자의 행과 같다. 자기 평가와 학습자 상호 평가를 합하여 낸 평균이 '7.00'이었다. 아울러 20번 학습자의 경우 자기 평가에서 '8'점을, 학습자 상호 평가에서는 '6'점과 '7'점이 다소 많았다. 교사 평가는 '8'점이었다. 대각선 형태의 진하게 밑줄 그어진 점수가 자기 평가 점수이다.

20번 학습자의 열에 해당하는 것은 20번 학습자가 자기를 포함하여 다른 학습자들에 대한 내린 평가 점수를 포함한 것이다. 이론적으로 학습자들의 모든 열의 합이나 평균은 같아야 한다. 앞서 조사자가 학습자들에게 6~10점까지 각 점수에 해당하는 학습자의 수를 정해 주었기 때문이다.

하지만 간혹 몇몇 학습자들의 경우에는 이 숫자를 정확하게 반영하지 못한 경우가 있었다. 가령 15번 학습자의 경우 '10점'이라고 평가한 학습자가 4명이 아니라 3명이었다. 매우 미미하게 드러났기 때문에 수치상으로 반영할 정도는 아니었다.

3번 학습자와 8번 학습자 아래의 공란은 '하루' 차의 발표 순서에 따른 점수 분포를 구분하기 위해서 두었다. 아울러 학습자 상호 평가와 자기 평가에서 나온 평균 점수를 재차 합산하여 평균 점수를 이끌어 내었다. 이는 '하루'라는 시간 격차가 발표 점수에 영향을 끼쳤는지의 여부를 가늠하기 위해서이다.

---

6) 1-가(반)의 경우 10번 학습자가 전학을 가는 바람에 부득이하게 10번 칸은 삭제하였다.

먼저 "학습자 상호 평가에서 최상위와 최하위 판정을 받은 학습자들의 점수 편차가 기타 점수대의 학습자들보다 적을 것이다"라는 연구가설 1에 대한 조사 결과는 〈표 4〉의 표준편차를 통해 확인할 수 있다.

가장 높은 평균 점수가 나온 네 명의 학습자인 17, 7, 16, 18번 학습자들의 표준편차를 보면 16번 학습자의 경우는 다소 높게 드러나고 있지만 나머지 학습자들은 상당히 낮은 수치로 드러나고 있음을 알 수 있다. 아울러 가장 낮은 평균 점수를 받은 3, 19, 1번 학습자들의 경우도 비교적 낮은 수치의 표준 편차를 보이고 있다. 즉 가장 높거나 낮은 점수를 받은 학습자들은 기타 점수대의 학습자들보다 비교적 일치된 평가 점수를 받았다고 볼 수 있다.

"교사 평가, 학습자 상호 평가, 자기 평가에서 점수의 차이가 유의미하게 드러날 것이다"라는 연구가설 2는 통계 수치상으로 차이가 없는 것으로 드러났다.[7] 다만 자기 평가에서 전반적으로 높게 나오거나 낮게 나오는 경우가 발견되었다. 가령 22번 학습자의 경우 평균은 8점대이지만 자기 평가는 10점이고, 교사 평가는 6점으로 나와 상당히 엇갈리는 평가 결과가 나왔다. 반면에 16번 학습자의 경우는 평균이나 교사 평가 점수보다 훨씬 낮은 점수로 자기를 평가하고 있다.

---

7) 가령 1-가(반)을 "$H_0$: 교사평가, 학습자 상호 평가, 자기 평가 점수는 같다 / $H_1$: 교사평가, 학습자 상호 평가, 자기 평가 점수 중 다른 것이 있다."와 같이 귀무가설과 대립가설을 설정할 수 있다. 가설을 바탕으로 적절한 통계 절차에 의해 통계수치를 산정하면 아래 표와 같다.

**〈표〉 1-가(반) 말하기 평가의 측정자간 분산분석표**

| 변동원천 | 제곱합 | 자유도 | 평균제곱 | $F$ | $p$-값 |
|---|---|---|---|---|---|
| 집단간(측정자) | 1.21 | 2 | 0.61 | 0.45 | 0.637 |
| 집단내 | 83.87 | 63 | 1.33 | | |
| 합계 | 85.08 | 65 | | | |

가설검정 결과 $p$값이 0.05보다 크므로 귀무가설을 기각할 수 없다. 즉, 측정자간 평가자 점수에는 유의한 차이가 없다. 나머지 세 반도 위와 같은 통계 절차에 의해 유사한 결론이 나오기 때문에 이하에서 구체적인 통계 절차와 수치는 생략한다. 따라서 네 반 모두 평가 관점에 따른 점수차는 유의미하지 않은 것으로 추론할 수 있다.

가령 22번과 16번 학습자의 자기 평가, 학습자 상호 평가, 교사 평가의 말하기 평가에 대한 결과는 〈표 5〉와 〈표 6〉과 같다.

〈표 5〉 22번 학습자의 말하기 평가 결과

| 평가 대상 | 평가 내용 | 평가 점수 |
| --- | --- | --- |
| 자기 평가 | 아쉬운 발표였다. 생각하는 도중에 끊겨 매끄럽지 않았고 목소리도 떨렸다. 전달하고자 하는 바를 뚜렷이 한 것 같다. | 10 |
| 학습자 상호 평가 | 주제에 대한 자신의 배경지식을 활용하여 시작이 좋았다. 준비를 많이 한 것 같지만, 긴장한 것 같아 아쉬웠다. 주장이 명확하게 드러나지 않았다. 급하게 마무리 짓는 점이 있었다. | 8 |
| 교사 평가 | '주제'에 대한 내용 정리가 제대로 안 됨. 중간 중간 더듬거리는 경우가 많았고, 전체 맥락이 자연스럽지 못함. 앞·뒤 내용을 잘 헤아려 내용을 전개시켜 나가야 할 필요성이 있음. 아울러 좀 더 자신감과 여유를 가지고 청중을 대하는 태도가 필요함. | 6 |

〈표 6〉 16번 학습자의 말하기 평가 결과

| 평가 대상 | 평가 내용 | 평가 점수 |
| --- | --- | --- |
| 자기 평가 | 설득력이 높지 않은 편이었던 것 같다. 발표에 끊어짐은 없었다. | 8 |
| 학습자 상호 평가 | 적절함 몸짓, 자신감 있어 보였다. 구체적이고 정확하게 설명하였다. 예시를 잘 들었다. 주장과 근거가 명확했다. | 10 |
| 교사 평가 | 주제에 대한 심도 있는 논의가 이루어짐. 다양한 몸짓과 동작을 통해 흥미진진하게 내용이 전개된 점이 돋보임. 생활과 가치관의 문제에서 인문학과 형이상학의 문제를 다룬 점이 돋보이며, 예시가 매우 적절하다는 인상을 줌. 풍부한 지식과 경험이 우러난 말하기였음. | 10 |

표에서 드러나는 바와 같이 22번 학습자는 자기 평가에서 상당히 부정적인 내용을 담고 있음에도 불구하고 10점을 부여하고 있는데, 평가 내용과 평가 점수상의 논리적 불일치를 보여주고 있다.

"발표 시기에 따라 일정한 점수의 차이를 보일 것이다"라는 연구 가설 3은, 오히려 하루 앞서 발표한 학습자들의 평균 점수가 높은 것으로 드러났다.8) 모든 반에 결과를 살펴보아야 하겠지만, 하루라는 시간적 격차가 큰 의미가 없었는지, 오히려 학습자들에게 심적 부담감만 주었는지의 여부에 대해서는 더 나아간 조사가 필요할 것 같다.

〈표 7〉 1-나(반) 말하기 평가 결과

| 발표순 | 1-나(반): 자기 평가·학습자 상호 평가(23명) | | | | | | | | | | | | | | | | | | | | | | | 평균 | 표준편차 | 교사평가 |
|---|---|---|---|---|---|---|---|---|---|---|---|---|---|---|---|---|---|---|---|---|---|---|---|---|---|---|
| | 1 | 22 | 17 | 13 | 15 | 5 | 6 | 19 | 23 | 2 | 12 | 16 | 20 | 9 | 21 | 7 | 4 | 11 | 8 | 10 | 14 | 3 | 18 | | | |
| 1 | **8** | 7 | 9 | 8 | 7 | 9 | 8 | 9 | 9 | 8 | 7 | 8 | 8 | 8 | 8 | 8 | 8 | 8 | 6 | 8 | 8 | 7 | 9 | 7.96 | 0.77 | 7 |
| 22 | 8 | **6** | 7 | 9 | 7 | 7 | 7 | 7 | 7 | 7 | 7 | 7 | 7 | 7 | 7 | 7 | 7 | 7 | 7 | 7 | 8 | 8 | 7 | 7.17 | 0.58 | 7 |
| 17 | 6 | 7 | **7** | 6 | 8 | 6 | 6 | 6 | 6 | 7 | 6 | 6 | 6 | 7 | 6 | 7 | 6 | 6 | 6 | 6 | 6 | 6 | 7 | 6.35 | 0.57 | 8 |
| 13 | 9 | 9 | 9 | **9** | 8 | 8 | 9 | 8 | 9 | 9 | 9 | 8 | 8 | 9 | 9 | 9 | 8 | 9 | 7 | 8 | 9 | 9 | 9 | 8.61 | 0.58 | 8 |
| 15 | 9 | 8 | 10 | 10 | **9** | 9 | 10 | 10 | 10 | 9 | 10 | 8 | 9 | 9 | 10 | 8 | 8 | 10 | 8 | 10 | 10 | 10 | 9 | 9.26 | 0.81 | 10 |
| 5 | 9 | 10 | 8 | 10 | 9 | **9** | 9 | 10 | 8 | 9 | 9 | 10 | 8 | 7 | 9 | 9 | 8 | 8 | 8 | 10 | 10 | 9 | 10 | 8.96 | 0.88 | 9 |
| 6 | 6 | 7 | 7 | 7 | 6 | 7 | **8** | 7 | 7 | 8 | 8 | 7 | 7 | 6 | 7 | 6 | 7 | 6 | 8 | 8 | 6 | 7 | 8 | 7.00 | 0.74 | 6 |
| 19 | 7 | 10 | 9 | 10 | 9 | 8 | 8 | **9** | 10 | 10 | 7 | 7 | 9 | 10 | 10 | 10 | 10 | 9 | 10 | 9 | 10 | 10 | 10 | 9.17 | 1.07 | 8 |
| 23 | 6 | 6 | 6 | 6 | 6 | 6 | 6 | 6 | **6** | 6 | 6 | 6 | 6 | 6 | 6 | 6 | 6 | 7 | 7 | 6 | 6 | 6 | 6 | 6.09 | 0.29 | 6 |
| 2 | 9 | 9 | 8 | 10 | 8 | 10 | 10 | 8 | 8 | **10** | 10 | 9 | 8 | 10 | 9 | 10 | 9 | 10 | 10 | 9 | 10 | 9 | 9 | 9.22 | 0.80 | 10 |
| 12 | 7 | 6 | 6 | 6 | 6 | 7 | 6 | 6 | 6 | 6 | **6** | 6 | 6 | 7 | 6 | 6 | 6 | 6 | 6 | 6 | 7 | 6 | 6 | 6.17 | 0.39 | 7 |
| 16 | 10 | 10 | 10 | 8 | 10 | 10 | 10 | 8 | 10 | 10 | 8 | **10** | 10 | 9 | 10 | 10 | 9 | 9 | 9 | 9 | 8 | 10 | 10 | 9.43 | 0.79 | 9 |
| 20 | 7 | 9 | 9 | 8 | 10 | 7 | 9 | 8 | 9 | 6 | 8 | 9 | **10** | 8 | 8 | 8 | 9 | 8 | 7 | 7 | 7 | 8 | 8 | 8.13 | 1.01 | 9 |
| | | | | | | | | | | | | | | | | | | | | | | | | 7.96 | | |
| 9 | 9 | 8 | 8 | 7 | 7 | 7 | 7 | 9 | 8 | 8 | 8 | 9 | 8 | **8** | 7 | 9 | 8 | 9 | 10 | 9 | 7 | 7 | 7 | 8.00 | 0.90 | 8 |
| 21 | 10 | 9 | 9 | 9 | 10 | 10 | 10 | 10 | 8 | 9 | 9 | 10 | 10 | 10 | **9** | 9 | 10 | 8 | 9 | 10 | 8 | 10 | 9 | 9.35 | 0.71 | 10 |
| 7 | 10 | 8 | 7 | 7 | 9 | 8 | 8 | 8 | 9 | 8 | 8 | 8 | 9 | 9 | 10 | **7** | 10 | 8 | 8 | 7 | 7 | 8 | 10 | 8.30 | 1.02 | 7 |
| 4 | 8 | 8 | 8 | 9 | 8 | 8 | 8 | 9 | 8 | 8 | 9 | 9 | 9 | 8 | 9 | 8 | **9** | 9 | 8 | 9 | 9 | 10 | 8 | 8.52 | 0.59 | 9 |
| 11 | 8 | 7 | 7 | 8 | 8 | 6 | 7 | 7 | 8 | 7 | 9 | 7 | 7 | 8 | 8 | 7 | 7 | **7** | 9 | 8 | 8 | 7 | 7 | 7.48 | 0.73 | 7 |
| 8 | 8 | 8 | 6 | 8 | 7 | 8 | 7 | 7 | 7 | 7 | 7 | 7 | 7 | 7 | 8 | 7 | 7 | 7 | **10** | 8 | 7 | 7 | 7 | 7.35 | 0.78 | 8 |
| 10 | 8 | 9 | 10 | 8 | 9 | 9 | 8 | 8 | 9 | 8 | 10 | 8 | 9 | 8 | 8 | 8 | 9 | 10 | 8 | **8** | 9 | 8 | 8 | 8.57 | 0.73 | 9 |
| 14 | 7 | 10 | 8 | 7 | 7 | 8 | 7 | 7 | 7 | 7 | 8 | 10 | 7 | 6 | 7 | 8 | 7 | 8 | 7 | 7 | **8** | 8 | 6 | 7.48 | 0.99 | 6 |
| 3 | 10 | 7 | 10 | 9 | 10 | 10 | 9 | 10 | 10 | 10 | 10 | 9 | 10 | 10 | 8 | 10 | 10 | 10 | 9 | 10 | 9 | **9** | 8 | 9.43 | 0.84 | 10 |
| 18 | 7 | 8 | 8 | 7 | 8 | 9 | 9 | 9 | 7 | 9 | 7 | 8 | 8 | 9 | 7 | 9 | 8 | 7 | 9 | 7 | 9 | 8 | **8** | 8.04 | 0.82 | 8 |
| | | | | | | | | | | | | | | | | | | | | | | | | 8.25 | | |

8) 네 반의 통계치는 '하루'라는 준비 시간에 따른 학습자들의 점수를 모두 고려해야 하기 때문에, 구체적인 통계 절차에 따른 가설의 유의미성 유무는 네 반에 대한 논의가 끝난 후인 '각주 9'에 제시되어 있다.

1-나(반) 역시 앞선 1-가(반)과 큰 차이를 보이지 않는 것으로 판단된다. 다만 연구가설 1에서 제기된 점수 편차의 분포에서, 다소 최상위 학습자들의 점수에서 편차가 있는 것으로 판단되었다. 3번 학습자의 경우 가장 높은 점수를 받았는데, 편차에 있어서는 다소 높은 수치를 보였다. 이는 3번 학습자에 대한 평가에서 7점이나 8점이 다소 드러났기 때문인데, 말하기 평가 관점의 문제로 해석된다.

다만 이 반에서는 최하위 점수로 판정된 학습자들의 편차가 매우 낮다는 점이었다. 최하위 점수를 받은 23번 학습자의 경우 0.29라는 매우 낮은 편차를 보이고 있다. 결과에서도 보는 바와 같이 두 명의 학습자를 제외하곤 모든 학습자가 최하위 점수를 부여했다. 23번 학습자의 말하기 평가 결과는 〈표 8〉과 같다.

〈표 8〉 23번 학습자의 말하기 평가 결과

| 평가 대상 | 평가 내용 | 평가 점수 |
|---|---|---|
| 자기 평가 | 말이 잘 이어지지 않았고, 근거가 부족했다. | 6 |
| 학습자 상호 평가 | 자신감 부족, 생물학적 근거 제시 부족, 말 중간에 공백이 많음, 말하는 요점이 분명하지 않음, 논리적이지 못함. | 6 |
| 교사 평가 | 차분한 어조로 전개한 점은 듣는이를 편안하게 해 주는 면은 있지만, 흥미나 주제 파악에 반감되는 면이 적잖이 발견되었음. 내용 준비의 부족으로 원활한 전개가 되지 못함. 자신감 있는 태도로 주제를 명확하게 전달하는 연습을 할 필요가 있음. | 6 |

연구가설 2의 조사 결과도 1-가(반)과 마찬가지로 자기 평가에서 보다 많은 점수를 주는 경향이 있었고, 전체적으로 점수상의 큰 차이는 드러나지 않는 것으로 드러났다. 연구가설 3은 1-나(반)과 다르게 '하루'라는 시간 격차가 점수에 일정하게 반영된 것으로 드러났다.

〈표 9〉 1-다(반) 말하기 평가 결과

| 발표순 | 1-다(반): 자기 평가·학습자 상호 평가(23명) | | | | | | | | | | | | | | | | | | | | | | | 평균 | 표준편차 | 교사평가 |
|---|---|---|---|---|---|---|---|---|---|---|---|---|---|---|---|---|---|---|---|---|---|---|---|---|---|---|
| | 13 | 1 | 16 | 14 | 12 | 10 | 19 | 22 | 3 | 17 | 21 | 5 | 7 | 15 | 23 | 4 | 6 | 20 | 8 | 9 | 18 | 2 | 11 | | | |
| 13 | **10** | 9 | 10 | 10 | 8 | 9 | 9 | 9 | 10 | 9 | 10 | 10 | 9 | 10 | 10 | 10 | 9 | 10 | 10 | 9 | 8 | 9 | 10 | 9.43 | 0.66 | 9 |
| 1 | 10 | **10** | 10 | 10 | 9 | 10 | 10 | 10 | 10 | 10 | 10 | 10 | 10 | 10 | 10 | 10 | 10 | 10 | 10 | 10 | 10 | 10 | 10 | 9.96 | 0.21 | 10 |
| 16 | 7 | 6 | **8** | 7 | 6 | 7 | 7 | 7 | 6 | 6 | 7 | 7 | 7 | 9 | 6 | 7 | 7 | 7 | 6 | 7 | 7 | 7 | 8 | 6.91 | 0.73 | 6 |
| 14 | 7 | 7 | 9 | **6** | 7 | 8 | 8 | 8 | 7 | 7 | 8 | 7 | 8 | 9 | 10 | 9 | 9 | 8 | 8 | 6 | 6 | 6 | 7 | 7.61 | 1.12 | 8 |
| 12 | 7 | 8 | 9 | 8 | **8** | 9 | 9 | 9 | 9 | 8 | 7 | 10 | 9 | 8 | 9 | 8 | 7 | 7 | 7 | 6 | 7 | 8 | 9 | 8.09 | 1.00 | 8 |
| 10 | 8 | 8 | 8 | 7 | 10 | **9** | 8 | 7 | 7 | 8 | 7 | 8 | 9 | 8 | 8 | 8 | 8 | 8 | 7 | 9 | 8 | 7 | 8 | 7.96 | 0.77 | 9 |
| 19 | 6 | 6 | 6 | 7 | 7 | 6 | **7** | 6 | 6 | 7 | 6 | 6 | 6 | 6 | 6 | 7 | 8 | 6 | 6 | 8 | 7 | 6 | 6 | 6.43 | 0.66 | 6 |
| 22 | 6 | 8 | 8 | 6 | 8 | 6 | 9 | **8** | 8 | 8 | 6 | 7 | 6 | 7 | 7 | 6 | 6 | 6 | 8 | 8 | 8 | 7 | 6 | 7.09 | 1.00 | 6 |
| 3 | 6 | 8 | 7 | 9 | 6 | 8 | 8 | 7 | **8** | 9 | 8 | 8 | 8 | 9 | 7 | 6 | 7 | 8 | 9 | 9 | 6 | 8 | 8 | 7.70 | 1.02 | 8 |
| 17 | 8 | 7 | 6 | 8 | 9 | 10 | 7 | 10 | 8 | **8** | 9 | 7 | 10 | 7 | 9 | 8 | 9 | 7 | 8 | 6 | 9 | 8 | 9 | 8.13 | 1.18 | 8 |
| 21 | 7 | 9 | 7 | 7 | 9 | 7 | 7 | 8 | 8 | 8 | **7** | 8 | 7 | 6 | 7 | 7 | 6 | 7 | 8 | 7 | 9 | 8 | 7 | 7.43 | 0.84 | 7 |
| | | | | | | | | | | | | | | | | | | | | | | | | 7.89 | | |
| 5 | 9 | 7 | 8 | 9 | 10 | 9 | 9 | 8 | 8 | 9 | 8 | **9** | 9 | 8 | 9 | 9 | 6 | 10 | 8 | 8 | 10 | 9 | 10 | 8.65 | 0.98 | 7 |
| 7 | 8 | 10 | 10 | 9 | 7 | 8 | 10 | 8 | 10 | 9 | 10 | 8 | **8** | 10 | 7 | 9 | 7 | 10 | 7 | 8 | 8 | 9 | 8 | 8.61 | 1.12 | 8 |
| 15 | 8 | 9 | 9 | 10 | 9 | 9 | 6 | 7 | 8 | 7 | 9 | 9 | 9 | **7** | 7 | 8 | 8 | 8 | 7 | 10 | 8 | 7 | 7 | 8.09 | 1.08 | 8 |
| 23 | 9 | 8 | 7 | 9 | 8 | 7 | 7 | 9 | 7 | 7 | 8 | 9 | 7 | 8 | **10** | 8 | 10 | 9 | 9 | 6 | 7 | 8 | 8 | 8.04 | 1.07 | 10 |
| 4 | 9 | 8 | 8 | 8 | 9 | 8 | 9 | 7 | 6 | 6 | 7 | 8 | 8 | 6 | 8 | **7** | 8 | 7 | 9 | 8 | 6 | 6 | 7 | 7.52 | 1.04 | 7 |
| 6 | 9 | 10 | 9 | 10 | 10 | 10 | 9 | 8 | 9 | 10 | 9 | 8 | 10 | 9 | 9 | 10 | **10** | 9 | 10 | 10 | 10 | 10 | 10 | 9.48 | 0.67 | 10 |
| 20 | 10 | 9 | 7 | 9 | 10 | 8 | 8 | 10 | 10 | 9 | 8 | 9 | 8 | 8 | 10 | 9 | 8 | **8** | 7 | 9 | 9 | 9 | 9 | 8.74 | 0.92 | 9 |
| 8 | 8 | 7 | 7 | 7 | 6 | 6 | 6 | 6 | 7 | 7 | 9 | 6 | 6 | 7 | 8 | 8 | 7 | 8 | **8** | 9 | 8 | 7 | 7 | 7.17 | 0.94 | 7 |
| 9 | 7 | 7 | 6 | 6 | 7 | 7 | 8 | 6 | 7 | 6 | 6 | 6 | 7 | 7 | 6 | 6 | 8 | 6 | 6 | **7** | 7 | 7 | 6 | 6.61 | 0.66 | 7 |
| 18 | 8 | 6 | 9 | 8 | 7 | 7 | 6 | 9 | 9 | 8 | 8 | 7 | 7 | 9 | 8 | 7 | 9 | 9 | 9 | 7 | **9** | 8 | 8 | 7.91 | 1.00 | 9 |
| 2 | 9 | 9 | 8 | 8 | 8 | 8 | 10 | 9 | 9 | 10 | 10 | 9 | 8 | 8 | 8 | 10 | 9 | 9 | 9 | 10 | 10 | **10** | 9 | 9.00 | 0.80 | 9 |
| 11 | 10 | 10 | 10 | 8 | 8 | 10 | 10 | 10 | 9 | 10 | 9 | 10 | 10 | 10 | 8 | 9 | 10 | 9 | 10 | 8 | 9 | 9 | **9** | 9.35 | 0.78 | 10 |
| | | | | | | | | | | | | | | | | | | | | | | | | 8.26 | | |

1-다(반)의 경우 앞선 두 반에 비해, 최상위와 최하위 점수대 학습자들의 점수 편차가 다른 점수대 학습자들의 편차보다 훨씬 낮음을 알 수 있다. 이는 말하기 평가에 있어 잘함과 못함의 구별이 명확하게 드러난 예라 할 수 있다. 1번 학습자의 경우 한 사람을 제외하고는 모든 이들로부터 10점을 받은 것으로 드러났다.

교사 평가, 학습자 상호 평가, 자기 평가의 점수는 앞 두 반에 비하여 차이를 크게 보이지 않는 것으로 판단되며, 발표 시기에 따른 점수의 차이는 1-나(반)과 같이 뒷날 발표한 학습자들의 평균 점수가 높은 것으로 드러나 발표 시기에 따른 점수차가 있는 것으로 판단된다.

**〈표 10〉 1-라(반) 말하기 평가 결과**

| 발표순 | 1-라(반): 자기 평가·학습자 상호 평가(23명) | | | | | | | | | | | | | | | | | | | | | | | 평균 | 표준편차 | 교사평가 |
|---|---|---|---|---|---|---|---|---|---|---|---|---|---|---|---|---|---|---|---|---|---|---|---|---|---|---|
| | 16 | 18 | 11 | 6 | 22 | 8 | 19 | 15 | 12 | 7 | 10 | 17 | 2 | 1 | 13 | 21 | 3 | 9 | 23 | 20 | 14 | 4 | 5 | | | |
| 16 | **7** | 6 | 7 | 7 | 6 | 7 | 7 | 7 | 7 | 8 | 7 | 7 | 6 | 8 | 7 | 7 | 7 | 10 | 7 | 8 | 7 | 6 | 7 | 7.09 | 0.85 | 7 |
| 18 | 10 | **10** | 9 | 9 | 9 | 9 | 9 | 8 | 10 | 8 | 10 | 8 | 9 | 9 | 10 | 9 | 10 | 9 | 9 | 10 | 9 | 8 | 8 | 9.09 | 0.73 | 9 |
| 11 | 6 | 6 | **6** | 6 | 6 | 6 | 7 | 6 | 6 | 6 | 6 | 6 | 6 | 6 | 6 | 6 | 6 | 6 | 6 | 6 | 6 | 6 | 6 | 6.04 | 0.21 | 6 |
| 6 | 8 | 9 | 8 | **10** | 9 | 8 | 8 | 8 | 9 | 9 | 8 | 9 | 9 | 10 | 10 | 7 | 7 | 8 | 8 | 9 | 10 | 8 | 8 | 8.57 | 0.90 | 9 |
| 22 | 9 | 7 | 7 | 8 | **8** | 7 | 8 | 8 | 9 | 7 | 9 | 8 | 8 | 7 | 8 | 8 | 8 | 9 | 6 | 6 | 6 | 8 | 7 | 7.65 | 0.93 | 8 |
| 8 | 10 | 9 | 10 | 10 | 10 | **10** | 9 | 10 | 10 | 7 | 9 | 10 | 10 | 9 | 9 | 10 | 9 | 8 | 9 | 9 | 10 | 10 | 10 | 9.43 | 0.79 | 10 |
| 19 | 9 | 9 | 9 | 8 | 8 | 9 | **8** | 9 | 8 | 8 | 8 | 8 | 8 | 10 | 9 | 7 | 7 | 7 | 9 | 8 | 9 | 7 | 8 | 8.26 | 0.81 | 8 |
| 15 | 9 | 9 | 8 | 9 | 9 | 9 | 9 | **9** | 9 | 9 | 10 | 8 | 10 | 9 | 8 | 8 | 8 | 9 | 9 | 8 | 9 | 9 | 9 | 8.83 | 0.58 | 10 |
| 12 | 10 | 10 | 10 | 9 | 10 | 10 | 9 | 10 | **9** | 10 | 10 | 10 | 10 | 10 | 10 | 10 | 10 | 10 | 10 | 10 | 9 | 10 | 10 | 9.83 | 0.39 | 10 |
| 7 | 6 | 6 | 6 | 6 | 6 | 6 | 6 | 6 | 6 | **6** | 7 | 6 | 6 | 6 | 6 | 6 | 6 | 6 | 7 | 6 | 6 | 6 | 6 | 6.09 | 0.29 | 6 |
| 10 | 9 | 8 | 9 | 8 | 10 | 9 | 10 | 10 | 9 | 9 | **9** | 9 | 9 | 9 | 9 | 8 | 9 | 8 | 8 | 10 | 8 | 9 | 8 | 8.87 | 0.69 | 9 |
| 17 | 7 | 9 | 10 | 10 | 8 | 10 | 10 | 9 | 10 | 10 | 8 | **9** | 8 | 7 | 8 | 9 | 8 | 10 | 7 | 9 | 10 | 8 | 8 | 8.78 | 1.09 | 8 |
| | | | | | | | | | | | | | | | | | | | | | | | | 8.21 | | |
| 2 | 8 | 10 | 8 | 9 | 9 | 9 | 8 | 7 | 8 | 9 | 8 | 8 | **9** | 8 | 8 | 7 | 9 | 8 | 8 | 9 | 8 | 10 | 10 | 8.48 | 0.85 | 9 |
| 1 | 7 | 7 | 8 | 6 | 7 | 7 | 10 | 7 | 7 | 8 | 8 | 6 | 7 | **8** | 8 | 6 | 6 | 7 | 10 | 7 | 7 | 7 | 6 | 7.26 | 1.10 | 6 |
| 13 | 10 | 10 | 10 | 10 | 10 | 10 | 10 | 10 | 10 | 10 | 10 | 10 | 10 | 10 | **9** | 10 | 10 | 9 | 10 | 10 | 10 | 10 | 10 | 9.91 | 0.29 | 10 |
| 21 | 7 | 7 | 8 | 7 | 8 | 8 | 8 | 6 | 8 | 8 | 6 | 7 | 7 | 6 | 6 | **9** | 7 | 8 | 7 | 7 | 8 | 9 | 7 | 7.35 | 0.88 | 7 |
| 3 | 8 | 8 | 9 | 7 | 7 | 7 | 6 | 9 | 7 | 7 | 9 | 7 | 8 | 9 | 7 | 8 | **10** | 7 | 8 | 8 | 8 | 9 | 9 | 7.91 | 1.00 | 7 |
| 9 | 7 | 8 | 7 | 8 | 7 | 8 | 8 | 7 | 6 | 6 | 6 | 7 | 7 | 7 | 8 | 7 | 8 | **7** | 8 | 7 | 7 | 7 | 8 | 7.22 | 0.67 | 7 |
| 23 | 6 | 7 | 6 | 8 | 8 | 6 | 6 | 8 | 7 | 8 | 7 | 7 | 7 | 7 | 7 | 8 | 7 | 6 | **7** | 7 | 7 | 7 | 7 | 7.00 | 0.67 | 7 |
| 20 | 8 | 8 | 7 | 7 | 9 | 7 | 9 | 7 | 8 | 7 | 7 | 9 | 8 | 8 | 7 | 10 | 8 | 7 | 8 | **8** | 8 | 9 | 7 | 7.87 | 0.87 | 9 |
| 14 | 8 | 8 | 7 | 9 | 8 | 8 | 7 | 8 | 8 | 7 | 7 | 10 | 9 | 7 | 10 | 9 | 9 | 9 | 6 | 9 | **9** | 8 | 9 | 8.22 | 1.04 | 8 |
| 4 | 9 | 7 | 8 | 7 | 7 | 8 | 7 | 8 | 7 | 9 | 9 | 9 | 9 | 8 | 7 | 8 | 8 | 6 | 9 | 7 | 7 | **8** | 9 | 7.87 | 0.92 | 8 |
| 5 | 8 | 8 | 9 | 8 | 7 | 8 | 7 | 9 | 8 | 10 | 8 | 8 | 7 | 8 | 9 | 9 | 9 | 8 | 10 | 8 | 8 | 8 | **9** | 8.30 | 0.82 | 8 |
| | | | | | | | | | | | | | | | | | | | | | | | | 7.94 | | |

1-라(반)의 경우도 역시 최상위, 최하위 점수대의 편차가 기타 점수대보다 낮은 것으로 드러났다. 다만 1번 학습자의 경우 학습자들의

점수와 교사의 점수를 합쳐 최하위 점수대로 판정되었는데, 이 반에서는 가장 편차가 심한 것으로 판정되었다. 이는 말하기 평가를 하는 데 있어 평가의 합일을 이루지 못한 예로 볼 수 있다.

〈표 11〉 1번 학습자의 말하기 평가 결과

| 평가 대상 | 평가 내용 | 평가 점수 |
|---|---|---|
| 자기 평가 | 미리 준비를 하지 않았다. 말을 더듬었다. 목소리와 말투는 좋았다. | 8 |
| 학습자 상호 평가 | 세 가지 방법을 명확하게 설명하지 못했다. 뭔가 어설프고 무슨 말을 하려는지 잘 모르겠다. | 6 |
| | 떨지 않는다. 경험을 얘기. 시선 처리 좋음. 목소리 좋다. 자세가 좋다. 근거가 논리적임. 2% 부족 | 10 |
| | 시선이 다른 곳으로 감. 헛기침이 잦다. 논리적이지 않다. 예의 부족. 화제를 잘 이끌었다. | 10 |
| 교사 평가 | 듣는 이를 고려하여 격식 있으며 차분한 태도가 필요할 듯함. 자신의 경험을 바탕으로 하여 문제를 요목조목 전개한 점은 좋았음. 다만 내용 준비가 안 된 고로 충실한 말하기가 이루어지지 않았고, 신뢰감을 줄 수 있는 태도가 자세가 많이 결여되었음. | 6 |

1번 학습자에 대한 평가는 점수상의 편차가 있는 점을 미루어 보아, 평가자의 입장에 따라 다양한 관점이 고려되었음을 알 수 있다. 다만 높은 점수를 준 학습자의 경우도 점수와 평가 내용이 다소 논리적으로 수긍이 안 되는 경우가 위의 학습자 상호 평가 세 번째의 예와 같이 발견되기도 한다.

연구가설 2의 문제는 앞선 반과 마찬가지로 각 평가 대상자의 평가 점수의 차이가 유의미할 정도로 드러나지 않는 것으로 드러났다. 하지만 발표 시기에 따른 점수의 차는 앞선 1-가(반)과 마찬가지로 먼저 발표한 학습자들의 평균 점수가 높은 것으로 드러나 가설과는 다른 결과를 보여 주었다.

이상 세 가지 연구가설에 대한 논의를 종합해 보면 다음과 같다.

첫 번째, 최상위와 최하위 점수대의 편차가 기타 점수대의 편차보다 낮을 것이라는 가설은 수용된다. 이는 자기 평가, 학습자 상호 평가에서 일정 정도 평가 점수의 일치를 이루는 것으로, 특히 최상위와 최하위에서는 어느 선 합일을 이루는 것으로 볼 수 있다. 곧 말하기에서 매우 잘함과 매우 못함에서는 자기 평가, 학습자 상호 평가, 교사 평가에서 어느 정도 평가상의 합일을 이룬다고 볼 수 있다.

두 번째, 교사 평가, 학습자 상호 평가, 자기 평가 간 점수의 차이가 유의미할 것이라는 가정은 조사 결과에서 드러난 바와 같이, 유의미할 정도로 차이가 나지 않는 것으로 판단되었다. 다만 유의미한 차이는 아니지만 자기 평가에서 다소 높은 점수를 부여하는 것으로 드러났다.

세 번째, 발표 시기에 따른 점수의 차이는 가정과는 다소 차이가 있는 것으로 드러났다. 두 반은 가설대로 시간적 격차에 따른 점수의 차가 보였지만, 두 반은 오히려 가설과는 반대의 결과를 보여주었다.[9] 다만 말하기 준비 시간이 길어지면 오히려 역효과가 날 수 있다는 점은 흥미로운 현상으로 보이며, 이 점은 말하기가 완벽한 암기를 통한 표현과는 다르다는 점을 보여주는 것이라 할 수 있다.

---

9) '하루'라는 시간 격차에 따른 학습자들의 점수 양상을 네 반 모두 각각 고려하여 다음과 같이 귀무가설과 대립가설을 설정할 수 있다.

$H_0$: $\mu_1 = \mu_2$

$H_1$: $\mu_1 \neq \mu_2$

여기서 $\mu_1$은 첫째날 발표한 학생들의 평균을 $\mu_2$는 둘째날 발표한 학생들의 평균을 의미한다. 두 모집단의 평균에 차이가 있는지를 확인하기 위해 z검정을 실시하면, 아래와 같은 통계 절차를 통해 그 수치의 유의미성에 접근할 수 있다.

$$z = \frac{(\overline{X_1} - \overline{X_2}) - (\mu_1 - \mu_2)}{\sqrt{\frac{\sigma_1^2}{n_1} + \frac{\sigma_2^2}{n_2}}} = \frac{8.08 - 8.11}{\sqrt{\frac{1.34^2}{1092} + \frac{1.22^2}{979}}}$$

$$= -0.56 > -z_{0.025} = -1.96$$

유의수준 5%에서 가설을 기각시키지 못하므로 귀무가설을 기각할 수 없다. 즉 본조사의 조사 학습자들의 발표 준비 시간에 따라 평가 점수에는 변화가 없는 것으로 추론할 수 있다.

## 4.2. 교육상 의의

이 글에서의 연구는 학습자들의 듣기·말하기 수행평가 과정의 일환으로 실시되었다. 논의의 핵심은 말하기 평가에 드러난 학습자 자신과 동료 급우, 그리고 교사의 평가에 드러난 점수의 편차, 말하기 준비 시간의 격차에 따른 점수 차이의 논의에 있었다.

세 가지 연구가설을 바탕으로 조사 결과가 이루어졌다. 세 가지 가설의 결과를 바탕으로 현장 교육에서 말하기 평가와 관련된 문제가 어떻게 이루어져야 하며, 아울러 듣기·말하기 교수·학습 방법론의 문제도 어떤 식으로 접근해야 할지에 대한 교육적 함의는 다음과 같다.

첫째, 학습자들 간 상호 평가에서 최상위와 최하위 점수를 받은 학습자들은 기타 점수대의 학습자들보다 낮은 표준편차를 드러냈다. 이는 최상위와 최하위 점수대의 학습자들이 보다 일치된 평가 점수를 부여받는 것으로 해석 가능하다.

나아가 보다 일치된 평가 점수를 부여받는다는 점은 말하기 평가의 기본적인 잣대로 활용할 수 있는 근거를 마련하는 데 주요한 단초가 될 수 있다. 특히 이 글에서는 서술식 평가를 통해 학습자들의 말하기 평가에 대한 안목의 문제를 다루었는데, 최상위와 최하위 학습자들의 평가에 드러난 내용을 통해 말하기 수준에 따른 평가의 주요 서술 항목들이 참고가 된다.

몇몇 최상위와 최하위에 드러난 학습자들의 평가에 드러난 공통된 평가 요소를 〈표 12〉와 같이 살필 수 있다. 반 별로 조금씩의 편차는 있겠지만, 네 반 학습자 중에서 가장 높은 평균 점수와 낮은 점수를 받은 학습자를 각각 두 명씩 선정하였다.

〈표 12〉 최상위·최하위 학습자들에 대한 평가내용

| 반 | 번호 | 평가 내용 | 점수 |
|---|---|---|---|
| 1-다 | 1 | 조리가 있고 흐름이 자연스러움, 근거가 확실함, 발음이 또박또박함, 구사하는 어휘가 분명하고 정확함, 목소리 크기 적당 | 10 |
| | | 목소리가 우렁차고 호소력 있는 주장임, 근거가 주장과 잘 들어맞음 | |
| | | 명확한 어조와 발음, 논리적이고 객관적인 근거를 제시, 예를 들어 흥미를 유발함 | |
| 1-라 | 13 | 적절한 근거를 들어 주장함, 말하기의 흐름이 원활했고, 정확한 발음으로 큰 소리로 발표함 | |
| | | 주장하는 바가 명확함, 적절한 예를 들어 이해를 도움, 목소리가 크고 알아듣기 쉬움, 매우 자신감 있게 표현함 | |
| | | 자신감 있고 호소력 있는 목소리, 적절한 예시가 돋보임, 근거가 명확하고 발음이 좋음 | |
| 1-나 | 23 | 목소리가 매우 작았고, 주장에 대한 근거가 적절하지 못함, 내용이 매우 빈약함 | 6 |
| | | 목소리가 작음, 근거가 매우 부족하고, 말이 중간에 끊어짐, 요점이 분명하지 못하며 논리적이지 못함 | |
| | | 말이 중간에 끊김, 근거와 이유가 타당하지 못함, 준비성 부족 | |
| 1-라 | 11 | 자신감이 부족했고, 내용의 논리성이 떨어졌다. 말하기가 완성되지 못했다 | |
| | | 주제가 분명하지 않았고 말이 쭉 이어지지 못했다. 주제에 맞지 않는 소리를 했다 | |
| | | 시선 회피, 많이 긴장을 해서 그런지 쓸데없는 행동을 함, 주제 전달력 부족, 자신감 매우 부족, 끝까지 발표하지 못함 | |

최상위 점수를 받은 두 학습자의 평가 내용을 살펴보면, 왜 10점을 받았는지 그 이유를 학습자의 관점에서 파악할 수 있다. 말하기 내용면에서는 주제와 이를 뒷받침하는 논거가 분명하다는 점, 형식면에서는 목소리가 크고 자신감이 있어 보이는 점 등이 주요한 요소로 꼽혔다. 최하위 점수를 받은 학습자들에 대한 평가 내용은 최상위 점수를 받은 학습자들의 평가 내용과 상반되는 것으로 드러남을 알 수 있다.

둘째, 앞서 언급한 바와 같이 2007개정 교육과정에서도 화법 영역에서 자기 평가와 학습자 상호 평가를 적극적으로 활용할 것을 제시하고 있다. 이는 실제로 학습자들이 동료 급우들의 말하기를 평가해 봄으로써 자신의 말하기에서 갖추어야 할 점이 무엇인지를 돌아볼 수 있는 계기를 마련하는 점과 관련된다.

특히 학습자들은 통계 수치상의 유의미한 정도는 아니지만, 자기 평가에서 다소 후한 점수를 주는 경향이 발견되었다. 하지만 학습자 상호 평가나 교사 평가의 말하기 평가 내용에서 지적된 내용들을 참고로 스스로 말하기 평가에서 무엇인 부족했는지를 관찰할 수 있는 기회로 전환시켜 볼 수 있다. 말하기 평가에서 보다 자신을 객관적으로 정립할 수 있을 것이다.

나아가 주관적으로 평가한 것과 객관적으로 평가받은 것의 간격을 어떻게 좁힐 수 있을지에 대한 고민의 계기가 될 것이다. 이런 반성적 사고와 활동을 통해 학습자들은 자신의 말하기의 근본적인 문제가 무엇인지를 보다 빨리, 정확하게 파악할 수 있으며, 그것을 수정해 나갈 수 있게 된다.

물론 학습자들의 내신 평가에 반영되는 부분이기 때문에 매우 민감한 점이 있다. 특히 우수한 학습자들이 모여 있는 곳일수록 이 점은 더욱 더 문제가 된다. 이런 점 때문에 학습자의 자기 평가나 급우 동료 평가는 더욱 더 신뢰성과 타당성을 확보해야 할 것이다.

셋째, 학습자들은 대다수 말하기에 불안감을 가지고 있다. 특히 내신에 반영되는 평가이기 때문에 그 긴장도는 배가 될 수 있다. 교사의 입장에서도 어렵기는 마찬가지이다. 말하기 평가에 걸리는 시간과 평가 처리의 어려움 때문에 학교 현장에서는 쉽사리 시도를 하기 어렵다.

이 글에서는 이런 점을 감안하여 최소의 시간을 활용하여 말하기 본령에 가까운 학습자들의 수행 과정과 평가 결과를 이끌어내려 하였다. 특히 학습자들에게 말하기를 준비할 수 있는 시간적 여유를 최대한 적게 주고, 암기 위주의 발표가 아닌 말하기 전체에 대한 개략적인 준비만으로 말하기가 이루어질 수 있도록 하였다.

하지만 일정 시간 내에 모든 학습자들이 발표를 끝낼 수 있는 상황이 고려되지 않은 고로, 부득이하게 무작위 선택에 따라 하루 간격을 두고 대략 반 정도로 나뉘어 발표를 하게 되었다. 이 과정에서 발표를 준비할 수 있는 시간을 보다 많이 확보한 학습자들이 직관적으로 좋은 점수를 얻을 것이라 예상할 수 있다.

하지만 결과에 드러난 바와 같이, 두 반은 오히려 하루 앞서 발표한 학습자들의 점수가 높은 것으로 드러났다. 말하기에 수반되는 다양한 변수들이 더 많이 고려되어야 하겠지만, 우선적으로 발표 준비 시간과 관련된 변수는 결정적으로 평가에 작용하는 것으로 보기 어려웠다.

따라서 학습자들에게 발표나 연설 시에 무작정 준비할 수 있는 시간을 많이 주는 것보다는 일정한 주제에 따른 대략적인 개요 작성이나 준비만으로 말하기를 하도록 이끄는 과정이 필요할 것이다. 물론 여기에서는 말하기 과정이나 평가가 단순한 일회성에 그치기보다는 일정한 연속성하에서 한 학기 혹은 한 학년 동안 꾸준하게 실시되어야 할 교육적 필요성을 제기한다.

## 5. 마무리

이 글에서는 학습자들의 말하기 수행평가에 드러난 평가상의 여러 문제를 살펴보았다. 세 가지 연구가설을 제시하고, 학습자들의 수행평가에서 드러난 결과를 일정한 통계 절차에 의거하여 그 유의미성을 따져 보았다. 평가는 학습자 자기 평가, 학습자 상호 평가, 교사 평가의 세 차원에서 모두 고려되었고, 아울러 일정한 시간적 격차도 변수로 주어졌다.

첫째, 말하기 평가에서 최상위와 최하위 점수대의 판정을 받은 학습자들로부터 드러난 표준편차는 기타 점수대의 판정을 받은 학습자들에 비해 그 편차가 낮을 것이라는 점은 가설에서 제시한 바대로 수용되었다. 이는 학습자 상호 평가에서 최상위와 최하위의 점수대에 있는 학습자들은 기타 점수대의 학습자들보다 명확하게 판별되며, 나아가 학습자들 스스로 말하기의 수준에 대한 명확한 잣대를 인상 평가를 통해 구성할 수 있는 점과도 관련된다.

둘째, 학습자 자기 평가, 학습자 상호 평가, 교사 평가의 점수가 유의미한 정도로 차이가 날 것이라는 가설은 결과에서 드러난 바와 같이 기각되었다. 이는 다양한 학습자들의 수준을 고려해 봐야 하겠지만, 일단 이 글의 조사 대상 학습자들에게서 드러난 말하기 평가 점수는 교사 평가와 비슷한 양상으로 드러났다. 다만 자기 평가에서는 약간 높은 점수를 부여하는 것으로 드러났다.

셋째, 발표 준비 시간이 말하기 평가 점수에 영향을 끼칠 것이라는 가설은 결과에서 드러난 바와 같이 기각되었다. 조사 대상 학습자를 달리하고, 시간적 간격에 대한 추후 연구가 더 따라야 하겠지만, 일단은 학습자들을 대상으로 하여 실시한 조사에서는 말하기 준비 시간에 주어진 시간적 격차가 유의미한 변수로 판단되지는 않았다.

이 글에서는 언어 수행 능력이 뛰어난 특정한 학습자들에 조사 대상자가 국한된 점과 다양한 시간적 격차에 따른 평가 점수의 유의미성을 고려하지 못한 한계가 따른다. 차후 다양한 층위와 수준을 고려한 조사 대상자 선정과 다양한 시간적 격차에 따른 평가 점수의 유의미성을 고려한다면 이 글에서의 연구가 더 실효성을 거둘 것이다.

# 준언어적 표현

## 1. 말하기 교육에서 '쉼'의 문제

우리 학교 현장의 말하기 교육은 최근 부쩍 높아진 사회적, 문화적 관심과 열의에 비해 그 교육 방법이나 효과 면에서 큰 진전을 보지 못하고 있다. 이는 그간 우리 국어교육에서 말하기 교육의 영역이 지니는 정체성 수립의 문제와도 직결된다. 즉 교육적으로 말하기를 어떻게 학습자들에게 잘 교육시킬 것인지의 문제가 제대로 고민되어 왔는지에 대한 문제 인식과 관련될 수 있다.

하지만 최근 언어 사용 영역의 중요성, 특히 말하기 교육과 그 중요성에 대한 인식이 학교 밖의 사회적 요구에서 날로 증가하고 있는 시점에서 학교 현장의 말하기 교육에 대한 전반적인 검토의 필요성이 증가하게 되었다. 또한 이 문제와 관련해서 어떻게 하면 학습자들의 실제 말하기 능력을 키워줄 수 있는지에 대한 면밀한 연구가 요구되는 시점이라고 할 수 있다.

말하기는 현장성이 매우 중요시되는 의사소통의 영역이다. 따라서 화자는 실시간으로 이루어지는 상황 맥락에 매우 민감해야 한다. 또한 여기서는 다양한 준언어적, 비언어적 요소들이 언어적 요소 이상으로 중요한 역할을 한다. 하지만 국어교육의 틀 내에서는 이런 말하기의 내용 측면들은 제대로 부각되지도, 아울러 교수·학습되지도 못하고 있는 상황이다.

'말을 잘 한다'는 것은 현대 사회를 살아가는 현대인들이 갖추어야 할 매우 필수적인 능력이다. 이른바 자신을 잘 드러내고, 상대방을 잘 설득하고, 나아가 사회나 외교 차원에서도 중요한 수행 능력이기도 하다. 이른바 공동체의 의사소통 능력을 향상시켜 나간다는 것은 국가 경쟁력의 재고 차원에서도 매우 중요한 문제이다. 이런 점에서 말하기 교육의 중요성은 개인뿐만 아니라, 국가 차원에서도 강조될 수 있다.

하지만 이런 중요성에도 불구하고 학교 현장의 말하기 교육 현실은 어떠한가. 입시에 모든 것이 맞추어져 있어 실제로 말하기 교육은 일부 특수 대학의 구술 면접의 통과 의례를 위한 방편으로 실시되고 있다. 이는 상급학교로 진학해도 별반 차이가 없다. 구술 시험을 위한 전형적인 틀 아래에서 융통성 없는 암기식 질의, 응답 위주의 반복 교육이 실시되고 있을 따름이다.

이 글에서는 이상과 같은 말하기 교육의 중요성에 대한 사회적 인식의 증가에 따라가지 못하고 있는 학교 현장의 말하기 교육을 조금이나마 개선해보고자 의도되었다. 즉 실질적으로 말하기가 무엇인지를 제대로 학습자들이 인식할 수 있는 계기를 마련하고, 나아가 이런 과정을 통해 말하기 교육에서 무엇이 구체적으로 다루어져야 하는지에 대한 전반적인 검토와 대안 제시에 그 초점이 있다.

다만 이런 연구 동기는 말하기 교육에 대한 전반적인 인식의 제고를 위해 필요하지만, 보다 실제적인 말하기 교육의 효율성을 높이기 위해서는 세부적인 말하기 교육의 내용 지침이 마련되어야 한다. 이런 세부적인 내용 지침이야말로 말하기 교육의 목적을 달성하는 데 주요한 수단이 되기 때문이다.

말하기는 이른바 언어적, 준언어적, 비언어적 요인이 모두 관여되는 맥락 중심의 정보 전달 방식이다. 물론 말하기 방식이나 담화 양식에 따라 차이는 있지만, 상황 맥락이 중요하게 관련된다는 점에서 여타의 정보 전달 방식과 차별성이 있다. 즉 여기서는 언어적 표현에 부가되는 다양한 준언어적, 비언어적 표현이 실제 미세한 맥락의 의미를 결정하는 중요한 요인이 된다.

하지만 이와 같은 준언어적, 비언어적 요인들이 실제 우리 말하기 교육현장에서는 거의 다루어지지 못했다. 언어적 내용, 즉 명제 중심의 전달에만 초점이 있었을 뿐, 정작 모국어의 미세한 상황 맥락에 고려되는 준언어적, 비언어적 요인들에 대한 세부적인 교수·학습적인 측면에서의 내용과 평가 측면은 도외시되어 온 것이 사실이다.

따라서 이 글에서는 모국어 말하기에서 미세한 맥락의 의미를 결정과 관련되는 준언어적, 비언어적 표현에 관심을 두었고, 특히 준언어적 표현의 한 양상인 '쉼(pause)'이 말하기 과정에서 어떤 양상으로 드러나고 있는지를 파악하는 것에 초점을 모은다. 이는 '쉼'이 말하기에서 일정한 의미 분절의 역할도 하지만, 때때로는 미세한 상황 맥락을 드러내는 중요한 역할을 하기 때문이다.

즉 이 글은 학습자들의 말하기에 드러나는 '쉼(pause)'의 양상을 언어적 의사소통 이면에 작용하는 주요한 속성이라고 보고, 이런 '쉼'의 양상이 실제 학습자들의 말하기에서 어떤 식으로 표출되는지를 파악하는 데 연구의 목적이 있다. 이는 실제 말하기가 보다 원활하게 이루어지는 데 주요한 매개 변수가 무엇인지를 파악하는 것과도 관련된다.

이런 '쉼'의 양상은 모국어의 말하기 교육에서 주요하게 다루어질 수 있는 교육 내용으로 선정될 수 있다. 아울러 학교 현장에서 말하기 교육이 실질적으로 이루어질 수 있는 계기를 마련해 줄 수 있다. 특히 매체를 활용한 말하기 교육은 학습자들의 적극적인 반응을 유도할 수 있으며, 국어교육에서 말하기 교육이 차지하는 범위와 중요성을 확대시켜 줄 수 있는 효과도 거둘 수 있을 것이다.

## 2. 선행연구

여기에서는 말하기 수행 양상에 대한 연구의 큰 틀을 바탕으로 국어교육적 관점에서 몇몇 선행연구들을 살피고자 한다. 특히 '쉼'과 관련된 언어학적 분석을 중심으로, 교육현장에서의 말하기 교육과 관련될 수 있는 언어 투식, 입말 담화의 전사 작업과 관련된 내용 등을 간략하게 다루고자 한다.

김성규(1999)는 우리말에 드러날 수 있는 잠재적 '쉼'을, 음성적이고 음운론적인 면뿐만 아니라, 형태, 통사적인 측면까지 두루 다루고 있어 '쉼'에 대한 개괄적인 접근으로 주요한 참고 자료가 된다. 아울러 교육적인 측면에서 초등학교 저학년 읽기에서의 '쉼'의 사용 가능성에 주목하면서 이를 교육적인 측면에서 보다 포괄적으로 확대하는 것이 바람직함을 주장하고 있다. 다만 이런 교육적인 측면을 초등학교에 저학년 읽기에 국한시키고 있다는 점은 한계로 파악된다.

이호영(1990), 임규홍(1997), 양영하(2002), 안종복 외(2005), 이창호(2010) 등도 언어적 측면에서 '쉼'의 기능에 대한 면밀한 분석을 통해 '쉼'이 지니는 다양한 언어 사용 현상의 부면을 드러내고 있다. 학습자들의 입말 사용의 교육에 그대로 적용시키기는 어렵지만, 언어 사용 영역에서 '쉼'의 기능적인 측면을 교육적인 측면에서 응용 가능할 수 있다는 점에서 의의가 있다.

전영옥(2005)에서는 발표 담화와 발표요지 간의 비교를 통해 글말과 입말의 변이 양상을 고찰하고 있는데, 발표요지가 전제하고 있는 다양한 내용 변이 양상을 발표 담화가 제대로 담아내고 있지 못한 한계가 드러나고 있다. 서종훈(2011)에서는 글말과 입말의 수행 과정을 일정 수준의 학습자들을 연속선상에서 고찰하고 있는데, 특히 여기에서는 글말의 과정을 입말로 수정하면서 글말과 입말의 변이 양상을 '쉼'을 중심으로 살펴보고 있다는 점에서 의의가 있다. 하지만 입말의 양상을 전사본이 아닌 말하기 대본을 중심으로 고찰하고 있다는 점에서 한계를 노출하고 있다.

이기갑(2010)과 김현강 외(2010)에서는 담화 자료의 전사 작업에 대한 문제를 논의하고 있다. 전자는 전사에 대한 규범적인 틀을 제시하고 있으며, 후자는 드라마를 대상으로 전사하면서 드러나는 여러 가지 어려움을 다루고 있어 참고가 된다. 쉼만을 전문적으로 다루지는 않지만, 쉼에 대한 전사의 기본적인 내용들을 참고할 수 있다.

Willem J. M. Levelt(김지홍 뒤침, 2008), Sari Lumoa(김지홍 뒤침, 2004, 미발간)와 Anne Anderson 외(김지홍 뒤침, 1984, 미발간)는 입말 산출과 관련된 전반적인 문제를 본격적으로 다룬 결과이다. 특히 말하기 산출과 평가에 대한 전반적인 사항들을 다루고 있으며, 학교 현장에서 사용할 수 있는 입말 본연의 다양한 연구조사 문제들을 제시하고 있어 참고가 된다. 다만 모국어 교육에 국한하지 않고, 다양한 언어를 토대로 구성되있기 때문에 국어 교육현장에서는 이를 재구성해야 할 필요성이 제기된다.

이상의 다수 연구는 실제 학습자들의 다양한 말하기 결과에서 드러나는 '쉼(pause)'의 양상을 포착하기보다는, 특정 입말 말뭉치에 한정된 결과물을 토대로 하는 경우가 많았다. 아울러 실험실에서 성인 화자들을 대상으로 하는 경우가 많았다. 이는 교육적 관점으로 환원하기에 어려움이 따른다. 따라서 이 글에서는 실제 학교 현장에서 학습자들의 말하기 수행 결과를 토대로 '쉼'의 양상을 파악하고, 이를 통해 국어 교육현장에서 말하기 교육의 실천적인 내용을 구성한다.

아울러 이 글에서는 학습자들의 준비된 말하기의 전 과정을 교육적 관점에서 관찰하고 그 의의를 이끌어낸다. 이는 말하기 과정이 단순히 실제 말하는 과정만을 중시하기보다는 말하기 이전 단계와의 연속성의 관점이 반영된 것이다. 즉 말하기 이전 과정과 실제 말하기 과정을 모두 포함해서 접근한다는 점에서 또한 이전 연구들과 차별성이 있다.

## 3. 연구방법 및 연구가설

### 3.1. 연구방법

기존의 말하기 교육에 대한 논의들은 여러 가지 연구 환경의 어려움으로 인해 이론적 측면에서 이루어진 면이 많았고, 따라서 실제 학교 현장에서 이와 같은 논의들을 직접적으로 수용하기 어려운 면이 있었다. 이런 점을 감안해 이 글은 우선 소단위 중심의 학습자들에게서 실시간으로 드러나는 말하기 수행 과정의 관찰과 수집, 그리고 분석에 초점을 두었다.

이를 위해서는 학습자들의 실시간 말하기 수행 과정을 담아 낼 수 있는 매체의 활용이 우선적으로 요구된다. 사용되는 매체는 교사와 학습자들을 쉽게 이어줄 수 있는 것이어야 하고, 아울러 학습자들이 쉽게 활용할 수 있어야 한다. 말하기는 실시간의 현장성을 반영하기 때문에 이런 과정을 쉽게 담아낼 수 있는 매체가 요구되는데, 이른바 순수 언어학이나 전산 언어학에서 요구되는 전자기기를 학교 현장에서는 사용하기가 현실적으로 매우 어렵다. 따라서 이 글에서는 학습자들이 쉽게 활용할 수 있는 스마트폰을 말하기 수행 과정을 담아내는 주요한 매체로 사용하였다.[1)]

이 매체를 통해 학습자들은 말하기 수행 과정에 드러나는 다양한

---

1) 이미 중·고등학교 현장에서는 스마트 교육이 하나의 교육 방법론 혹은 내용론으로 부각되고 있으며, 스마트 폰은 이런 교육의 주요한 매체로 자리매김 되고 있다.

준언어적 표현 및 비언어적 표현을 담아낼 수 있다. 아울러 학습자들은 이를 Cool Edit 2000 프로그램[2])을 이용하여 음성 전사한 것을 쉼 위주로 분석하게 된다. 물론 이 프로그램이 정밀한 음성 전사 프로그램은 아니지만, 이 글에서 분석하려는 준언어적 표현인 쉼의 지속 시간을 학습자들이 쉽게 측정할 수 있다는 측면에서 유용하다.

구체적으로 학습자들은 이런 매체의 활용을 통해 말하기 대본과 전사본을 비교함으로써 자신의 말하기 과정 전체를 돌아볼 수 있다. 특히 이 과정에서 말하기 계획상의 '전제한 쉼'과 실제 말하기에서의 '구현한 쉼', 아울러 '구현한 쉼'은 그 속성에 따라 '의도한 쉼'과 '의도하지 않은 쉼'으로 나뉜다. 학습자들은 이들의 비교, 분석을 통해 '쉼'의 말하기에서의 주요한 기능과 역할을 파악하게 된다. 이는 말하기 전 과정을 언어 자각(language awareness)의 관점에서 살필 수 있는 주요한 계기가 된다. 전체 과정을 간략하게 정리하면 〈표 1〉[3])과 같다.

**〈표 1〉 준비된 말하기 과정에 따른 쉼의 유형**

| | 대본 | 전사본 | |
|---|---|---|---|
| 말하기 과정 | 머릿속 말하기 (소리읽기) | 실제 말하기 | |
| '쉼' 유형 | 전제한 쉼 | 구현한 쉼 | 의도한 쉼 |
| | | | 의도하지 않은 쉼 |

2) 이는 음악 편집 프로그램으로 인터넷상에서 손쉽게 내려 받을 수 있다. 무료로 사용할 경우, 일정 기간이 지나면 사용할 수 없는 셰어웨어 프로그램이다. 특히 이 프로그램은 다양한 음악이나 소리 파일을 손쉽게 수정, 편집, 변환할 수 있는 음성 편집기로 인기가 높다.

3) 〈표 1〉의 '쉼' 유형에서 '전제한 쉼'과 '의도한 쉼'의 구분에 자칫 구분상의 어려움이 따를 수 있다. 엄밀하게 전제한 쉼은 말하기 계획상의 쉼이고, 의도한 쉼은 실제 말하기 과정에서 발생한 쉼이다. 물론 전제한 쉼과 의도한 쉼이 일부 겹칠 수 있다. 하지만 실제 말하는 과정에서 화자는 다양한 발화 맥락 상황에 처하게 되고, 이 과정에 화자는 상위인지를 통해 쉼을 실시간으로 조정하게 된다. 즉 말하기 계획 구성물인 대본에서의 전제한 쉼과는 별도로 화자는 실제 말하기에서 의도적으로 쉼을 조정하여 발화의 유창성을 유지할 가능성이 높다.

Levelt(1999: 87)에서는 말하기의 산출 과정을 '수사학적-의미론적-통사론적 체계'와 '음운-음성 체계'의 두 단계로 간략하게 구분했다. 즉 산출의 과정을 언어화 이전과 이를 언어화하는 단계로 구분하고 있는데, 쉼은 여기에서 이들 두 단계를 연계해 줄 수 있는 주요한 하나의 요소가 될 수 있다. 이는 〈표 1〉에서 대본과 전사본을 연속선상에서 매개해 줄 수 있다. 〈그림 1〉은 Levelt(1999)에서 가져온 언어 산출 체계의 청사진이다.

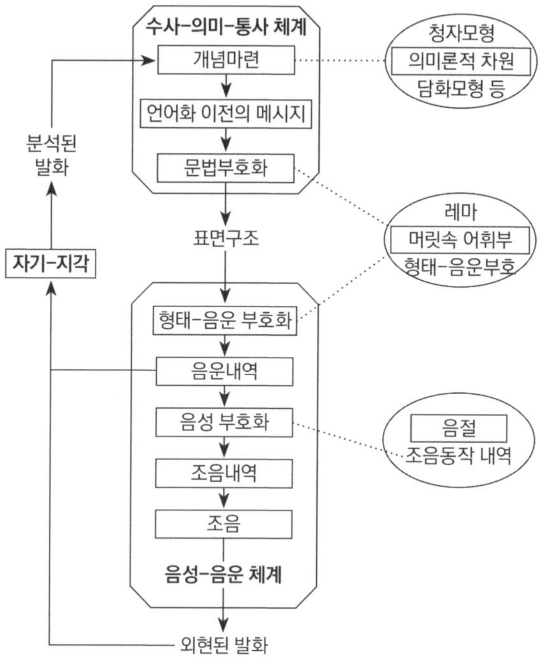


〈그림 1〉 언어산출 체계의 청사진

하지만 여기에서 부각되는 문제는 쉼의 속성에 대한 것이다. 쉼은 그 속성상 화자의 심리적 상태와 밀접하게 관련되면서 드러나기 때문에, 그 분포나 지속 시간, 형태 등에서 규칙성을 규명하기가 어렵다. 따라서 과학적이고 객관적인 잣대하에서 그것의 속성을 제대로 밝혀내기 어려운 부분이 있다. 이런 면은 고스란히 국어 교육현장에도 반영되는데, 즉 이는 쉼과 관련된 명시적인 교육 내용이 없음과도 무관하지 않다.

이 글은 음성학이나 음성 공학적 측면에서 쉼을 규명하는 것이 아니기 때문에, 쉼의 여러 속성을 모두 다룰 수는 없다. 다만 쉼의 지속 시간에 대한 규명이 쉼이 지니는 속성을 해명하는 데 주요한 측면으로 부각될 수 있다. 하지만 쉼에 대한 지속 시간은 학자들마다 다양한 견해를 제시하고 있다. 그만큼 쉼의 지속 시간에 대한 객관적 토대의 마련이 어렵다. 〈표 2〉는 몇몇 국내·외 학자들의 쉼의 지속 시간과 그 기능을 정리한 것이다.

**〈표 2〉 쉼에 대한 지속 시간과 유형**

| 제시자 | 지속 시간 | 쉼의 유형과 의미 |
|---|---|---|
| Goldman-Eisler(1958) | 250ms, 500ms, 1초 | 생리적인 쉼, 의도적인 쉼 |
| Boomer, D. S.(1965) | 평균 1.03초<br>평균 0.75초 | 문법적 접속어의 쉼 길이,<br>음소절 안에서의 쉼 길이 |
| Beattie(1978) | 0~200ms,<br>500ms 전후 | 발언권 넘김의 자연스러운 정도 |
| Back(1987) | 시간 미제시 | 짧은 쉼, 보통 쉼, 긴 쉼 |
| Levelt, W. J. M.(1989) | 200ms 이하,<br>700ms 이상 | pause(짤막한 쉼), gap(묵묵부답),<br>lapse(긴 침묵) |
| Jefferson, G.(1989) | 1초 전후 | 쉼의 최대 허용 시간 |
| 양영하(2002) | 0~200ms, 300~600ms,<br>700ms~ | 짧은 쉼, 중간 쉼, 긴 쉼 |
| 안종복 외(2005) | 0.94초 | 정상적인 지각 대상의 쉼 |

어떤 연구에서는 지속 시간을 제시하지 않고 있는데, 이는 지속 시간을 기록할 수 있는 연구 기반이 형성되지 있지 않거나 혹은 직관적으로 쉼을 분류하는 데만 초점을 둔 경우이다. 하지만 대략적으로 인식상이나 지각상으로 의미 있는 쉼의 지속 시간은 대략적으로 1초 전후임을 다수의 연구를 통해 파악할 수 있다.

쉼은 그 지속 시간을 엄밀하게 구분하기 어렵다. 이는 화자의 발화 맥락에 따른 다양한 심리적 상황이 관련되기 때문이다. 하지만 중요한 것은 쉼이 화자의 생리적 호흡 조절에 따른 것인지, 아니면 화자의 자발적 의지가 반영된 것인지의 여부에 따라 그것의 발화에 따른 기능이 달라질 수 있다는 점이다.

이런 점을 감안하여, 이 글에서는 쉼의 지속 시간을 엄밀하게 구분하기보다는 양영하(2002)에서 제시한 700ms 이상의 시간을 발화 맥락에서 유의미한, 혹은 말하기에서 내용과 형식상으로 일정하게 기능하는 것으로 간주하고자 한다. 따라서 생리적으로 발생하는 호흡과 삼키기에(嚥下) 따른 쉼은 논의의 대상으로 다루지 않는다.

이 글의 연구과정에 참여한 대상 학습자들은 필자가 재직하고 있는 대구 C대학교 국어교육과 및 국어 교직 과정 이수 학습자들이다. 이들은 대다수 학교 현장의 국어 교사를 목표로 하고 있으며, 특히 임용고사를 통해 학교 현장에 나가기를 원하고 있다. 때문에 우선적으로 중·고등학교 국어 교육현장의 요구가 무엇인지를 정확하게 파악하고, 이를 실제 대학 교육현장에서 훈련하는 과정이 필요하다.

이 글의 연구과정은 기본적으로 소집단 중심의 질적 연구에 토대를 두고 있기 때문에 방대한 양의 입말 자료를 수집하는 데 그 목적이 있지 않다. 소집단 학습자들의 심층적인 말하기 수행 양상을 '쉼'을 중심으로 파악하고, 이를 교육 내용으로 환원시키는 데 역점을 두기 때문에 부득불 참여 연구 대상을 확대하기 어려운 점이 있다. 아울러 중·고등학교 현장의 학습자들로부터 말하기 수행 과정을 담은 다양한 발뭉치 자료를 수집하는 데는 교육현상의 여러 여건상 많은 어려움이 따르기 때문에, 일정 기간 연구에 참여가 가능한 예비 국어 교사들을 대상으로 하였다.

이 글의 연구에 소요되는 연구 기간은 대략 두 학기에 걸쳐 있다. 이는 학습자들이 말하기에 드러난 '쉼'에 대한 기본적인 내용들을 파악하고, 나아가 실제 말하기 양상에서 드러난 쉼을 수집하고 분석하는 데 일정한 시간이 필요하기 때문이다. 즉 학습자들은 의사소통 교육론이나 화법교육론 등의 수업을 통해 말하기에 드러나는 다양한 준언어적 양상을 학습하며, 이를 통해 실제 말하기 양상을 매체를 통해 담고, 전사하게 된다. 최종적으로 전사된 입말 자료를 통해 쉼의 양상을 분석하게 된다. 이상의 점들을 간략하게 정리하면 〈표 3〉과 같다.

〈표 3〉 연구 개관

| 연구내용 / 연구기간 | 대상자 | 인원 | 참여 과정 |
|---|---|---|---|
| (2012.04~2012.11) | 예비 국어과 교사 | 60여 명 | ① 음성 전사 작업에 대한 학습 |
| | | | ② '준비된 말하기' 주제 선정 |
| | | | ③ 실제 말하기 및 음성 전사 작업 |
| | | | ④ '쉼'과 관련된 음성 전사 작업 분석 |

연구 기간이 두 학기에 걸쳐 있는 것은 대상 학습자들을 한 학기에 모두 해당 연구 과정에 참여시킬 수 없었기 때문이다. '준비된 말하기'의 경우는 크게 말할 목적에 따라 정보 전달과 설득, 친교 및 정서 표현으로 크게 두 가지로 나뉘어 그 주제를 선정하도록 하였다. 아울러 말하기 목적에 따라 각 학년별로 각각 그 수를 균등하게 나누어 말하기가 실시되었다. 말하기 시간은 말하기 목적에 상관없이 3분 내외로 하였다. 또한 지면상으로는 A4 한 면 이내로 대본을 작성하도록 하였다.

## 3.2. 연구가설

이 글은 기본적으로 소집단 학습자들의 말하기 과정에 대한 실험 연구이자 질적 연구로, 두 가지 연구가설을 중심으로 말하기 수행에 드러나는 쉼의 양상을 고찰하고자 한다. 이는 언어 산출의 공학적 혹은 순수 어학적 측면에서의 쉼의 규명이 아니라, 국어교육의 관점에서 준언어적 표현의 일환으로서 쉼의 발화 기능적 의미를 조사 분석하는 데 초점이 있다.

### 가. '전제한 쉼'과 '구현한 쉼' 간의 속성에는 차이가 있을 것이다.

전제한 쉼은 말하기 대본에 상정된 양상이다. 이는 머릿속 말하기의 결과라 할 수 있다. 말하기 과정은 범박하게 말하기 이전의 내용 생성과 이를 형식화하는 단계로 나눌 수 있다. 즉 이 두 단계는 긴밀하게 연관을 맺는다. 하지만 일반적으로 말하기 교육현장에서는 형식화 단계에 초점을 많이 맞추고 있다. 즉 말하기 이전 단계와 실제 말하기 단계를 연속적으로 긴밀하게 연관시키는 경우는 많지 않다.[4)]

본 가설은 말하기 이전의 계획 단계와 실제 말하기 과정의 단계에 드러나는 '쉼'의 양상을 연속선상에서 견주어 봄으로써 말하기 전 과정에 드러나는 준언어적 표현으로서의 쉼의 속성 파악에 초점이 있다. 즉 말하기 이전 단계의 쉼에 대한 세밀한 계획이 실제 말하기 과정에 얼마만큼 유효하게 반영될 수 있는지를 살펴봄으로써 준언어적 표현에 대한 말하기 계획의 실효성을 검토하게 된다.

실제로 많은 학습자들은 준비된 말하기에서 말하기 대본을 그대로 외어서 발표에 임하는 경우가 많다. 특히 연령대가 어리거나 혹은 언어 수행 수준이 낮고 불안 의식이 높은 학습자들일수록 말하기 과정에서 쓰기의 결과물인 대본에 종속되는 경향이 있다. 즉, 글말에 종속되는 입말의 수행 양상을 보인다. 이는 실제 말하기에서 많은 어려움을 발생시키는 원인이 되기도 한다. 즉 완벽하게 암기되고 연습되지 않은, 혹은 완벽하게 암기된 대본이 바탕이 된다고 할지라도 말하기 실제

4) 전영옥(2005)에서는 발표요지와 실제 발표된 담화의 비교를 통해 말하기 이전과 실제 말하기 과정 단계를 연속적으로 검토하고 있어 참고가 된다.

과정에서 발생하는 미묘한 상황과 맥락에 따라 쉼과 같은 준언어적 표현은 언어적 표현에 비해 변화의 가능성이 더 클 것이다.

즉, 쉼과 관련하여 구체적으로 그 양상을 예상해 본다면, 대본에서는 쉼의 빈도수가 전사본에 비해 많지 않을 것이고, 발생 위치는 어느 정도 정형화된 위치, 즉 문장 끝이나 의미가 전환되는 단락 등에 주로 놓일 것이다. 이는 화자가 쓰기에 종속된 글말의 틀을 벗어나지 못하고, 거기에 맞추어 입말 계획을 세울 것이기 때문이다. 하지만 말하기 실제 결과물인 전사본에서는 실시간 발화 맥락에 따른 여러 상황으로 인해 쉼의 빈도수가 대본에 비해 증가할 것이고, 아울러 그 위치도 다소 자의적으로 드러날 것이다.

### 나. '의도한 쉼'과 '의도하지 않은 쉼' 간의 빈도수에는 차이가 없을 것이다.

이 가설은 실제 말하기에서 발생하는 '쉼'과 관련된다. 실제 말하기에서 화자는 상위 인지적 틀에서 쉼을 조정할 수 있다. 이 과정에서 화자 자신은 말할 주제를 강조하거나 전환하기 위해서 혹은 청자의 반응을 유도하기 위해서 쉼을 의도적으로 사용한다. 아울러 화자는 실시간 말하기의 민감한 맥락과 상황을 통제하지 못해 의도하지 않은 '쉼'이 발생할 수도 있을 것이다.

즉 의도한 '쉼'과 의도하지 않은 '쉼'은 화자가 실제 말하기 과정에서 겪는 인식의 차를 반영할 것이다. 이는 곧 실제 말하기에서 학습자들에게 '쉼'의 본질적인 측면이 무엇인지를 파악할 수 있게 해 주는 주요한 단서로 작용한다. 특히 실제 말하기에서 예기치 않은 상황과 맥락에 민감하게 영향을 받을 수 있는 화자는 실시간으로 죄여오는 말하기 불안에서 벗어나기 어렵다. 학습자들은 암기된 언어적 표현이 청중에게 전달되는 과정 중에 청중의 예상하지 못한 반응을 접하게 된다. 이는 발화 맥락의 유창성을 저해하는 의도하지 않은 쉼의 발생을 초래할 것이다.

다만 이 글에서의 말하기는 이른바 공식석상의 준비된 말하기이다. 즉 말하기 계획의 결과물인 대본을 바탕으로 실제 말하기가 이루어지고, 그 결과가 전사물로 구성된다. 또한 조사 대상 학습자들도 예비 국어과 교사들로 언어 수행 능력이 전반적으로 우수한 편이다. 따라서 상위 인지적 측면에서 실시간 말하기의 전반적인 과정을 학습자들이 어느 정도 통제할 수 있는 측면도 있다. 아울러 이는 의도한 쉼의 발생과 관련될 수 있다.

결론적으로 학습자의 상위 인지적 측면에서의 능숙한 언어 수행 능력과 말하기의 전체 시간이나 분량 제한 등은 의도한 쉼으로 귀결될 수 있고, 언어적 표현의 전달 과정에서의 예기치 못한 청중의 반응, 실제 말하기 과정에서 끊임없이 개입되는 불안감 등은 화자의 의도하지 않은 쉼의 발생과 관련될 수 있다. 즉 학습자의 언어 수행 수준이나 말하기 당시의 맥락과 상황에 따라 의도한 것과 의도하지 않은 쉼의 빈도수가 달라지겠지만, 전체적으로 드러나는 의도한 쉼과 의도하지 않은 쉼의 발생 빈도수 는 위의 여러 측면들이 복합적으로 작용해서 비슷한 양상이 될 것이다.

## 4. 연구결과 및 교육상 의의

### 4.1 연구결과 및 논의

이 절에서는 두 가지 연구가설을 토대로 말하기에 드러난 쉼의 양상을 논의한다. 우선 앞 절에서 논의한 대로 본 절에서 다룰 쉼은 그 지속 시간이 대략 700ms 이상인 것을 대상으로 하였다. 학습자들은 Cool Edit 2000 프로그램을 이용하여 전사 시에 쉼 지속 시간을 정확하게 측정하였으며, 이는 과제 제출 시에 점검과 평가의 주요 항목이 되었다.

아울러 학습자들은 말하기 대본과 전사본에서 '짧은 쉼'과 '긴 쉼'으로 구분해서 표기하였다. 이는 쉼의 지속 시간을 명확하게 구분하기 어려운 점이 있지만, 제시된 모든 쉼을 분석의 대상으로 삼을 수 없기 때문이다. 짧은 쉼은 생리적인 측면에서, 긴 쉼은 화자의 유창성 측면에서 드러난 의도적이거나 비의도적인 쉼이다. 본 절에서는 긴 쉼만을 분석 및 논의의 대상으로 삼는다.

첫째, "'전제한 쉼'과 '구현한 쉼' 간에는 차이가 있을 것이다"라는 연구가설 1은, 이른바 언어화 이전의 쉼의 양상을 언어화 이후의 쉼과 비교하는 데 그 초점이 있다. 이는 쉼의 양상이 언어화 이후에만 단순히 고려될 수 있는 것이 아니라, 언어화 이전의 계획 단계에서도 잠정적으로 구성될 수 있다는 점을 감안한 것이다. 즉 준언어적 표현 또한 발화 이전 단계에서 메시지의 구성과 함께 고려될 수 있다.[5)]

전체 결과는 말하기의 목적에 따라 정보 전달 및 설득과 친교 및 정서 표현으로 크게 구분되며, 이들 각각은 대본과 전사본으로 나뉘어 쉼의 빈도수가 제시된다. 참여 학습자들은 학년별로 각각 24명, 20명, 16명이고, 말하기 목적에 따라 각 학년별로 해당 참여자들이 반씩 나뉘어 조사에 참여하였다. 구체적 결과는 〈표 4〉와 같다.

〈표 4〉 대본과 전사본에서의 '쉼'

| | | 정보 전달 및 설득 | | 친교 및 정서 | | 일치율(%) |
|---|---|---|---|---|---|---|
| | | 대본 | 전사본 | 대본 | 전사본 | |
| '쉼' 빈도수 | 1학년(24명) | 77 | 135 | 83 | 105 | 17.8 |
| | 2학년(20명) | 60 | 119 | 71 | 95 | 20.5 |
| | 3학년(16명) | 52 | 91 | 60 | 81 | 25.6 |
| 합계 | | 189 | 345 | 214 | 281 | |
| 평균 | | 6.3 | 11.5 | 7.1 | 9.4 | 21.3 |

5) Levelt, W. J. M.(김지홍 옮김, 2008: 177~181)에서는 연속 발화를 위한 음성계획의 생성에서 운율의 생성과 관련된 내용을 억양, 강세, 쉼 등의 준언어적 표현과 관련하여 상세하게 설명하고 있어 참고가 된다.

개별 학습자들 간에 일부 편차는 있지만, 〈표 4〉에서 드러나듯이 대본과 전사본의 전제한 쉼과 구현한 쉼 간에는 그 빈도수에서 일정한 차이를 보이고 있다. 전체적으로 전사본에서 구현한 쉼의 횟수가 대본에서의 전제한 쉼보다 그 수치가 유의미할 정도로 많다. 아울러 전제한 쉼과 구현한 쉼 간의 일치율은 상당히 낮다. 이것은 말하기 계획에서 전제한 쉼이 실제 말하기에서 구현한 쉼으로 제대로 실현되지 못했음을 보여주는 결과라 할 수 있다.

이는 이 글의 조사에서 말하기 분량이 3분 이내의 A4 한 면 이내로 제한되어 있고, 대본에 근거한 준비된 말하기였다는 점을 감안한다면, 〈표 4〉의 결과는 의외이다. 즉 참여 대상자들이 일정한 수준의 말하기 수행 역량을 갖춘 예비 국어과 교사들임에도 불구하고, 청중 앞에서의 공식적이고 준비된 말하기의 경우에도 계획된 말하기와 실제 말하기에서의 쉼의 결과가 현격하게 달라질 수 있음을 조사 결과는 보여주고 있다.

또한 대본에서의 쉼은 문장 끝이나 단락으로 상정될 수 있는 곳에 위치하는 경우가 많았으나, 전사본에서의 쉼은 그 발생 위치가 정형화되어 드러나지 않았다. 특정한 낱말이나 구, 문장 등 다양한 위치에서 쉼이 발생하였다. 아울러 전사본에서의 쉼은 표지를 수반하는 음성적 쉼이 표지를 수반하지 않은 묵음의 쉼보다 많이 발생하는 것으로 드러났다.

즉 전제한 쉼과 구현한 쉼 간에는 발생 빈도수, 발생 위치, 발생 유형 등 여러 측면에서 현격한 차이가 드러났다. 물론 준언어적 표현의 하나인 쉼만으로 계획된 말하기와 실현된 말하기 간의 차이를 논의할 수는 없다. 하지만 일반적으로 화자는 발화 산출을 위해 율격 정보를 발화 초기 단계에서 계획한다는 점을 감안한다면 이는 언어 자각의 측면에서 중요한 문제라 할 수 있다.

아울러 말하기 목적에 따른 대본과 전사본 간의 쉼의 빈도수에서 그 차이가 유의미하게 나고 있다. 즉 정보 전달 및 설득의 경우가 친교 및 정서 표현의 경우보다 그 차이가 많이 나고 있음을 알 수 있다. 정보 전달 및 설득을 목적으로 하는 말하기는 기본적으로 학습자들이 그 주제에 관해 자료를 모으고, 재구성하는 과정이 필요하다. 특히 말하기 주제가 화자에게 익숙하지 않다면, 보다 많은 시간의 말하기 준비 과정이 요구된다.

그에 비해 친교 및 정서 표현의 말하기는 화자의 일상에서 그 주제를 이끌어 내기 때문에 정보 전달에 비해 말할 내용 구성이나 실제 말하기 전개 과정이 수월했던 것으로 판단된다. 즉 친교 및 정서 표현의 말하기는 정보 전달에 생리적, 호흡적인 측면이 부각되는 말하기의 실제 과정에서도 화자에게 비교적 안정감을 주었고, 이는 쉼의 빈도수나 지속 시간에 영향을 주었던 것으로 판단된다.[6]

일반적으로 말하기는 준비된 말하기와 즉흥적 말하기로 구분된다. 학교 현장에서의 말하기는 거의 준비된 말하기에 대한 교육이 이루어지는 실정이다. 이는 말하기 계획에 다양한 요소들이 고려되어야 하는데, 특히 모국어 말하기에서는 다양한 준언어적, 비언어적 표현에 대한 측면들이 중요하게 부각될 수 있다. 이 글의 조사에서는 그와 같은 준비된 말하기에서, 준언어적 표현의 하나인 쉼에 대한 화자의 계획이 실제 말하기에서 많은 차이를 보이며 변화되는 것으로 드러났다.

물론 글말과 입말의 실제적인 짜임의 차이가 자연스럽게 언어 사용 상황에 많은 변이를 보이며 드러날 것이다. 하지만 말하기 계획의 전체 틀이 실제 말하기에서 지나치게 상이한 방향으로 진행된다면, 이는 학교 현장에서의 말하기 계획에 대한 교육적 타당성에 심각한 문제로 지적될 수 있다. 즉 글말과 입말의 미세한 짜임이 고려되지

6) Good, D. A., & Butterworth, B.(1980)에서는 대화에서 머뭇거림 비율을 조사하면서, 친숙한 내용과 그렇지 않은 내용 간의 침묵 시간에 유의미한 차이가 있음을 지적하고 있다. 아울러 친숙하지 않은 내용이라도 반복해서 이야기하도록 할 경우에 그 침묵 시간이 줄어들고 있음을 다양한 대화의 예들을 통해 제시하고 있다. 즉 화자 자신에게 익숙한 내용일수록 쉼이 줄어들 것으로 예상할 수 있다.

않은 말하기 계획은 오히려 말하기 계획과 실제 말하기 간의 구성물에 대한 인식의 단절을 초래할 수 있다.[7]

이하 〈그림 2, 3〉은 정보 전달 및 설득과 관련하여 대본과 전사본 간의 차이가 현격하게 드러난 학습자의 예이다. 정보 전달 및 설득과 관련된 말하기에서는 이런 현상이 특히 두드러졌다. 〈그림 2〉은 '전제한 쉼'이 드러난 말하기 대본이다.

최근 들어 SNS를 통한 소통영역이 날로 확장되고 있습니다(대본) 국어교

최근들어서/SNS를통한소통영역이/날로커지고있습니다//우리는길을걸으<br>
며/밥을먹으며/심지어아침에눈뜨는순간부터도/스마트폰을이용해SNS를<br>
확인하는것이일상이되어버렸는데요/SNS를통해기업마케팅을하는가하면/<br>
얼마전선거운동도SNS를통해이루어지기도하는등/우리의생활곳곳에스며<br>
들어/날로커지고있는SNS/과연이대로괜찮은것일까요//SNS란/소셜네트워<br>
크서비스의약자로/우리가주로쓰던싸이월드부터/요즘많이쓰기시작한페이<br>
스북트위터등/온라인상에서의인맥구축을목적으로만들어진/네트워킹서비<br>
스입니다/직접글을올리고/바로바로코멘트를달거나/서로대화하는등/언제<br>
어디서든손쉬운소통으로인맥관리를할수있고/어떤정보든빠르고쉽게얻을<br>
수있다는장점이있지만/개인의글이일파만파퍼져/사생활침해의우려가있고<br>
/바로바로얻는정보로인해비판적사고를마비시킨다는단점도있습니다//특<br>
히요즘사회적으로이SNS에서비롯된문제들이많이보입니다/누군가가앞뒤<br>
잘라먹고올린글하나도금방이슈가되어버리고/기자들은SNS에서카더라식<br>
의글을그대로가져와기사로만들어버립니다/또무슨무슨녀라는식의마녀사<br>
냥에/금방달아올랐다가금방시들어버리는등/무분별하게이것저것받아들이<br>
고퍼나르기때문입니다//SNS를개인의사회적소통기구로만본다면/자신의<br>
일상과생각을지인들과소통하는사생활일뿐이니/그글로비롯된문제들에대<br>
해/개인에게책임을묻기란어렵습니다/그러나한개인의말하기로일상으로치<br>
부하기엔/사회에미치는파급력이너무나큽니다/여러글이넘쳐나고정보가넘<br>
쳐나는온라인세상에서/사람들은의구심없이모든것을받아들이기때문입니<br>
다/그렇기때문에SNS에서발생되는문제들을/나몰라라하는태도는/아주무<br>
책임한것입니다/우리의태도가SNS를위험한것으로만들고있습니다/사생활<br>
접근이쉽다고해서불순한의도로쓰지말아야할것이며/또자기자신이먼저사<br>
생활노출이되지않도록주의를해야합니다/또무분별하게주입되는정보들을/<br>
의심없이받아들이고퍼나르기보다는/그정보를좀더높은관점에서내려다볼<br>
줄아는안목을키워야합니다//매일더새롭고자극적인것이넘치는정보의바다<br>
속에서/질식하지않고/자신의기준에서가릴수있는잣대를가지는것이/무엇<br>
보다중요합니다//순간의용이성에현혹되지말고/올바른SNS문화가정착되<br>
도록/우리의태도부터점검합시다

〈그림 2〉 정보 전달 및 설득과 관련된 대본

7) 특히 준언어적 표현 등에서 이런 문제가 제대로 다루어져야 할 것이다. 따라서 언어 수행 수준이나 연령이 낮은 학습자들일수록 글말에 종속되는 말하기 계획 틀에 얽매이게 할 것이 아니라, 사적인 대화 등을 통해 자연스럽게 입말 사용을 이끌어 내는 과정이 우선적으로 필요하다.

〈그림 2〉에서는 짧은 쉼과 긴 쉼이 구분되어 드러났다.[8] 6군데에서 발생한 긴 쉼만을 대상으로 살펴본다면, 그 위치가 모두 문장 끝이나 단락 위주의 단위에서 이루어지고 있음을 알 수 있다. 즉 화자는 말하기 계획에서는 긴 쉼의 위치를 매우 정형화해서 드러내고 있음을 알 수 있다. 이는 대다수의 조사 대상 화자들에게 드러나는 보편적인 현상이다. 이에 비하여 〈그림 3〉은 대본과 동일한 학습자의 구현한 쉼이 드러난 전사본으로, 대본에서와 다른 양상으로 쉼이 드러나고 있다.

**최근 들어 SNS를 통한 소통영역이 날로 확장되고 있습니다(전사본)**

국어교육과 10

안녕하세요sns에대해서발표를하게된국어교육과정은혜입니다//최근들어서/sns를통한/소통능력/소통영역이날로커지고있는데요우리는길을걸으면서/아니면밥을먹으면서심지어는아침에눈을뜨는순간부터도스마트폰을이용해서/sns를확인하는등/이제일상이되었다고해도과언이아닙니다/또기업에서는sns를통해서/마케팅을하기도하면서/또얼마전에선거운동도/sns를통해서도이루어졌는데요/(손짓하다가 손등 치는 소리)이렇게우리일상//곳곳에스며들어/날로확장되고있는sns는/과연이대로괜찮은것인지/한번고민해봤습니다/먼저sns란소셜네트워크서비스란뜻으로/우리가주로쓰던싸이월드나/요즘많이쓰는페이스북/그리고/트위터같은/온라인상에서/다수와소통을할수있게하는/네트워크서비스인데요//뭐이것들은뭐//어디서나손쉽게/다른사람들과/소통할수있어서/인인맥관리가쉽다는장점도있고또//바로바로많은정보를/손쉽게또얻을수있다는/장점이있습니다그러나//한개인이쓴글이일파만파퍼져서이게또/사생활침해의우려가또/있고또바로바로얻어지는정보때문에/무분별하게/주입되는정보때뮤에사람들의/비판저인//어/비판적인태도가마비된다는/단점도있습니다/그러므로//어특히요즘사회적으로이sns를비롯/sns를비롯된/문제가많이보이는데요//뭐기자들은/그냥sns에있는/글을/뭐카더라통신이라고하죠그거를그냥가져와서/기사로만들어고/또앞뒤잘라갖고쓴글이/순식간에하루아침에이슈가되어버리기도하고//이런식으로사람들이무분별하게/받아들이/기때문에이런문제점/점들이많다고생각합니다/그냥sns를/한개인이/지인들과/뭐자기생각이나감정/일상같은것들을소통하는사회적소통기구라만본다면/이글하나로비롯된문제를/개인에게책임을묻긴힘들지만/이글하나가사회적으로파급력이너무크기때문에/이/이런문제들에대해서나몰라라하는태도는무책임하다고생각합니다/그렇기때문에먼저우리의태도가먼저변해야된다고생각합니다/우리의태도가/sns를위험한것으로/만들고있다는/생각이듭니다/그러므로//어/사생활침해/남들의사생활접근이쉽다해서이거를좀//불순한의도로접근하거나이러지말아야하고또자기자신자기/자기정보나자기/사생활을먼저자기가주의해서/노출이잘안되도록/노력해야합니다/그리고무분별하게쏟아지는정보들을/아무잣대없이그냥/생각할겨를없이그냥/무분별하게//받아들이고퍼나르기보다는/자기/자신의기준에서가를수있는/잣대가/필요하다고생각합니다//옴순간의용이송에/여용이성에현혹되지말고/좋은sns문화가/정착되도록우리모두/태도를점검해야한다고생각합니다//이상입니다

〈그림 3〉 정보 전달 및 설득과 관련된 전사본

8) 짧은 쉼은 '/'으로, 긴 쉼은 '//'으로 표시하도록 하였다.

우선 〈그림 3〉과 같이 전사본에서는 긴 쉼의 횟수가 대본보다 훨씬 증가하고 있다. 총 14개 곳에서 긴 쉼이 발생하고 있다. 그 발생 위치도 문장 끝이나 단락 구분에 해당되는 경우도 있지만, 낱말 간에 발생하는 경우가 절반을 넘는다. 아울러 '뭐', '어', '음' 등의 음성 표지를 수반한 쉼이 다수 발견된다. 즉 전사본에서는 화자가 대본에서 계획했던 언어적 내용에 관련되는 쉼을 제대로 통제하기 어려웠음을 보여주고 있다.

"'의도한 쉼'과 '의도하지 않은 쉼' 간의 빈도수에는 차이가 없을 것이다"라는 연구가설 2는 전사본에서의 구현한 쉼의 속성을 살피고자 한 것이다. 즉 실제 말하기에 드러난 쉼의 속성을 화자의 의도성 여부에 따라 구분하였다. 이는 실제 말하기에서 화자가 쉼을 어떻게 사용하고 있는지, 아울러 이와 같은 쉼의 사용 양상이 실제 말하기에서 언어 자각과 어떤 관련성을 지니는지를 파악하고자 한 것이다.

청중들 앞에서 말의 흐름이 유창하지 못하여 발생하는 쉼은 화자의 입장에서는 실시간 말하기의 불안 의식을 조장하거나 혹은 그것을 반영하는 양상으로 드러날 수 있다. 하지만 의도한 쉼은 발화 흐름과 관련된 유창성의 문제라기보다는 화자가 발화 흐름을 조절하려는 의도적인 측면의 심적 과정에서 발생한 것이라고 할 수 있다. 즉 이런 의도한 쉼은 오히려 언어 자각의 측면에서 발화의 유창성을 높여주는 역할을 할 수 있다. 전체 결과는 〈표 5〉[9]와 같다.

〈표 5〉에서와 같이 의도하지 않은 쉼의 수가 의도한 쉼에 비해 그 빈도수가 유의미할 정도로 많다. 즉 정보 전달 및 설득과 친교 및 정서 표현 말하기 모두에서 의도하지 않은 쉼이 의도한 쉼보다 유의미한 수치 이상으로 나왔다. 이는 연구가설에서 예상한 바와는 다른 결과이다. 즉 대다수의 학습자들이 언어 자각의 측면에서 실시간 말

9) 학습자는 촬영된 말하기 동영상을 바탕으로 드러난 쉼의 의도성 여부를 전사본에 기술하였다. 즉 짧은 시간에 이루어지는 쉼의 속성을 학습자 스스로가 동영상을 보면서 구성하였다. 이는 이후에 제출된 과제에서 재차 확인되었다.

〈표 5〉 '의도한 쉼'과 '의도하지 않은 쉼'

| | | 구현한 쉼 (빈도수) | 의도한 쉼 (빈도수) | 의도하지 않은 쉼 (빈도수) |
|---|---|---|---|---|
| 정보 전달 및 설득 | 1학년 | 135 | 41 | 94 |
| | 2학년 | 119 | 34 | 85 |
| | 3학년 | 91 | 31 | 60 |
| | 합계(수) | 345 | 106 | 239 |
| | 비율(%) | | 30.7 | 69.3 |
| 친교 및 정서 | 1학년 | 105 | 33 | 72 |
| | 2학년 | 95 | 30 | 65 |
| | 3학년 | 81 | 33 | 48 |
| | 합계(수) | 281 | 96 | 185 |
| | 비율(%) | | 33.8 | 66.2 |

하기의 준언어적 양상인 쉼을 제대로 조절하거나 통제하지 못한 것으로 볼 수 있다. 대다수의 학습자들은 실제 말하기에서 언어적 표현의 유창한 전개에 문제가 생기면, 곧이어 쉼이 이어졌고 이는 불안 상태로 이어졌다. 이는 준언어적 표현인 쉼이 언어적 표현과 매우 밀착되어 발생하는 현상이라 할 수 있다.

분명 말하기 대본에서 쉼의 양상이 일정하게 전제되고, 아울러 3분 이내의 A4 한 면이라는 분량 제한으로 언어적 표현인 내용상의 변화가 최대한 통제되었다. 그럼에도 불구하고 의도하지 않은 쉼의 양상이 다수를 차지하는 결과가 나왔다. 이는 그만큼 청중을 대상으로 한 실시간 말하기 수행 과정이 언어 자각의 측면에서 화자에게 완벽하게 통제되기 어렵다는 점을 보여주는 것이라 할 수 있다.

다만 앞선 연구가설 1에서와 다르게 말하기 목적에 따른 의도한 쉼과 의도하지 않은 쉼 간의 차이는 크지 않은 것으로 드러났다. 즉 정보 전달 및 설득에서 대본과 전사본 간에 쉼의 빈도수 격차가 컸던 것에 비해 차이가 있기는 하지만, 그 정도가 미미한 것으로 드러났다. 이는 친교 및 정서 표현의 말하기에서도 의도하지 않은 쉼이 정보

말하기(전사본), 교

안녕하십니까/교육학과11학번/반규백입니다/에저는에스엔에에스엔에스에대해설명을할건데에스엔에스는/소셜네트워크서비스의약자로//1)인터넷을기반으로/사용자간의자유로운의사소통과//2)정보교류/그리고인맥확대등을//3)스/인맥확대등을제공해주면서/사회/사회관계를강화시켜주는서비스입니다//4)(코훌쩍이는소리)이/이에스엔에스가/인터넷이발달하/아/그리고스마트폰이개발되고발달하면서/무선인터넷의확장으로/에스엔에스/이용자가많이늘었는데/그로인해서/에스엔에스의순기능과역기능이/대두되고있는데요/(헛기침)/에스엔에스의순기능으로는//그빠른정보//5)정보수집/이가능하다는장점이있습니다//6)스마트폰을이용하면은//7)언제어디서든/빠르게정보를수집할수있기때문에/신속성과이동성을/동시에/갖출수있어서/정보수집이빠르다는장점이있고요/(헛기침)(종이넘기는소리)/8)에/이이와대조해갖/이와대조해서/역기능이있는데/그것은/정보의신뢰성이떨어진다는단점이있습니다//9)에이에스엔에스를이용하는사람들이//10)모두//11)정보를올리고퍼뜨릴수있기때문에//12)있기때문에/정보의신뢰성이많이떨어진다는단점이있습니다//13)그래서/이에스엔에스를잘활용하려면//14)활용하려면//15)그/제(기침소리)/제공되는정보를모두/맹신하고받아들이는것이아니라/자기자신의의견을갖추고비판적으로수용자세가필요하다고생각합니다/이상으로발표를마치겠습니다/감사합니다(박수)

1) 2.137초의 '쉼'이 지속됨-비의도적인 양상. 말 끝부분을 늘임. 시선을 청중 모두에게 두려고 노력했으나 좌측 청중에만 시선을 두며 긴장된 표정으로 바라봄. 손은 뒤로한 상태로 설명을 돕기위한 손짓은 사용하지 않음.
2) 1.032초의 '쉼'이 지속됨-비의도적. 침을 한번 삼키며 하늘을 보고 다음에 할 말을 생각함
3) 2.081초의 '쉼'이 지속됨-비의도적. 순간적으로 할 말을 잊어버림
4) 7.193초의 '쉼'이 지속됨-의도적. 처음엔 문장을 끝내고 잠깐 쉬려고 했으나 예상외로 쉬는 기간이 길어짐. 멋쩍게 웃고 옷매무새를 만지는 등 당황한 모습이 보임.
5) 1.13초1의 '쉼'이 지속됨-비의도적. 말끝부분을 늘임. 몸은 계속 좌우로 건들거리며 왼쪽다리에 무게를 두고 짝다리를 짚음.
6) 1.279초의 '쉼'이 지속됨-의도적. 문장을 끝내고 다음 문장으로 넘어가기 위해 잠깐 숨을 고르며 침을 한번 삼킴. 손짓을 계속해서 뒷짐을 진 상태.
7) 3.051초의 '쉼'이 지속됨-비의도적. 말 끝부분을 늘임. 억양은 계속 떨어지는 편. 시선은 좌, 우를 번갈아 이동하여 시선처리가 불안정함.
8) 1.162초의 '쉼'이 지속됨-의도적. 문장을 끝내고 잠깐 쉼. 목을 가다듬기 위해 헛기침을 함. 손이 잠깐 앞으로 나오다가 다시 뒷짐을 짐.
9) 1.034초의 '쉼'이 지속됨-의도적. 문장을 끝내고 잠깐 쉼.
10) 1.137초의 '쉼'이 지속됨-비의도적. 다음 할 말이 생각나지 않아 쉼. 침을 한번 삼키고 숨을 고름.
11) 1.288초의 '쉼'이 지속됨-비의도적. 다음 할 말이 생각나지 않아 쉼. 교수님 쪽을 한번 쳐다봄
12) 5.031초의 '쉼'이 지속됨-비의도적. 다음 할 말이 생각나지 않아 쉼. 시선 좌, 우를 번갈아 쳐다보며 시선처리가 불안정함. 당황한 모습이 역력함.
13) 1.231초의 '쉼'이 지속됨-의도적. 문장을 끝내고 다음 문장으로 넘어가기 위해 침을 삼키고 잠깐 숨을 고름.
14) 2.148초의 '쉼'이 지속됨-비의도적. 다음 할 말이 생각나지 않아 쉼. 고개를 오른쪽으로 한번 꺾음. 허공을 보며 잠시 멍하게 있음.
15) 4.095초의 '쉼'이 지속됨-비의도적. 다음 할 말이 생각나지 않아 쉼. 숨을 고르고 입술에 침을 바르며 계속 생각함. 시선처리는 여전히 불안정.

〈그림 4〉 정보 전달 및 설득 말하기

전달 및 설득만큼이나 많이 발생한 것으로 볼 수 있다. 〈그림 4〉는 일부 학습자들의 정보 전달 및 설득 말하기에서의 의도한 쉼과 의도하지 않은 쉼의 양상이다.[10)]

〈그림 4〉에서는 총 15회의 쉼이 드러났다. 비의도적인 쉼이 압도적으로 많이 드러나고 있다. 대다수의 의도하지 않은 쉼은 말할 내용에 대한 망각으로 인한 불안 상태의 지속과 관련되고 있음을 알 수 있다. 특히 〈그림 4〉에 제시된 '각주 4)'의 쉼도 의도적이라고 제시되어 있지만, 지속 시간이 길어짐으로 인해 화자의 불안감이 비언어적 표현의 측면으로 전달되고 있어 의도적이지 않은 쉼의 양상으로 의심해 볼 수 있는 부분이다. 물론 의도성에 여부에 대해서는 전적으로 화자의 판단이 중요하다.

또한 대다수 학습자들의 의도한 쉼의 경우도 삼키기(swallowing)와 함께 발생하고 있는 생리적 쉼의 양상인데, 다만 이것의 지속 시간이 여타 생리적 쉼에 비해 상당히 길다. 따라서 의도적으로 쉼을 구성했다기보다는 오히려 화자가 제대로 쉼을 통제하지 못하고 발생한 생리적 현상, 즉 의도하지 않은 쉼의 양상으로 해석이 가능하다. 이에 비해 〈그림 5〉의 학습자는 몇몇 위치에서 의도한 쉼을 제대로 구현하고 있다.[11]

여기에서는 총 7회의 쉼이 발생했다. 의도적인 쉼이 4회, 비의도적인 쉼이 3회로 화자가 의도적으로 쉼을 통제한 경우가 많다. 특히 이 학습자에게서는 의도한 쉼이 대다수 주요한 내용을 강조하거나 혹은 청중의 반응을 이끌어 내기 위해 사용되고 있다. 그에 비해 의도하지 않은 쉼은 앞선 학습자와 마찬가지로 내용 통제가 제대로 되지 않아 불안과 긴장감이 조성된 경우에 발생하고 있다.

학습자들에게서 제시된 의도한 쉼과 의도하지 않은 쉼은 말하기

10) 〈그림 4〉의 각주에 의도한 쉼과 의도하지 않은 쉼이 제시되고 있다. 이는 학습자 본인이 실제 말하기 과정의 동영상 촬영본을 바탕으로 재구성한 것이다. 즉 실제 말하기 과정에서 쉼의 의도성 여부는 학습자 본인이 가장 잘 자각하고 있다. 따라서 학습자 본인이 긴 쉼에 국한해서 그 의도성을 여부를 표기하고, 그 이유를 제시하도록 하였다.

11) 이와 같은 의도한 쉼이 실시간 말하기에서 발화의 유창성과 관련하여 적절하게 잘 이루어졌는지의 여부는 말하기 평가에서 검증되어야 할 중요한 부분이다. 이 글은 여기까지는 나아가지 못했다. 차후 연구과제로 남겨두고자 한다.

**<국어교육론 - 전사본, 국어**

안녕하십니까국어교육과12학번손용형입니다/어/제가이말하기주제를받고/한번생각해봤는데/아마자신의정체성을가장잘드러낼수있는것은아마/본인의꿈이아닌가//[1]싶습니다/저희국어교육과에들어온모든친구들의꿈이//[2]대부분은아마국어교사일거라고생각됩니다/저도그중에한명이고요/근데제가국어교사의꿈을키우기까지는조금특별한경험으로인해서/그꿈을키우게됐습니다/그게중학교2학년땐데//[3]여느때와다름없이그냥전과목다가르쳐주는그런입시학원에드가서국어수업을하고있었어요/근데그국어수업을담당하시는국어선생님이랑저랑은매우친했던사이였어요장난도치고반말도하는그런사이였어요//[4]근데그러는도중에수업을하고있는데갑자기선생님이용형아니가나와서수업을해봐라근데저는그게당연히장난인줄알고아알았어요내가해볼게요/그래서선생님저앉으시고내가나와서이케수업을했었어/요지금도아직도생생히기억나요김기림의바다와나비라는그런시가있어요/뭐공주처럼지쳐서돌아온다이런내용의그런시가있었어요//[5]그때당시에는그냥장난이니까애들하고같이뭐장난치면서놀고또참고서를보시면아시겠지만/그시가한줄있으면밑에파란색해설이있어요그냥그거읽는게다였어요그때당시에는근데그수업을하니까뭔가장난이었지만조금이나마아가르치게내적성에맞나//[6]맞는가라는생각이좀들었어요/그래서이얘기를하니까한번더해보자국어선생님의말씀이계셔서한번더해봤어요근데그러니까아정말맞는거같다라는생각이들게됐어요그렇게해서교사의꿈을가지게되었어요근데중학교3학년때또국어선생님과어떻게하다보니까또친해졌어요근데중학교2학년때얘기를그선생님이들으신거에요/그래서//[7]용형아지금내가삼학년오육칠팔구반을드가잖아니가한번씩드가서수업을해보자/라는이야기를하셨어요/근데처음에는당황했죠/아내가나나도아직잘모르는데어에내가거드가서수업을하겠노라는생각을했었는데근데어떻게생각해보니까/뭐괜찮은경험인거같았어요내꿈을좀더확실하게해주는/그래서수락했어요그래서삼학년오육칠팔구반에드가서수업을했었어요그때하니까꿈이더확실해지고이제교사보다는국어과목이그때더재밌어지고그러다보니까이제국어교사의꿈을완전하게키우게된거에요그래서저는이/음/대구가톨릭대학교국어교육과에입학하게됐습니다/이상입니다감사합니다/

---

1) 0.844초의 쉼이 지속됨. 비의도적인 양상으로 쉼이 이루어짐. 원래는 정체성을 잘 드러낼 수 있는 것이 꿈이다 라는 것을 강조하고 싶어서 꿈이 아닌가 싶습니다 에서 긴 쉼을 주려 했으나 긴장한 탓에 조금 앞에서 긴 쉼을 주게 되었다.

2) 1.013초의 쉼이 지속됨. 의도적인 양상으로 쉼이 이루어짐. 정체성을 잘 드러낼 수 있는 것이 꿈이란 얘기를 앞에 하면서 국어교육과 친구들의 꿈이 국어교사라는 것에 대한 공감을 얻고자 과 친구들과 눈을 마주치면서 의도적으로 쉼을 주었다.

3) 1.296초의 쉼이 지속됨. 의도적인 양상으로 쉼이 이루어짐. 중학교 2학년 때부터 교사의 꿈을 키워왔다는 것을 부각시키기 위해 손동작을 하면서 의도적으로 쉼을 주었다.

4) 0.685초의 쉼이 지속됨. 비의도적인 양상으로 쉼이 이루어짐. 말을 빠르게 한 탓에 잠깐 숨을 돌리기 위해 비의도적으로 쉼을 주게 되었다.

5) 0.622초의 쉼이 지속됨. 의도적인 양상으로 쉼이 이루어짐. 처음으로 가르쳐본 작품이 김기림의 바다와 나비라는 것을 부각시키고 청중들이 한번 쯤은 접해봤을 작품이라 생각하고 공감을 얻어내려고 시선들을 마주치면서 의도적으로 쉼을 주게 되었다.

6) 0.911초의 쉼이 지속됨. 의도적인 양상으로 쉼이 이루어짐. 가르치는 것이 적성에 맞아 교사라는 꿈이 나에게 어울리는것이 맞는가 라는 것을 그때 당시의 심정으로 표현하기 위해 검지손가락을 피면서 내밀듯이 손짓을 하면서 의도적으로 쉼을 주게 되었다.

7) 1.259초의 쉼이 지속됨. 비의도적인 양상으로 쉼이 이루어짐. 원래는 그래서 라고 말하기 전에 긴 쉼을 주려 했으나 긴장한 탓에 그 후에 쉼을 주게 되었다.

〈그림 5〉 친교 및 정서 표현 말하기

전개상의 일정한 기능 양상으로 드러났다. 이를 구분해서 정리하면 〈표 6〉과 같다.[12)]

〈표 6〉 의도한 쉼과 의도하지 않은 쉼의 기능 및 역할

| | 기능 및 역할 |
|---|---|
| 의도한 쉼 | • 말하기의 속도를 조절하기 위함<br>• 청중의 반응을 이끌어 내기 위함<br>• 화제 제기와 내용 강조를 드러내기 위함 |
| 의도하지 않은 쉼 | • 말할 내용이 생각나지 않는 경우의 시간적 여백을 채우기 위한 비음성적 머뭇거림이나 더듬거림에 수반됨<br>• 청중 앞에서의 긴장 고조에 따른 생리적 불안 표출에 수반된 침 삼키기 등에 수반됨 |

이상 두 가지 연구가설을 바탕으로 학습자들의 말하기에 드러난 쉼의 양상을 살펴보았다. 연구가설 1은 말하기 계획의 결과물인 대본에서의 전제한 쉼과 실제 말하기 과정의 결과물인 전사본에서의 구현한 쉼 간에는 그 발생 빈도수, 발생 위치, 발생 유형 등에서 많은 차이를 보이는 것으로 그 결과가 드러났다. 즉 준언어적 표현으로서의 쉼은 언어적 표현에 비해 실제 말하기 과정에서 그 변화가 상당히 심한 것으로 드러났다.

연구가설 2는 실제 말하기 과정에서 드러난 화자의 의도성 여부에 따른 쉼의 양상을 다룬 것으로, 의도한 쉼과 의도하지 않은 쉼이 발생 빈도수는 차이가 없을 것으로 상정되었다. 이는 학습자의 상위 인지 능력상의 언어 수행 능력과 말하기 분량 제한 등의 문제를 고려한 것이었다. 결과는 의도하지 않은 쉼이 의도한 쉼보다 유의미한 수치 이상으로 나왔다. 즉 조사 대상 학습자들이 상위 인지적 측면에

12) 연구가설 1과 2에서 제시된 쉼들은 말하기의 유창성 논의와 관련해서 혼란의 소지가 있을 가능성이 있다. 즉 쉼의 빈도수가 잦다는 것은 분명 말하기의 유창성에 문제가 있음과 관련된다. 하지만 쉼 속성의 측면에서 의도한 것과 의도하지 않은 쉼은 분명 차이가 있다. 의도한 쉼은 화자가 실시간 말하기 과정을 언어 자각의 측면에서 제대로 통제하고 있는 상황에서 드러나며, 의도하지 않은 쉼은 그렇지 못한 상황에서 드러난다. 따라서 유창성의 측면에서 의도한 쉼이 실제 말하기에 많이 제시된다는 것이, 단순히 쉼의 빈도수가 많아 말하기가 유창하지 못한 것과 동일 선상에 놓일 수 없다는 점이다. 물론 이는 말하기 평가의 측면에서 과연 청자들이 그와 같은 화자들의 의도적인 쉼을 제대로 인식하고 이를 유창성의 관점에서 인정할 수 있을지의 문제와 관련될 것이다.

서 말하기의 과정을 의도적으로 통제하지 못했음을 보여준 것이라 할 수 있다.

## 4.2. 교육상 의의

이 글에서의 연구는 학교 현장에서 말하기 교육의 현장 연구조사에 초점을 두고 진행되었다. 학교 내·외의 말하기 교육에 대한 관심이 날로 증가하고 있으나, 기존 학교 현장의 말하기 교육은 여전히 제대로 이루어지지 않고 있다는 문제의식이 연구 동기가 되었다. 이는 기존의 말하기 교육의 교수·학습 내용, 방법, 평가 측면 등의 이론적 측면이 여전히 학교 현장에 정착되는 과정에 많은 어려움이 있는 것과 관련된다.

이런 점을 감안하여 이 글에서는 매체를 활용하여 학습자들이 보다 쉽게 말하기와 그에 대한 언어 사용의 자각 문제를 이끌어 낼 수 있도록 연구 방법을 고안하였다. 우선 모국어를 말하기답게 하려면, 언어적 표현 이외에 준언어적, 비언어적 표현의 중요성에 강조가 이루어져야 하는데, 정작 실제 학교 현장에서는 이런 측면들이 매우 부족하게 인식되었던 것이 사실이다.

따라서 이 글은 준언어적 표현의 하나인 쉼을 말하기 과정의 주요한 인식의 요소로 상정하였다. 이는 실제로 학습자들이 말하기 이전 단계에서부터 실제 말하기 단계까지를 모두 고려하는 총체적인 인식 과정이 될 수 있도록 하였다. 결론적으로 이 글에서의 교육상 의의는 두 가지 정도로 요약할 수 있다.

첫째, 학교 현장에서의 말하기 교육은 대부분 준비된 말하기에 초점을 둔다. 즉 학습자들에게 일정 시간을 실제 말하기를 위한 준비 과정으로 제시하고, 말할 내용이나 여러 가지 말하기 형식 등에 대해 고민하도록 한다. 아울러 동료 학습자들을 청중으로 둠으로써 말하기의 사회적 관계를 자연스럽게 고려하도록 한다. 즉 말하기 계획의 과정에서 학습자들은 머릿속으로 말할 내용을 전개할 수 있다.

하지만 머릿속에 기억되거나 암기된 내용들은 실제 말하기 과정에서 왜곡되거나 부적합한 양상으로 전개되는 경우가 많다. 이는 언어적 표현, 즉 메시지만을 말하기 계획상에 초점을 둘 경우, 실제 말하기에서는 그와 같은 언어적 표현들이 실시간 맥락이나 상황에 따라 변화될 수 있다. 혹은 소리읽기에 가까운 말하기 형식으로 변질될 가능성이 높다. 따라서 언어적 표현, 즉 전달 내용 자체의 계획만으로 완벽한 말하기 수행을 이끌어내기는 어렵다.

이 글에서는 이런 점에 착안하여, 준언어적 표현의 하나인 쉼을 말하기 계획과 실제 말하기의 연속선상에 드러나도록 하였다. 조사 결과는 준비된 말하기와 실제 말하기 간의 쉼에는 여러 측면에서 많은 차이가 있는 것으로 드러났다. 특히 친교 및 정서 표현의 말하기에 비해 정보 전달 및 설득의 목적을 지닌 말하기에서 그런 현상이 더 두드러졌다. 이는 학습자들이 말하기 계획을 세울 때, 입말이 아닌 글말 중심의 언어 투식(language register)에 익숙해져 있음과도 관련된다.

즉 학교 현장의 말하기 교육에 드러나는 문제점 중의 하나는 말하기 계획을 세울 때 사용된 글말 중심의 원고가 그대로 실제 말하기에 반영된다는 점이다. 이는 곧 말하기가 쓰기가 종속되는 결과를 초래하고 결국 학습자들의 말하기 본령의 언어 사용에 대한 감각을 잃게 만든다. 따라서 말하기 계획을 세울 때에는 무엇보다 말하기 본령에 맞는, 즉 입말 중심의 맥락과 상황에 대한 고려가 필요하다. 이런 점에서 쉼은 입말 맥락과 관련된 발화 유창성을 결정짓는 주요한 요소로 부각될 수 있음이 이 글의 조사와 논의를 통한 교육적 의의로 제기될 수 있다.

둘째, 말하기는 화자의 언어 자각(language awareness)에 대한 문제와 매우 결부되는 언어 사용 양상이다. 언어 자각의 문제는 모국어 교육에서 특히 강조되어야 하는 것인데, 이는 언어 사용자가 자신의 언어와 언어 사용에 대한 상위 인지(meta cognition) 능력을 어느 정도 지니고 있는지와 직접적으로 관련된다.

특히 청중을 대상으로 하는 공식적인 말하기는 특정한 맥락과 상황에서 실시간으로 전개되기 때문에 화자에게 고도의 인지적 능력을 요구한다. 이는 실제 언어 사용 상황에 대한 상위 인지적 측면의 조정과 통제의 문제라고 할 수 있다. 아울러 이는 언어적 표현뿐만 아니라 그에 수반되는 다양한 준언어적, 비언어적 표현 등이 모두 간여될 수 있다. 특히 맥락이나 상황에 더 민감할 수 있는 준언어적 표현은 그 중요성이 더 부각된다고 할 수 있다.

이 글에서는 이런 점을 감안하여 준언어적 표현의 하나인 쉼의 사용에 대한 화자의 의도성 여부의 문제를 다루었다. 이는 조사 대상 학습자들이 실시간으로 전개되는 말하기 과정에서 쉼을 맥락과 상황에 맞게 적절하게 통제하는지의 여부와 관련될 수 있다. 결과는 다수의 학습자들이 실시간으로 전개되는 말하기 과정에서 쉼을 의도적으로 통제하지 못하고 있음을 보여주었다.

즉 기본적인 언어 수행 능력을 갖추고 있는 대다수의 학습자들조차도 실제 말하기에서 상위 인지적 측면의 기제를 제대로 사용하지 못하고 있는 것이다. 물론 쉼의 사용에 대한 의도성 여부 하나만으로 말하기 전체의 질적 수준을 판가름할 수는 없지만, 대다수 학습자들이 말하기의 전개 과정에서 유창성과 밀접한 관련을 맺는 쉼을 의도적으로 제대로 사용하지 못한다는 점은 청중을 대상으로 한 말하기 교육에 시시하는 바가 크다고 할 수 있다.

## 5. 마무리

이 글은 준언어적 표현의 한 요소인 '쉼'의 양상을 다루었다. 현장 조사의 관점에서 일부 학습자들을 조사 대상자로 선정하고, 말하기의 목적을 크게 정보 전달 및 설득, 친교 및 정서 표현으로 구분해서 준비된 말하기의 형식으로 진행되었다. 즉 준언어적 표현의 하나인 쉼이 말하기 계획과 실제 말하기에서 어떻게 관련을 맺고 드러나는지, 그리고 실제 말하기에서 쉼의 의도성 여부가 어떻게 실현되는지를 학습자들의 대본과 전사본을 통해 구체적으로 검토되었다.

두 가지 가설이 상정되었고 그 결과가 논의되었다. 첫째, 준비된 말하기와 실제 말하기, 즉 대본과 전사본에 드러난 쉼은 여러 측면에서 많은 차이를 보였다. 발생 빈도수, 발생 유형, 발생 위치 등에서 차이가 났다. 이는 준비된 말하기에서 계획과 실제상의 차이를 단적으로 보여주는 것으로, 말하기 계획과 실제 말하기 간의 간격을 줄이기 위해서는 입말과 글말 투식에 대해 교육적 필요성을 상기시켰다고 할 수 있다.

둘째, 실제 말하기에서는 상위 인지적 측면에서 의도한 쉼과 의도하지 않은 쉼이 상정되었는데, 의도하지 않은 쉼이 유의미한 수치 이상으로 많이 발생했다. 즉 학습자들이 상위 인지적 측면에서 쉼을 제대로 조정하고 통제하지 못한 결과이다. 이는 말하기의 상위 인지적 측면에서의 언어 자각에 대한 교육적 필요성을 제기했다고 볼 수 있다.

하지만 이 글에서의 연구는 보다 과학적이고 정밀한 연구 토대하에 쉼을 측정, 분석하지 못했으며, 아울러 대상 학습자들이 일부 대학생들에 국한되었다는 한계를 드러냈다. 쉼은 학교 현장의 말하기 교육에서 지금까지 제대로 다루어진 적이 없다. 따라서 그 연구 기반도 미약할 수밖에 없다. 이 글은 그 점에서 미약하나마 준언어적 표현으로서 쉼에 대한 연구의 시발점이 되었다는 점에서 그 의의가 있다.

# 3부 읽기 교육론

바람직한 독서의 가치

텍스트 요약하기

언어 수행 수준과 읽기

# 바람직한 독서의 가치

## 1. 독서의 가치

2009개정 국어과 교육과정에서는 기존의 고등학교 선택과목이던 독서가 문법과 통합되었다. 그 이유가 무엇이든지 간에 독서 과목 자체의 정체성에 심각한 타격이 될 수 있다. 이는 단적으로 기존의 독서라는 과목 자체가 교육현장에서 외면당한 결과이고, 나아가 급변하는 시대에 학습자들의 창의력과 지적 능력을 향상시킬 수 있는 과목으로서 효용 가치가 있는지에 의문을 제기한 것이라 할 수 있다.

다만 이렇게까지 된 상황에는 분명 독서 과목 자체가 지니는 성격, 목표, 내용, 방법, 평가의 여러 측면에서 문제가 있었을 것이다. 특히 기존의 고등학교 현장에서는 독서 과목 자체가 선택과목으로서 학습자들에게 많이 선택되었지만, 정작 교과서는 외면당한 채 수능 영역과 관련된 문제집이나 참고서로 대체되어 교수·학습되는 경우가 대부분이었다. 즉 독서라는 교과는 수능 영역 문제 풀이를 위한 임시방편의 선택과목에 불과하였다.

그렇다면 독서라는 과목 자체가 지니는 가치는 어디에 있는 것일까. 물론 이 시점에 이런 질문을 제기하고 답변을 구한다는 것은 소 잃고 외양간 고치는 격이다. 하지만 독서라는 과목 자체가 타 과목과 통합된 양상으로 학습자들에게 교육될지라도 그 과목 자체가 지니는 중요성은 결코 줄어들 수 없으며, 아울러 국어 교과에서 가장 중추적인 과목으로서의 정체성도 쉽게 사라지지 않을 것이다.

이 글에서는 이런 문제의식을 바탕으로 과연 독서가 지니는 가치가 어디에 있는지를 파악하는 데 초점을 둔다. 다만 이런 문제의식의 인식 범위가 너무 넓어 오히려 문제의 본질을 흐릴 수 있다. 따라서 이 글에서는 최근의 몇몇 국어과 교육과정과 고등학교 교과서에 제시된 독서의 가치를 확인하고, 과연 여기에 제시된 가치가 학습자들에게 유효적절하게 받아들여질 수 있는 내용인지의 여부를 비판적으로 고찰한다. 아울러 시론적 성격의 대안으로 몇몇 바람직한 독서의 가치에 대해 논의하고자 한다.

## 2. 독서의 가치에 대한 제시 양상 및 고찰

이 글은 기존의 국어과 교육과정과 독서 교과서에 제시된 독서의 가치를 구체적으로 살핀다. 교육과정과 교과서는 학교 현장의 가장 기본 토대가 되는 자료이다. 이는 곧 교육과정을 바탕으로 교과서가 구성되고, 교과서의 내용은 학교 현장에서 교사를 통해 학습자들에게 전달되기 때문이다.

그렇다면 교육과정과 교과서에서는 독서의 가치에 대한 어떤 내용을 담고 있으며, 아울러 학습자들에게 어떻게 제시되어야 할 것으로 접근하고 있는지를 검토하는 것은 독서교육 이전에 파악되어야 할 중요한 선행 과제이다.

따라서 이 글에서는 비교적 최근 교육과정들인 7차, 2007, 2009,

2011 교육과정을 순서대로 살피고 각 교육과정에서는 독서의 가치에 대해 무엇을 그리고 어떻게 담고 있는지를 고찰한다. 아울러 고등학교 선택과목인 독서에 드러난 독서의 가치를 저자별로 구분하여 비판적으로 살펴본다.

### 2.1. 교육과정에 드러난 독서의 가치

교육과정상에 독서의 가치라고 제시된 부분은 극히 제한적이다. 이미 그 가치가 전제되고 있기 때문에 간략한 내용 제시에 그치고 있다. 하지만 내용에 선행하는 가치의 명확한 제시는 그 내용을 보다 실질적이고 의미 있는 것으로 자리매김 시킬 수 있다는 점에서 중요하다. 교육과정상에서 독서의 가치를 언급한 부분은 주로 국어 과목상의 '읽기 영역'과 고등학교 선택과목인 '독서'이다. 우선 7차 국어 과목 교육과정상의 '읽기 영역'에 드러난 가치와 관련된 내용은 〈표 1〉과 같다.

〈표 1〉 7차 '읽기 영역'에 제시된 가치

<table>
<tr><td rowspan="2">읽기</td><td>• 읽기의 본질<br>∘ 필요성<br>∘ 목 적<br>∘ 개 념<br>∘ 방 법<br>∘ 상 황<br>∘ 특 성</td><td>• 읽기의 원리<br>∘ 낱말 이해<br>∘ 내용 확인<br>∘ 추론<br>∘ 평가와 감상</td><td>• <u>읽기의 태도</u><br>∘ 동기<br>∘ 흥미<br>∘ 습관<br>∘ <u>가치</u></td></tr>
<tr><td colspan="3">• 읽기의 실제<br>∘ 정보를 전달하는 글 읽기 ∘ 설득하는 글 읽기<br>∘ 정서를 표현하는 글 읽기 ∘ 친교의 글 읽기</td></tr>
</table>

7차 읽기 영역에서는 태도에 가치를 제시하고 있다. 하지만 읽기의 가치와 관련된 세부적인 교육 내용은 1~10학년까지 공통 기본 교육과정상의 읽기 영역 어디에도 구체적으로 제시되고 있지 못하다. 이는

태도에 제시된 가치는 읽기의 본질, 원리, 실제를 통해 자동적으로 형성된다고 보는 것과 관련된다. 즉 교육적 내용을 지니지 못한 명목상의 제시에 불과하다. 독서 과목에 제시된 내용은 〈표 2〉와 같다.

**〈표 2〉 7차 '독서'에 제시된 가치**

<table>
<tr><th colspan="2">독서의 이론</th><th>독서의 실제</th></tr>
<tr><td>(1) 독서의 본질</td><td>(가) 독서의 기능과 특성<br>(나) 독서의 과정<br>(다) 독서의 방법<br>(라) 독서의 가치</td><td rowspan="3">(1) 정보를 전달하는 글 읽기<br>(2) 설득하는 글 읽기<br>(3) 친교의 글 읽기<br>(4) 정서 표현의 글 읽기<br>(5) 인문, 사회 분야의 글 읽기<br>(6) 과학, 예술 분야의 글 읽기<br>(7) 사전류 등의 이용<br>(8) 다매체 시대의 언어 자료</td></tr>
<tr><td>(2) 독서의 원리</td><td>(가) 독서의 준비<br>(나) 독해<br>① 단어, 문장, 단락 독해<br>② 글 전체의 독해<br>③ 비판적 독해<br>④ 감상적 독해<br>(다) 독해 과정의 인식<br>(라) 독서와 학습 방법</td></tr>
<tr><td>(3) 독서의 태도</td><td>(가) 독서 동기 및 태도<br>(나) 독서 습관</td></tr>
</table>

7차 독서 교육과정에서는 독서의 가치가 독서의 이론에 놓여 있다. 아울러 독서의 가치와 관련된 내용은 두 가지로 제시되고 있는데, 아래와 같이 개인적인 측면과 사회적·문화적 측면으로 구분되고 있다.

① 개인의 삶을 풍부하게 해 주는 행위로서의 독서의 가치를 이해한다.
② 사회, 문명, 문화의 유지와 발전에 미치는 독서의 가치를 이해한다.

위의 두 교육과정상에서 가치가 제시되고 있는 부분이 '읽기 영역'에서는 태도, '독서'에서는 본질로 차이가 난다. 즉 전자의 경우는 가치를 지식으로 가르치기보다는 바람직하고 능동적인 측면의 가치관을 형성하는 데 초점을 두고 있고, 후자의 경우는 가치를 독서의 지식적인 측면에서 지도해야 하는 내용으로 상정하고 있다. 이는 교육과정의 연속선상에서 볼 때 문제로 볼 수 있다. 즉 가치관의 측면은 인간의 성장과 더불어 끊임없이 변할 수 있는 것이고, 아울러 이는 독서의 가치에 대한 지식 측면의 앎이 수반되기 때문이다. 본질 측면과 태도 측면에서의 가치를 명확하게 구분하고, 아울러 양 영역에 모두 제시하는 것이 바람직하다.

2007 교육과정의 국어 과목 '읽기 영역'에는 맥락이 강조되면서 가치와 관련된 내용이 빠져 있다.[1] 아울러 2007과 2009 독서 과목의 교육과정 간에는 큰 변화가 없다. 2009 교육과정은 독서와 문법이 통합되는 큰 변화가 있었지만, 정작 교육과정의 내용은 2007에 제시되었던 것이 그대로 이어지고 있다. 물론 독서와 문법의 통합에서 내용 축소의 필요성을 감안해, 기존의 내용들이 삭제된 경우는 있다. 독서의 가치와 관련된 내용은 〈표 3〉과 같다.

**〈표 3〉 2007, 2009 '독서와 문법'에 제시된 가치**

<table>
<tr><th>지식</th><th>글의 유형</th></tr>
<tr><td>• 독서의 특성<br>• 글의 특성<br>• 독서의 과정과 방법<br>• 독서의 맥락<br>• <u>독서의 역사와 가치</u><br>• 독서와 매체언어(2009에서 추가)</td><td rowspan="3">• 목적에 따른 읽기<br>◦ 정보 전달, 설득, 사회적 상호작용, 정서표현<br>• 제재: 인문, 사회, 과학, 예술<br>• 시대: 고대, 중세, 근대<br>• 지역: 국내외</td></tr>
<tr><th>기능</th></tr>
<tr><td>• 독서의 준비<br>• 독서의 수행<br>◦ 사실, 추론, 비판, 감상, 창조적 독해<br>• 독서의 성찰과 조절<br>• 독서의 활용<br>• 매체 자료의 비판적 수용(2009에서 추가)</td></tr>
</table>

1) 이는 태도 측면에서의 가치가 교수·학습 현장에서 실질적인 교육내용으로서 유효하지 못했다는 점과 관련된다.

〈표 3〉에서와 같이 독서의 가치는 지식에 배치되고 있다. 이는 7차와 같은 맥락이다. 다만 여기에서는 독서의 역사와 함께 제시되고 있는 것이 앞선 7차 교육과정과 차이가 있다. 하지만 독서의 역사와 관련해서 독서의 가치가 어떤 의미를 지니며, 아울러 어떻게 독서의 가치가 독서의 역사와 관련해서 어떻게 변해왔는지에 대한 구체적인 내용은 거의 제시되고 있지 못하다.[2)]

좀 더 자세하게 그 내용 영역을 살펴보면 〈표 4〉와 같다. 2007과 2009교육과정의 내용이 크게 달리진 것이 없지만, 2009에서는 내용 '③'이 삭제되었다.

**〈표 4〉 독서의 역사와 가치**

| 내용 | 해설[3)] |
|---|---|
| ① 구술 문화에서 문자 문화로의 변천이 인류 문화 발전에 미친 영향과 독서의 중요성을 이해한다. | |
| ② 개인의 성장과 삶에 미치는 독서의 가치를 이해한다. | ▶이 내용은 독서가 개인의 성장 및 삶에 미치는 영향을 이해함으로써 평생 독자로서의 소양을 지니게 하기 위해 선정하였다. (…하략…) |
| ③ 사회, 문명, 문화의 유지와 발전을 가능하게 하는 독서의 가치를 이해한다. (2009 교육과정에서는 삭제) | ▶독서는 개인적인 성장을 유발하는 기제일 뿐 아니라 사회 구성원들을 서로 통합하고 문명과 문화를 유지, 발전시키는 역할을 한다. (…하략…) |

2007에서도 역시 7차와 마찬가지로 독서의 가치를 크게 개인과 사회 항목으로 나누고 있다. 하지만 2009에서는 사회와 관련된 독서의

2) 독서의 가치는 독서의 역사와 밀접하게 관련될 수밖에 없다. 이는 독서의 역사를 구조적으로 맥락화 시키는 작업이 선행되어야 그 가치가 제대로 논의될 수 있다는 점과 관련된다. 김기호(2009)에서는 조선 시대를 중심으로 이루어졌던 그간의 독서론 논의를 개괄하고 있으며, 허재영(2006)에서는 근대 계몽기로부터 교육과정기까지 이어지는 독서교육의 모습을 소개하고 있어 참고가 된다.

3) 해설 부분은 교육과정 원문을 모두 싣지 못했다. 다소 해설이 긴 것으로 판단되어 뒷부분을 생략했다. 자세한 내용은 고등학교 교육과정 해설(교육과학 기술부, 2007-79: 210~211)을 참고하기 바란다.

가치 부분이 삭제되었다. 즉 독서와 문법 과목이 통합됨에 따라 그 내용을 줄이기 위해 부득이하게 사회, 문화와 관련된 독서의 가치를 삭제한 것으로 판단된다.

②, ③의 내용과 관련된 해설을 살펴보면, 독서의 가치를 비교적 상세하게 파악할 수 있다. 먼저 개인적인 측면과 관련된 ②는 독서가 개인의 지적인 면과 정의적인 면을 풍성하게 해 준다는 것으로 제시되고 있으며, 특히 독자의 내부 동인을 이끌어 내는 것이 중요하다는 점을 역설하고 있다. ③은 주로 사회, 문화적인 측면과 관련되는 것으로 사회적 통합과 함께 문명 및 문화의 전승과 발전을 도모하는 데 독서의 가치를 두고 있다.

이상의 세 교육과정에서는 독서의 가치가 주로 이론과 지식의 영역에 제시되며, 독서 교육현장에서 명시적인 지식 형태로 지도되어야 할 것으로 부각되고 있다. 아울러 7차에서 독서의 가치로만 제시되던 것이, 2007과 2009에서는 독서의 역사와 결합해서 그 외연을 확대했다. 하지만 정작 독서의 역사와 관련해서 그 가치를 어떻게 부각시킬 것인지에 대해서는 언급이 없다.

그간 우리의 독서 환경은 많은 변화를 거듭해 왔다. 특히 매체 환경의 변화와 더불어 독서 환경은 양적으로, 질적으로 많은 변화를 이루어왔다. 이는 독서의 가치와도 밀접하게 결부되면서 독서의 가치에 대한 인식의 변화를 가져왔다. 즉 입신양명과 인격 수양, 문제해결 중심에 독서의 가치를 두거나, 혹은 실용적 정보의 획득과 흥미의 유발에 초점을 두는 경우까지 다양하게 그 가치의 범위를 설정해 왔다.

하지만 앞선 세 교육과정에서 독서의 가치에 대한 논의가 거의 변화됨이 없이 그대로 이어지고 있음을 살필 수 있었다. 즉 독서의 환경 변화에 따르는 독서 가치에 대한 다양한 인식 변화의 양상을 제대로 반영하지 못하고 있는 것이다.

그렇다면 가장 최근 교육과정인 2011에서는 어떤 양상으로 독서의 가치가 제시되고 있는지 살펴보자. 2011 교육과정은 학년군으로 교육과정의 내용이 설정되었다. 이는 그동안 교육과정의 내용이 학년별로 지나치게 세분화되어 학교 현장에서 그 실효성이 떨어졌다는 비판을 수용한 것으로 판단된다. 특징적인 것은 이 교육과정에서는 태도 영역이 재차 추가되고, 중학교 1-3학년군의 읽기 영역에 읽기의 가치가 제시되었다는 것이다. 이하에서는 '읽기 영역'과 '문법과 독서'가 구분되어 제시된다. '읽기 영역'에 제시된 양상은 〈표 5〉와 같다.

〈표 5〉 2011 교육과정 '읽기 영역'에 드러난 가치

| 실제 | | |
|---|---|---|
| • 다양한 목적의 글 읽기: 정보를 전달하는 글, 설득하는 글, 친교 및 정서 표현의 글<br>• 읽기와 매체 | | |
| 지식 | 기능 | 태도 |
| • 읽기의 본질과 특성<br>• 글의 유형<br>• 읽기와 맥락 | • 낱말 및 문장의 이해<br>• 내용 확인<br>• 추론<br>• 평가와 감상<br>• 읽기 과정의 점검과 조정 | • 가치와 중요성<br>• 동기와 흥미<br>• 읽기의 생활화 |

〈표 5〉는 공통 교육과정으로서의 국어과 읽기 영역 내용 체계이다. 읽기의 가치가 태도 부분에 배치되었다. 읽기의 가치가 7차에서는 제시되었지만, 2007에서는 제시되지 않았다. 태도의 중요성이 2011에서 와서 재차 강조되는 모양새다.

2011 교육과정에서는 각 영역별, 학년군별로 성취 기준이 나뉘어져 있다. 특히 학년군별로도 영역 성취 기준과 내용 성취 기준이 구분되어 제시되었다. 읽기의 가치와 관련된 구체적인 내용 성취 기준은 〈표 6〉과 같다.

〈표 6〉 2011 교육과정 읽기 영역 및 내용 성취 기준

| | |
|---|---|
| 영역 성취 기준 | 다양한 유형의 글을 읽기 목적과 상황에 따라 적절한 읽기 전략을 사용하여 비판적으로 읽고, 능동적으로 글을 읽는 태도를 지닌다. |
| 내용 성취 기준 | (11) 읽기의 가치와 중요성을 깨닫고, 읽기를 생활화하려는 태도를 지닌다. |

〈표 6〉에서는 읽기의 가치가 매우 소략한 형태로 제시되었다. 읽기의 가치를 내용 성취 기준으로 제시하고 있지만, 정작 가치와 관련된 구체적인 내용들은 거의 제시되고 있지 못하다. 가치는 명목상으로만 제시되고 있으며, 내용 성취 기준은 읽기의 생활화에 맞춰져 있다.[4)]

〈문법과 독서〉의 교육과정상에 제시된 독서의 가치는 〈표 7〉과 같다.

〈표 7〉 2011 교육과정 '문법과 독서'에 드러난 가치

| | |
|---|---|
| 독서와 언어의 본질 | • 독서의 본질<br>• 언어의 본질 |
| 국어 구조의 이해 | • 음운 • 단어 • 문장 • 담화 |
| 글의 구조와 독서의 방법 | • 글의 구성 원리<br>• 독서의 방법 |
| 독서의 실제와 국어 자료의 탐구 | • 독서와 국어 생활<br>• 국어 자료의 탐구<br>• 독서의 가치와 성찰 |

앞선 독서 과목의 교육과정들에서 가치는 줄곧 본질에 배치되었

4) 교육과학기술부(2011: 55~56)에서는 내용 성취 기준과 관련된 구체적인 내용 해설은 다음과 같이 제시하고 있다. "읽기의 가치와 중요성을 깨닫고, 읽기 학습 경험을 학교 학습과 일상생활에 적용할 필요가 있다. 읽기의 생활화는 교과 독서, 학습 독서, 여가 독서, 자유 독서, 자기 주도적 독서, 아침 독서, 독서 동아리, 독서 토론, 독서 기행, 독서 캠프, 도서관 활용 등으로 나타날 수 있다. 읽기의 생활화를 통해 질을 높이고, 읽기에 대한 동기와 흥미를 강화시키도록 한다. 읽기의 가치와 중요성 알기는 관련된 글을 구해서 교과서 단원으로 구현할 수 있다. 읽기의 생활화는 국어과 학습뿐만 아니라 타교과나 비교과 학습, 도서관 활동, 가정생활 등과 연계하여 지도하도록 한다."

다. 아울러 가치에 대한 내용들은 개인의 성장과 공동체의 발전에 관련된 내용들로 이루어져 있었다. 하지만 2011 교육과정에서는 독서의 가치를 실제에 제시하고 있는 점이 특징적이다. 이전의 국어 과목의 읽기 영역에서는 태도에, 그리고 독서 과목에서는 본질에 가치를 둔 점과 비교된다. 다만 이는 독서의 가치에 대한 보다 구체적이고 현실적인 인식의 형성과 관련된다고 할 수 있다.

구체적으로 독서의 가치와 성찰에 관련된 내용과 해설은 〈표 8〉과 같다. 개인 및 공동체와 관련된 가치 측면에 다매체 사회와 관련된 가치가 추가된 점이 특징이다.

**〈표 8〉 독서의 가치와 성찰에 관련된 내용과 해설**

| 내용 | 해설 |
|---|---|
| (30) 사회적 공동체의 독서 활동을 통하여 다른 사람과 교감하며 글을 읽고 삶을 성찰한다. | 독자가 속한 사회적 공동체의 독서 활동에 적극적으로 참여하여 삶의 가치를 더하고 공동체의 다른 사람들과 인간적 관계를 깊이 있게 함은 중요하다. (…하략…) |
| (31) 다매체 사회에서 인터넷 등 다양한 경로를 통해 독서에 관한 정보를 얻고 활용한다. | 다양한 정보가 빠르게 생성되고 유통되는 현대 사회의 문식성 환경의 특성을 고려하여, 독서에 관한 정보를 도서관이나 인터넷 등의 정보원을 통해서 신속하게 파악할 수 있는 능력을 길러 줄 필요가 있다. (…하략…) |
| (32) 자신의 독서 이력을 성찰하고 독서 계획을 세워 실천한다. | 미래 직업 전문 세계의 평생 독자로서 스스로 독서 계획을 세우고 책을 구해서 읽으며, 자신의 독서 이력을 계속 확충하여 정신적으로 풍요롭고 윤택한 삶을 살아감은 대단히 중요하다. (…하략…) |

앞선 세 교육과정에서 제시된 독서의 가치에 비해서는 내용적으로도 상당히 추가된 양상이다. 특히 독서의 환경과 관련하여 매체 환경을, 아울러 실용적 관점에서의 독서의 가치를 부각시켰다는 점에서 앞선 세 교육과정에 비해 진일보한 느낌이다.

이상 네 교육과정에 드러난 국어 과목 '읽기 영역'에서와 선택과목인 '독서(문법)'에서의 가치를 간략하게 살펴보았다. 7차에서 2009 교육과정에 이르기까지 독서의 가치는 개인과 사회적인 측면의 이원화된 양상으로 제시되어 왔고, 기실 그 내용도 원론적이고 개괄적인 수준에서 크게 벗어나지 못하고 있다. 다만 2011 교육과정에서는 앞선 교육과정들에 비해 독서의 가치를 보다 실제적이고 실용적인 양상으로 제시하고 있다. 특히 독서의 생활화를 강조하고 매체 환경의 변화에 따른 독서 가치에 새로운 인식의 틀을 부각시키고 있다. 이는 독서 환경의 변화와 더불어 독서에 대한 기본적인 인식의 틀이 변화하고 있음을 반영한 결과이다.

## 2.2. 독서 교과서에 드러난 가치

이 절에서는 고등학교 선택과목인 독서 교과서에 드러난 독서의 가치를 살펴본다. 7차 교육과정에 바탕을 둔 9종의 독서 교과서와 2009에 바탕을 둔 4종의 독서와 문법 교과서를 모두 고찰한다. 우선 7차에 바탕을 둔 9종의 독서 교과서는 〈표 9〉과 같다.

〈표 9〉 9종의 독서 교과서 개관

| 연번 | 필자 | 출판사 | 출판년도 |
|---|---|---|---|
| 1 | 이삼형 외 | 포넷 | 2003 |
| 2 | 박영목 외 | 교학사 | 2003 |
| 3 | 심재기 외 | 중앙교육진흥연구소 | 2003 |
| 4 | 송하춘 외 | 박영사 | 2003 |
| 5 | 최지현 외 | 천재교육 | 2003 |
| 6 | 오세영 외 | 미래엔 컬처그룹 | 2004 |
| 7 | 우한용 외 | 민중서림 | 2003 |
| 8 | 김봉군 외 | 금성출판사 | 2003 |
| 9 | 노명완 외 | 교학사 | 2003 |

9종의 교과서에는 대부분 독서의 가치가 명시적으로 제시되고 있다. 〈표 9〉에서 연번 9인 '노명완 외'를 제외하고는 독서의 가치가 차례나 목차에서 모두 독립된 장 혹은 절로 제시되어 그 중요성이

부각되고 있는 듯하다. 아울러 독서의 가치는 대다수 독서의 본질이나 이해의 하위 영역으로 제시되고 있다.

'노명완 외'의 교과서를 제외하고 독서의 가치가 목차나 차례에서 일정한 양상으로 제시되고 있다. 우선 독서의 가치가 독서 교과의 전체 목차를 구성하는 데 있어 어떤 위계로 놓여 있는지의 문제부터 살피고자 한다. 이는 결국 독서의 가치를 독서 과목에서 어떻게 바라보고 있는지의 문제와 밀접하게 결부되기 때문이다.

〈표 10〉 목차에 제시된 독서의 가치 양상

| 연번 | 필자 | 제시 양상 |
|---|---|---|
| 1 | 이삼형 외 | 1부 독서의 이론과 적용<br>Ⅰ. 독서의 본질<br>1. 독서의 기능과 특성 2. 독서의 과정과 방법, <u>3. 독서의 가치</u><br>2부 독서의 다양한 세계, 3부 독서의 생활화 |
| 2 | 박영목 외 | Ⅰ. 독서의 본질과 태도<br>1. 독서의 본질<br>(1) 독서의 기능과 특성 (2) 독서의 과정<br>(3) 독서의 방법 <u>(4) 독서의 가치</u><br>2. 독서의 태도<br>Ⅱ. 독서의 원리, Ⅲ. 독서의 실제 |
| 3 | 심재기 외 | Ⅰ. 독서의 본질<br>1. 독서의 기능과 특성, 2. 독서의 과정,<br>3. 독서의 방법, <u>4. 독서의 가치</u><br>Ⅱ. 독서의 원리와 실제, Ⅲ. 독서의 태도 |
| 4 | 송하춘 외 | Ⅰ. 독서의 본질<br>1. 독서의 특성과 가치<br>(1) 독서의 기능과 특성, <u>(2) 독서의 가치</u><br>Ⅱ. 독서의 원리, Ⅲ. 독서의 실제 |
| 5 | 최지현 외 | Ⅰ. 독서의 이해<br><u>1. 독서의 본질과 가치</u>, 2. 독서의 준비와 과정<br>Ⅱ. 정보 획득을 위한 독서, Ⅲ. 태도 강화를 위한 독서,<br>Ⅳ. 심미적 체험을 위한 독서,<br>Ⅴ. 학습을 위한 독서, Ⅵ. 독서 체험의 심화 |
| 6 | 오세영 외 | Ⅰ. 독서의 본질과 태도<br>1. 독서의 특성, <u>2. 독서의 가치</u>, 3. 독서의 과정<br>Ⅱ. 독서의 원리, Ⅲ. 갈래별 글 읽기, Ⅳ. 영역별 글 읽기 |

| 연번 | 필자 | 제시 양상 |
|---|---|---|
| 7 | 우한용 외 | Ⅰ. 독서란 무엇인가<br>1. 독서의 특질, 2. 독서의 과정, 3. 독서의 방법, 4. 독서의 가치<br>Ⅱ. 성공적인 독서는 어떻게 이루어지는가<br>Ⅲ. 글에 따라 독서는 어떻게 달라지는가<br>Ⅳ. 독서로 어떤 앎과 경험을 성숙시켜 갈 것인가,<br>Ⅴ. 독서 환경을 어떻게 활용할 것인가<br>Ⅵ. 어떤 독서인이 될 것인가 |
| 8 | 김봉군 외 | 1부 독서의 이론<br>Ⅰ. 독서의 본질<br>1. 독서의 기능과 특성<br>(1) 독서의 뜻, (2) 독서의 기능,<br>(3) 독서의 특성, (4) 독서의 가치<br>Ⅱ. 독서의 원리, Ⅲ 독서의 태도<br>2부 독서의 실제 |

〈표 10〉에서와 같이 독서의 가치는 일정하게 각 교과서의 목차에서 그 자리를 차지하고 있다. 목차에서 그 중요도를 일정하게 상정하기는 어렵지만, 대략 독서의 가치는 위계상 두 번째 내지 세 번째 위치에 대부분 놓이고 있다. 이는 그만큼 독서의 가치를 독립적으로 다루어야 한다는 생각이 각 교과서에 깔려 있다는 점과 관련된다.

아울러 대다수 교과서에서 독서의 본질의 하위 영역에 독서의 가치를 배치하고 있으며, '최지현 외'에서는 독서의 가치와 본질을 동등하게 놓고 있다. 즉 대다수의 교과서에서는 독서의 가치를 독서의 본질 문제로 다루고 있으며, 이는 독서의 가치는 결국 왜 독서를 하는지의 문제와 결부되는 것이라 할 수 있다.

그렇다면 좀 더 세부적으로 독서의 가치에서는 구체적으로 어떤 내용을 다루는지 살펴보아야 한다. 결국 독서의 가치 영역에 담겨 있는 내용을 살펴보아야만 현행 독서 교과서에서 독서의 가치를 주로 어디에 두고 있는지를 고찰할 수 있기 때문이다. 나아가 보다 바람직한 독서의 가치를 시대의 흐름에 발맞추어 고민해 볼 수 있기 때문이다. 〈표 11〉에서는 각 교과서에 제시하고 있는 독서의 가치에 담긴 내용을 간략하게 제시한다.

**〈표 11〉 독서의 가치에 관련된 내용**

| 연번 | 필자 | 내용 양상 |
|---|---|---|
| 1 | 이삼형 외 | 1. 개인과 독서, 2. 사회와 독서 |
| 2 | 박영목 외 | • 개인의 삶을 풍부하게 해주는 행위로서 독서가 지닌 가치<br>• 사회, 문명, 문화의 유지와 발전에 미치는 독서의 가치 |
| 3 | 심재기 외 | 〃 |
| 4 | 송하춘 외 | 1. 정보화 사회의 독서, 2. 문화의 전수와 사회적 통합<br>3. 자아 발견과 성찰의 계기 |
| 5 | 최지현 외 | • 지식의 습득과 정서의 함양<br>• 인류 문화와 사회의 계승, 발전 |
| 6 | 오세영 외 | (1) 독서와 개인, (2) 독서와 사회·문화 |
| 7 | 우한용 외 | • 우리의 정신적 삶을 풍부하게 하는 독서의 가치<br>• 사회 발전과 문화 발전에 기여하는 독서의 가치 |
| 8 | 김봉군 외 | ① 개인의 사고 능력 발달, ② 사회의 유지 및 문명의 발달 |

〈표 11〉에서는 각 교과서에서 독서의 가치 영역에 담긴 내용을 요약하여 제시하였다. 독서의 가치 단원 내에서 소제목으로 제시된 경우는 각 교과서에서 사용하는 있는 기호를 그대로 사용하였다. 아울러 수업 목표와 관련하여 내용으로 제시된 경우는 그것을 그대로 인용하였다.

7차에 바탕을 둔 독서 과목에서의 독서의 가치는 크게 두 가지로 구분되고 있다. 첫 번째 개인적인 가치, 두 번째 사회·문화적인 것으로 양분된다. 아울러 개인적 가치는 지식 습득과 정서 함양, 사고 능력 개발에 초점이 있으며, 사회·문화적 가치는 주로 문화와 문명의 전승과 발달에 초점을 두고 있다.

2009에 바탕을 둔 독서 과목은 독서와 문법이 통합된 형태로 출간되었다. 독서와 문법 I, II로 구분되어 출간되었다. 구체적인 교과서는 〈표 12〉와 같다.

〈표 12〉 4종의 독서와 문법 교과서 개관

| 연번 | 필자 | 출판사 | 출판년도 |
|---|---|---|---|
| 1 | 윤여탁 외 | 미래엔 | 2012 |
| 2 | 박영목 외 | 천재교육 | 2012 |
| 3 | 이삼형 외 | 지학사 | 2012 |
| 4 | 이남호 외 | 비상교육 | 2012 |

전체적인 교과서의 구성 방식은 독서와 문법이 통합되고, 아울러 Ⅰ과 Ⅱ로 그 내용이 구분되어 있다. 하지만 독서와 문법의 기존 내용들은 대부분 독자적인 장과 절로 구분되어 편성되고 있어, 이전의 독서와 문법 교과서가 독자적으로 출간될 때와 큰 차이가 없다. 4종의 교과서 모두에서 독서의 가치가 목차상에 드러나고 있으며, 아울러 독서의 가치는 모두 Ⅰ권의 앞선 장과 절에 제시되고 있다. 목차에 드러난 독서의 가치는 〈표 13〉와 같다.

〈표 13〉 목차에 제시된 독서의 가치 양상

| 연번 | 필자 | 제시 양상 |
|---|---|---|
| 1 | 윤여탁 외 | Ⅳ. 독서의 이해<br>1. 독서의 개념과 특성 2. 글의 특성<br>3. 독서의 과정과 방법 4. 독서의 맥락<br>5. 독서의 역사와 가치<br>(1) 독서의 역사 (2) 독서의 가치<br>6. 독서와 매체 언어 |
| 2 | 박영목 외 | Ⅰ.독서의 본질<br>1. 언어의 본질과 독서의 특성 2. 독서의 과정과 방법<br>3. 독서의 맥락과 가치<br>(1) 독서의 맥락 (2) 독서의 가치 |
| 3 | 이삼형 외 | 1. 말, 글, 삶<br>01 언어와 삶<br>02 독서와 삶<br>(1) 독서의 특성 (2) 독서의 역사와 가치<br>(3) 글의 종류와 특성 (3) 글의 생산과 유통 |
| 4 | 이남호 외 | Ⅰ. 언어와 독서<br>1. 독서와 사고<br>01. 언어의 본질과 독서 02. 독서의 역사와 가치 |

대다수 교과서가 독서의 가치와 관련된 상위 항목의 내용들이 목차의 가장 첫 장을 이루고 있다. 다만 '윤여탁 외'의 경우는 앞 절에 주로 문법과 관련된 내용들이 제시되고 Ⅳ장에 독서와 관련된 내용들이 처음으로 제시되고 있다.

독서의 가치는 독서의 역사와 결부되어 드러나는 것이 특징적이다. 이는 '박영목 외' 교과서를 제외하고 대다수가 따르고 있는 목차 제시 양상이다. '박영목 외'에서는 독서의 가치를 맥락과 함께 제시하고 있는 점이 특징적이다. 이는 앞선 교육과정에서 제시된 내용과는 다소 차이가 있는 부분이다. 독서의 가치와 관련된 구체적인 내용은 〈표 14〉와 같다.

〈표 14〉 독서의 가치에 관련된 내용

| 연번 | 필자 | 내용 양상 |
|---|---|---|
| 1 | 윤여탁 외 | • 개인적인 측면<br>• 사회적인 측면 |
| 2 | 박영목 외 | • 문장의 발명과 독서<br>• 독서의 효용과 가치 |
| 3 | 이삼형 외 | • 개인의 성장<br>• 인류 역사의 발전 |
| 4 | 이남호 외 | • 개인의 성장과 삶에 미치는 영향 |

〈표 14〉와 같이, 앞선 7차 교육과정기의 교과서에 비해 크게 달라진 내용은 없다. 주로 개인과 사회적인 측면에서의 독서의 가치를 부각시키고 있으며, 이는 문자의 발명 및 책의 역사와 밀접하게 결부되는 양상으로 드러나고 있다.

이상 두 교육과정기의 교과서에 드러난 독서의 가치를 살펴보았다. 대다수의 교과서에서 제시된 독서의 가치는 내용상 크게 차이가 없음을 알 수 있었다. 대략적으로 개인과 공동체의 성장과 발전에 기여할 수 있는 것으로 독서의 가치가 서술되었다.

독서의 가치는 시·공간, 사회·문화적 맥락 등에 많은 영향을 받는다. 특히 최근의 독서 환경이 문자 중심에서 다매체 중심의 환경으로 변화되고 있으며, 아울러 독서에 대한 인식도 실용적인 측면을 강조하고 있는 양상으로 변해가고 있다. 이는 앞선 교육과정에서 독서의 가치를 역사와 생활면에 초점을 두면서 강조하고 있는 점과 상통한다. 하지만 정작 교과서에서는 이런 면들이 구체화되고 있지 못하다.

우선 독서 교과서에서 제시되고 있는 독서의 가치에 대한 교육 내용은 독서의 환경이 문자 중심에서 다매체 중심의 환경으로 변하고 있으며, 아울러 독서에 대한 인식도 다분히 실용적이고 생활적인 측면의 추세로 변화하고 있는데, 이런 양상들이 제대로 고려되어 서술되고 있지 못하다.

아울러 독서의 가치는 필히 문자의 발명과 더불어 시작된 독서의 역사와 그 궤를 함께 한다.[5] 즉 독서의 가치를 개인과 공동체의 성장과 발전이라는 다분히 정형화된 내용으로 제시하기보다는 동·서양 고금의 독서 역사와 결부된 내용으로 구성된다면 보다 학습자들에게 설득력 있게 독서의 가치가 전달될 수 있을 것이다.

독서의 가치는 독서를 왜 해야 하는가와 관련된 근원적인 문제이다. 그렇기 때문에 이는 독서의 동기와도 매우 밀접하게 관련된다. 곧 독서의 가치에 대한 인식은 독서 행위의 시작이자 끝이라고 할 수 있다. 하지만 이상의 교육과정과 교과서에 제시된 내용으로 교수·학습 현장의 학습자들이 그 가치를 설득력 있게 받아들일 수 있을지 의문이다.

---

5) 알베르토 망구엘 지음, 정명진 옮김(2000)에서는 서양 역사에서 관점에서 독서의 역사를 흥미롭게 다루고 있어 참고가 된다. 여전히 우리 국어교육에서는 독서의 역사와 관련된 내용들이 거의 다루어지지 못하고 있다. 이는 결국 독서라는 과목이 지니는 정체성의 문제와도 깊이 관련이 있는데, 독서라는 과목을 단순히 기능적인 측면에서만 접근한 한계라 볼 수 있다. 독서라는 과목 자체는 인류 역사의 시작과 더불어, 즉 말과 글의 사용과 더불어 시작되었다고 해도 과언이 아니다. 이런 측면들이 조금 부각될 수 있었다면 보다 학교 현장에서 독서라는 과목을 내용과 형식을 고루 담아낸 과목으로 다룰 수 있었을 것이다. 물론 2011 국어과 교육과정에서는 고전이라는 과목이 추가되어 이런 문제들이 어떻게 다루어질 수 있을지 기대가 된다.

물론 기존의 교육과정과 교과서에 제시된 내용이 적절하지 못하기 때문에 폐기해야 하는 것으로 오인되어서는 안 된다. 다만 학교 현장에서 학습자들이 보다 실질적이고 유의미하게 독서의 가치를 이해하고, 이를 독서 행위에 반영할 수 있도록 그 내용들이 구성되어야 할 것으로 판단된다.

## 3. 바람직한 독서의 가치

독서의 가치는 시·공간에 따라 변화하기 때문에, 이런 점이 고려된 내용들이 독서교육의 교수·학습 현장에 적용되어야 한다. 하지만 독서라는 행위는 문자의 발명과 시작된 인류 문명사의 큰 사건이기 때문에, 그것의 근원적인 가치는 문명사와 함께 탐구되어야 하는 간학문적 속성의 문제이기도 하다.

따라서 이 글에서는 독서의 가치에 대한 본격적인 탐구보다는 앞선 교육과정과 교과서에 제시된 독서의 가치에 대한 비판적 논의를 바탕으로, 시론적 성격의 대안으로나마 몇 가지 개념을 독서의 가치로 다루어보고자 한다.

앞선 교육과정과 교과서에 제시된 독서의 가치는 크게 두 가지로 정리될 수 있다. 첫째, 개인의 성장에 기여하는 측면, 둘째, 공동체의 발전과 문화의 전승에 기여하는 측면이다. 이는 독서의 가치가 지니는 폭이 그만큼 넓음과 관련된다. 그렇기 때문에 독서의 가치가 지니는 개념이 때에 따라서는 자의적이고 혹은 원론적으로 접근될 수밖에 없는 한계를 지닌다. 따라서 이 두 측면을 독서의 기본적인 가치의 대전제로 두고, 이들 두 측면에 내재하는 근원적인 속성들을 밝혀내는 것이 오히려 독서의 가치에 보다 한걸음 더 다가설 수 있는 방안이 될 것이다.

독서는 현실과 유리된 철저히 개별자적 행위가 아니라, 다양한 관계의 측면에서 소통의 관점으로 접근해야 하는 행위이다. 이는 독서를 통해 다양한 삶의 맥락에 참여할 수 있으며, 나아가 이를 통해 언어와 삶에 대한 보다 깊은 자각에 이를 수 있다는 점과 관련된다. 즉 독서는 개별적 행위인 동시에 소통상의 관계를 고려한 저자(들)와의 보이지 않는 협력 행위이다.

독서를 통해 독서가는 세상과의 대화를 시작하게 되고, 이를 통해 소통의 창이 열리게 되며, 이런 소통의 창은 곧 개인의 실존적 삶에 대한 자각으로 이어진다. 이 실존적 유한성은 가치를 수반한 끊임없는 선택의 귀로에 놓이게 된다. 실존적 삶에 대한 자각의 끝은 곧 유한한 인간의 죽음에 대한 인식이다. 인간은 여기에서 스스로의 한계를 인식하게 되고, 이는 곧 소통에의 필요성을 자각하는 계기가 된다.

독서는 독자의 삶에서 시작되어야만 한다. 즉 독자의 삶에서 시작되어야만 진정한 심리적 몰입에의 경험을 이룰 수 있게 되고, 나아가 독서를 통해 독자 자신의 삶을 반추 혹은 발전시킬 수 있게 된다. 독자 자신의 삶이 수반되지 않은 독서는 실패로 끝날 가능성이 높다. 곧 독서는 독자 자신의 실존적 삶에 대한 총체적 인식과 부합한다. 총체적 인식이라 함은 결국 독자 자신의 삶에 대한 과거, 현재, 미래를 관철할 수 있는 힘이라 할 수 있다.

나아가 독서를 통해 개인의 실존적 삶의 풍요로움, 즉 정신과 육체의 건강을 추구할 수 있어야 한다. 이는 독서라는 행위가 심적 쾌감에만 한정된 것이 아니라, 나아가 육체적 이로움에도 적극적으로 활용될 수 있다는 것이다. 이는 정신의 건강은 곧 육체의 건강으로 이어질 수 있다는 점과 상통하며, 독서라는 행위 자체의 치유적 효과를 야기한다고 할 수 있다.

이상의 점을 고려해 이 글에서는 '몰입, 소통, 치유'라는 세 측면을 독서의 가치에 대한 시론적 개념의 성격으로 제시하고자 한다. 이는 앞 장에서 제기된 독서의 가치와 단절되기보다는 독서라는 행위를 통해 보다 구체적이고 실질적인 측면에서 그 가치를 논의하고자 한 것과 관련된다.

이 세 가지 가치는 범박하게 연속선상에서 혹은 상호 간에 밀접한 관계를 맺으면서 드러날 수 있다. 〈그림 1〉은 그런 도식 관계를 간략하게 드러낸다. 이 세 가지 가치는 앞서 교육과정이나 교과서에서 제시된 개인과 사회·문화의 이원화된 양상으로 제시된 독서의 가치를 실질적인 측면에서 고안해 본 것이다.

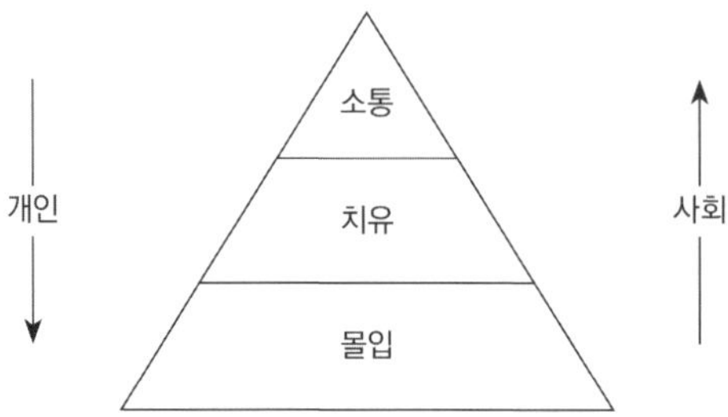


**〈그림 1〉 몰입, 치유, 소통과 관련된 독서의 가치 양상**

독서라는 행위는 가장 내밀한 사적 행위인 동시에 공동체에 참여할 수 있는 공적 행위가 될 수 있다. '몰입, 소통, 치유'는 이와 같은 독서 행위의 사적이며 공적 행위의 속성을 최근의 독서 환경, 즉 다양한 매체 환경의 변화에 따라 보다 유연화된 관점으로 접근해 본 것과 관련된다.

우선 '몰입'의 경우는 독서 행위의 개인적인 측면이 우세한 것으로, 최근의 독서 환경이 문어 중심에서 구어나 기타 다양한 매체의 조작으로 인한 인식의 확대를 꾀함으로 인해 보다 쉽게 독서 행위 그 자체를 즐길 수 있음을 감안한 것이다. 즉 독서의 가치를 고차원적 사고력 함양이나 고원한 인격 수양에만 한정하기보다는 재미나 흥미 위주의 감성적 가치 실현에도 초점을 둘 수 있음을 감안한 것이다.

주로 몰입은 문학에서 독자의 수용과 관련되거나 혹은 심리학에서 학습에의 집중과 관련하여 인지적, 정의적 영역에서 논의되어 왔다.[6] 특히 문학 작품의 수용에서 독자 중심 수용과 관련하여, 작품에 대한 독자의 정의적 접근 방식이 주요한 핵심 논의로 다루어져 왔다. 심리학에서는 인지적, 정의적 영역 모두에서 학습에의 집중과 관련하여 몰입의 심리적 현상을 논의해 왔다. 이들 대다수의 논의는 일단 독자 혹은 수용자 중심의 반응에 초점을 두고 있다는 것이 특징이다.

독서교육의 가치는 무엇보다 학습자들의 자발성과 관련된 행위의 자각과 인식에 있다. 이는 곧 학습자들 스스로 뭔가에 몰입함으로써 학습력이나 기타 여러 문제 해결력을 높이는 주요 인지적 역량의 파급과 관련될 수 있다. 즉 몰입은 학습자들 스스로 뭔가에 진중하게 빠져들게 함으로써 심적 역량을 키우고, 나아가 독서를 통한 이러한 경험이 다른 인식 활동에 전이 효과를 가져오게 할 수 있다는 점에서 그 의의가 높다.

'치유'의 경우는 개인과 사회적인 측면을 두루 관련되는 것으로 보았다.[7] 이는 독서가 개인과 사회의 바람직한 정신 문화 형성에 두루 영향을 끼칠 수 있는 점과 관련된다. 즉 이와 같은 바람직한 독서 문화의 형성은 독서가 지니는 치유의 가치가 개인적 정신 건강에만 국한된 것이 아니라, 사회를 정화시키는 데에도 직·간접적으로 영향

6) 대다수 몰입에 대한 심리적 연구는 주로 정의적 영역에 한정되어 왔다. 즉 몰입이란 대단히 즐거운 심리적 상태로서, 어떤 일을 할 때 그 일에 완전히 빠져 있는 느낌을 말한다(Csikszentiminhalyi, 1975: 36)는 것으로 다루어져 왔다. 하지만 이은주(2001)에서는 몰입을 인지적 전략의 측면에서 논의하고 있어 참고가 된다. 즉 몰입이 학습동기와도 밀접한 관련을 맺지만, 인지전략의 측면과 더 높은 관련이 있음을 다수의 실험 대상자를 통해 검증하고 있다. 이는 인지 전략에 대한 여러 부면의 사용이 몰입에의 경험을 더 촉진할 수 있다는 점과 일맥상통한다는 점에서 주목할 만하다.

7) 간혹 '치유' 혹은 '치료'라는 용어가 병적인 면을 상기시켜 학교 현장에서 사용하기에 적절하지 않은 것으로 볼 수 있다. 즉 독서 행위를 병적인 문제를 앓고 있는, 특히 정신적 질병을 앓고 있는 학습자들을 대상으로 한 치유 행위로 비춰질 수 있기 때문이다. 하지만 이는 독서 행위의 치유적 효과를 매우 소극적으로 보는 입장이라 할 수 있다. 독서를 통해 학습자 개인의 심신 상태를 더 나은 상태로 이어나갈 수 있다면, 오히려 독서 치료(치유)라는 용어를 독서교육하에서 적극적으로 사용해 볼 수 있을 것이다.

을 줄 수 있음과 관련된다.

그렇다면 독서라는 행위를 통해 개인에게 일어날 수 있는 가장 큰 변화는 무엇일까. 그것은 독서 이전의 몸과 마음에서 질적으로 변화된 몸과 마음의 상태를 가져오는 것이다. 일반적으로 독서라는 행위가 인간의 정신적, 혹은 이성적인 측면에서의 발달에만 초점을 두는 경우가 많지만, 이는 독서라는 행위가 지니는 전신적(全身的) 측면의 양상을 간과한 것이라 할 수 있다.

독서라는 행위는 통해 이루어지는 마음의 풍요로움과 미적 쾌감의 향유는 곧 신체적 건강으로 이어질 수 있다. 특히 학교 현장에서 독서라는 행위는 치유의 측면에서 매우 밀접하게 관련될 수 있다.[8] 독서 행위가 이루어진 이후에 상정될 수 있는 다양한 행동의 변화 측면에서 치유의 징후들을 살필 수 있을 것이다.[9]

'치유'는 '몰입'이라는 독서의 개인적 행위를 바탕으로 보다 질적으로 충실하게 이루질 수 있다. 즉 독서 행위를 통한 몰입의 상태는 몰입 이전의 상태보다 문제 상황을 보다 적확하게 진단함으로써 '치유'의 과정으로 이어질 수 있다. 이는 엄밀하게 개인적 문제의 치유이자, 나아가서는 사회적인 문제의 치유로까지 확대될 수 있다는 점에서 독서의 '치유'적 가치를 강조할 수 있다.

독서의 또 다른 가치라 할 수 있는 '소통'은 개인의 내면에서 시작된다고 할 수 있다. 이는 독서를 통해 나의 또 다른 모습을 찾아가는 과정이라 할 수 있다. 아울러 독서 행위를 통해 독자는 '너'로 상정된 수많은 이들을 만나게 되며, 이를 통해 '나'와 '너'의 보이지 않는 면대면 대화를 만들어간다고 할 수 있다. 결국 독서라는 '소통' 행위를

---

8) 문헌 정보학이나 문학 등에서는 이를 독서치료, 독서상담, 독서요법, 문학치료 등으로 부르고 있다. 기본적으로 이들 용어는 '책(biblion)'과 '병을 고쳐 주다(therapeia)'의 복합어이다. 즉 책을 병 치료의 자료로 활용한다는 의미이다.

9) 특히 책을 갓 읽기 시작한 유아에서부터 주로 초등학교 학습자들을 대상으로 한 연구물들이 많은데, 이는 책을 갓 읽기 시작한 독자들에게 책이 심리적으로 끼치는 영향이 컸음을 그 동안의 연구는 기술하고 있다. 김현희 외(2003)이 참고가 된다.

통해 공동체의 문제를 인식하는 계기가 되며, 아울러 이를 해결할 수 있는 통로가 될 수 있다. 이는 '소통'을 통한 참여 문화의 형성에도 기여하게 된다.

나아가 이러한 독서를 통한 소통의 양상은 당대 현실에 비판적으로 참여하는 최선의 길이기도 하다. 하지만 독서를 통한 소통의 문제는 자연스레 습득되는 것이 아니며, 오랜 시간의 연습과 훈련을 통해야만 이룰 수 있는 과정이다. 특히 독서와 관련된 소통의 문제는 당대 사회의 정보 전달의 유형 및 지식과 권력의 위계에 대한 문제와 밀접하게 관련되기 때문에 비판적 접근이 요구되기 때문이다.[10] 바로 이런 독서 행위의 기저에 깔려 있는 '소통'의 측면이 독서가 주는 가장 소중한 가치이기도 하다.

## 4. 마무리

독서의 가치는 학교뿐만 아니라, 가정과 사회 등에서도 지나칠 정도로 강조하고 있는 실정이다. 오히려 그 중요성의 강조가 지나쳐 진부하게 느껴질 정도이다. 하지만 정작 학교 현장을 살펴보면, 독서의 가치가 학습자들에게 설득력 있게 전달되고 있는지 의문이다.

---

10) 이런 독서의 중요성은 수세기에 걸쳐 수많은 독재자들이 대중의 책읽기를 금해왔고, 아울러 여기에 수반한 검열은 모든 절대 권력의 필연적인 귀결이었다는 점과 관련해서 볼 때 충분하게 부각된다. 결국 독서를 통한 소통의 문제는 단순히 개인적인 문제로만으로 치부할 수 없는 본질적인 문제이다. 정명진 옮김(2000: 406)에서는 "수세기에 걸쳐 수많은 독재자들이 잘 알고 있었다시피 대중은 문맹일 때 가장 다스리기 쉬운 집단으로 남는다. 책 읽기 기술의 경우 한번 익혔다 하면 절대로 원위치로 되돌릴 수 없기 때문에 차선책은 읽기의 범위를 제한하는 것이다. 그렇기 때문에 인류가 창조한 다른 어떤 물건들과는 달리 책은 독재에 맹독(猛毒)으로 작용해왔다. 절대 권력은 모든 독서를 공식적인 독서를 제한할 필요성을 느낀다. 다양한 의견이 담긴 도서관 대신 독재자의 말만으로도 충분해야 했다."로 제시하고 있는데, 소통의 문제와 관련한 독서의 본질적인 문제를 다루고 있다는 점에서 주목할 만하다. 아울러 이는 소통과 관련한 독서의 역사와 관련하여 금서를 어떻게 볼 것인지에 대한 문제를 제기한다.

즉 독서의 가치에 대한 중요성을 부르짖는 함성들이 왠지 공허한 메아리로만 돌아오는 것은 아닌가 하고 자꾸 돌아보게 된다. 이는 곧 독서의 환경이 급격하게 변하고 있고, 이에 걸맞은 다양한 독서 프로그램이 기획되고 구성된다고 하더라도, 정작 독서를 왜 해야 하는지에 대한 철학적 바탕이 마련되지 않고서는 정작 독서의 동기를 불어 넣기가 어렵다는 점과 상통한다.

학교 현장에서 그간 독서 과목은 고등학교에서 선택과목으로 다루어져 왔고, 최근 교육과정에서는 문법과 통합됨으로써 독자적인 과목으로서의 정체성을 상실하였다. 이는 독서라는 과목이 지니는 정체성이 학교 현장에서 제대로 그 힘을 발휘하지 못했다는 점과 관련이 깊다. 결국 독서라는 과목의 정체성은 곧 독서의 가치와 결부되는 문제이다.

이 글에서는 이런 문제의식을 바탕으로 비교적 최근 교육과정들과 국어와 독서 교과서에 제시된 독서의 가치에 대한 내용을 비판적으로 고찰하였다. 독서의 가치는 크게 개인과 사회로 이원화된 양상으로 접근되었다. 개인적인 측면에서는 지식 습득과 자아 성찰, 그리고 사고 능력 계발이 주 내용으로 제시되었고, 사회적인 측면에서는 문화와 문명의 전승에 초점이 있었다. 이는 모든 교과서에 동일하게 제시되고 있는 것이 특징이었다. 다만 제시된 독서의 가치가 지나치게 개괄적이고 원론적이라는 점에서 시의적절하지 못하다는 비판이 제기되었다. 또한 교육과정에서는 독서의 가치와 관련하여 독서의 역사와 생활화를 언급하고 있었지만, 정작 교과서에는 이 부분을 제대로 반영하지 못하고 있어, 교육과정과 교과서의 내용 관련성에 있어 보다 밀접한 관계가 유지될 필요성이 제기되었다.

이런 점을 바탕으로, 이 글에서는 독서의 가치에 대한 비판적 대안으로 '몰입, 치유, 소통'을 주요 내용으로 제시하였다. 이들 내용들은 기존에 제시된 독서의 가치 근원에 깔려 있는 심리적, 철학적, 사회학적 의미를 보다 고려한 것이다. 물론 이들 내용들이 전혀 새롭게 제기된 것은 아니다. 이미 몇몇 논의들에서 파편적으로 독서의 전략이나 방법적인 측면에서 이루어져 왔지만, 이 글에서는 이들 내용들이 독서의 가치 저변에 주요한 바탕을 이룰 수 있는 요인으로 파악하였다.

독서의 가치에 대한 근원적인 모색은 여전히 필요하다. 독서의 역사는 인류의 역사와 그 궤를 같이 한다고 해도 과언이 아니다. 그 밑바탕에는 독서를 왜 해야 하는가에 대한 질문이 항상 깔려 있기 때문이다. 다만 이 글은 독서 역사의 관점에서 더 본질적인 독서 가치의 문제를 다루지 못한 한계를 남겼다.

# 텍스트 요약하기

## 1. 요약하기의 규칙

요약하기는 다양한 읽기 방법 및 전략 중의 하나이다. 하지만 요약하기가 읽기 교육에서 지니는 교육적 가치는 특별하다. 대다수의 읽기 방법 및 전략들을 대부분 요약하기로 수렴된다고 할 수 있다. 읽기의 궁극적 목표는 독자와 텍스트의 상호교섭 과정에서 발생하는 독자의 주체적 의미 수렴에 있다. 이 과정에서 요약하기는 독자의 주체적 의미 수렴에 가장 중요하게 작용하는 인지적 과정이다.

현재 요약하기는 국어과의 읽기와 쓰기 영역, 특히 읽기 영역에서 주요한 학습 내용으로 다루어지고 있으며, 아울러 국어과 다른 영역에서도 주요한 학습 전략이나 방법으로 활용된다. 나아가 이 활동은 국어 교과에만 국한된 것이 아니라, 내용 중심의 타 교과에서도 학습의 주요한 수단이 된다.

한편으로 학교 현장의 학습자들뿐만 아니라, 학교 현장 밖의 성인들에게도 요약하기 활동은 일상생활에서 직·간접적으로 직면하게 되는 주요한 인지 활동이라고 할 수 있다. 특히 전문 직종으로 갈수록 그 중요성은 더해진다고 할 수 있다. 문장 중심의 다양한 정보를 처리, 산출해야 하는 직종에서는 요약하기 과정이 읽기뿐만 아니라, 쓰기와 관련해서도 중요하다.

이처럼 요약하기 활동은 학교 현장에서는 학습자들의 주요한 학습 전략으로, 학교 현장 밖에서는 다양한 정보를 수집, 전달하는 과정에서 직면하게 되는 사고 활동이라고 할 수 있다. 즉 요약하기 활동은 학교 내에서 혹은 그 시기에만 이루어지는 활동이라기보다는 말과 글을 통해 평생을 살아가야 하는 모든 이들이 지속적으로 경험하게 되는 주요한 인지 활동이자 지적 활동이라고 할 수 있다.

요약하기의 구체적인 인지적 과정 혹은 활동은 텍스트의 중심 내용 혹은 주제 파악 활동과 관련된다. 텍스트를 읽고 그것이 드러내고자 하는 바를 쓰거나 혹은 말하려면 반드시 텍스트 전체 내용을 압축 혹은 축약하는 과정이 반드시 수반되기 때문이다. 즉 요약하기 활동은 표면적으로는 텍스트의 정보를 줄여나가는 과정이라고 할 수 있다.

하지만 요약하기 활동은 정보를 줄여나가는 동시에, 그보다 더 근원적인 인지 작용은 텍스트의 내용을 처리하는 독자의 수용 과정에 초점이 있다. 이른바 요약문은 텍스트의 내용을 있는 그대로 받아들여 처리된 것이 아니라, 독자의 관점이 수반되어 재구성된 내용으로 산출되기 때문이다.[1)]

하지만 이런 중요성과 인지적 복잡성을 지니는 요약하기 활동이 국어 교과 내에서는 어떻게 이루어지고 있을까. 대부분 학교 현장에서는 요약하기 활동이 단편적이나 피상적으로 이루어지는 경우가 많

1) Kintsch(1993)에서는 요약하기의 과정을 정보를 덜어내기 및 더해놓기 과정으로 기술하고 있다. 즉 요약하기 과정은 표면적으로는 텍스트의 정보가 줄어드는 데 초점을 맞출 수 있지만, 독자의 관점에서는 그 텍스트의 심적 모형을 형성해 가는 데 필수적으로 자신의 배경지식을 더해놓을 수밖에 없다. 이는 독자의 텍스트에 대한 구체적 심적 모형을 형성하는 데 필수적인 과정이라고 할 수 있다.

다. 가령 텍스트 혹은 일정한 지문을 읽고 그 내용을 요약해서 말해 보거나 혹은 써보라는 식으로 진행되는 경우가 대부분이다. 이는 요약하기 과정의 바탕을 이루는 학습자들의 다양한 인지 활동을 제대로 고려하지 못하는 결과를 초래한다.

이 글에서는 이런 문제의식을 바탕으로, 요약하기 과정이 실질적으로 어떻게 일어나는지를 밝히는 데 그 목적이 있다. 특히 거시규칙이라고 알려져 있는 요약하기 과정상의 규칙들이 실질적으로 어떻게 적용되는지를 검토하고, 이를 바탕으로 요약하기 과정상의 일정한 정형성을 발견하고, 이를 교육적으로 활용할 수 있는 틀을 마련하는 데 연구의 목적이 있다.

## 2. 이론적 배경

요약하기는 읽기 연구에서 주요한 연구 대상이다. 물론 인지심리학에서도 다수의 요약과 관련된 연구들이 다양한 갈래의 글들을 중심으로 이루어져 왔다. 요약과 관련된 주요한 연구로는 텍스트 그 자체, 즉 텍스트의 구조 분석에 초점을 두거나 혹은 독자의 텍스트 처리에 초점을 있느냐에 따라 약간의 차이는 있지만, Meyer(1975), Kintsch & van Dijk(1978), van Dijk(1980), Brown & Day(1983), Kintsch(1993) 등이 주요한 참고 논의로 다루어져 왔다. 국내에서도 국어교육적 틀에서 임두순(1989), 서혁(1994), 이삼형(1994), 김재봉(1997), 허선익(2010) 등과 다수의 문헌에서 요약과 관련된 논의를 살필 수 있다.

아울러 학교 현장의 관점에서 요약하기와 관련하여 거시규칙의 문제를 직·간접적으로 다룬 비교적 최근 논의로는 김윤미(2006), 심선희(2009), 전원대(2010), 김태구(2014) 등이 참고가 된다. 이들 논의는 주로 요약에서 거시규칙을 어떻게 적용하고, 아울러 그런 적용상의 문제가 실제 요약에서 어떻게 드러나는지를 국어교육의 틀에서 논의하고 있다.

하지만 이런 대다수의 국내에서 논의되는 요약과 관련된 논의는 주로 요약하기의 방법론과 관련되는 경우가 많다. 즉 요약하기의 본질적 모습에 대한 탐구보다는 대다수 기존의 요약 이론에 기대어 요약을 어떻게 해야 한다는 식의 규범적 차원의 지도에 그치는 경우가 많았다. 물론 이는 학교 현장의 읽기 교육적 관점에서는 당연한 접근이라고 할 수 있다.

하지만 정작 요약하기의 본질, 특히 요약하기의 구체적 과정이 어떻게 이루어지고 있는지에 대해서는 구체적으로 다루어지는 경우가 드물었다. 이는 그만큼 요약하기가 지니는 인지적 복잡성과 관련된다. 그렇다면 요약하기의 구체적인 과정을 어떻게 표면적으로 이끌어 낼 수 있을지의 문제가 이런 인지적 복잡성의 단면을 일부분 해결할 수 있음과 관련될 수 있다.

이점에서 이 글은 요약하기 과정의 문제를 일정 부분 구체적으로 부각시키고 있는 van Dijk(1980)의 연구에 주목한다.[2] 물론 요약과 관련된 거시규칙은 van Dijk(1977, 1979, 1980, 1983)의 일련의 논의들에서 반복적으로 이루어져 왔다. 주된 거시규칙으로는 삭제, 선택, 일반화, 구성이 언급되어 왔다. 하지만 선택의 경우는 종종 논란의 대상이 되어 왔는데, 삭제와 차별적으로 접근되기 어렵다는 점에서 종종 거시규칙에서 제외되기도 했다.[3]

통상 요약은 삭제가 기본이 된다. 일반화와 구성의 경우도 결국은

---

2) 통상 국내에서 거시규칙과 관련된 일련의 논의들은 정시호 옮김(2000, 아카넷)에 기대는 경우가 많다. 하지만 이 글에서는 거시규칙의 본질적 측면을 거시구조의 틀에서 집중적으로 부각시키고 있는 van Dijk 지음(1980, Hillsdale, N. J.: Erlbaum)을 논의 대상으로 삼았다. 왜냐하면 요약하기의 본질적인 과정을 알기 위해서는 반드시 텍스트의 거시구조를 고려해야 하기 때문이다. 이 저서는 필자에 의해 2015년에 번역 출간될 예정이다.

3) 실제로 1983년 논의에서는 제외되었고, 이는 비단 van Dijk의 경우에만 해당되는 것이 아니었다. 다수의 텍스트 언어학과 관련된 일련의 학자들의 논의에서 선택 규칙은 주요한 거시규칙에서 제외되었다(2014: 22, 김태구 참조).

제시된 정보의 양이 일정한 의미 기준에 따라 줄어들기 때문에 삭제를 바탕으로 하고 있다. 다만 그 줄어듦의 기준 자체를 어디에 두는지에 따라 차이가 있을 뿐이다. 선택의 경우도 마찬가지이다. 다만 선택의 경우 삭제와 달리 요약 과정에서 실질적인 차별성이 부각되지 않는 경우가 많다. 따라서 삭제 규칙은 다른 차원으로 다루는 것이 오히려 적합하다고 볼 수 있다.

van Dijk(1980)에서는 실제로 선택 규칙을 약한 삭제로 다루고 있다.[4] 선택 규칙의 경우에 선택된 것은 요약의 대상으로 기술되고 그렇지 않은 것은 요약 과정에서 삭제되는데, 달리 말하면 선택된 것은 담화나 텍스트의 화제 및 주제에 직접적으로 관련된 것이고, 선택되지 못한 것은 화제 및 주제에 무관한 것이다. 따라서 약한 삭제는 담화나 텍스트의 화제 및 주제에 무관한 것을 삭제하는 것을 말한다.

아울러 이는 삭제가 약한 삭제와 강한 삭제로 구분되어야 하는 이유가 될 수 있다. van Dijk(1980)에서는 기존의 네 가지 이론을 약간 수정해서 다룬다. 여기에서 선택의 경우는 제외되고, 삭제를 약한 삭제와 강한 삭제로 구분해서 일반화 및 구성과 함께 제시한다. 즉 약한 삭제는 담화나 텍스트의 화제 및 주제에 무관한 것을, 강한 삭제는 지엽적으로 관련은 되지만 주제나 화제에 직접적인 영향을 주지 못하는 것을 삭제하는 것을 말한다.

이 글은 요약과 관련된 주요한 거시규칙으로 약한 삭제, 강한 삭제, 일반화, 구성을 이론적 틀로 삼는다.[5] 물론 van Dijk이 제시해 온 거

4) van Dijk(1980: 75)에서는 네 가지 거시규칙의 적용에 있어서 약한 삭제, 일반화, 구성, 그리고 강한 삭제의 순으로 적용될 수 있음을 가정하고 있다. 여기에서는 선택 대신에 약한 삭제를 사용함으로써 선택과 삭제 규칙의 중복 적용의 문제를 벗어나고 있으며, 아울러 선택과 삭제 규칙이 지니는 적용상의 혼란을 줄이고 있다.

5) 삭제(강한 삭제, 약한 삭제)의 경우는 상황과 일화의 기술에서 속성들과 사건들의 상대적인 관련성과 관련하여, 일반화는 개념들 간의 위계적 관계에 대한 지식 적용의 요구를 통해, 구성은 일반적인 조건, 구성 요소, 총체적 사건들과 행위들의 결과에 대한 지식의 적용을 통해 이루어질 수 있다.

시규칙 이외에도 요약과 관련한 다수의 이론적 논의들이 있지만, 대다수 van Dijk의 기본적인 거시규칙을 모태로 삼고 있다는 점은 논의의 여지가 없다. 그만큼 van Dijk의 요약과 관련한 일련의 거시규칙들이 대표성을 지닌다고 할 수 있다.

하지만 제시되어 온 일련의 거시규칙은 인지적 측면에서 실질적 적용에는 어려움이 따른다. 우선 이론들이 요약과 관련한 다양한 언어 수행 양상들로부터 귀납적으로 구성되기보다는, 다분히 직관에 의해 고안되었다는 점에서 실질적인 적용상에 문제가 있다. 아울러 문장 중심의 기계적 적용에 따르는 단순성으로 인해 요약 과정의 인지적 복잡성과 추상성을 드러내는 데는 일정한 한계가 따르는 것이 사실이다.

다만 요약하기와 관련한 일련의 이론적 규칙으로 van Dijk의 일련의 이론들이 지니는 선행연구로서 갖는 의의는 크다고 할 수 있다. 특히 우리 학교 현장에서 요약하기와 관련한 일련의 교육적 방법이나 전략들에 대해 논의할 때 van Dijk의 이론이 주요하게 등장한다는 점만으로도 이론적 가치가 있음은 분명하다.

## 3. 연구방법 및 연구가설

### 3.1. 연구방법 및 개관

거시규칙과 관련된 기존의 논의들은 문장 중심의 접근법이 주를 이루었다. 이는 텍스트언어학의 이론을 바탕으로 한 것으로, 요약 과정을 언어학 차원의 이론적 논리로 다루었다는 점에서 그 의의가 있다.[6] 하지만 이런 문장 중심의 거시규칙 양상을 실제 학습자들의 다

6) 김재봉(1995)가 대표적인 연구이다.

양한 요약 과정에 적용하기 어려운 점이 많다.

우선 분석의 과정에서 수많은 미시명제를 거시명제로 도식화하는 것이 어렵다. 이는 거시명제가 지니는 의미의 중층성이나 추상성과도 관련될 수 있기 때문이다. 아울러 독자의 텍스트 이해 과정에서 발생되는 여러 배경지식의 영향도 고려하기 어려운 변수이다. 따라서 요약하기 양상의 다양한 모습을 문장 중심으로만 접근하여서는 요약하기 과정이 지니는 다양한 인지적 차원을 고려하지 못하는 결과는 낳는다.

따라서 이 글에서는 그와 같은 거시규칙의 이론을 문장 중심에 초점을 두기보다는 실질적인 요약의 과정의 중심이 되는 단락 단위에 두고 접근한다. 또한 요약하기 과정도 1회에 그치는 것이 아니라 3차례에 걸쳐 반복적으로 이루어지도록 하였다.[7] 이를 통해 각 요약하기 횟수에서 발생하는 거시규칙의 모습이 어떠한지를 구체적으로 검토한다.

특히 3회에 걸쳐 반복되는 요약하기 과정이 특징적으로 부각될 수 있다. 요약하기는 일회성으로 종료되는 과정이 아니다. 학교 현장에서 주로 적용되는 요약하기는 거의 일회성으로 그친다. 따라서 요약하기 과정이 지니는 다양한 인지적 가능성과 창의성을 사전에 제거해 버릴 수 있다. 요약하기 과정의 핵심은 결국 텍스트 중심의 내용을 독자 중심으로 재구성할 수 있는 데 있다.

이는 요약하기가 일회성 과정으로 끝날 경우는 대다수 텍스트 중심에서 일부 내용만이 삭제되는 결과로 그칠 수 있지만, 요약하기의

7) 평소 필자는 학습자들의 요약하기 지도에서 요약문의 길이가 지나치게 길다는 점을 주목해 왔었다. 특히 요약 대상 원문과 거의 비슷한 분량으로 요약하는 학습자들도 다수 접해왔었다. 이는 요약하기의 본령과는 거리가 먼 양상이다. 따라서 이 글은 이런 점을 감안하여, 요약하기 활동이 반복해서 이루어질 수 있음을 고려하였다. 즉 요약의 회귀성, 반복성의 속성을 감안하며, 요약의 결과가 대상 텍스트에서 독자로 그 초점이 옮겨질 수 있도록 하였다. 이런 반복 과정을 통해 거시규칙이 텍스트 중심에서 독자 중심으로 변해가면서 그 적용 양상이 어떻게 변해가는지를 검토하는 것도 요약과 관련된 중요한 문제라고 할 수 있다.

횟수가 늘어날수록 독자의 의미상의 개입이 증가할 수 있다. 이른바 학습자 중심의 요약 과정이 보다 실질적으로 발생할 수 있는 계기가 될 수 있다.

구체적으로 조사에 사용된 대상 글은 중학교 2학년 교과서에 실려 있는 주장과 설명 글 각각 1편씩을 사용하였다.[8] 두 편 모두 바다와 관련된 것으로, 각 단락마다 소주제문을 명확하게 포함한 평이한 글이다. 거시규칙 적용 여부의 단락 위주로 살펴볼 수 있는 적합한 실험글로 평가된다.

### 죽어 가는 바다를 살리자[9]

최근 들어 우리 바다는 심각한 위기에 처해 있다. 육지에서 밀려들거나 바다에 버려지는 쓰레기로 몸살을 앓고 있는 것이다. 해마다 더욱 나빠지는 바다 환경을 이대로 방치하면 더 이상 돌이킬 수 없는 상황에 이를지도 모른다. 여기에서는 바다 환경 오염의 가장 큰 원인인 바다에 버려지는 쓰레기의 문제점을 짚어 보고 이를 줄이기 위해 어떻게 해야 하는지 알아보자.

바다로 버려지는 쓰레기는 해양 생태계에 막대한 악영향을 미친다. 이러한 쓰레기가 바다 생물에게 미치는 악영향은 크게 두 가지로 알려져 있다. 바로 '얽힘'과 '삼킴'인데, 매년 약 10만 마리의 해양 포유동물과 100만 마리의 바다 새가 얽힘과 삼킴 때문에 죽어 가는 것으로 추산된다. 예를 들면 바다 표범은 호기심이 많아서 바닷물 속에서 둥둥 떠다니는 쓰레기를 가지고 놀거나 쓰레기 사이로 머리를 넣어 보기도 한다. 그러다가 어린 바다표범의 몸에 밧줄이나 그물이 걸리면 바다표범이 성장하면서 점점 밧줄에 몸이 졸려 죽게 된다. 또 바다 새는 약 35퍼센트 이상이

8) 윤희원 외(2011: 54~57).

9) 이하에서는 자료A로 제시한다.

바다에 버려진 플라스틱을 먹는 것으로 조사되었다. 플라스틱 조각을 먹으면 소화 기관이 막혀 영양실조로 죽게 된다.

바다가 쓰레기로 오염되면 어업 활동에도 지장을 받는다. 버려진 어망이나 낚싯줄이 어선의 스크루에 감기거나 플라스틱 덮개로 인해 엔진지 고장 나는 배가 많아지고 있다. 배의 고장은 어업 활동에 지장을 주고 조업 시기를 놓치게 한다.

그리고 바다로 버려지는 쓰레기는 우리가 바다를 쾌적하게 이용하는 것을 방해한다. 불쾌감이나 불편함, 위험 등으로 인해 휴양객이 줄어들 뿐만 아니라, 바닷가 주민들의 건강 및 안전이 위협 받는 일도 자주 발생한다.

우리는 바다의 자원과 가치를 온전히 보전하고 훼손된 생태계를 되살리기 위해 바다에 버려지는 쓰레기를 줄이는 일에 앞장서야 할 것이다. 이를 위해 정부는 해양 정화 사업과 기술 개발을 서두르고, 국민의 환경 의식을 높이는 캠페인 등을 이끌어야 한다.

또한 바다에 버려지는 쓰레기의 70퍼센트가 육지에서 나오고 있는 것임을 고려할 때 정부의 노력만으로는 한계가 있다. 바다를 깨끗하게 하기 위해 온 국민이 협력하여 생활 공간 주변과 어업 현장 등에서 쓰레기를 줄이기 위한 노력을 기울여야 한다.

그렇다면 우리가 생활 공간 주변과 어업 현장에서 바다로 유입되는 쓰레기를 줄일 수 있는 구체적인 실천 방법은 무엇일까? 선박이나 해변에서 생긴 쓰레기를 바다에 버리지 말고 육지로 가져와서 처리하고, 바다에 버려진 쓰레기를 정기적으로 수거해야 한다. 그리고 육지에서 바다로 나가는 쓰레기도 줄여 나가야 한다. 학생들은 스스로 환경 지킴이가 되어 지역 주민 또는 시민 단체와 인근 지역의 해양 정화 활동에 참여하고, 바다에 쓰레기를 무단으로 버리는 것을 감시할 수도 있다.

우리의 노력 하나하나가 맑고 깨끗한 바다를 만드는 작은 물줄기가 된다는 점을 되새기자. 미래의 세대에게 물려줄 건강하고 풍요로운 바다를 위하여 우리가 스스로 나서야 할 것이다.

자료A의 경우는 8개의 단락으로 구성된 주장글이다. 전체글의 구성 방식도 전형적인 3단 구성 방식으로 서론, 본론, 결론이 뚜렷하게 드러난다. 즉 이런 전형적인 수사적 구성 방식이 실제 요약문에서 어떻게 재구성될지, 아울러 본론 내 각 단락들이 어떤 거시규칙의 적용으로 통합될지 등이 조사 과정상의 주요한 관건이 될 수 있다.

### 바다가 주는 혜택[10)]

21세기는 바다의 시대라고 한다. 이는 바다가 무한한 잠재적 가치를 지니고 있기 때문이다. 바다는 지구 표면적의 71퍼센트를 차지하며 바닷물을 지구상에 있는 물의 98퍼센트에 이른다. 우리는 바다에 대해 얼마나 알고 있을까? 그리고 바다는 우리에게 어떤 혜택을 주고 있을까?

바다는 지구 전체의 기후에 큰 영향을 미친다. 바다는 우리가 배출하는 이산화탄소를 흡수하고, 지구를 감싸고 있는 대기와의 상호작용을 통해 지구 전체의 기후를 일정하게 유지하게 한다.

그리고 바다는 다양한 바다 생물에게 서식지를 제공해 주고 있다. 바다에는 육지보다 훨씬 다양한 생물이 살고 있으며 그 수도 엄청나다. 눈에 보이지 않는 플랑크톤에서부터 거대한 고래에 이르기까지 다양한 형태의 생물이 바다에서 조화롭게 살고 있는 것이다.

이러한 바다의 막대한 생물 자원은 인류에게는 없어서는 안 될 중요한 자산이다. 바다는 전 세계의 인류가 소비하는 동물성 단백질의 6분의 1을 공급한다. 또한 바다 생물은 항바이러스 물질이나 항암 물질 등 인류의 보건 문제를 해결하는 데에 아주 유용한 물질을 제공하기도 한다. 이러한 바다의 생물 자원 중에는 아직 인류에게 알려지지 않은 것이 많으며 계속 연구·개발되고 있다.

예를 들어 최근에 가장 각광을 받고 있는 것이 크릴새우인데, 전 세계

---

10) 이하에서는 자료B로 제시한다.

식량 자원이 대부분 1억 톤에 그치고 있는 것에 비해, 이 크릴새우는 10~50억 톤이나 된다. 또한 다량의 필수 영양소 및 질병 예방 성분을 함유하고 있어 인류의 미래 식량 자원으로 꼽히고 있다.

또 우리는 바다로부터 석유와 천연가스 같은 다양한 광물 자원과 에너지원을 얻고 있다. 현재 모래나 자갈과 같은 건축 재료를 바다에서 채취하고 있으며, 앞으로는 심해에서 망간, 코발트, 니켈 등의 광물도 채굴할 것이다. 그리고 우리가 사용하는 화석 연료가 고갈됨에 따라 대체 에너지로서 조력이나 파력 등을 이용한 발전이 널리 확산될 전망이다.

마지막으로 바다는 인간이 쾌적하게 여가를 즐길 수 있는 휴식처가 되기도 한다. 예전부터 인간은 휴양의 공간으로 바다를 즐겨 찾았다. 이는 유명 휴양지가 대부분 해변에 위치하는 것을 보아도 알 수 있다. 또한 인간이 수영, 보트, 수상 스키, 스쿠버 다이빙 등 바다를 통해 누릴 수 있는 즐거움은 이루 헤아릴 수 없이 많다. 인간은 탁 트인 바다를 보며 육지 생활에서 지친 몸과 마음을 쉬게 하고 미지의 세계에 대한 꿈과 동경을 키워 왔다.

지금까지 바다가 우리에게 주는 혜택에 대해 알아보았다. 바다는 지구 전체의 기후를 일정하게 유지하고, 다양한 바다 생물에게 서식처를 제공한다. 이러한 바다 생물을 인류에게 없어서는 안 될 중요한 생물 자원이 된다. 그뿐만 아니라 바다는 석유, 천연 가스 등의 광물 자원과 에너지원을 제공함으로써 인간에게 많은 혜택을 준다. 마지막으로 바다는 인간이 지친 몸과 마음을 쉴 수 있는 포근한 휴식처가 된다.

자료B 역시 전형적인 3단 구성의 수사적 방식하에 8개의 단락으로 구성된 설명글이다. 앞선 자료A에 비해 3단 구성 방식이 더 뚜렷하며, 아울러 본론 단락들의 첫머리에 비교적 분명한 담화표지들이 사용되어 각 단락들이 구분될 수 있는 단서로 작용하고 있다. 이는 결론도 마찬가지이다. 따라서 자료A에 비해 요약 과정이 더 용이할 것으로 예상된다.

동일 대상 자료에 대해 요약 과정은 총 3회에 걸쳐 이루어졌다. 자료를 요약할 시에는 순차적으로 원본 텍스트, 그리고 1, 2차 요약본을 참고하여 요약할 수 있도록 했다. 이는 이 글에서의 조사가 기억과 관련한 회상(recall)에 초점이 있기보다는 학습자들의 요약하기 과정 시에 적용되는 거시규칙의 적용 양상을 파악하는 데 목적이 있기 때문이다.

거시규칙은 이와 같은 요약의 반복성 혹은 회귀성에 토대를 둔다. 즉 요약이 거듭될수록 적용되는 거시규칙이 차별적으로 적용될 수 있는데, 최종적으로 주제 혹은 단일 명제가 독자의 머릿속에 어떤 식으로 남게 되는지는 요약하기의 반복 과정에 투영되는 거시규칙 적용의 본질적인 모습과 밀접한 관련이 있을 것이다.

즉 3회에 걸쳐 있는 반복되는 요약하기 과정에서 차별적으로 적용되는 거시규칙의 정형성은 발생 빈도와 조사 대상자의 수준에 따른 적용과 관련될 수 있다. 이를 조사 대상자들은 언어 자각(language awareness)의 관점에서 자신의 요약 과정을 검토하면서 적용된 거시규칙의 발생 빈도와 관련된 사항을 기술한다.[11)]

조사에 참여한 학습자들은 대구에 위치한 특목고와 일반 인문계고 2학년 학습자들이다. 대다수 학습자들은 기본적인 언어 수행 능력을 갖추고 있지만, 구체적으로 요약을 어떻게 해야 하는지에 대한 방법이나 전략 등에 대해서는 배운 적이 없음을 면담을 통해 알 수 있었다.[12)] 즉 대다수 학습자들은 요약이 무엇인지는 대략적으로 짐작하

11) 학습자들은 이 과정에서 각 요약하기 횟수에 따른 결과를 두고 과제(수행평가) 형식으로 수행하게 된다. 즉 차수별 요약 과정에서 거시규칙이 어떻게 적용되었는지를 거시규칙의 적용빈도에 따라 보고서 형식으로 작성하게 된다. 즉 각 횟수별 요약하기 과정에서 어떤 거시규칙이 적용되었는지는 학습자 스스로가 가장 잘 알 수 있기 때문에 이 과정은 언어 자각(language awareness)의 관점에서 이루어진다.

12) 학습자들의 수준은 수능 언어 영역 관련 모의고사와 관련하여 일반 인문계 학습자들은 경우는 대략 50~90% 대에서 정규 분포를 이루며, 특목고 학습자들은 경우는 80%이상에 위치한다.

고 있었지만, 실질적인 방법론이나 전략의 구사에 대해서는 아는 바가 적었다.

조사 과정은 크게 1차 조사와 2차 조사로 이루어진다. 1차 조사와 2차 조사에 참여한 학습자들은 공히 설명 혹은 주장 갈래 중에서 한 편만을 요약하고, 이에 적용된 거시규칙을 도출한다. 왜냐하면 동일 학습자가 두 편 모두에 참여할 경우, 요약 횟수에 따르는 요약 분량 등에 의도적으로 관여할 수 있기 때문이다. 아울러 조사 대상자들이 제출한 거시규칙의 적용 양상에 대해서는 필자와 국어교육학 박사 2인의 선생님이 그 적절성에 대해 검토하였다.[13] 전체적인 연구 과정과 관련된 구체적인 내용은 〈표 1〉과 같다.

〈표 1〉 연구개관

| | 1차 조사 | | 2차 조사 | |
|---|---|---|---|---|
| 조사 자료 | 설명 | 주장 | 설명 | 주장 |
| 조사 과정 | 1차~3차 요약 및 규칙 적용 | 1차~3차 요약 및 규칙 적용 | 1차~3차 요약 및 규칙 적용 | 1차~3차 요약 및 규칙 적용 |
| 조사 대상 | 인문고 2학년 30여 명 | 인문고 2학년 30여 명 | 특목고 2학년 30여 명 | 특목고 2학년 30여 명 |
| 조사 기간 | 2013.9~2013.10 | 2014.3~2014.4 | 2013.11~2013.12 | 2014.5~2014.6 |

1차 조사와 2차 조사로 구분한 것은 조사 내용의 타당성을 확보하기 위해서인데, 1차 조사 대상자들의 경우는 대략 수능 언어 영역 관련 모의고사 성적 분포대가 50%~90%대이며, 특목고 학습자들의 경우는 80%대 이상에 위치하고 있다. 이런 수치상의 차이가 언어수행 수준상의 차이로 그대로 반영된다고는 볼 수 없지만, 현재로서는 언어 수행 수준의 차이를 가늠할 수 있는 주요한 척도가 될 수 있음은 분명하다.

---

13) 조사 대상자들은 대구에 다니는 특목고 및 인문고 학습자들에 국한되었다. 조사 전반에 대한 과정은 대구 시지고의 홍성만 선생님이 진행해 주셨다. 감사의 말씀을 전한다.

조사 과정의 경우는 수업 시간을 활용하여 1차에서 3차에 이르는 요약을 동시에 실시하였다. 조사 자료가 지니는 내용의 평이성 때문에 실질적인 읽기 시간은 15분이 넘지 않았으며, 1차 요약의 시간이 대략 15분 정도, 2차와 3차의 경우는 10분 이내로 단축되어 전체적으로 50분 이내에 모든 과정이 완료되었다. 조사 과정에서 학습자들은 요약하기 과정이 3회로 반복된다는 점을 사전에 주지하지 못했다. 다만 3차 요약 과정에 가서야 대상자들은 요약 과정이 반복된다는 점을 대다수 인지하였다. 다만 요약의 분량에 대해서는 제약을 가하지 않았다.

요약이 끝나고 나서 학습자들은 네 가지 거시규칙에 대한 설명을 들었고, 자신이 요약한 결과를 토대로 이 거시규칙이 각 요약 과정에서 어떻게 적용하였는지의 결과를 수행평가 과제물로 제출하였다. 제출된 수행평가 과제는 앞선 언급한 바와 같이 국어교육 전공자 3인에 의해 상세하게 검토되었다.

## 3.2. 연구가설

본 절에서는 요약하기 과정에는 일정한 규칙성이 수반될 수 있음과 관련하여 두 가지 연구가설을 상정하였다. 요약하기 과정에서 발생하는 거시규칙 발생 빈도와 조사 대상자들의 언어 수행 수준에 따른 정형성의 문제이다. 이는 학습자들의 요약하기 과정에 드러나는 인지적 획일성이 아닌 거시규칙 사용의 보편성 관점에서 논의된다.

**연구가설 1: 거시규칙의 적용 빈도에는 정형성이 있을 것이다.**

이 가설은 요약하기에 보편적으로 많이 활용되는 거시규칙과 그렇지 못한 거시규칙이 있음을 상정한 것이다. 거시규칙은 조사 대상 글의 갈래나 요약 횟수에 따라 다르게 적용될 수 있다. 즉 특정한 갈래에 선호되는 거시규칙이 있으며, 아울러 요약이 반복적으로 수행될수록 선호되거나 적용되는 거시규칙은 차이가 있을 것이라는 점이다.

이 글에서의 조사 대상 갈래는 중학교 교과서에 실린 설명과 주장글인데, 두 편 모두 각 갈래에 적합한 내용 전개 방식 및 형식을 갖추고 있으며, 특히 단락의 조직 방식이 매우 정형화되어 있다. 이는 특정한 거시규칙이 적용될 수 있음과 관련된다고 할 수 있다. 왜냐하면 요약은 일정한 문장들의 결합체인 단락에서부터 본격적으로 이루어질 수 있기 때문이다.

따라서 거시규칙 발생 빈도에 일정한 정형성이 드러날 수 있음을 상정할 수 있다. 즉 요약하기 과정에는 전체적으로 약한 삭제가 가장 보편으로 일어나며, 다음으로 요약의 횟수가 거듭될수록 약한 삭제는 줄어들고 강한 삭제가 증가할 것으로 예상된다. 아울러 이들 두 삭제 규칙은 전체적으로 일반화나 구성 규칙에 비해 많이 드러날 것으로 보았다. 일반화의 경우는 전체글의 관점에서 단락 내 소주제문을 중심으로 전체글에서는 전체 주제를 중심으로 적용될 것으로, 구성의 경우는 각본 혹은 틀 지식이 필요한 경우를 제외하고는 극히 일부만 적용될 것이다.

일반화의 경우는 일정한 하위 의미들이 재구성되어 상위 의미로 수렴되는 경우를 말하는데, 이는 한 단락 내에서는 중심 문장을 중심으로 뒷받침문장들이 수렴되어 가는 양상으로 이루어질 가능성이 있다. 구성의 경우는 일정한 각본이나 틀에 근거하여 각 행위들이 집합적으로 이루어져 하나의 총체적 행위 의미를 드러내는 경우를 말하는데, 주로 행위를 기반으로 한 이야기 글에 적용되는 경우가 많다.[14)]

또한 요약하기 차수가 거듭될수록 거시규칙의 양상이 차별화되어 드러날 수 있다. 이는 요약하기 활동의 본질과 관련된다. 요약하기는

14) 이는 부분적으로 자동화된 사회적 행위 연속체와도 관련된다. 즉 이와 같은 전형적인 일화와 관련된 특정한 지식 구조가 틀 혹은 각본이다.

일회성으로 끝나는 인지 활동이 아니라, 독자가 단일한 하나의 주제 명제로 재구성할 때까지 지속적으로 반복해서 이루어지기 때문이다. 이는 거시규칙의 적용과 밀접하게 관련될 수 있다.

구체적으로 약한 삭제나 일반화, 구성 등은 요약 차수가 진행될수록 줄어드는 양상으로, 강한 삭제는 변화가 없거나 오히려 증가할 것으로 예상된다. 왜냐하면 약한 삭제의 경우는 주제와 관련 없는 요소들의 삭제로, 그리고 일반화나 구성의 경우는 단락 간 재구성 및 통합의 과정에서 적용되는 규칙으로, 주로 1차나 2차 요약과정에서 많이 적용될 것으로 판단된다. 하지만 강한 삭제의 경우는 주제와 지엽적으로 관련되는 요소들을 삭제하기 때문에 최종 요약 시까지 지속적으로 발생할 수 있기 때문이다.

**연구가설 2: 조사대상자 간 거시규칙 적용 빈도상에는 차이가 있을 것이다.**

이 글의 조사 대상자는 두 부류이다. 1차 조사의 경우는 일반 인문고 2학년 학습자로, 2차 조사의 경우는 특목고 2학년 학습자들로 구성되었다. 언어 수능 모의시험에서 대략 20%~30% 정도의 분포상의 차이를 보인다. 즉 이런 점수상의 차이는 요약 시에 선호하는 거시규칙의 적용과도 관련이 있을 것이다. 아울러 요약 차수에 따른 거시규칙의 적용 양상 또한 차별적으로 적용될 것으로 예상할 수 있다.

몇 가지 양상을 상정해 보자면, 우선 1차 조사 대상자들의 경우는 삭제에서 강한 삭제보다 약한 삭제를 더 많이 적용할 것으로, 반면에 2차 조사 대상자들은 비슷하거나 혹은 강한 삭제의 빈도가 더 높을 것으로 예상된다. 이는 두 삭제 규칙 중에서 약한 삭제에 비해 강한 삭제가 적용상의 난이도가 높을 수 있기 때문이다. 따라서 적용상에도 실질적인 인지적 어려움이 더 따를 것이다.

아울러 일반화나 구성의 경우도 차이가 있을 것으로 예상된다. 특히 조사 대상 글이 비문학글이기 때문에 주로 일반화가 구성보다 많이 적용될 것인데, 1차 조사 대상자들의 경우에는 이런 구분이 명확하지 않을 것으로, 반면에 2차 조사 대상자들의 경우는 일반화의 적용 빈도가 구성보다 높을 것으로 상정된다. 이 양상 역시 거시규칙 적용상의 인지적 난이도와 관련된다고 할 수 있다.

요약하기의 차수 간에도 일정한 차이를 보일 것이다. 읽기 수행 수준이 낮은 1차 조사 대상자들의 경우는 요약 차수가 진행되어감에 따라 다양한 거시규칙을 복합적으로 적용하기보다는 대체적으로 표면적 정보 줄이기와 관련된 약한 삭제에 의존하는 경향이 클 것이다. 즉 정보를 독자의 관점에서 재구성해서 줄이려는 노력을 기울이기보다는 텍스트의 표면적 독해에 치중할 가능성이 높기 때문이다.

반면에 2차 조사 대상자들의 경우는 보다 다양한 거시규칙을 활용할 것으로 예상된다. 특히 2차 요약부터는 약한 삭제보다는 일반화나 강한 삭제의 규칙을 더 적극적으로 활용할 것이다. 이는 2차 요약부터는 1차 때와는 다르게 보다 심층적이고 미세한 요약 과정이 요구되기 때문이다. 아울러 1차 요약 시에 기본적으로 줄여야 할 정보를 거의 다 줄였을 것으로 예상되기 때문에 주제와 관련되는 없는 내용의 삭제와 관련된 규칙은 급격하게 그 빈도수가 줄어들 것으로 예상된다.

## 4. 연구결과 및 교육적 의의

### 4.1. 연구결과 및 논의

요약하기 과정이 3차에 걸쳐 이루어졌는데, 각 차수별 거시규칙의 발생 빈도의 결과는 조사 대상자들이 차수별로 적용한 거시규칙을 모두 합산하는 형식으로 도출된다. 편의상 학습자들의 이름은 생략하고 번호만으로 순서를 매겼다. 거시규칙의 발생 빈도는 조사 대상자들이 제출한 자신의 요약 결과에 기초한 것이다.

아울러 그 결과를 3인의 국어교육 전문가들이 각 조사 대상자들이 제출한 요약하기 결과물을 점검하고 평가해서 그 적절성 여부를 판단하였다.[15] 〈표 2〉는 1차 조사 대상자들을 대상으로 실시된 설득글인 자료A와 관련된 거시규칙 적용 빈도 결과이다.

〈표 2〉 자료A의 1차 조사 발생 빈도 결과

| | 약한 삭제 | | | 일반화 | | | 구성 | | | 강한 삭제 | | |
|---|---|---|---|---|---|---|---|---|---|---|---|---|
| | 1차 | 2차 | 3차 | 1차 | 2차 | 3차 | 1차 | 2차 | 3차 | 1차 | 2차 | 3차 |
| 1 | 6 | 2 | 0 | 2 | 0 | 1 | 2 | 1 | 0 | 2 | 1 | 2 |
| 2 | 5 | 1 | 0 | 3 | 1 | 1 | 0 | 0 | 0 | 4 | 1 | 1 |
| 3 | 7 | 0 | 0 | 2 | 0 | 0 | 0 | 3 | 2 | 2 | 8 | 3 |
| 4 | 7 | 5 | 2 | 1 | 1 | 1 | 1 | 1 | 1 | 3 | 3 | 1 |
| 5 | 3 | 0 | 0 | 1 | 1 | 1 | 0 | 0 | 0 | 2 | 1 | 3 |
| 6 | 5 | 3 | 0 | 0 | 1 | 2 | 3 | 2 | 1 | 3 | 0 | 2 |
| 7 | 9 | 2 | 3 | 1 | 2 | 1 | 1 | 1 | 0 | 3 | 3 | 3 |
| 8 | 4 | 1 | 1 | 0 | 2 | 2 | 0 | 0 | 0 | 3 | 2 | 1 |
| 9 | 6 | 4 | 4 | 1 | 2 | 3 | 2 | 2 | 2 | 5 | 1 | 1 |
| 10 | 3 | 0 | 0 | 3 | 3 | 1 | 0 | 0 | 1 | 3 | 3 | 2 |
| 11 | 2 | 0 | 1 | 2 | 2 | 0 | 0 | 0 | 0 | 3 | 2 | 1 |
| 12 | 3 | 1 | 0 | 0 | 1 | 0 | 1 | 0 | 1 | 5 | 1 | 3 |
| 13 | 6 | 4 | 0 | 2 | 2 | 2 | 0 | 0 | 0 | 3 | 1 | 0 |
| 14 | 6 | 2 | 0 | 0 | 0 | 0 | 0 | 0 | 0 | 3 | 2 | 2 |
| 15 | 7 | 2 | 1 | 3 | 1 | 1 | 0 | 0 | 1 | 4 | 3 | 1 |
| 16 | 6 | 5 | 5 | 2 | 1 | 0 | 0 | 0 | 0 | 0 | 2 | 3 |
| 17 | 7 | 6 | 0 | 2 | 2 | 2 | 1 | 0 | 0 | 1 | 0 | 1 |

15) 조사 대상자들이 요약하기 과정에서 적용한 거시규칙의 적용 여부의 적절성에 대한 문제도 중요하게 다룰 수 있는 사안이다. 다만 요약하기 과정에서 적용할 수 있는 규칙이 이 글에서 제시된 네 가지에 한정되지 않으며, 아울러 이런 네 가지 규칙도 학습자들이 실제로 아무런 조건 없는 요약 과정에서 반드시 적용하고 있는지도 분명하지 않다. 따라서 이 글에서는 거시규칙의 적용의 적절성에 대한 평가의 문제를 본격적으로 다루지는 못하였다. 다만 네 가지 거시규칙의 적용 여부에 대한 검토를 위한 선행 작업으로서 적절성 여부에 대해 평가하였다. 대략적으로 대상자들이 적용한 거시규칙 중에서 적절하지 못하다고 평가받은 비율은 20~30% 정도였다. 따라서 이하 〈표 2, 4, 6, 7〉에서 제시되는 거시규칙 적용 빈도는 이들 수치가 감소된 상태로 반영된 것이다.

| | 약한 삭제 | | | 일반화 | | | 구성 | | | 강한 삭제 | | |
|---|---|---|---|---|---|---|---|---|---|---|---|---|
| | 1차 | 2차 | 3차 | 1차 | 2차 | 3차 | 1차 | 2차 | 3차 | 1차 | 2차 | 3차 |
| 18 | 6 | 5 | 4 | 2 | 1 | 1 | 0 | 0 | 0 | 6 | 3 | 2 |
| 19 | 6 | 2 | 0 | 0 | 0 | 1 | 2 | 0 | 1 | 5 | 2 | 0 |
| 20 | 7 | 6 | 5 | 0 | 0 | 0 | 1 | 0 | 0 | 0 | 2 | 1 |
| 21 | 5 | 3 | 1 | 2 | 1 | 1 | 0 | 0 | 0 | 1 | 3 | 2 |
| 22 | 5 | 1 | 0 | 0 | 0 | 2 | 1 | 1 | 1 | 1 | 1 | 2 |
| 23 | 4 | 0 | 0 | 1 | 1 | 1 | 2 | 1 | 0 | 3 | 3 | 1 |
| 24 | 7 | 1 | 1 | 2 | 2 | 1 | 0 | 1 | 0 | 1 | 0 | 1 |
| 25 | 5 | 1 | 0 | 1 | 0 | 2 | 0 | 0 | 0 | 1 | 2 | 1 |
| 26 | 6 | 5 | 2 | 1 | 1 | 0 | 0 | 0 | 0 | 0 | 1 | 2 |
| 27 | 11 | 3 | 0 | 0 | 0 | 1 | 0 | 0 | 0 | 3 | 1 | 0 |
| 28 | 10 | 6 | 0 | 3 | 1 | 1 | 1 | 0 | 0 | 1 | 2 | 0 |
| 29 | 11 | 2 | 1 | 1 | 0 | 0 | 1 | 0 | 0 | 3 | 1 | 1 |
| 30 | 7 | 3 | 1 | 1 | 0 | 1 | 0 | 0 | 2 | 0 | 3 | 1 |
| 합계 | 182 | 76 | 32 | 39 | 29 | 30 | 19 | 13 | 13 | 74 | 58 | 44 |
| 평균 | 6.1 | 2.5 | 1.1 | 1.3 | 1.0 | 1.0 | 0.6 | 0.4 | 0.4 | 2.5 | 1.9 | 1.5 |

〈표 2〉에서 보는 바와 같이 설득글 대상의 1차 조사 결과에서는 약한 삭제가 전체적으로 가장 많은 빈도수를 차지하며, 다음으로 강한 삭제, 일반화, 구성 순으로 발생 빈도가 드러났다. 약한 삭제나 강한 삭제의 빈도수에 비해 일반화나 구성의 빈도수는 큰 차이가 있으며, 특히 구성의 경우는 그 빈도수가 매우 적은 것이 특징적이다. 따라서 가설 1에서 상정한 선호하는 거시규칙이 삭제 규칙이라는 점은 조사 결과를 통해 어느 정도 드러난다고 볼 수 있다.

아울러 요약 차수가 진행될수록 선호되는 거시규칙의 경향이 일정한 변화의 양상을 보이고 있다. 약한 삭제의 경우는 급격하게 줄어드는 반면에, 다른 거시규칙들을 줄어듦의 폭이 약한 삭제에 비해 작은 것은 드러나고 있다. 즉 요약 차수가 진행될수록 대상 텍스트의 정보가 줄어들며, 이에 따라 텍스트 중심보다는 독자 중심에서 요약의 세부적인 측면들을 자세하게 다룰 필요성이 증가하기 때문인 것으로 보인다.

하지만 가설에서 제시한 요약 차수가 진행될수록 강한 삭제의 빈도수가 증가할 것이라는 점은 그렇지 못한 결과를 보여주었다. 이는 요약 차수가 진행될수록 더 미세하고 세밀한 요약과정이 요구되는데, 이런 점들을 대상 학습자들이 제대로 인식하지 못한 결과일 수도 있으며, 또한 1차 요약에서 상당수의 삭제 규칙을 적용해서 더 이상 강한 삭제를 적용할 필요성이 없음을 감안한 결과라고 할 수 있다.

전체적으로 약한 삭제와 강한 삭제가 상당수 빈도로 적용되거나 혹은 발생되고 있지만, 구성의 경우는 적용되거나 혹은 선호되는 경향이 다른 거시규칙에 비해 매우 낮게 드러나고 있다. 이는 해당 자료가 틀(frame) 혹은 각본(script)에 따른 일정한 의미 준거 및 과정을 바탕으로 구성되지 않았을 가능성과 조사 대상자들의 적용상의 애매성과 관련될 수 있다.

조사 대상자들 스스로 텍스트와 독자의 양 측면에서 요약하기의 과정을 어떻게 이끌어 내었으며, 이를 상위 인지적 측면에서 어떻게 기술하였는지를 살펴보기 위해, 〈표 2〉에서 23번 대상자의 요약 결과 및 그에 대한 상위 인지적 측면에서의 서술 결과를 제시한다. 자료A와 관련하여 3차에 걸친 요약하기 결과 및 요약 차수별 거시규칙 적용 양상에 대한 결과이다.[16)]

〈1차 요약〉

최근 들어 우리 바다는 심각한 위기에 처해 있다. 바다 오염의 가장 큰 원인은 바다에 버려지는 쓰레기 때문이다. 이 문제에 대한 문제점을 짚어보고 이를 줄이기 위해 어떻게 해야 하는지 알아보자.

우선 바다에 버려지는 쓰레기는 해양 생태계에 악영향을 미친다. 악영

16) 실제 모든 요약하기 과정은 손쓰기로 모든 과정이 이루어졌다. 따라서 여기에 제시된 것은 내용이나 형식의 가감 없이 그대로 입력한 결과이다.

향에는 얽힘과 삼킴이 있는데, 사례로 바다표범의 몸이 바다에 버려진 밧줄에 걸려 죽게 되는 것과 바다 새가 바다에 버려진 플라스틱을 먹고 영양실조로 죽게 되는 경우가 있다.

그리고 바다가 쓰레기로 오염되면 어업활동에 지장 받아 어선에 버려진 어망과 낚시 줄이 걸리거나 플라스틱 덮개 때문에 배의 엔진이 고장나기도 한다. 또한 우리들이 바다는 쾌적하게 이용하는 것에 방해를 받을 수 있고, 바닷가 주민들의 건강도 위협받을 수 있다.

우리가 훼손된 생태계를 살리기 우 l해서는 바다에 버려지는 쓰레기를 줄여야 한다. 해양 정화 사업과 캠페인 등의 정부 노력과 국민의 협력을 함께 이행해야 한다.

〈2차 요약〉

최근 들어 우리 바다는 바다에 버려지는 쓰레기도 인해 심각한 위기에 처해 있다. 여기에 대한 문제점과 해결방안을 알아보자.

바다에 버려진 쓰레기는 해양 생물들의 얽힘과 삼킴으로 인해 해양 생태계에 악영향을 미친다. 또한 어민들의 어업활동에 지장을 받을 수 있고, 바닷가를 이용하는 우리가 쾌적하게 이용할 수 없다. 그리고 주민들의 건강도 위협받는다.

정부의 사업과 국민의 협력을 통해 훼손된 바다 생태계를 살릴 수 있도록 노력해야 한다.

〈3차 요약〉

우리의 바다는 버려진 쓰레기로 인해 문제가 심각하다.

바다에 버려진 쓰레기 때문에 해양 생태계가 악영향을 받을 수 있고, 어민의 어업활동에 지장 받을 수 있다. 또한 우리가 쾌적한 바닷가를 이용할 수 없고, 바닷가 주민들의 건강도 위협 받는다.

따라서 정부와 국민이 합심하여 훼손된 생태계를 살릴 수 있도록 노력해야 한다.

위 대상자의 경우는 단락을 중심으로 요약 차수가 진행됨에 따라 일정한 거시규칙의 적용을 통해 원본의 내용을 줄여나가고 있다. 8개 단락으로 구성된 원본 텍스트가 1차 요약에서는 4개로, 그리고 2차와 3차에서는 단락 내의 문장 수의 변화만 있을 뿐 3개의 단락으로 요약되고 있다. 대상자가 실제로 거시규칙을 요약 차수별로 어떻게 적용했는지를 간략하게 살펴보면 다음과 같다.

〈표 3〉 '23번' 대상자 거시규칙 적용과 그 빈도 양상

<table>
<tr><th></th><th colspan="2">1차 요약</th><th colspan="2">2차 요약</th><th colspan="2">3차 요약</th></tr>
<tr><td rowspan="4"></td><td colspan="2">• 1단락-강한 삭제<br>(3번째 문장)</td><td colspan="2">• 1단락-강한 삭제</td><td colspan="2" rowspan="2">• 1단락-강한 삭제<br>(2차 요약본 1단락 2번째 문장)</td></tr>
<tr><td colspan="2">• 2단락-약한 삭제<br>(2, 4, 7번째 문장)</td><td colspan="2" rowspan="2">• 2단락-구성<br>(1차 요약본 2, 3단락)<br>• 2단락-강한 삭제<br>(1차 요약본 2단락 2번째 문장)<br>• 2단락-강한 삭제<br>(1차 요약본 3단락 1번째 문장)</td></tr>
<tr><td colspan="2">• 3단락-구성<br>(원문의 3, 4단락)<br>• 3단락-약한 삭제<br>(원문 3단락의 3번째 문장)<br>• 3단락-강한 삭제<br>(원문 4단락의 2번째 문장)</td><td colspan="2">• 2단락-일반화<br>(2차 요약본 2단락 1번째 문장)</td></tr>
<tr><td colspan="2">• 4단락-구성<br>(원문의 5~8단락)<br>• 4단락-일반화<br>(원문의 6~7단락)<br>• 4단락-강한 삭제<br>(원문의 8단락)</td><td colspan="2">• 3단락-일반화<br>(1차 요약본 4단락 2번째 문장)</td><td colspan="2">• 3단락-적용안됨</td></tr>
<tr><td rowspan="4">적용빈도<br>(횟수)</td><td>약한 삭제</td><td>4</td><td>약한 삭제</td><td>0</td><td>약한 삭제</td><td>0</td></tr>
<tr><td>강한 삭제</td><td>3</td><td>강한 삭제</td><td>3</td><td>강한 삭제</td><td>1</td></tr>
<tr><td>일 반 화</td><td>1</td><td>일 반 화</td><td>1</td><td>일 반 화</td><td>1</td></tr>
<tr><td>구 성</td><td>2</td><td>구 성</td><td>1</td><td>구 성</td><td>0</td></tr>
</table>

〈표 3〉의 결과에서 드러난 바와 같이, 23번 대상자의 경우는 전체적으로 강한 삭제가 다수 사용되었다. 하지만 약한 삭제는 1차에만 적용되었고, 일반화와 구성은 비교적 적은 빈도수로 드러났다. 요약

대상 원본 텍스트를 대상으로 한 1차 요약에서는 약한 삭제와 강한 삭제가 1차 요약본을 대상으로 한 2차 요약에서는 강한 삭제가, 2차 요약본을 대상으로 한 3차 요약에서는 강한 삭제와 일반화가 일부적은 수로 적용되고 있다. 이어서 자료 A와 관련된 2차 조사 결과는 〈표 4〉와 같다.

〈표 4〉 자료 A의 2차 조사 발생 빈도 결과

| | 약한 삭제 | | | 일반화 | | | 구성 | | | 강한 삭제 | | |
|---|---|---|---|---|---|---|---|---|---|---|---|---|
| | 1차 | 2차 | 3차 | 1차 | 2차 | 3차 | 1차 | 2차 | 3차 | 1차 | 2차 | 3차 |
| 1 | 6 | 3 | 0 | 2 | 1 | 0 | 2 | 1 | 0 | 10 | 8 | 7 |
| 2 | 0 | 0 | 0 | 2 | 2 | 0 | 2 | 1 | 1 | 5 | 3 | 3 |
| 3 | 3 | 0 | 0 | 0 | 2 | 0 | 1 | 2 | 1 | 7 | 2 | 0 |
| 4 | 6 | 2 | 0 | 5 | 4 | 2 | 1 | 0 | 3 | 1 | 6 | 1 |
| 5 | 4 | 0 | 0 | 5 | 1 | 0 | 3 | 2 | 2 | 12 | 4 | 3 |
| 6 | 5 | 4 | 3 | 3 | 2 | 2 | 0 | 1 | 2 | 2 | 1 | 1 |
| 7 | 5 | 1 | 0 | 4 | 2 | 1 | 2 | 3 | 2 | 3 | 4 | 2 |
| 8 | 1 | 1 | 0 | 3 | 1 | 1 | 1 | 1 | 1 | 4 | 2 | 2 |
| 9 | 6 | 3 | 1 | 4 | 2 | 2 | 0 | 0 | 0 | 2 | 1 | 2 |
| 10 | 3 | 2 | 2 | 1 | 2 | 1 | 1 | 1 | 0 | 2 | 2 | 2 |
| 11 | 2 | 0 | 0 | 3 | 1 | 0 | 2 | 2 | 2 | 6 | 6 | 4 |
| 12 | 6 | 0 | 0 | 3 | 1 | 0 | 2 | 1 | 0 | 3 | 2 | 2 |
| 13 | 5 | 2 | 2 | 2 | 1 | 1 | 1 | 1 | 0 | 4 | 2 | 1 |
| 14 | 6 | 0 | 0 | 6 | 3 | 3 | 1 | 2 | 2 | 3 | 1 | 2 |
| 15 | 4 | 1 | 0 | 3 | 1 | 1 | 2 | 1 | 0 | 3 | 3 | 2 |
| 16 | 4 | 1 | 1 | 3 | 1 | 0 | 2 | 0 | 1 | 7 | 5 | 5 |
| 17 | 2 | 1 | 1 | 1 | 2 | 2 | 1 | 2 | 1 | 4 | 3 | 2 |
| 18 | 2 | 2 | 0 | 3 | 1 | 2 | 1 | 0 | 0 | 3 | 2 | 1 |
| 19 | 6 | 2 | 1 | 3 | 3 | 4 | 1 | 1 | 0 | 3 | 3 | 5 |
| 20 | 3 | 1 | 1 | 2 | 2 | 1 | 1 | 2 | 0 | 7 | 5 | 3 |
| 21 | 4 | 3 | 2 | 1 | 1 | 2 | 0 | 1 | 2 | 4 | 1 | 3 |
| 22 | 4 | 1 | 1 | 4 | 3 | 2 | 1 | 0 | 0 | 3 | 4 | 5 |
| 23 | 3 | 0 | 1 | 3 | 2 | 1 | 2 | 1 | 1 | 2 | 3 | 4 |
| 24 | 5 | 3 | 2 | 3 | 3 | 4 | 0 | 0 | 0 | 2 | 2 | 4 |

| | 약한 삭제 | | | 일반화 | | | 구성 | | | 강한 삭제 | | |
|---|---|---|---|---|---|---|---|---|---|---|---|---|
| | 1차 | 2차 | 3차 | 1차 | 2차 | 3차 | 1차 | 2차 | 3차 | 1차 | 2차 | 3차 |
| 25 | 3 | 1 | 2 | 1 | 3 | 2 | 1 | 0 | 0 | 2 | 1 | 2 |
| 26 | 1 | 1 | 1 | 2 | 1 | 2 | 1 | 0 | 0 | 4 | 3 | 4 |
| 27 | 5 | 3 | 2 | 2 | 1 | 1 | 1 | 2 | 0 | 3 | 2 | 3 |
| 28 | 2 | 3 | 2 | 2 | 2 | 1 | 1 | 1 | 1 | 4 | 2 | 2 |
| 29 | 3 | 2 | 1 | 4 | 2 | 4 | 0 | 0 | 0 | 3 | 5 | 2 |
| 30 | 4 | 2 | 1 | 3 | 3 | 1 | 1 | 1 | 0 | 2 | 3 | 3 |
| 합계 | 113 | 45 | 27 | 83 | 56 | 43 | 35 | 30 | 22 | 120 | 91 | 82 |
| 평균 | 3.8 | 1.5 | 0.9 | 2.8 | 1.9 | 1.4 | 1.2 | 1.0 | 0.7 | 4.0 | 3.0 | 2.7 |

〈표 4〉에서 드러난 바와 같이 설득글 대상의 2차 조사 결과는 전체적으로 거시규칙 적용 빈도가 '구성〈일반화〈약한 삭제〈강한 삭제' 순으로 나타났다. 가설에서 제시한 두 삭제 규칙의 적용 빈도가 높을 것이라는 점은 수용되지만, 강한 삭제의 경우는 그 빈도가 줄어들고 있어 가설에서 상정한 내용과는 다르게 드러났다.

앞선 1차 조사의 경우와 그 결과를 비교해 본다면, 우선 1차 조사의 경우는 적용상의 빈도가 '구성〈일반화〈강한 삭제〈약한 삭제'의 순이었는데, 확인조사의 경우는 강한 삭제가 가장 빈도가 높은 것으로 드러났다. 아울러 강한 삭제의 요약 차수별 빈도수도 상당한 높은 것으로 보인다. 즉 강한 삭제의 적용 빈도 측면에서 1차 조사와 일정한 차이를 보이고 있다.

구체적으로 2차 조사의 몇 가지 결과 양상을 살펴보자면, 약한 삭제의 경우는 요약 차수에 따라 1차 조사의 결과와 비슷한 양상으로 드러났다. 다만 2차와 3차 요약 시에 그 횟수가 상당수 줄어든 것으로 보인다. 일반화의 경우는 1차 조사의 빈도수에 비해 거의 두 배가량 증가하였다. 구성의 경우도 미미하지만 1차 조사의 빈도수에 비해서는 그 수치가 약간 증가한 것으로 드러난다. 간략하게 1차 조사와 2차 조사에 드러난 거시규칙의 평균 빈도수는 〈표 5〉와 같이 비교될 수 있다.

〈표 5〉 자료 A의 집단 간 거시규칙 평균 빈도수

| | 1차 조사 학습자 | | | 2차 조사 학습자 | | |
|---|---|---|---|---|---|---|
| | 1차 | 2차 | 3차 | 1차 | 2차 | 3차 |
| 약한 삭제 | 6.1 | 2.5 | 1.1 | 3.8 | 1.5 | 0.9 |
| 일 반 화 | 1.3 | 1.0 | 1.0 | 2.8 | 1.9 | 1.4 |
| 구 성 | 0.6 | 0.4 | 0.4 | 1.2 | 1.0 | 0.7 |
| 강한 삭제 | 2.5 | 1.9 | 1.5 | 4.0 | 3.0 | 2.7 |

즉 〈표 5〉에서와 같이 평균 수치상으로 드러난 1차 조사와 2차 조사의 결과상의 특징을 살펴보자면, 2차 조사 대상자의 경우는 약한 삭제의 빈도수가 전체적으로 낮은 반면에 강한 삭제와 일반화의 빈도수가 높다. 이는 조사 대상 학습자들 간의 거시규칙의 적용상에 있어서 인식상의 차이와 밀접하게 관련될 수 있다.

아울러 이는 2차 조사 대상자들이 1차 조사의 대상자들에 비해서 보다 인식상으로 어려운 거시규칙을 적용했음과도 관련될 수 있다. 왜냐하면 강한 삭제의 경우는 전체 주제와 지엽적으로 관련된 내용을 삭제하는 과정에서 주제와 관련 없는 내용을 삭제하는 약한 삭제보다 보다 미세하고 세밀한 독해 과정이 요구되기 때문이다.

이는 일반화의 경우도 마찬가지이다. 상위 의미를 보다 적극적으로 활성화하기 위해서는 하위 의미에 비해 더 추상적인 인식 과정이 따라야하기 때문이다. 이를 위해서는 독자의 배경지식이 풍부하게 갖추어져 있어야 하며, 아울러 이런 지식들이 바탕이 되어 텍스트와의 상호교섭 과정을 통해 의미의 범주화가 일어나야한다.

구성 규칙의 경우도 일반화 규칙에 비해서는 그 빈도수의 차이가 크지는 않지만, 일정 부분 빈도수의 차이가 있는 것으로 드러난다. 구성 규칙의 경우는 행위의 전형화 된 틀(frame) 혹은 각본(script) 지식과 관련되는데, 이들은 인간의 다양한 행위 과정 혹은 그런 행위들이 일정한 순서 및 규칙에 따라 구성된 사건 지식이라고 할 수 있다. 곧 삶에 대한 구체적인 배경지식이라고 할 수 있다.

즉 이와 같은 의미의 더 일반적이고 추상적인 층위 혹은 더 구체적인 지식의 사용 여부가 요약의 품질을 좌우할 수 있다. 이런 점에서 1차 조사의 대상자들에 비해 2차 조사 대상자들의 요약상의 거시규칙 적용은 차이가 있다고 볼 수 있으며, 나아가 요약의 품질에도 더 영향을 끼친다고 할 수 있다.

다음으로 자료B인 설명글에 대한 1차 조사 결과이다. 앞선 주장글 텍스트와 마찬가지로 총 8개의 단락으로 구성되어 있고, 서론, 본론, 결론의 3단 구성 방식으로, 비교적 단락 위주로 그 내용들이 재구성될 수 있는 전개방식을 드러내고 있다. 즉 1단락과 8단락이 서론과 결론으로, 그리고 나머지는 본론 단락으로 요약되어 재구성될 수 있다. 결과는 〈표 6〉과 같다.

〈표 6〉 자료B의 1차 조사 발생 빈도 결과

| | 약한 삭제 | | | 일반화 | | | 구성 | | | 강한 삭제 | | |
|---|---|---|---|---|---|---|---|---|---|---|---|---|
| | 1차 | 2차 | 3차 | 1차 | 2차 | 3차 | 1차 | 2차 | 3차 | 1차 | 2차 | 3차 |
| 1 | 5 | 0 | 0 | 1 | 0 | 0 | 0 | 0 | 0 | 5 | 2 | 1 |
| 2 | 4 | 0 | 0 | 2 | 1 | 1 | 1 | 0 | 0 | 5 | 3 | 0 |
| 3 | 6 | 3 | 0 | 1 | 0 | 0 | 1 | 0 | 0 | 2 | 2 | 2 |
| 4 | 3 | 1 | 0 | 2 | 1 | 0 | 0 | 1 | 0 | 1 | 2 | 0 |
| 5 | 4 | 1 | 0 | 4 | 2 | 0 | 1 | 1 | 1 | 2 | 2 | 0 |
| 6 | 4 | 3 | 1 | 3 | 1 | 0 | 1 | 1 | 2 | 4 | 3 | 2 |
| 7 | 5 | 3 | 0 | 1 | 0 | 1 | 1 | 0 | 0 | 5 | 4 | 4 |
| 8 | 5 | 2 | 1 | 1 | 1 | 1 | 0 | 0 | 0 | 1 | 2 | 1 |
| 9 | 5 | 4 | 1 | 1 | 2 | 0 | 1 | 1 | 0 | 6 | 3 | 2 |
| 10 | 6 | 1 | 1 | 3 | 1 | 0 | 1 | 2 | 3 | 2 | 4 | 0 |
| 11 | 7 | 3 | 0 | 1 | 1 | 1 | 1 | 0 | 1 | 4 | 1 | 0 |
| 12 | 4 | 0 | 0 | 2 | 0 | 0 | 0 | 1 | 1 | 2 | 1 | 0 |
| 13 | 7 | 0 | 0 | 2 | 1 | 0 | 1 | 1 | 0 | 3 | 2 | 3 |
| 14 | 4 | 3 | 0 | 1 | 2 | 0 | 2 | 2 | 0 | 3 | 1 | 1 |

| | 약한 삭제 | | | 일반화 | | | 구성 | | | 강한 삭제 | | |
|---|---|---|---|---|---|---|---|---|---|---|---|---|
| | 1차 | 2차 | 3차 | 1차 | 2차 | 3차 | 1차 | 2차 | 3차 | 1차 | 2차 | 3차 |
| 15 | 7 | 3 | 1 | 2 | 3 | 2 | 1 | 0 | 0 | 5 | 3 | 2 |
| 16 | 7 | 4 | 3 | 4 | 2 | 1 | 1 | 1 | 0 | 2 | 1 | 2 |
| 17 | 6 | 1 | 0 | 2 | 3 | 1 | 1 | 1 | 0 | 3 | 2 | 1 |
| 18 | 5 | 0 | 0 | 2 | 1 | 1 | 2 | 2 | 3 | 5 | 3 | 1 |
| 19 | 6 | 3 | 0 | 2 | 4 | 3 | 1 | 1 | 0 | 2 | 2 | 1 |
| 20 | 4 | 1 | 0 | 3 | 1 | 2 | 0 | 0 | 0 | 3 | 1 | 1 |
| 21 | 3 | 0 | 0 | 4 | 2 | 1 | 1 | 0 | 1 | 2 | 1 | 2 |
| 22 | 6 | 0 | 0 | 3 | 2 | 3 | 1 | 2 | 1 | 3 | 2 | 1 |
| 23 | 9 | 1 | 0 | 3 | 1 | 2 | 1 | 1 | 0 | 1 | 2 | 3 |
| 24 | 13 | 7 | 4 | 3 | 2 | 1 | 2 | 0 | 1 | 5 | 3 | 1 |
| 25 | 4 | 1 | 1 | 3 | 2 | 1 | 1 | 0 | 0 | 3 | 3 | 2 |
| 26 | 6 | 2 | 1 | 2 | 1 | 3 | 2 | 1 | 1 | 1 | 1 | 1 |
| 27 | 5 | 3 | 4 | 3 | 3 | 2 | 1 | 0 | 0 | 3 | 2 | 3 |
| 28 | 2 | 1 | 1 | 2 | 3 | 2 | 2 | 1 | 1 | 3 | 2 | 1 |
| 29 | 3 | 2 | 1 | 5 | 4 | 3 | 0 | 1 | 0 | 1 | 1 | 0 |
| 30 | 5 | 2 | 1 | 2 | 2 | 1 | 0 | 0 | 0 | 2 | 0 | 0 |
| 합계 | 160 | 55 | 21 | 70 | 49 | 33 | 28 | 21 | 16 | 89 | 61 | 38 |
| 평균 | 5.3 | 1.8 | 0.7 | 2.3 | 1.6 | 1.1 | 0.9 | 0.7 | 0.5 | 3.0 | 2.0 | 1.3 |

〈표 6〉에서 드러난 바와 같이, 설명글인 자료B에 대한 1차 조사 대상 학습자들의 결과는 전체적으로 '구성〈일반화〈강한 삭제〈약한 삭제'로 발생 빈도의 순서를 보였다. 대체적으로 설득글 대상인 자료A와 비슷한 양상을 보이고 있지만 일반화와 강한 삭제의 빈도가 상대적으로 증가한 양상이다. 물론 구성 규칙의 빈도도 약간 상승한 결과를 보여주고 있다.

특히 일반화의 경우에 1차 요약 시에 그 적용 빈도가 상당 부분 증가하였다. 자료A 1차 조사의 경우는 1차 요약 시에 일반화의 평균 빈도 수치가 '1.3'회였지만, 자료B의 경우는 평균 빈도 수치가 '2.3'회에 이르고 있다. 물론 2차 요약에서도 일정한 차이를 보인다.

자료A와 달리 자료B에서 일반화 규칙이 증가한 것은, 자료B의 경우에 비교적 각 단락이 지니는 의미적 독립성과 각 단락의 핵심어나 핵심 문장이 상위 의미로 비교적 쉽게 인식될 수 있다는 점 등이 요약 시에 작용한 것과 관련될 수 있다.

가설 1에서 제기한 거시규칙 발생 빈도의 정형성의 문제에 있어서는 전체적으로 자료A와 비슷한 양상을 보여주고 있다. 즉 두 삭제 규칙의 적용 선호가 높으며, 일반화와 구성, 특히 구성 규칙의 적용 빈도가 매우 낮은 것으로 드러났다. 하지만 강한 삭제의 경우는 요약 차수가 진행됨에 따라 증가할 것이라고 보았지만, 자료A와 같이 줄어드는 결과를 보여주었다. 이어서 자료B의 2차 조사 결과는 〈표 7〉과 같다.

전체적인 빈도수는 '구성〈약한 삭제〈일반화〈강한 삭제'의 순이다. 전체적으로는 두 삭제 규칙의 빈도수가 높기는 하지만, 일반화 규칙이 약한 삭제보다 많이 적용된 것으로 드러나고 있으며, 강한 삭제의 경우는 지속적인 증가 추세를 보이고 있지는 못하지만 마지막 요약 차수에서 약간의 증가세를 보이고 있다. 특히 일반화 규칙이 약한 삭제보다 두드러지게 적용되고 있다는 점이 특징적이다.

**〈표 7〉 자료B의 2차 조사 발생 빈도**

| | 약한 삭제 | | | 일반화 | | | 구성 | | | 강한 삭제 | | |
|---|---|---|---|---|---|---|---|---|---|---|---|---|
| | 1차 | 2차 | 3차 | 1차 | 2차 | 3차 | 1차 | 2차 | 3차 | 1차 | 2차 | 3차 |
| 1 | 6 | 1 | 0 | 4 | 3 | 2 | 1 | 0 | 0 | 5 | 2 | 1 |
| 2 | 3 | 3 | 1 | 3 | 1 | 0 | 1 | 1 | 1 | 3 | 5 | 4 |
| 3 | 4 | 0 | 0 | 1 | 0 | 0 | 2 | 1 | 1 | 4 | 4 | 4 |
| 4 | 5 | 4 | 0 | 3 | 2 | 0 | 0 | 0 | 0 | 2 | 1 | 2 |
| 5 | 5 | 2 | 2 | 8 | 5 | 2 | 2 | 0 | 0 | 3 | 2 | 1 |
| 6 | 1 | 1 | 0 | 2 | 1 | 0 | 0 | 2 | 1 | 4 | 3 | 4 |
| 7 | 4 | 1 | 1 | 4 | 3 | 2 | 1 | 0 | 1 | 3 | 2 | 1 |
| 8 | 6 | 2 | 0 | 1 | 2 | 0 | 2 | 0 | 1 | 5 | 2 | 4 |
| 9 | 2 | 0 | 0 | 5 | 4 | 1 | 0 | 1 | 2 | 8 | 5 | 1 |

| | 약한 삭제 | | | 일반화 | | | 구성 | | | 강한 삭제 | | |
|---|---|---|---|---|---|---|---|---|---|---|---|---|
| | 1차 | 2차 | 3차 | 1차 | 2차 | 3차 | 1차 | 2차 | 3차 | 1차 | 2차 | 3차 |
| 10 | 6 | 1 | 0 | 1 | 2 | 1 | 1 | 0 | 0 | 5 | 3 | 4 |
| 11 | 2 | 7 | 3 | 1 | 1 | 1 | 1 | 1 | 0 | 3 | 4 | 6 |
| 12 | 6 | 3 | 2 | 5 | 3 | 1 | 0 | 3 | 0 | 6 | 3 | 5 |
| 13 | 1 | 0 | 1 | 3 | 2 | 0 | 1 | 1 | 0 | 5 | 2 | 2 |
| 14 | 5 | 5 | 1 | 1 | 1 | 0 | 2 | 1 | 2 | 3 | 2 | 1 |
| 15 | 0 | 2 | 1 | 4 | 1 | 1 | 1 | 0 | 2 | 3 | 5 | 1 |
| 16 | 3 | 1 | 3 | 5 | 2 | 1 | 0 | 0 | 0 | 5 | 3 | 4 |
| 17 | 4 | 1 | 0 | 4 | 1 | 1 | 2 | 1 | 1 | 7 | 4 | 2 |
| 18 | 2 | 1 | 3 | 2 | 2 | 0 | 2 | 0 | 0 | 3 | 3 | 6 |
| 19 | 0 | 0 | 0 | 6 | 2 | 1 | 1 | 0 | 0 | 6 | 1 | 2 |
| 20 | 5 | 1 | 0 | 0 | 2 | 2 | 1 | 1 | 1 | 5 | 3 | 2 |
| 21 | 1 | 0 | 0 | 5 | 6 | 0 | 2 | 3 | 1 | 2 | 1 | 3 |
| 22 | 6 | 0 | 0 | 4 | 2 | 1 | 3 | 0 | 2 | 3 | 6 | 5 |
| 23 | 4 | 1 | 0 | 2 | 1 | 1 | 2 | 1 | 1 | 2 | 2 | 1 |
| 24 | 3 | 0 | 0 | 6 | 6 | 5 | 2 | 1 | 1 | 3 | 3 | 5 |
| 25 | 4 | 0 | 0 | 4 | 2 | 1 | 0 | 0 | 0 | 3 | 4 | 7 |
| 26 | 3 | 1 | 1 | 4 | 4 | 1 | 2 | 1 | 1 | 1 | 4 | 2 |
| 27 | 2 | 4 | 4 | 5 | 3 | 0 | 1 | 0 | 0 | 2 | 4 | 7 |
| 28 | 4 | 1 | 0 | 3 | 2 | 2 | 1 | 1 | 0 | 2 | 3 | 2 |
| 29 | 3 | 1 | 0 | 3 | 2 | 1 | 0 | 0 | 0 | 5 | 3 | 3 |
| 30 | 2 | 1 | 0 | 1 | 2 | 0 | 1 | 0 | 0 | 3 | 3 | 5 |
| 합계 | 102 | 45 | 23 | 100 | 70 | 28 | 35 | 20 | 19 | 114 | 92 | 97 |
| 평균 | 3.4 | 1.5 | 0.8 | 3.3 | 2.3 | 0.9 | 1.2 | 0.7 | 0.6 | 3.8 | 3.1 | 3.2 |

자료B의 1차 조사와 비교해 본다면, 몇 가지 측면에서 차이가 두드러진다. 우선 1차 요약에서 약한 삭제와 강한 삭제의 빈도수의 차이다. 1차 조사에서는 약한 삭제가 1차 요약에서 두드러짐을 보였지만, 2차 조사에서는 오히려 강한 삭제의 빈도수 증가 현상이 차별적으로 드러나고 있다. 또한 일반화 규칙의 적용 빈도수가 1차 조사에 비해 유의미하게 증가한 것으로 보인다.

이런 두 현상은 앞선 자료A의 1차 조사와 2차 조사 결과와 비슷한 양상을 보여준다는 점에서 특징적이다. 즉 1차 조사 대상자들의 경우는 약한 삭제를 많이 적용하는 반면에, 2차 조사 대상자들의 경우는 약한 삭제뿐만 아니라, 강한 삭제와 일반화 규칙도 상당수 적용하고 있다는 점이다. 이는 조사 대상자들 간에 거시규칙 적용에 있어서는 인식상의 차이와 밀접한 관련된다.

그렇다면 구체적으로 자료B의 요약 차수별 결과 및 그에 관련한 거시규칙 적용 양상에 대한 상위 인지적 측면의 기술을 일부 학습자를 대상으로 살펴보고자 한다. 앞선 자료A의 경우는 1차 조사 대상자로, 자료B는 2차 조사 대상자로 선정하였다. 이하는 〈표 7〉에서 3번 대상자가 제시한 차수별 요약 결과와 그에 부합하는 거시규칙 적용에 대한 서술 양상이다.

〈1차 요약〉

21세기는 바다의 시대라고 할 정도로 바다는 무한한 잠재적 가치를 지닌다. 바다는 지구 표면적의 71퍼센트를 차지하고, 바닷물의 양은 지구상의 물의 98퍼센트에 이른다. 다음 단락에서는 바다가 우리에게 주는 혜택 다섯 가지를 살펴볼 것이다.

먼저, 바다는 지구 전체의 기후를 일정하게 유지해 준다. 이산화탄소를 흡수하고, 대기와의 상호작용을 통해 유지된다. 둘째, 플랑크톤에서 고래까지 이르는 다양한 바다 생물의 서식지를 제공해 준다. 셋째, 인류에게 중요한 생물자원이 되어준다. 동물성 단백질의 6분1을 공급해 주고, 항바이러스, 항암물질 등 보건 문제 해결에 유용한 물질을 제공해 준다. 그 예로, 크릴새우는 인류 미래 식량 자원으로 꼽히기도 한다. 넷째, 다양한 광물자원을 얻고 에너지원이 되어 준다. 모래, 자갈 등은 건축 재료로 망간, 코발트, 니켈은 광물자원으로 이용된다. 조력, 파력 발전은 미래의 에너지원으로 대체된다. 마지막으로, 인간의 휴식처가 되어 준다. 휴양지, 여가 활동, 마음의 안식처로 인간에게 휴식처가 되어 준다.

〈2차 요약〉

21세기는 바다의 시대라고 할 정도로 바다의 가치를 무한하다. 바다는 지구 표면적의 71%를 차지하고, 바닷물은 지구상 물의 98%에 이른다. 다음 단락에서 바다가 인간에게 주는 혜택 5가지를 살펴볼 것이다.

첫째, 바다는 이산화탄소를 흡수하고 대기와 상호작용하며 지구 전체의 기후를 일정하게 유지한다. 둘째, 다양한 생물의 서식지를 제공한다. 셋째, 동물성 단백질의 6분의 1을 제공하고, 보건문제 해결에 유용한 물질 등 중요 생물자원이 된다. 넷째, 다양한 광물자원과 조력, 파력 발전 등의 에너지원이 되어 준다. 마지막으로, 인간의 휴식처가 되어준다.

〈3차 요약〉

바다는 지구 표면적의 71%를 차지하고, 바닷물은 지구상 물의 98%에 이른다. 21세기는 바다의 시대라고 할 정도로 바다의 가치는 무한하다. 바다는 크게 다섯 가지의 혜택을 이간에게 제공한다. 바다는 지구 전체의 기후를 일정하게 유지해 준다. 바다는 다양한 생물의 서식지가 되어 주며, 중요 생물자원이 되어 주기도 한다. 바다는 다양한 광물자원과 에너지원이 되어주며, 이간의 휴식처가 되어주기도 한다.

**〈표 8〉 '3번' 대상자 거시규칙 적용과 그 빈도 양상**

| | 1차 요약 | | 2차 요약 | | 3차 요약 | |
|---|---|---|---|---|---|---|
| | **한 단락 내**<br>1단락: 약한 삭제<br>2단락: 강한 삭제, 약한 삭제, 강한 삭제, 약한 삭제, 강한 삭제, 약한 삭제, 일반화, 구성, 강한 삭제<br>**전체글**<br>2단락: 구성 | | **한 단락 내**<br>2단락: 강한 삭제, 강한 삭제, 강한 삭제, 구성, 강한 삭제 | | **한 단락 내**<br>1단락: 강한 삭제, 강한 삭제 및 구성 3회 적용<br>**전체글**<br>1단락: 구성 | |
| 적용빈도<br>(횟수) | 약한 삭제 | 4 | 약한 삭제 | 0 | 약한 삭제 | 0 |
| | 강한 삭제 | 4 | 강한 삭제 | 4 | 강한 삭제 | 4 |
| | 일 반 화 | 1 | 일 반 화 | 0 | 일 반 화 | 0 |
| | 구 성 | 2 | 구 성 | 1 | 구 성 | 4 |

위의 조사 대상자는 요약본 1에서는 2단락에서 마지막 단락까지를 구성을 통해 재구성한 것으로 제시하고 있다. 즉 본론의 각 단락에서 제시한 바다의 혜택을 하나의 단락으로 통합한 것이다. 요약본 2에서는 단락의 개수는 그대로 가져가면서 두 번째 단락을 내용을 주로 강한 삭제를 통해 재구성하고 있다. 요약본 3차에서는 두 개의 단락을 구성 규칙을 통해 통합하고 있다.

전체적으로 드러난 조사 결과를 거시규칙 적용의 빈도 및 비율을 중심으로 간략하게 정리해 보자면 〈표 9〉와 같이 구성될 수 있다. 여기에서는 요약 차수별 빈도수는 무시하고, 전체 요약 빈도수로 통합하였다. 왜냐하면 가설에서 강한 삭제의 경우는 요약 차수가 진행될수록 그 빈도수가 증가할 것이라고 상정하였지만, 결과는 그렇지 못했기 때문이다.

〈표 9〉 거시규칙 적용 빈도수에 따른 전체 결과

| | | 1차 조사 | | | | 2차 조사 | | | |
|---|---|---|---|---|---|---|---|---|---|
| | | 약한삭제 | 일반화 | 구성 | 강한삭제 | 약한삭제 | 일반화 | 구성 | 강한삭제 |
| 자료A | 빈도 | 290 | 98 | 45 | 176 | 185 | 182 | 87 | 293 |
| | 비율 | 47.6 | 16.1 | 7.4 | 28.9 | 24.8 | 24.4 | 11.6 | 39.2 |
| 자료B | 빈도 | 236 | 152 | 65 | 188 | 170 | 198 | 74 | 303 |
| | 비율 | 36.8 | 23.7 | 10.1 | 29.3 | 22.8 | 26.6 | 9.9 | 40.7 |

우선 가설 1의 경우는 거시규칙 적용에 정형성, 즉 특정한 거시규칙의 적용이 많거나 적을 것이라고 보았다. 가설 검정은 네 가지 거시규칙이 동일할 것이라는 점을 영가설로 두고, 1차 조사와 2차 조사를 $x^2$검정을 실시한 결과, 유의수준 5%에서 기각치 7.815를 훨씬 넘어서는 수치가 나와 기각됨을 알 수 있었다.[17] 즉 네 가지 거시규칙

17) 자료A 1차 조사는 '223.22', 2차 조사는 '168.44', 자료B의 1차 조사는 '153.04', 2차 조사는 '217.51'로 결과값이 나왔다.

이 동일하게 적용되지 않고, 특정 거시규칙 적용(약한 삭제와 강한 삭제)의 쏠림 현상이 두드러지는 것으로 드러났다.

하지만 요약 차수에 따른 정형성의 문제, 즉 강한 삭제의 경우는 요약 차수가 진행될수록 증가 혹은 변화가 없는 모습을 보일 것이라고 상정하였는데, 일부 요약 차수 간에 증가 현상을 보였지만 대체적으로 줄어들고 있는 양상을 보여주었다. 다만 1차 조사와 2차 조사 대상자들 간 그 줄어듦의 폭에 있어서는 유의미한 차이가 있었다. 즉 1차 조사 대상자들의 경우는 그 줄어듦의 폭이 다소 큰 편이었으나 2차 조사 대상자들의 경우는 작은 편으로 드러났다.

가설 2의 경우는 거시규칙 적용에 있어서 1차 조사와 2차 조사 집단 간의 차이가 있을 것이라고 보았다. 영가설을 '두 집단 간에는 거시규칙 적용상에 차이가 없다'라고 두고 $x^2$검정을 실시한 결과, 자료A의 경우는 유의수준 5%에서 기각치 7.815를 넘어서는 77.72로, 자료B의 경우는 2.52로 그 결과값이 나왔다. 따라서 자료A의 경우는 기각으로, 자료B의 경우는 수용되었다.

즉 자료A의 경우는 차이가 있는 것으로, 자료B는 차이가 없는 것으로 판명되었다. 따라서 언어 수행 수준에 따른 차이가 거시규칙의 적용에 일정한 일부 영향을 줄 수는 있지만, 텍스트의 갈래에 따라 그 결과가 다르게 나온 것으로 판단되어, 향후 보다 다양한 텍스트를 대상으로 요약 및 거시규칙의 적용 빈도를 검정할 필요성이 제기된다.

## 4.2. 교육상 의의

이 글에서는 설득과 설명의 두 텍스트를 언어 수행 수준에서 차이가 있는 학습자들을 대상으로 요약하도록 하고, 이에 적용된 거시규칙의 적용 빈도 양상을 거시규칙의 정형성 및 대상자 간 차이의 관점에서 다루어 보았다. 기존의 학교 현장에서 요약하기의 인지적 과정에 대한 연구가 실질적으로 부족했다는 점에서 본 연구는 두 가지 교육적 의의를 지닌다고 할 수 있다.

첫째, 요약하기가 어떤 과정을 통해 실질적으로 이루어지고 있는지는 인지적으로 매우 해결하기 어려운 현상이다. 독자와 텍스트 간, 그리고 요약이 이루어지는 맥락이 복합적으로 관여되기 때문이다. 특히 요약의 정형화된 방법이나 전략 등이 부재하고, 있다손 치더라도 지나치게 규범적인 수준에서 그치고 있는 것이 학교 현장의 모습이기 때문이다.

이 글은 이 점에서 요약하기의 복잡한 인지적 과정을 거시규칙 적용과 관련하여 그 단면의 일부를 파악할 수 있었다는 점에서 일단의 의의를 찾을 수 있다. 특히 요약과 관련된 중요한 규칙이라고 할 수 있는 요약 규칙 혹은 거시 규칙을 일부 학습자들을 대상으로 적용하고, 그 대상자들로부터 일정한 적용의 정형성을 이끌어내고 있다는 점에서 요약의 방법론에 대한 부재의 문제를 극복할 수 있는 단초를 제공했다고 할 수 있다.

특히 거시 규칙 적용의 정형성 문제에 있어서는 삭제 규칙(약한 삭제 및 강한 삭제)의 선호가 두드러지고, 일반화 규칙의 경우는 일부 학습자들에게서 선호도가 높았고, 구성 규칙의 경우는 글의 갈래를 고려하여 전체적으로 선호도가 낮았음을 알 수 있었다. 그리고 요약 차수가 진행될수록 강한 삭제의 빈도는 늘어날 것이라고 상정하였지만, 일부 대상자들을 제외하고는 그렇지 못하였다.

둘째, 학교 현장의 학습자 중심 교육은 이른바 학습자의 수준을 고려한 교수·학습 상황을 고려한다. 특히 난이도가 높은 교육 전략이나 방법 등은 철저하게 학습자들의 수준을 고려해야 한다. 이 점에서 요약하기는 그 수행 수준이 비교적 높은 전략에 속한다. 아울러 독자 중심의 요약으로 갈수록 그 수준은 높아진다고 할 수 있다.

하지만 학교 현장에서는 요약하기와 관련하여 학습자들의 수준이나 여러 변수를 고려하지 못하고 있다. 따라서 요약하기를 어려워하고 실제로 요약하기를 수행하기에 부족한 수준의 학습자들에게는 그 교육적 효과가 미미하다고 할 수 있다. 실제 이 글의 조사에서도 학습자들의 수준에 따라 일부 거시 규칙의 적용 양상이 달라지고 있음을 알 수 있었다.

즉 언어 수행 수준이 높다고 상정된 학습자들의 경우는 약한 삭제와 더불어 강한 삭제, 그리고 일반화 규칙까지 적절하게 적용하는 반면에 상대적으로 언어 수행 수준이 낮다고 상정된 학습자들의 경우는 약한 삭제만이 두드러지고 강한 삭제나 일반화 규칙의 적용 빈도는 낮게 드러났다. 이런 결과로 미루어 언어 수행 수준이 더 낮은 초·중학교 학습자들의 경우에는 요약 시에 이런 거시 규칙의 선별적 적용도 고려해 볼 필요성이 제기된다.

## 5. 마무리

이 글에서는 요약하기 과정에서 적용될 수 있는 이른바 거시규칙의 정형성에 대한 문제를 다루었다. 이는 요약하기 과정의 기존의 규범적 접근 방식에서 벗어나 학습자들의 실질적인 요약 과정의 인지적 접근 가능성을 탐색해 보았다는 점과 관련된다. 거시규칙의 적용과 관련된 두 가지 가설을 설정하고, 이를 일부 학습자들을 대상으로 적용하고, 이의 결과를 토대로 요약하기의 교육적 의의를 이끌어 내었다.

첫째, 거시규칙 적용의 정형성과 관련된 가설에서는 삭제 규칙, 이른바 약한 삭제와 강한 삭제의 적용이 다수 적용되었고, 일부 집단의 학습자들에게서 일반화 규칙이 약한 삭제의 수치를 넘어서 적용된 결과가 나왔다. 즉 삭제 규칙이 보편적으로 많이 활용된다는 점이 특징적이었다. 그리고 일부 우수 집단 학습자들의 경우는 일반화 규칙도 상당수 적용하고 있었으며, 요약 차수가 진행될수록 강한 삭제를 증가시켜 가기도 하였다.

둘째, 거시규칙의 적용이 집단 간에 차이가 있을 것이라는 점은 대상 글의 갈래에 따라 일부 차이가 있는 것으로 드러났다. 가령 설득글의 경우는 언어 수행 수준에 따른 거시규칙의 적용에 있어 차별성이 드러났지만, 설명글의 경우는 차이가 거의 없는 것으로 드러났다. 이는 대상 글이 지니는 조직이나 내용상의 난이도 등이 일부 영향을 끼친 것으로 고려된다.

이 글은 요약하기에 드러난 거시규칙의 정형성은 문제를 일부 대상자들의 요약하기 과정을 통해 부각시켰다는 점에서 향후 학교 현장에서 요약하기를 어떻게 교육해야 할지에 대한 단초를 제공한다. 하지만 조사 과정에서 조사 대상자, 조사 대상글 등이 일부 집단과 자료에 국한되었다는 한계를 지니고 있어, 향후 보다 다양한 집단과 대상글을 바탕으로 요약 과정에서의 거시규칙의 정형성을 문제를 다루어가야 하는 한계를 남긴다.

# 언어 수행 수준과 읽기

## 1. 언어 수행 수준과 단락 읽기

언어 수행 수준[1]이 높다는 것은 직·간접적으로 입말과 글말에서의 이해와 표현 능력이 뛰어나다는 점과 부합한다. 이는 학교 교육에서 국어 과목의 평가와도 밀접하게 관련된다. 하지만 현행 국어과 평가에서 학습자들의 다양한 이해와 표현 능력이 제대로 평가되고 있는지, 나아가 학습자들의 언어 수행 수준을 제대로 이해하고 그에 걸맞은 교수·학습 방법이 행하여지고 있는지는 의문이다.

국어 교육현장에서는 일정한 객관식 시험, 나아가 가장 위험 부담이 큰 수능 시험에서는 언어 영역을 통해 학습자들의 수준을 판가름해 놓고 있다.[2] 물론 이와 같은 시험이 학습자들의 언어 수행 수준을

1) 이 글에서 '언어 수행'은 학교 현장에서 학습자들이 공식적으로 치루는 국어과 시험과 관련된 학습자들의 듣기, 말하기, 읽기, 쓰기 등의 언어 사용 행위를 말하며, 아울러 '언어 수행 수준'은 일련의 공식적인 국어과 시험에서 드러난 학습자의 점수 차에 따른 결과를 상·하 관계로 상정한 것으로 국한하여 사용한다.

일정 부분 객관적이면서도 타당하게 판가름해 놓고 있다. 하지만 학습자들의 다양한 이해와 표현의 측면을 아우를 수 있는 평가 측면에서는 여전히 부족함을 드러낸다.

과연 그렇다면 학교 현장에서 학생들의 언어 수행 수준이 제대로 평가되고 있는지 점검해 볼 필요성이 제기된다. 이를 위해 이 글에서는 학습자들의 다양한 이해 측면들 중에서 덩잇글의 내용 난이도와 단락 구분 여부에 따른 읽기의 두 양상을 학생들의 언어 수행 수준과 관련해서 논의하고자 한다.[3)]

단락은 읽기와 쓰기에서 주요한 의미 단위이자 형식 단위이다. 전체 덩잇글의 부분적인 의미를 지니는 동시에 그 자체로서 완결된 의미를 지니기 때문에 문장과 달리 그 자체로서 의미완결성을 지니는 단위이다. 아울러 인쇄상으로 들여쓰기나 줄바꿔쓰기를 통해 구분되는 형식단위이기도 하다. 이러한 속성을 지니기 때문에 이행 과정에서 문장보다 더 많은 인지상의 노력과 제약이 따르게 된다.

특히 이와 같은 이해 과정에 있어서는 문장과 달리 일정한 문장결합체로서의 의미덩이에 수반하는 중심 의미 파악에의 과정이 필요하다. 이는 정보상으로 중요한 것과 그렇지 않은 것 간의 구분 과정이 필요하기 때문에 덩잇글이 지니는 내용과 구조에 대한 파악이 필요하며, 나아가 덩잇글에 대한 독자의 배경지식까지 동원되는 복잡한 추론 과정까지 요구된다. 즉 덩잇글 기반과 독자 기반의 과정이

---

2) 대다수 국어 관련 시험은 읽기 위주로 되어 있다. 수능에서도 듣기·말하기 영역이 포함되어 있다고는 하지만, 극히 소수의 문제이고, 현장에서의 수행평가도 어느 정도 자리를 잡아 가고 있지만, 여전히 시간이나 행정적인 문제로 제대로 이루어지고 있지 못하다. 따라서 현재 국어과 평가의 가장 기본적인 틀은 특히 객관식 위주의 읽기라고 해도 과언이 아니다.

3) 허선익 뒤침(2008: 160~168)에서는 쓰기 모형과 관련해서 Beriter와 Scardamalia의 지식 전달 모형(knowledge telling model)과 지식 변용 모형(knowledge transformation model)을 제시하고 있다. 쓰기와 관련하여 주목할 만한 것인데, 이 두 모형에서는 공히 내용 지식과 담화 지식을 쓰기의 두 축으로 제시하고 있다. 전자는 덩잇글 산출과 관련된 필자의 다양한 배경지식으로, 후자는 덩잇글 산출과 관련된 다양한 수사적 상황과 관련된다. 이 글에서는 후자의 측면에서 단락의 구분 유무를 읽기의 주요한 읽기 변수로 사용하였다.

모두 필요하다고 할 수 있다.4)

덩잇글의 내용 난이도는 우선 학습자들의 배경지식과 밀접하게 관련된다고 할 수 있다. 하지만 덩잇글의 내용 난이도를 학습자들의 배경지식과 밀접하게 관련시켜 그 수준 여부를 따지기는 매우 어렵다. 따라서 직관적으로 학습자들에게 어려울 수 있는 내용이 뭔가를 살펴보는 것이 우선되어야 할 것이다. 물론 이는 내용과 관련하여 덩잇글 자체에 내재하는 여러 가지 형식적인 기제들도 아울러 고려될 수 있을 것이다.

이상의 과정을 통해, 이 글에서는 동 연령대 학습자들의 언어 수행 수준의 높고 낮음이 덩잇글의 내용 난이도와 단락의 구분 여부에 따른 읽기 결과와 어떤 영향 관계가 있는지의 문제를 살피는 데 연구의 목적이 있다. 나아가 이는 현행 학교 현장의 국어과 수준별 수업에서 학습자들의 언어 수행 수준을 어떤 식으로 파악하고 접근해야 할지의 문제에 대한 논의의 단초를 마련하는 것과 관련된다.

## 2. 선행연구

이 글은 학습자들의 언어 수행 수준을, 읽기의 주요한 변수라 할 수 있는 덩잇글의 내용 난이도 및 단락의 구분 여부와 결합시켜 그 유의미성을 논의한다. 따라서 학습자들의 발달 수준에 따른 읽기 수

4) Kintsch(1998)에서는 언어로 된 표면 구조와 이를 바탕으로 미시와 거시 정보를 가늠하여 구분되는 덩잇글 기반, 나아가 독자의 배경지식이 덧붙여 새롭게 재구성되는 상황 모형으로 이해의 과정에 접근하고 있다. 여기에 따른다면, 이 글은 범박하게 덩잇글 기반 구조의 접근이라 할 수 있다. 즉 단락은 덩잇글의 거시 구조 측면으로 부각될 수 있는 주요 단위이기 때문이다. 다만 단락은 이해 과정에서 새로운 정보를 덧붙여 나가는 과정이라기보다는 정보를 줄여나가는 측면에서의 주요한 정보 단위라 할 수 있으며, 이 과정에서 독자의 적극적인 관여가 필요하다는 점이 부각된다. 이는 물론 상황모형의 구성과는 다른 것이다. 따라서 이 글에서는 형식단락들이 재구성된 의미단락의 측면보다는 형식단락의 측면에 초점을 둔다.

행의 양상을 파악하고, 나아가 학습자들의 읽기 과정에 대한 면밀한 언어 심리학적 접근에 토대를 둔 연구들을 살피는 데 선행연구의 의의를 찾을 수 있다.

김세영 외(2001)에서는 덩잇글의 난이도와 관련된 다양한 결속 장치에 대한 학습자들의 반응 결과를 검증하고 있으며, 정광희 외(2005)에서는 지식유형과 인지 양식이 글 이해에 미치는 영향 관계를 조사하고 있다. 두 논문 모두 인지 심리학의 측면에서 덩잇글과 독자의 다양한 측면을 점검했다는 측면에서 의의를 지닌다. 다만 결속 장치의 다양성 측면과 학습자의 인지 양식이 다소 제한되어 기술되고 있는 측면 등이 추후 연구의 필요성을 제기하고 있다.

노명완 외(2006)와 천경록(2005)는 읽기 영역과 관련된 다양한 평가의 요소들을 살피고 있다. 전자는 국외 사례를 중심으로 후자는 교사의 읽기 영역 평가 전문성과 관련하여 다양한 내용들을 제시하고 있다는 점에서 참고가 된다. 다만 그 평가를 구성하는 세부적인 내용들에서는 여전히 개괄적인 제시에 그치고 있어, 보다 세부적인 내용 마련이 필요하다는 문제 의식을 남기고 있다.

문선모 외(2009)에서는 사고구술 반응을 통한 학습자들의 읽기 과정을 점검하고 있다. 여기서는 중학교 수준의 학습자들은 덩잇글 내용의 조직화 측면보다는 이해 점검 차원의 반응이 다수임을 지적하고 있다. 이는 관찰 대상의 학습자들이 덩잇글의 총체적 의미 연결 측면보다는 지엽적인 이해에 머물고 있다는 사실을 단적으로 보여준다고 할 수 있다. 즉 이런 문제의식은 덩잇글을 총체적 의미 연결의 수준에서 이해하기 위한 전략이 필요함을 시사해 준다고 할 수 있다.

이성영(2008)에서의 읽기의 발달 단계에 따른 주요한 특징들을 개괄적으로 제시하고 있다. 읽기의 단계를 구분하는 데 있어, 주요한 특징들이 참고할 만한데, 특히 고급 독해기에서 독립 읽기기 과정까지를 각각 중1·2, 중3·고1, 고2 이후로 구분하고 있다. 다만 주요한 특징들이 매우 추상적이고 일반적인 수준에 머물고 있어 각 단계에 적합한 읽기의 구체적인 검증 결과들이 요구된다.

서종훈(2010)에서는 단락 구분과 읽기의 상관관계를 연령을 달리한 학습자들을 대상으로 비교하였다. 물론 특정 학습자들의 발달 과정을 연구한 본격적인 종단 연구로 보기는 어렵겠지만, 연령에 따른 수준차를 고려했다는 점에서 일종의 종단 연구라 할 수 있다.[5] 학습자들의 연령에 따른 단락 이해의 결과를 덩잇글 이해의 차원에서 점검했다는 의의를 지니지만, 보다 세밀한 연구 조사 방법론에서 한계를 노출하고 있다.

## 3. 연구가설 및 연구방법

### 3.1. 연구가설

이 글에서는 두 가지 연구가설을 구성하였다. 학교 현장에서 학습자들의 국어과 점수를 주요한 언어 수행 수준으로 간주하고, 이를 단락 구분 여부와 덩잇글의 내용 난이도에 따른 읽기와 어떤 영향 관계에 있는지의 문제를 다루게 된다.

**연구가설 1: 언어 수행 수준이 높다고 상정된 학습자들일수록 단락 구분 여부에 따른 점수차가 적을 것이다.**

덩잇글에서 단락 구분은 독자들에게 이해에 있어 가독성을 높이는

5) 이 글은 서종훈(2010)의 연장선상에 있는 연구라 할 수 있다. 서종훈(2010)은 단락 구분 여부와 읽기의 상관관계를 중·고·대 학습자들 간에 비교한 일종의 종단 연구라 할 수 있다. 이 연구를 수행하면서 필자는 동일 연령대 학습자들 사이에서도 단락 구분 여부에 따른 읽기의 차가 드러나고 있다는 면을 포착하게 되었고, 횡단 연구의 필요성을 자각하게 되었다. 따라서 이 글에서는 이를 바탕으로 동일 연령대 학습자를 대상으로 단락 구분 여부가 읽기에 끼치는 영향에 초점을 모으게 되었고, 추가적으로 덩잇글 내용 난이도의 문제도 인식하게 되었다. 이 과정에서 비교 대상의 조사 대상 학습자들을 더 확보하고, 채점 기준도 더 세부적으로 구성하게 되었다.

변수가 될 수 있다. 덩잇글의 일정한 의미 구획과 이의 표면적인 구분은 독자들에게 기억과 시각상의 부담을 줄여준다. 이 점이 바로 단락이 이해 과정에서 지닐 수 있는 주요한 이점이 된다. 하지만 단락 구분의 여부가 무조건 이해에 적절한 변수로 작용한다고 보기는 어렵다. 특히 단락 구분이 제대로 되지 않은 글은 오히려 이해에 부정적인 영향을 끼칠 수도 있다.

본 가설에서는 단락의 이와 같은 속성을 학습자들의 언어 수행 수준과 관련시켜 그 수행 결과를 살펴보고자 한다. 언어 수행 수준이 높다는 것은 덩잇글 기반과 독자 측면 모두에서 보다 수월한 인식 양상을 보인다는 점과 관련된다. 특히 동일 연령대 학습자들의 언어 수행 수준을 단락 구분과 관련시켜 그 수행 결과를 살펴봄으로써, 학습 연령의 현격한 차에 의한 단락 인식의 결과보다는 단락이라는 단위가 지니는 미세한 속성의 부면을 점검할 수 있을 것이다.

언어 수행 수준이 높을수록 덩잇글 기반의 측면보다는 독자 측면에 더 초점을 모아질 것이라 예상할 수 있다. 즉 독자가 덩잇글에 대한 내용과 형식상의 배경지식을 더 많이 사용할 것이다. 그렇게 함으로써 덩잇글의 단락 구분 여부에서 오는 이해상의 불리를 극복할 수 있을 것으로 고려된다. 반면 언어 수행 수준이 낮은 학습자들은 독자 중심의 전략보다는 덩잇글 기반에 초점을 둘 가능성이 높기 때문에 단락 구분에 영향을 크게 받을 것이며, 이는 단락 구분 여부에 따른 읽기 결과의 점수 차에 반영될 것으로 예상된다.

**연구가설 2: 언어 수행 수준이 높다고 상정된 학습자들일수록 덩잇글에 따른 점수 편차가 적을 것이다.**

읽기의 결과는 덩잇글이 지니는 다양한 내용과 형식상의 변수, 아울러 독자의 배경지식 수준에 따라 다를 것이다. 물론 덩잇글에 따라 읽기의 결과가 달라질 수도 있겠지만, 특히 이 글에서 학습자의 국어과 점수로 상정된 독자의 언어 수행 수준은 주요한 읽기의 변수로 가정할 수 있다. 즉 언어 수행 수준이 높은 학습자는 낮은 학습자들에 비해 덩잇글 내용의 난이도에 따라 반응의 결과가 편차상으로 넓게 분포하지 않을 것이라 예상할 수 있다. 특히 정보 전달이나 주장글의 사실적 읽기에 초점을 둔 본 고찰에서, 언어 수행 수준이 높은 학습자들은 각 덩잇글에서의 점수 분포뿐만 아니라, 서로 다른 덩잇글의 결과에서도 편차가 적게 드러날 것이라고 예상할 수 있다.

덩잇글의 따른 점수의 편차가 크게 나온다는 점은 읽기 결과가 그만큼 고르지 못하다는 것과 관련될 수 있다. 이는 그만큼 덩잇글의 의미 파악에 대한 학습자들의 반응이 다양하다는 것이다. 사실적 읽기에서 중심 의미를 파악하는 데 반응이 다양하다는 것은 문제가 될 수 있다. 물론 학습자들의 다양한 읽기 반응의 결과에 대한 세심한 사후 고찰이 필요하겠지만, 일정 한도로 제한된 분량의 읽기에서, 읽기 점수의 편차가 크다는 것은 학습자 반응의 다양성이라는 측면보다는 제대로 덩잇글을 읽지 못한 학습자들의 반응 결과로 보는 것이 적절할 것이다.

## 3.2. 연구 방법

### 3.2.1. 연구 대상

본 연구는 동일 연령대에 분포하는 학습자들을 일정한 언어 수행 수준으로 구분하여 조사를 실시하였다. 중학교 2학년, 고등학교 1학년, 대학교1·2학년 학습자들을 국어과 점수를 기준으로 상·하 수준으로 나누고, 각 수준에서 드러나는 결과를 양적, 질적 통계 절차를 바탕으로 해석하였다.

중학생들의 수준은 전년도 학년말 국어 성적을 기준으로 구분하였다. 고등학교나 대학교 학습자들의 수능 언어 성적과 달리, 중학교 학습자들의 언어 수행 수준을 비교적 객관적으로 밝혀줄 수 있는 자료를 구하기 힘들었다. 따라서 전 학년의 학년말 국어 성적을 기준으로 상·하 수준으로 구분할 수밖에 없었다. 물론 여기에서는 수·우·미·양·가의 다섯 단계를 일률적으로 적용하기보다는 학습자들의 구체적인 점수를 바탕으로 상·하로 양분하였다.

고등학교 학습자들은 일반고와 특목고를 구분하였다. 아울러 이를 수능 언어 관련 모의고사 성적과 관련시켰다. 대략 일반고 학습자들은 수능 2등급에서 8등급까지 정규분포를 이루며, 특목고 학습자들은 1등급에서 3등급 사이에서 정규분포를 보였다.

대학교 학습자들은 특정 학과와 교양 과목 이수자들을 비교하였다. 특정 학과의 학습자들은 입학 시에 장학금을 받고 들어온 이들로, 대략 수능 백분위로 대략 평균 90%대에 분포하며, 교양 과목 이수자들은 대략 수능 50% 전후에 분포하는 양상을 보였다. 물론 이는 언어 영역 점수에 국한시켰다.

조사 대상 인원수는 중·고·대에 따라 약간씩 차이가 났다. 이는 조사 대상 학습자들을 학령별로 의도적으로 맞추기 어려웠고, 무엇보다 많은 학습자들을 확보할 수 있는 여건 조성이 어려웠기 때문이다. 각 학령별로 인원수가 약간씩 차이가 나며, 인원수를 '상'과 '하'를 동일하게 분포시켰다. 분포시키는 과정에서 일부 학생들이 개인 사정으로 빠지는 경우도 있었고, 더해지는 경우도 있었다. 조사 시간은 대략 25~30분 정도를 주었다.[6] 대학생 학습자들의 경우는 한 학습자가 단락 구분 여부와 관련하여 동일 형태의 두 가지 덩잇글을 모두 읽고 그 반응 결과를 드러내기 때문에 2배의 시간을 주었다. 구체적인 인원 및 조사 시기는 〈표 1〉과 같다.

---

6) 조사 시간은 주요한 읽기 결과의 변수가 되는데, 이 점을 감안하여 조사 과정에서 학습자들에게 많은 시간을 주지 않았다. 일상생활에서도 짧은 시간 안에 일정한 분량의 덩잇글을 읽고 그 의미를 구성해 내어야 하는 경우가 많기 때문이다. 특히 위험 부담이 높은 시험(예로, 수능을 들 수 있음)에서는 시간적 변수가 읽기 결과의 주요한 변수 작용하기도 한다.

〈표 1〉 조사 개관

| 대상 \ 수준 | | 상(명) | 하(명) |
|---|---|---|---|
| 중 | 조사 인원 | 80 | 80 |
| | 조사 시기 | 2010.2.8~2010.3.31 | 2010.2.8~2010.3.31 |
| 고 | 조사 인원 | 92 | 92 |
| | 조사 시기 | 2010.3.31~2010.4.20 | 2010.3.31~2010.4.20 |
| 대 | 조사 인원 | 48 | 48 |
| | 조사 시기 | 2010.3.31~2010.4.9 | 2010.3.31~2010.4.9 |

### 3.2.2. 조사 자료 및 절차

조사는 크게 두 덩잇글을 바탕으로, 각각 단락 구분을 한 것과 그렇지 않은 것을 구분하여 학습자들에게 실시되었다. 중학교와 고등학교 학습자들에게는 크게 두 자료에서 단락 구분 여부에 따른 네 가지 종류의 자료를 학습자들에게 읽혀 그 반응을 살폈고, 대학교 학습자들의 경우 동일 수준의 학습자들에게 두 덩잇글을 각각 동시에 읽히되, 단락이 있는 것과 그렇지 않은 것을 구분해서 조사 자료로 사용하였다. 이는 위의 표에서 드러나듯이, 대학교 학습자들의 경우는 비교적 조사 인원수가 적어 네 가지 종류의 자료를 학습자를 달리하여 읽힐 수 없었다.

언어 수행 수준이 단락 구분 여부와 얼마나 밀접한 관계가 있는지를 표면적으로 드러내기 위해, 단락이라는 단위와 직접적인 관련을 맺는 핵심 문장과 핵심어 파악의 결과를 일정한 잣대에 비추어 평가하고, 이를 점수화하였다.[7] 즉 단락 구분 여부에 따라 읽기의 점수

7) 결국 특정 정보에 주의력을 쏟는다는 것은 초점 정보과 그것을 뒷받침하는 정보와의 구별과 관련된다. 이는 감각의 문제와 관련한 인류의 두뇌 처리 속성과 밀접하게 부합한다. 즉 배경 정보와 초점 정보는 반드시 구분되고, 초점 정보에 더 주의를 기울인다는 것이다. 결국 단락의 핵심 문장이나 핵심어는 초점 정보로 독자의 주의를 끌 수 있는 대상이 되며, 이점은 어떤 식으로든 독자의 기억 속에서 처리되면서 배경정보에 비해

차가 학습자들의 언어 수행 수준에 따라 얼마나 관련을 맺는지 파악하기 위해서였다. 이는 단락 단위가 지니는 읽기의 주요한 변수로서의 가치를 가늠해 볼 수 있는 과정이기도 하다.

읽기 자료는 단락 단위가 비교적 명확하게 구분되며, 각 단락에 중심 의미를 담고 있는 핵심 문장과 핵심어가 표면적으로 부각되는 글을 선택하였다. 아울러 비문학글 중에서도 설득적 요소가 강한 글보다는 정보 전달 요소의 성격이 강한 글을 선택하였다. 이하에서는 편의상 자료A와 자료B로 칭한다. 각 자료에서 밑줄이나 기울임과 진하게 표시된 부분은 핵심어와 핵심 문장으로 상정하고 평가자들의 합의하에 표시된 것이다.[8] 이를 채점 기준으로 활용하였다.

### 단어의 정확한 사용(자료A)

단어는 말과 글을 이루는 직접적인 재료이다. 의사소통의 단위로서 단어가 갖는 지위는 건축물의 벽돌에 비유할 수 있다. 튼튼한 집을 짓기 위해서는 집을 짓기에 적절한 벽돌을 만드는 일과 그 벽돌을 용도에 맞추어 사용하는 일이 필요하다. 이른바 "말이 안 된다."라는 표현을 단어의 측면에 적용하면 단어의 구성에 흠이 있거나 단어의 용도에 잘못이 있음을 뜻한다. 따라서 정확한 단어의 사용을 위해서는 다음과 같은 세 가지 측면이 고려되어야 한다.

---

그 정보값이 두드러지게 될 것이다. 나아가 단락이라는 단위 자체가 지니는 형식적 구분도 아울러 독자의 주의력을 끄는데 주요한 변수로 작용할 수 있을 것이다. 언어 사용과 관련한 상세한 논의는 김지홍 뒤침(2010)을 참고하기 바란다.

8) 본 조사에는 필자와 함께 네 명의 연구자가 참여하였다. 중학교와 고등학교에 재직 중인 10년 이상의 경력을 지닌 국어교육 석사 이상의 선생님들이 참여하였다. 협의 과정에서 자료B의 경우는 다소 논의의 소지가 있었다. 특히 각 단락의 핵심 문장들이 명확하게 표면화되기 어렵다는 점이 지적되었다. 특히 각 속성의 표면적인 의미가 아니라, 과학적 지식과 관련된 각 속성의 내용이 드러나야 한다는 점이 제기되었다. 하지만 자료B의 경우는 과학적 지식이 일반적 지식에 비해 제기된 속성들이 더 뛰어남을 보여준다는 점에서 각 속성에 대한 구체적인 내용까지 모두 제시되어야 할 필요는 없을 것으로 논의되었다.

첫째, 단어의 구성에 이상이 없어야 한다. 이것은 곧 단어가 규범에 맞고 조어론적으로 이상이 없어야 함을 뜻한다. 편찬된 사전이나 언중의 머릿속 사전에는 수많은 어휘가 저장되어 있다. 이러한 어휘 창고에서 규범에 맞지 않거나 조어법에 어긋난 단어, 또는 기존의 형태소나 단어를 이용하여 신어를 만드는 과정에서 결함이 있는 단어는 단어로서의 정확성을 확보하지 못한 것이 된다.

우선 규범에 맞는 단어란 '한글 맞춤법'과 '표준어 규정'에 명시되어 있는 규정을 지킨 단어를 말한다. 예를 들어 '굳이'는 한글 맞춤법의 규정에 따라 규범적인 단어인 반면, '구지'는 규범에 벗어난 단어가 된다. 또한 '사글세'는 표준어 규정에 따라 규범적인 단어이지만, '삭월세'는 규범에 어긋난 단어가 된다. 다음으로 조어론적으로 이상이 없어야 한다는 것은, 합성어나 파생어가 형성되는 과정에서 논리적으로 이상이 없어야 한다는 것을 뜻한다. 예를 들어 유의어나 유의적 요소의 일부가 중복되거나 피동형이 중복 구성되어서도 안 되며, 또 고유어에 접미사 '– 적(的)'을 남용하는 것도 조어법에 어긋난 경우가 된다. 그리고 우리말과 외국어를 섞어 쓰는 일, 지나치게 축약하여 원래의 단어 의미를 파악할 수 없게 하는 일, 비표준어를 사용하는 일 등도 모두 조어법에 어긋난 것이 된다.

둘째, 단어의 의미에 충실해야 한다. 우리는 흔히 말을 하거나 글을 쓸 때 표현하려는 대상이나 개념은 알고 있지만, 거기에 대응하는 단어를 모르거나 잘못 사용하는 사례를 경험한다. 예를 들면, '처마 끝의 둥근 마구리가 달린 수키와'를 두고 '막새'라는 단어를 몰라서 '기와'라고 하거나, '학', '해오라기', '왜가리'를 구별하지 못하고 부정확하게 사용하는 일이 있다. 단어를 의미에 맞게 사용하지 않으면 정확한 의사소통을 기대할 수 없으므로, 표현 의도에 맞추어 의미와 형태가 일치된 단어를 사용하도록 유의해야 한다.

셋째, 단어의 용법이 적절해야 한다. 단어를 사용할 때 실제 사용 장면에 적절하지 않으면 말이 되지 않는데, 이것은 통사적 적절성을 어겨 비문법적 문장이 되는 것과는 성격이 다르다. 예를 들면, "붉게 공이 좋다."와

“제 부인과 함께 왔습니다.”의 두 표현에서 전자는 ‘붉게’라는 단어가 통사적 적절성을 어긴 것인 반면, 후자는 ‘부인’이라는 단어가 잘못 사용된 것이다. 이 경우 전자에서는 통사적 성분 ‘붉게’를 ‘붉은’으로 바꾸면 문법성이 회복되며, 후자에서는 어휘적 성분 ‘부인’을 ‘아내’나 ‘집사람’으로 바꾸면 적절성이 확보된다.

요컨대, 단어의 정확한 사용이란 단어를 규범과 어법에 맞게 구성하고, 의미 및 화행적(話行的) 용법에 맞도록 부려 쓰는 일을 가리키는데, 이러한 요건을 갖추는 일이야말로 언어생활을 바르게 하는 기초가 된다.

## 일상적 지식과 과학적 지식(자료B)

‘과학적’이라는 말에는 우리의 삶을 개선하기 위한 의식적이고 비판적인 작업이라는 의미가 포함되어 있다. 이렇게 본다면 ‘과학적 지식’은 우리의 삶을 보다 나은 것으로 만들어 나가려는 의식적 노력의 결과물이라 할 수 있다. 그렇다면 과학적 지식은 일상적 지식과 어떤 차이가 있는가? ‘물체가 떨어지는 현상’에 관한 지식을 예로 들어서 이를 확인해 보자.

물체가 떨어지는 현상과 관련하여 우리가 가지고 있는 일상적 지식은 ‘무거운 물체는 빨리 떨어지고 가벼운 물체는 느리게 떨어진다.’는 것이다. 그리고 이것에 대응하는 초보적인 과학적 지식 중의 하나는 갈릴레이가 말한 ‘지구상의 모든 물체는 그 질량과 무관하게 일정한 가속도를 지니고 낙하한다.’는 것이다. 이 두 가지 지식은 정밀성, 확실성, 보편성의 기준에서 볼 때 차이를 보인다.

먼저 ‘정밀성’은 정교하고 치밀하여 빈틈이 없는 정도를 의미하는 것으로 위에 제시된 상황과 관련하면 빠르면 얼마나 빠른지, 또는 느리면 얼마나 느린지를 구분할 수 있는 가능성을 말한다. 이 경우에 일상적 지식은 ‘아주 빠르다’, 또는 ‘약간 빠르다’와 같이 부사를 적절히 구사하여 개략적으로 구분한다. 그러나 과학적 지식은 이를 수치화하여 서술함으로써 어떠한 미세한 차이도 모두 표현해 낼 수 있도록 만든다.

다음으로 '확실성'은 진술이 사실과 얼마나 잘 부합하는가의 정도를 말한다. 일상적 지식에서는 대개 몇 개의 사례만 보고 부주의하게 일반화해 버리는 경향이 있다. 반면에 과학적 지식은 다양한 사례를 끊임없이 조사하고 실험하는 검증의 절차를 통해 얻어지며, 대립되는 사례가 발견되면 계속 수정해 나간다. 따라서 일상적 지식에 비해 확실성이 훨씬 높다고 할 수 있다.

마지막으로 모든 것에 두루 미치는 정도인 '보편성'에 대해 살펴보자. 위에서 언급한 일상적 지식은 설혹 확실성을 갖는 경우라도 다른 지식과 연관성을 맺지 못하면 고립된 지식이 된다. 즉, 이 지식을 가지고 달에 가서 동일한 주장을 할 수 없으며, 또 이 지식을 달이 지구를 도는 이치와 연관지을 가능성은 존재하지 않는다. 그러나 과학적 지식은 과학이라는 체계 속에서 서로 긴밀하게 연결되어 있어서 위에 제시한 지구상의 낙하에 관한 과학적 지식은 고전 역학을 통해서 달에서의 낙하와 연관지을 수 있을 뿐만 아니라, 달이 지구를 도는 현상과도 연관지을 수 있는 것이다.

이처럼 과학적 지식은 일상적 지식에 비해 정밀성, 확실성, 보편성이 뛰어나다. 이것은 과학이 우리의 앎을 개선하기 위해 기존의 지식을 보다 정밀하고 보다 확실하며 보다 연관성이 넓은 지식으로 전환시켜 나가고 있음을 보여 주는 것이다. '앎'이 내용(정보)과 그것을 담는 형식(틀)으로 이루어져 있다고 한다면 일상적 지식은 그 내용의 증가 과정과 관련된 것이고, 과학적 지식은 형식의 향상과 향상된 형식 안에 내용을 담아 가는 과정을 총칭하는 것이라 할 수 있다.

자료A가 덩잇글상의 친숙도나 학습자들의 선행지식 여부에 비추어 볼 때 자료B보다 읽기가 쉬울 것으로 예상된다. 즉 자료B는 과학적 지식에 대한 개념을 추상적으로 드러나고 있으며, 아울러 각 단락의 중심 내용이 명확하게 파악되기 어려운 점이 있다. 이는 연구가설 2와 관련되는데, 즉 자료A에 비해 자료B가 학습자들의 반응 양상에서 점수의 편차가 클 가능성이 제기된다.

구체적인 조사 내용과 인원은 〈표 2〉와 같다. '상'과 '하'는 학습자들의 국어과 점수에 따른 언어 수행 수준이고, 'A'와 'B'는 조사 자료이다. 아울러 '-1'이 붙은 것은 단락이 구분된 자료, '-2'는 단락이 구분되지 않은 것이다.

〈표 2〉 조사 내용 및 인원

| | 상 | | | | 하 | | | |
|---|---|---|---|---|---|---|---|---|
| | A | | B | | A | | B | |
| | A-1 | A-2 | B-1 | B-2 | A-1 | A-2 | B-1 | B-2 |
| 중(명) | 20 | 20 | 20 | 20 | 20 | 20 | 20 | 20 |
| 고(명) | 23 | 23 | 23 | 23 | 23 | 23 | 23 | 23 |
| 대(명) | 24 | 24 | 24 | 24 | 24 | 24 | 24 | 24 |

# 4. 연구 결과 및 의의

## 4.1. 연구 결과

이 글에서는 동일 연령대의 수준 차에 따른 학습자들의 이해 결과 양상과 조사 자료에 따른 학습자들의 점수 분포를 일정한 통계치로 산출하여 검증한다. 이는 "언어 수행 수준이 높다고 상정된 학습자들일수록 단락 구분 여부에 따른 점수 차가 적을 것이다"와 "언어 수행 수준이 높다고 상정된 학습자들일수록 덩잇글에 따른 점수 편차가 적을 것이다"의 두 가지 연구가설을 중심으로 논의된다.

학습자들의 결과를 평가하기 위한 일정한 기준 잣대가 필요하다. 이를 위해 4단계 척도로 학습자들의 결과를 평가하였다. 지나치게 평가 기준을 세분화할 경우에는 평가상의 어려움이 따르게 되고, 지나치게 양적 평가에 의존하게 되어 학습자들의 수행 과정에서 드러나는 다양한 질적 변수들을 도외시할 수 있기 때문이다. 구체적인

평가 기준 내역은 〈표 3〉과 같다.[9]

〈표 3〉 평가 기준 척도

| 기준 / 점수 | 평가 기준 내역 | |
|---|---|---|
| | 핵심어 파악 | 핵심 문장 파악 |
| 4(점) | • 간 단락별로 핵심어가 적절하게 선택됨<br>• 일정한 도식의 핵심어 관계 구조가 덩잇글의 전체 의미관계를 잘 표상함 | • 각 단락의 중심 의미가 문장 위주로 적절하게 선택됨 |
| 3(점) | • 각 단락의 핵심어가 다수의 낱말과 함께 선택됨<br>• 일정한 도식의 핵심어 관계 구조가 덩잇글의 전체 의미를 포함하지 못함 | • 각 단락의 중심 의미가 문장 위주로 선택되었지만, 포함 범위가 다소 적절하지 못함 |
| 2(점) | • 각 단락의 핵심어가 간헐적으로 선택됨<br>• 일정한 도식의 핵심어 관계 구조가 부적절하며, 덩잇글의 전체 의미와 부합하지 않음 | • 각 단락의 중심 의미가 모두 선택되지 못하고, 간헐적으로 선택됨 |
| 1(점) | • 각 단락에서 핵심어가 선택되지 않거나 부적절하게 선택됨<br>• 핵심어 위주의 도식화가 이루어지지 못함 | • 각 단락의 중심 의미가 문장 위주로 선택되지 못했거나, 아예 중심 의미를 지적하지 못함 |

우선 중학교 학습자들의 경우는 '상'과 '하'로 각각 상정된 80명의 결과를 모두 점수로 산출하였다. 물론 여기에서 한 학습자는 핵심어와 핵심 문장 파악하기의 두 가지 과제를 수행하며, 평가자들은 두 가지를 모두 단락 구분에 따른 읽기 결과의 주요한 요인으로 고려하였다.

우선 〈그림 1〉은 중학교 '상' 수준 학습자의 자료 A-1의 결과이다. 개념 정의 부분은 글의 핵심적인 내용이라 보기 힘든데, 첫 번째 단락의 첫 번째 문장에 밑줄이 그어져 있다. 또한 핵심 문장을 뒷받침

9) 평가 기준 내역은 서종훈(2010)에서 사용한 3단계 척도를 점수의 편차 문제를 고려하여 4단계 척도로 상당 부분 수정하여 제시하였다. 이는 조사 대상 학습자들이 상당수 바뀌었고, 특히 동일 연령대 학습자들 간의 언어 수행 수준이 주요한 평가 잣대임을 고려하여, 학습자들의 반응 결과를 정확하게 통계 절차상으로 검증하기 위해서였다. 중·고등학교 학습자들의 경우 일부분 수행평가의 과정으로 실시되었고, 해당 학교 선생님들 2인이 각각 교차로 평가하였다.

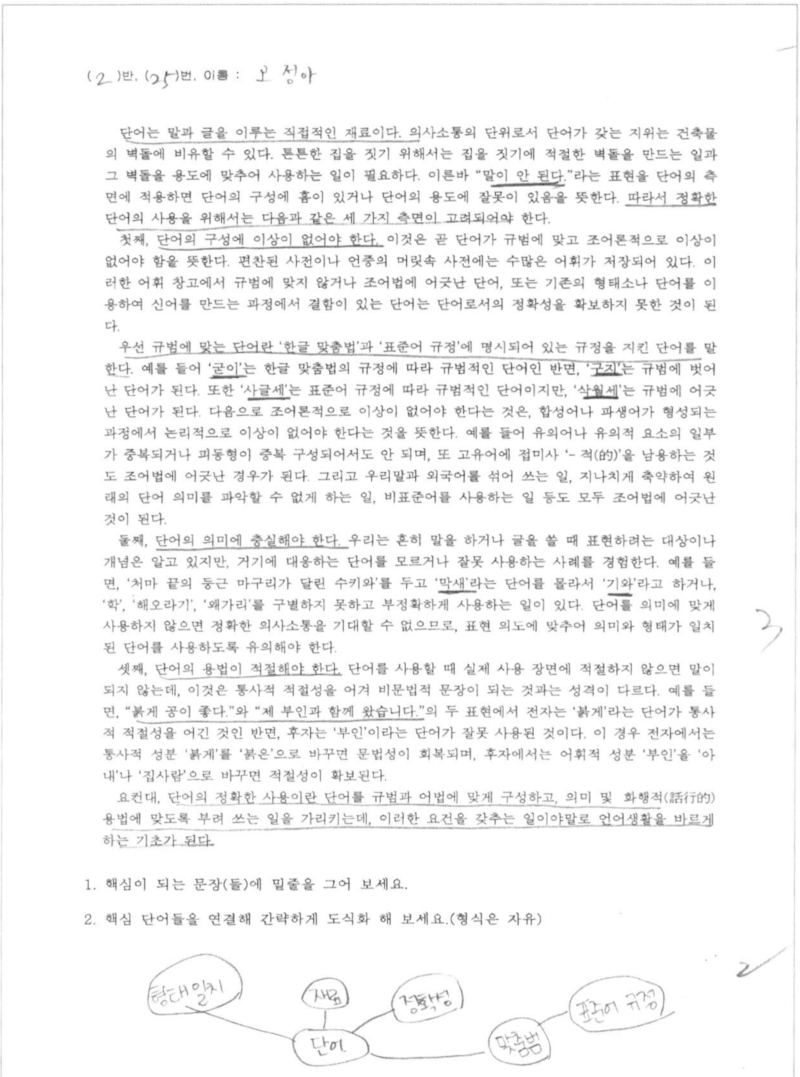

( 2 )반. ( 25 )번. 이름 : 오 성아

단어는 말과 글을 이루는 직접적인 재료이다. 의사소통의 단위로서 단어가 갖는 지위는 건축물의 벽돌에 비유할 수 있다. 튼튼한 집을 짓기 위해서는 집을 짓기에 적절한 벽돌을 만드는 일과 그 벽돌을 용도에 맞추어 사용하는 일이 필요하다. 이른바 "말이 안 된다."라는 표현을 단어의 측면에 적용하면 단어의 구성에 흠이 있거나 단어의 용도에 잘못이 있음을 뜻한다. 따라서 정확한 단어의 사용을 위해서는 다음과 같은 세 가지 측면이 고려되어야 한다.

첫째, 단어의 구성에 이상이 없어야 한다. 이것은 곧 단어가 규범에 맞고 조어론적으로 이상이 없어야 함을 뜻한다. 편찬된 사전이나 언중의 머릿속 사전에는 수많은 어휘가 저장되어 있다. 이러한 어휘 창고에서 규범에 맞지 않거나 조어법에 어긋난 단어, 또는 기존의 형태소나 단어를 이용하여 신어를 만드는 과정에서 결함이 있는 단어는 단어로서의 정확성을 확보하지 못한 것이 된다.

우선 규범에 맞는 단어란 '한글 맞춤법'과 '표준어 규정'에 명시되어 있는 규정을 지킨 단어를 말한다. 예를 들어 '굳이'는 한글 맞춤법의 규정에 따라 규범적인 단어인 반면, '구지'는 규범에 벗어난 단어가 된다. 또한 '사글세'는 표준어 규정에 따라 규범적인 단어이지만, '삭월세'는 규범에 어긋난 단어가 된다. 다음으로 조어론적으로 이상이 없어야 한다는 것은, 합성어나 파생어가 형성되는 과정에서 논리적으로 이상이 없어야 한다는 것을 뜻한다. 예를 들어 유의어나 유의적 요소의 일부가 중복되거나 피동형이 중복 구성되어서도 안 되며, 또 고유어에 접미사 '- 적(的)'을 남용하는 것도 조어법에 어긋난 경우가 된다. 그리고 우리말과 외국어를 섞어 쓰는 일, 지나치게 축약하여 원래의 단어 의미를 파악할 수 없게 하는 일, 비표준어를 사용하는 일 등도 모두 조어법에 어긋난 것이 된다.

둘째, 단어의 의미에 충실해야 한다. 우리는 흔히 말을 하거나 글을 쓸 때 표현하려는 대상이나 개념은 알고 있지만, 거기에 대응하는 단어를 모르거나 잘못 사용하는 사례를 경험한다. 예를 들면, '처마 끝의 둥근 마구리가 달린 수키와'를 두고 '막새'라는 단어를 몰라서 '기와'라고 하거나, '학', '해오라기', '왜가리'를 구별하지 못하고 부정확하게 사용하는 일이 있다. 단어를 의미에 맞게 사용하지 않으면 정확한 의사소통을 기대할 수 없으므로, 표현 의도에 맞추어 의미와 형태가 일치된 단어를 사용하도록 유의해야 한다.

셋째, 단어의 용법이 적절해야 한다. 단어를 사용할 때 실제 사용 장면에 적절하지 않으면 말이 되지 않는데, 이것은 통사적 적절성을 어겨 비문법적 문장이 되는 것과는 성격이 다르다. 예를 들면, "붉게 공이 좋다."와 "제 부인과 함께 왔습니다."의 두 표현에서 전자는 '붉게'라는 단어가 통사적 적절성을 어긴 것인 반면, 후자는 '부인'이라는 단어가 잘못 사용된 것이다. 이 경우 전자에서는 통사적 성분 '붉게'를 '붉은'으로 바꾸면 문법성이 회복되며, 후자에서는 어휘적 성분 '부인'을 '아내'나 '집사람'으로 바꾸면 적절성이 확보된다.

요컨대, 단어의 정확한 사용이란 단어를 규범과 어법에 맞게 구성하고, 의미 및 화행적(話行的) 용법에 맞도록 부려 쓰는 일을 가리키는데, 이러한 요건을 갖추는 일이야말로 언어생활을 바르게 하는 기초가 된다.

1. 핵심이 되는 문장(들)에 밑줄을 그어 보세요.

2. 핵심 단어들을 연결해 간략하게 도식화 해 보세요.(형식은 자유)



〈그림 1〉 중학교 '상' 수준 학습자의 수행 양상

하는 내용들에 불필요하게 밑줄이 그어져 있다. 핵심어의 도식화는 지나치게 단순화되어 있고, 지엽적인 내용들로 제시되어 있어 전체 덩잇글의 내용을 짐작하기 어렵게 드러나고 있다.

〈표 4〉 중학교 '상' 수준 학습자들의 읽기 결과

| 구분 / 번호 | 자료A | | | | 자료B | | | |
|---|---|---|---|---|---|---|---|---|
| | A-1 | | A-2 | | B-1 | | B-2 | |
| | 핵심어 | 핵심 문장 | 핵심어 | 핵심 문장 | 핵심어 | 핵심 문장 | 핵심어 | 핵심 문장 |
| 1 | 2 | 3 | 3 | 3 | 3 | 3 | 2 | 3 |
| 2 | 3 | 3 | 2 | 4 | 3 | 3 | 3 | 2 |
| 3 | 3 | 3 | 1 | 3 | 3 | 4 | 1 | 3 |
| 4 | 3 | 4 | 3 | 2 | 2 | 3 | 3 | 2 |
| 5 | 2 | 3 | 3 | 3 | 2 | 2 | 3 | 3 |
| 6 | 2 | 3 | 3 | 4 | 2 | 3 | 3 | 3 |
| 7 | 3 | 4 | 3 | 3 | 3 | 2 | 2 | 2 |
| 8 | 4 | 3 | 3 | 4 | 4 | 3 | 2 | 2 |
| 9 | 2 | 3 | 3 | 3 | 3 | 2 | 3 | 2 |
| 10 | 3 | 2 | 2 | 3 | 2 | 2 | 2 | 2 |
| 11 | 2 | 3 | 3 | 4 | 2 | 3 | 3 | 3 |
| 12 | 3 | 3 | 3 | 2 | 3 | 4 | 3 | 2 |
| 13 | 3 | 3 | 3 | 2 | 2 | 3 | 2 | 3 |
| 14 | 3 | 2 | 3 | 2 | 3 | 2 | 2 | 2 |
| 15 | 2 | 3 | 2 | 3 | 3 | 2 | 2 | 1 |
| 16 | 2 | 2 | 3 | 3 | 2 | 3 | 3 | 3 |
| 17 | 2 | 2 | 3 | 2 | 3 | 4 | 2 | 2 |
| 18 | 3 | 3 | 2 | 3 | 3 | 2 | 2 | 2 |
| 19 | 3 | 3 | 2 | 2 | 3 | 3 | 2 | 3 |
| 20 | 4 | 3 | 3 | 3 | 2 | 2 | 3 | 3 |
| 평균 | 2.70 | 2.90 | 2.65 | 2.90 | 2.65 | 2.75 | 2.40 | 2.40 |
| 표준편차 | 0.66 | 0.55 | 0.59 | 0.72 | 0.59 | 0.72 | 0.60 | 0.60 |

〈표 4〉는 중학교 '상' 수준 학습자들의 전체 읽기 결과이다. 우선 표면적으로 보이기에, 자료와 단락 구분 여부에 따른 점수차가 어느 정도 드러나 보인다.

직관적으로 단락이 구분된 덩잇글이 학습자들로부터 핵심어나 핵심 문장 선택에서 모두 점수가 높게 나올 것이라 예상할 수 있다. 이는 단락이 덩잇글에서 지니는 소주제 포함이라는 의미상의 역할이 있기 때문이다. 물론 각 단락에서 소주제가 모두 표면적으로 드러나는 것은 아니지만, 일반적으로 비문학적인 글에서는 각각의 단락이 핵심어와 핵심 문장을 포함함으로써 덩잇글에서 부분적인 의미실현의 역할을 하게 된다. 이를 학습자들이 보다 쉽게 발견하거나 지적할 수 있으리라고 예상할 수 있다.

이는 중학교 '상' 수준의 학습자들의 결과에서도 어느 정도 드러나고 있다. 가령 평균에서 살펴본다면, 자료 'A'의 경우 대략 0~0.05를 'B'의 경우는 0.25~0.35점 정도의 차이를 보이고 있다. 아울러 두 덩잇글 각각의 점수 편차는 조사 영역에 따라 약간의 차이를 보인다. 대략 자료 A의 경우는 0.55~0.72 사이에, 자료 B의 경우는 0.59~0.72 사이에 분포하고 있다. 하지만 자료상에 드러나는 표준편차의 차이는 크지 않은 것으로 판단된다.

〈표 5〉는 '하' 수준이라고 상정된 중학교 학습자들의 읽기 결과이다. '상' 수준의 학습자들에 비해 두 가지 조사 요인인 핵심어와 핵심 문장 파악에서 점수가 상당 부분 낮게 나왔다. 하지만 이 글에서 파악하려고 하는 것은 단락 구분 여부에 따른 점수 차이기 때문에, 이점은 여기에서 고려하지 않는다. 단락 구분 여부에 따른 점수 차이는 A의 경우는 0.5~0.55, B의 경우는 0.4~0.45의 차이를 보이고 있다. 아울러 각 자료의 표준편차는 A의 경우는 0.50~0.89, B의 경우는 0.51~0.83 사이에 분포하고 있다.

〈표 5〉 중학교 '하' 수준의 학습자들 읽기 결과

| 구분 / 번호 | 자료A | | | | 자료B | | | |
|---|---|---|---|---|---|---|---|---|
| | A-1 | | A-2 | | B-1 | | B-2 | |
| | 핵심어 | 핵심 문장 | 핵심어 | 핵심 문장 | 핵심어 | 핵심 문장 | 핵심어 | 핵심 문장 |
| 1 | 2 | 2 | 2 | 2 | 1 | 3 | 2 | 2 |
| 2 | 3 | 3 | 1 | 2 | 2 | 2 | 2 | 2 |
| 3 | 1 | 3 | 1 | 1 | 2 | 2 | 1 | 1 |
| 4 | 1 | 2 | 1 | 2 | 1 | 3 | 2 | 2 |

| 번호 \ 구분 | 자료A | | | | 자료B | | | |
|---|---|---|---|---|---|---|---|---|
| | A-1 | | A-2 | | B-1 | | B-2 | |
| | 핵심어 | 핵심 문장 | 핵심어 | 핵심 문장 | 핵심어 | 핵심 문장 | 핵심어 | 핵심 문장 |
| 5 | 2 | 3 | 2 | 2 | 1 | 1 | 1 | 1 |
| 6 | 2 | 3 | 2 | 2 | 2 | 3 | 1 | 1 |
| 7 | 2 | 1 | 1 | 1 | 2 | 1 | 2 | 1 |
| 8 | 3 | 2 | 2 | 2 | 2 | 2 | 2 | 2 |
| 9 | 2 | 3 | 2 | 1 | 2 | 2 | 1 | 1 |
| 10 | 4 | 4 | 1 | 1 | 4 | 2 | 2 | 3 |
| 11 | 2 | 1 | 2 | 2 | 3 | 3 | 2 | 2 |
| 12 | 2 | 2 | 3 | 2 | 1 | 2 | 1 | 1 |
| 13 | 1 | 1 | 2 | 1 | 2 | 3 | 2 | 3 |
| 14 | 3 | 2 | 1 | 1 | 2 | 1 | 2 | 2 |
| 15 | 1 | 1 | 2 | 2 | 3 | 2 | 1 | 1 |
| 16 | 2 | 2 | 2 | 2 | 1 | 1 | 1 | 1 |
| 17 | 1 | 2 | 1 | 1 | 2 | 2 | 1 | 2 |
| 18 | 3 | 2 | 1 | 2 | 2 | 2 | 2 | 2 |
| 19 | 3 | 2 | 2 | 2 | 3 | 3 | 2 | 2 |
| 20 | 1 | 2 | 2 | 1 | 1 | 2 | 1 | 1 |
| 평균 | 2.05 | 2.15 | 1.65 | 1.60 | 1.95 | 2.10 | 1.55 | 1.65 |
| 표준편차 | 0.89 | 0.81 | 0.59 | 0.50 | 0.83 | 0.72 | 0.51 | 0.67 |

이상의 결과를 통계 수치상으로 검증하면 〈표 6〉과 같다. 연구가설 1은 단락 구분 여부에 따라 '상'과 '하' 수준의 학습자들의 반응 결과가 차이가 없다는 것으로, 기본적인 가설을 두고 검증하게 된다.[10]

10) 즉, 영가설(귀무가설)을 "단락 구분 여부에 따른 점수 차가 없다"로 세우고, 이것이 기각되면 단락 구분 여부에 따른 점수 차가 있는 것으로 해석되며 아울러 언어 수행 수준이 높은 학습자들의 반응 결과는 단락 구분 여부에 따른 점수 차가 적을 것이라고 해석할 수 있다. 반면에 수용되면 단락 구분 여부에 따른 점수의 차가 없는 것으로 해석할 수 있다.

두 집단 간의 평균에 차이가 있는지를 검정하는 방법은 두 표본 Z검정을 활용하면 된다. 두 표본 Z 검정의 검정통계량이며 이 값이 유의수준 $\alpha$ 에 대해서 설정될 수 있는 기각치인 $z_{\alpha/2}$ 보다 크면 가설을 기각하게 된다.

〈표 6〉 연구가설 1 검증 결과

| 과정 | 학습자 수준 | 자료유형 | 조사항목 | 검정통계량 | 기각 여부 | 기각역 |
|---|---|---|---|---|---|---|
| 중학교 | 상 | A | 핵심어 | 0.25 | 채택 | $\|z\| \geq 1.96$ |
| | | | 핵심 문장 | 0.00 | 채택 | |
| | | B | 핵심어 | 1.33 | 채택 | |
| | | | 핵심 문장 | 1.68 | 채택 | |
| | 하 | A | 핵심어 | 1.68 | 채택 | |
| | | | 핵심 문장 | 2.57 | 기각 | |
| | | B | 핵심어 | 1.84 | 채택 | |
| | | | 핵심 문장 | 2.05 | 기각 | |

언어 수행 수준이 높을수록 단락 구분 여부에 따른 점수 차가 적을 것이라는 첫 번째 가설은 〈표 6〉에서 드러난 바와 같이, '상' 수준의 학습자들은 차이가 없는 것으로, 즉 단락 구분 여부가 이해 반응 결과에 유의미하게 작용하지 않는 것으로 드러났다. 하지만 '하' 수준 학습자들은 경우 그 반응 양상이 약간 차이가 있다. 두 자료 모두 핵심어의 경우는 차이가 없는 것으로, 핵심 문장의 경우는 단락 구분 여부에 따라 반응 결과가 수치상으로 차이가 있는 것으로 드러났다.

즉 언어 수행 수준이 높다고 상정된 학습자들일수록 단락 구분 여부의 제시가 이해 반응에 크게 영향을 미치지 않는 것으로 해석할 수 있다. 하지만 '하' 수준의 학습자들에게서는 단락 구분 여부가 이해 반응의 결과에 영향을 주게 되는데, 두 자료 모두 핵심 문장의 반응 결과가 차이가 있는 것으로 드러났다.

언어 수행 수준이 높다고 상정된 학습자들일수록 덩잇글에 따른

$$Z = \frac{\overline{X_1} - \overline{X_2}}{\sqrt{\frac{\sigma_1^2}{n_1} + \frac{\sigma_2^2}{n_2}}}$$

여기서 $n_1$, $n_2$ 는 각각 샘플의 크기를 나타내는 값이며 중학교의 경우 20명, 고등학교는 23명, 대학생은 24명이다. 이하 고·대 학습자들의 경우도 동일한 통계 절차를 이용하게 된다.

점수편차가 적을 것이라는 두 번째 연구가설은, 두 집단 간의 분산(표준편차)의 차이가 있는지를 검정하는 방법인 두 표본 F검정을 활용하면 된다.[11] 결과는 〈표 7〉과 같다.

**〈표 7〉 연구가설 2 검증 결과**

| 과정 | 자료 유형 | 자료 제시형태 | 조사 항목 | 검정 통계량 | 기각 여부 | 기각역 |
|---|---|---|---|---|---|---|
| 중학교 | A | 1 | 핵심어 | 1.82 | 채택 | $F>2.51$ |
| | | | 핵심 문장 | 2.16 | 채택 | |
| | | 2 | 핵심어 | 1.00 | 채택 | |
| | | | 핵심 문장 | 0.49 | 채택 | |
| | B | 1 | 핵심어 | 1.98 | 채택 | |
| | | | 핵심 문장 | 1.00 | 채택 | |
| | | 2 | 핵심어 | 0.73 | 채택 | |
| | | | 핵심 문장 | 1.26 | 채택 | |

〈표 7〉에서 드러난 바와 같이, 덩잇글에 따른 반응의 결과가 차이가 없는 것으로 두고 가설을 검증하게 된다. 결과에서 드러나는 바와 같이, '상'과 '하' 수준의 학습자들에 관계없이 모두 차이가 없는 것으로 드러났다. 따라서 연구가설 2는 기각된다. 즉 덩잇글에 따른 점수편차는 학습자들의 언어 수행 수준에 따르는 주요한 변수로 작용하지 않는 것으로 볼 수 있다.

〈그림 2〉는 고등학교 '하' 수준 학습자의 자료 B-2에 대한 수행 양상이다. 핵심 문장 줄긋기는 지나치게 생략되어 제시되었고, 핵심어 도식화는 차이에서 어떤 지식이 뛰어난 것인지의 문제를 부각시키지

---

11) 두 표본 F 검정의 검정통계량은 두 표본의 분산 비로

$$F=\frac{S_1^2}{S_2^2}$$

이며, 이 값이 유의수준 $\alpha$ 에 대해서 설정될 수 있는 기각치인 $F_\alpha(n_1-1, n_2-1)$ 보다 크면 가설을 기각하게 된다. 여기서 $n_1$, $n_2$ 는 각각 샘플의 크기를 나타내는 값이며 중학교의 경우 20명, 고등학교는 23명, 대학생은 24명이다. 이하 고·대 학습자들에게 동일하게 적용된다.

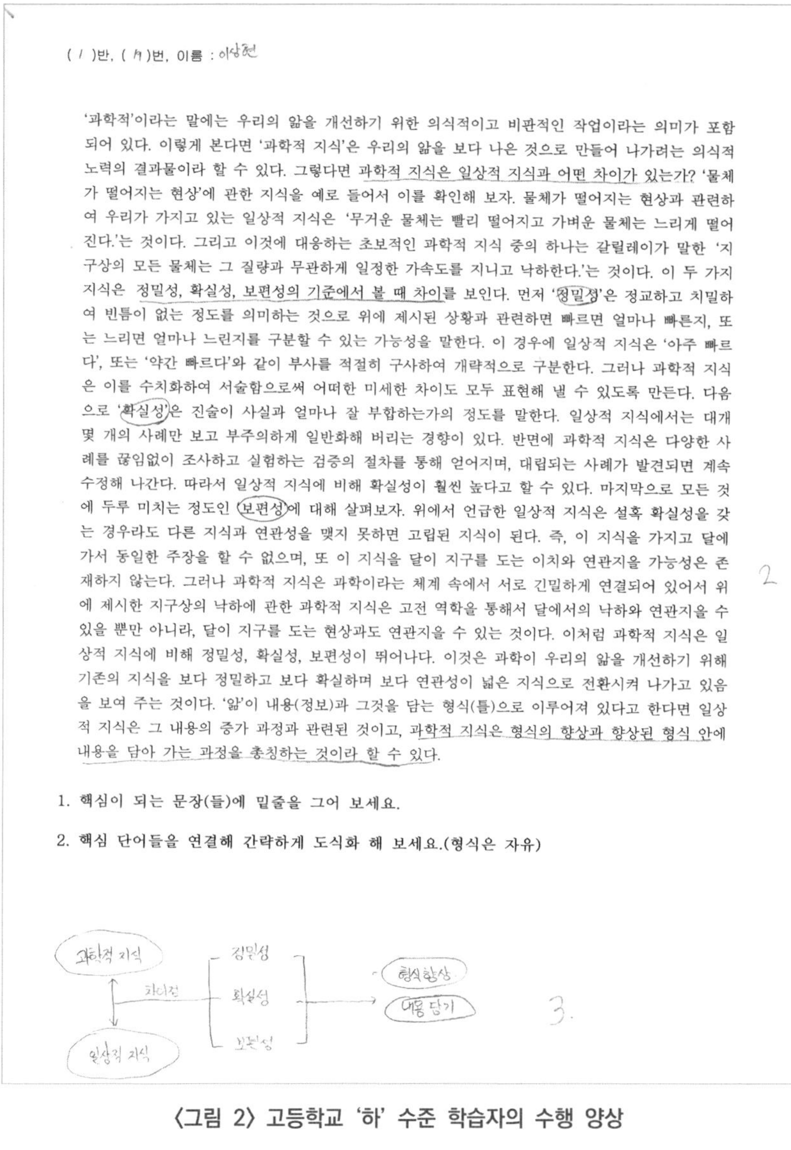

( 1 )반, ( 17 )번, 이름 : 이상현

'과학적'이라는 말에는 우리의 앎을 개선하기 위한 의식적이고 비판적인 작업이라는 의미가 포함되어 있다. 이렇게 본다면 '과학적 지식'은 우리의 앎을 보다 나은 것으로 만들어 나가려는 의식적 노력의 결과물이라 할 수 있다. 그렇다면 과학적 지식은 일상적 지식과 어떤 차이가 있는가? '물체가 떨어지는 현상'에 관한 지식을 예로 들어서 이를 확인해 보자. 물체가 떨어지는 현상과 관련하여 우리가 가지고 있는 일상적 지식은 '무거운 물체는 빨리 떨어지고 가벼운 물체는 느리게 떨어진다.'는 것이다. 그리고 이것에 대응하는 초보적인 과학적 지식 중의 하나는 갈릴레이가 말한 '지구상의 모든 물체는 그 질량과 무관하게 일정한 가속도를 지니고 낙하한다.'는 것이다. 이 두 가지 지식은 정밀성, 확실성, 보편성의 기준에서 볼 때 차이를 보인다. 먼저 '정밀성'은 정교하고 치밀하여 빈틈이 없는 정도를 의미하는 것으로 위에 제시된 상황과 관련하면 빠르면 얼마나 빠른지, 또는 느리면 얼마나 느린지를 구분할 수 있는 가능성을 말한다. 이 경우에 일상적 지식은 '아주 빠르다', 또는 '약간 빠르다'와 같이 부사를 적절히 구사하여 개략적으로 구분한다. 그러나 과학적 지식은 이를 수치화하여 서술함으로써 어떠한 미세한 차이도 모두 표현해 낼 수 있도록 만든다. 다음으로 '확실성'은 진술이 사실과 얼마나 잘 부합하는가의 정도를 말한다. 일상적 지식에서는 대개 몇 개의 사례만 보고 부주의하게 일반화해 버리는 경향이 있다. 반면에 과학적 지식은 다양한 사례를 끊임없이 조사하고 실험하는 검증의 절차를 통해 얻어지며, 대립되는 사례가 발견되면 계속 수정해 나간다. 따라서 일상적 지식에 비해 확실성이 훨씬 높다고 할 수 있다. 마지막으로 모든 것에 두루 미치는 정도인 보편성에 대해 살펴보자. 위에서 언급한 일상적 지식은 설혹 확실성을 갖는 경우라도 다른 지식과 연관성을 맺지 못하면 고립된 지식이 된다. 즉, 이 지식을 가지고 달에 가서 동일한 주장을 할 수 없으며, 또 이 지식을 달이 지구를 도는 이치와 연관지을 가능성은 존재하지 않는다. 그러나 과학적 지식은 과학이라는 체계 속에서 서로 긴밀하게 연결되어 있어서 위에 제시한 지구상의 낙하에 관한 과학적 지식은 고전 역학을 통해서 달에서의 낙하와 연관지을 수 있을 뿐만 아니라, 달이 지구를 도는 현상과도 연관지을 수 있는 것이다. 이처럼 과학적 지식은 일상적 지식에 비해 정밀성, 확실성, 보편성이 뛰어나다. 이것은 과학이 우리의 앎을 개선하기 위해 기존의 지식을 보다 정밀하고 보다 확실하며 보다 연관성이 넓은 지식으로 전환시켜 나가고 있음을 보여 주는 것이다. '앎'이 내용(정보)과 그것을 담는 형식(틀)으로 이루어져 있다고 한다면 일상적 지식은 그 내용의 증가 과정과 관련된 것이고, 과학적 지식은 형식의 향상과 향상된 형식 안에 내용을 담아 가는 과정을 총칭하는 것이라 할 수 있다.

1. 핵심이 되는 문장(들)에 밑줄을 그어 보세요.

2. 핵심 단어들을 연결해 간략하게 도식화 해 보세요.(형식은 자유)



〈그림 2〉 고등학교 '하' 수준 학습자의 수행 양상

못하고 있다.

〈표 8〉은 고등학교 '상' 수준 학습자들의 읽기 결과이다. 자료 'A'와 'B'의 단락 구분에 따른 평균 점수의 차이가 각각 0.17~0.22와

〈표 8〉 고등학교 '상' 수준의 학습자들 읽기 결과

| 번호 \ 구분 | 자료A | | | | 자료B | | | |
|---|---|---|---|---|---|---|---|---|
| | A-1 | | A-2 | | B-1 | | B-2 | |
| | 핵심어 | 핵심 문장 | 핵심어 | 핵심 문장 | 핵심어 | 핵심 문장 | 핵심어 | 핵심 문장 |
| 1 | 3 | 4 | 3 | 3 | 3 | 3 | 4 | 4 |
| 2 | 4 | 4 | 4 | 3 | 4 | 3 | 3 | 3 |
| 3 | 3 | 3 | 3 | 4 | 3 | 4 | 3 | 4 |
| 4 | 4 | 3 | 2 | 3 | 3 | 3 | 3 | 3 |
| 5 | 3 | 4 | 4 | 4 | 3 | 4 | 4 | 4 |
| 6 | 3 | 4 | 3 | 4 | 3 | 3 | 3 | 3 |
| 7 | 4 | 3 | 3 | 3 | 4 | 3 | 4 | 4 |
| 8 | 4 | 4 | 2 | 3 | 3 | 3 | 3 | 3 |
| 9 | 3 | 2 | 4 | 3 | 4 | 4 | 3 | 3 |
| 10 | 4 | 3 | 3 | 4 | 3 | 3 | 3 | 2 |
| 11 | 3 | 3 | 3 | 3 | 3 | 4 | 3 | 4 |
| 12 | 4 | 4 | 3 | 3 | 3 | 3 | 2 | 3 |
| 13 | 3 | 3 | 4 | 4 | 3 | 3 | 4 | 3 |
| 14 | 3 | 4 | 3 | 3 | 4 | 3 | 3 | 2 |
| 15 | 3 | 3 | 4 | 3 | 3 | 3 | 4 | 4 |
| 16 | 4 | 4 | 3 | 3 | 2 | 3 | 2 | 3 |
| 17 | 2 | 3 | 3 | 3 | 4 | 4 | 3 | 3 |
| 18 | 3 | 3 | 3 | 3 | 3 | 3 | 3 | 2 |
| 19 | 4 | 3 | 4 | 3 | 4 | 4 | 3 | 3 |
| 20 | 3 | 4 | 3 | 3 | 4 | 3 | 2 | 3 |
| 21 | 4 | 3 | 3 | 4 | 2 | 2 | 3 | 3 |
| 22 | 3 | 4 | 3 | 3 | 3 | 3 | 3 | 3 |
| 23 | 4 | 4 | 3 | 3 | 3 | 3 | 4 | 4 |
| 평균 | 3.39 | 3.43 | 3.17 | 3.26 | 3.22 | 3.22 | 3.13 | 3.17 |
| 표준편차 | 0.58 | 0.59 | 0.58 | 0.45 | 0.60 | 0.52 | 0.63 | 0.65 |

0.05~0.09로 드러난다. 점수의 편차는 A의 경우는 0.45~0.59로, B의 경우는 0.52~0.65로 드러나고 있다.

〈표 9〉는 고등학교 '하' 수준 학습자들의 읽기 결과이다. 고등학교 '하' 수준의 학습자들의 경우는, 단락 구분 여부에 따른 점수의 차가

〈표 9〉 고등학교 '하' 수준의 학습자들 읽기 결과

| 구분<br>번호 | 자료A | | | | 자료B | | | |
|---|---|---|---|---|---|---|---|---|
| | A-1 | | A-2 | | B-1 | | B-2 | |
| | 핵심어 | 핵심 문장 | 핵심어 | 핵심 문장 | 핵심어 | 핵심 문장 | 핵심어 | 핵심 문장 |
| 1 | 2 | 3 | 3 | 3 | 3 | 2 | 2 | 2 |
| 2 | 3 | 3 | 2 | 2 | 4 | 3 | 2 | 2 |
| 3 | 2 | 2 | 3 | 2 | 3 | 3 | 3 | 3 |
| 4 | 2 | 2 | 2 | 3 | 2 | 3 | 3 | 3 |
| 5 | 3 | 4 | 2 | 2 | 3 | 3 | 2 | 3 |
| 6 | 3 | 3 | 3 | 2 | 3 | 3 | 3 | 3 |
| 7 | 3 | 3 | 3 | 3 | 4 | 4 | 1 | 1 |
| 8 | 4 | 4 | 1 | 2 | 2 | 2 | 3 | 3 |
| 9 | 3 | 2 | 2 | 3 | 4 | 4 | 3 | 3 |
| 10 | 3 | 3 | 3 | 4 | 3 | 3 | 3 | 2 |
| 11 | 3 | 3 | 3 | 3 | 3 | 4 | 3 | 2 |
| 12 | 3 | 3 | 3 | 3 | 3 | 3 | 2 | 3 |
| 13 | 3 | 3 | 3 | 2 | 3 | 3 | 3 | 3 |
| 14 | 3 | 3 | 3 | 3 | 4 | 3 | 3 | 2 |
| 15 | 3 | 2 | 3 | 3 | 3 | 3 | 3 | 2 |
| 16 | 3 | 3 | 3 | 3 | 2 | 3 | 1 | 1 |
| 17 | 3 | 3 | 2 | 2 | 4 | 2 | 3 | 3 |
| 18 | 4 | 3 | 3 | 2 | 3 | 3 | 3 | 2 |
| 19 | 3 | 3 | 4 | 3 | 4 | 4 | 3 | 3 |
| 20 | 4 | 4 | 3 | 3 | 3 | 2 | 2 | 3 |
| 21 | 3 | 3 | 2 | 2 | 2 | 2 | 1 | 2 |
| 22 | 4 | 4 | 2 | 2 | 2 | 3 | 3 | 2 |
| 23 | 4 | 4 | 3 | 3 | 3 | 2 | 4 | 4 |
| 평균 | 3.09 | 3.04 | 2.65 | 2.61 | 3.04 | 2.91 | 2.57 | 2.48 |
| 표준편차 | 0.60 | 0.64 | 0.65 | 0.58 | 0.71 | 0.67 | 0.79 | 0.73 |

자료 A의 경우는 0.43~0.44, B의 경우는 0.43~0.47 정도로 나고 있다. 아울러 표준편차는 A의 경우는 0.58~0.65, B의 경우는 0.67~0.79이다.

언어 수행 수준에 따른 고등학교 학습자들의 차이는 단락 구분 여부에 따른 점수의 차가 중학교 학습자들의 수행 수준과 유사한 수준을 보이고 있다. 즉 '하' 수준의 학습자들은 '상' 수준의 학습자들과는 달리 단락 구분 여부에 따라 분명한 점수의 차를 보이고 있다. 하지만 덩잇글에 따른 점수의 편차는 중학교 학습자들과 마찬가지로 '상'과 '하' 수준의 학습자들로부터 유의미한 통계 수치의 차별성을 보여주지 않았다. 연구가설에 따르는 구체적인 통계 수치상의 검증 결과는 〈표 10〉과 같다.

**〈표 10〉 연구가설 1의 검증 결과**

| 과정 | 학습자 수준 | 자료 유형 | 조사 항목 | 검정 통계량 | 기각 여부 | 기각역 |
|---|---|---|---|---|---|---|
| 고등학교 | 상 | A | 핵심어 | 1.29 | 채택 | $\lvert z \rvert \geq 1.96$ |
| | | | 핵심 문장 | 1.10 | 채택 | |
| | | B | 핵심어 | 0.50 | 채택 | |
| | | | 핵심 문장 | 0.29 | 채택 | |
| | 하 | A | **핵심어** | **2.40** | **기각** | |
| | | | 핵심 문장 | 1.72 | 채택 | |
| | | B | **핵심어** | **2.13** | **기각** | |
| | | | **핵심 문장** | **2.08** | **기각** | |

고등학교 학습자들의 경우도 중학교 학습자들과 비슷한 양상으로 결과가 나왔다. 다만 '하' 수준 학습자들의 자료 A의 핵심 문장 부분이 단락 구분 여부에 따라 그 반응 결과가 유의미한 차이가 없는 것으로 드러났다. 앞서 중학교의 경우는 자료A와 B의 핵심어가 단락 구분 여부에 따라 그 반응 결과의 차가 없는 것으로 드러났었다.

연구가설 2의 검증 결과는 〈표 11〉과 같다.

중학교 학습자들의 경우와 마찬가지로 학습자들의 '상'과 '하'의 수행 수준에 따른 점수 편차는 유의미한 수치로 나오지 않았다. 따라서 연구가설 2는 기각되었다.

〈표 11〉 연구가설 2의 검증 결과

| 과정 | 자료 타입 | 자료 제시형태 | 조사 항목 | 검정 통계량 | 기각 여부 | 기각역 |
|---|---|---|---|---|---|---|
| 고등학교 | A | 1 | 핵심어 | 1.04 | 채택 | $F>2.39$ |
| | | | 핵심 문장 | 1.17 | 채택 | |
| | | 2 | 핵심어 | 1.26 | 채택 | |
| | | | 핵심 문장 | 1.45 | 채택 | |
| | B | 1 | 핵심어 | 1.38 | 채택 | |
| | | | 핵심 문장 | 1.66 | 채택 | |
| | | 2 | 핵심어 | 1.59 | 채택 | |
| | | | 핵심 문장 | 1.26 | 채택 | |

〈표 12〉는 대학교 '상' 수준 학습자들의 읽기 결과이다. 대학교 학습자들의 경우 조사 인원수 확보에 어려움이 있어 단락 구분 여부에 따라 두 자료를 묶어 조사하였다. 즉 자료'A-1'과 'B-1'을, 그리고 'A-2'와 'B-2'를 각각 동일 학습자들에게 제시하여 조사하였다. '상' 수준 학습자들의 경우 단락 구분 여부에 따른 평균 점수의 차가 'A'의 경우 0.12~0.17, 'B'의 경우 0.15~0.29의 차를 보이고 있다. 앞선 '상' 수준의 중·이 학습자들 경우와 마찬가지로 유의미한 통계 수치를 보이지는 않는다. 표준편차도 전체적으로 고르게 분포되고 있다.

〈표 12〉 대학교 '상' 수준의 학습자들 읽기 결과

| 구분 / 번호 | 자료A | | | | 자료B | | | |
|---|---|---|---|---|---|---|---|---|
| | A-1 | | A-2 | | B-1 | | B-2 | |
| | 핵심어 | 핵심 문장 | 핵심어 | 핵심 문장 | 핵심어 | 핵심 문장 | 핵심어 | 핵심 문장 |
| 1 | 3 | 3 | 3 | 3 | 4 | 4 | 3 | 3 |
| 2 | 3 | 3 | 4 | 3 | 3 | 3 | 3 | 3 |
| 3 | 4 | 4 | 3 | 3 | 4 | 4 | 3 | 3 |
| 4 | 4 | 4 | 2 | 2 | 2 | 3 | 4 | 4 |
| 5 | 4 | 4 | 3 | 4 | 4 | 4 | 3 | 4 |
| 6 | 3 | 4 | 4 | 4 | 3 | 3 | 2 | 2 |
| 7 | 4 | 3 | 3 | 3 | 4 | 4 | 4 | 4 |

| 구분 \ 번호 | 자료A | | | | 자료B | | | |
|---|---|---|---|---|---|---|---|---|
| | A-1 | | A-2 | | B-1 | | B-2 | |
| | 핵심어 | 핵심 문장 | 핵심어 | 핵심 문장 | 핵심어 | 핵심 문장 | 핵심어 | 핵심 문장 |
| 8 | 3 | 3 | 3 | 4 | 3 | 3 | 3 | 3 |
| 9 | 3 | 4 | 3 | 4 | 4 | 4 | 3 | 3 |
| 10 | 4 | 3 | 3 | 4 | 2 | 3 | 3 | 3 |
| 11 | 3 | 4 | 3 | 3 | 4 | 4 | 3 | 3 |
| 12 | 4 | 4 | 4 | 4 | 3 | 3 | 3 | 3 |
| 13 | 3 | 3 | 2 | 3 | 3 | 4 | 2 | 3 |
| 14 | 3 | 2 | 3 | 3 | 4 | 3 | 3 | 4 |
| 15 | 3 | 3 | 4 | 3 | 3 | 4 | 3 | 3 |
| 16 | 4 | 4 | 3 | 3 | 3 | 3 | 2 | 3 |
| 17 | 2 | 3 | 4 | 4 | 3 | 3 | 3 | 3 |
| 18 | 3 | 4 | 3 | 3 | 3 | 3 | 3 | 2 |
| 19 | 4 | 4 | 4 | 3 | 4 | 4 | 3 | 4 |
| 20 | 4 | 4 | 3 | 3 | 4 | 3 | 3 | 3 |
| 21 | 3 | 3 | 3 | 4 | 3 | 4 | 3 | 3 |
| 22 | 3 | 4 | 4 | 4 | 3 | 4 | 3 | 3 |
| 23 | 4 | 4 | 3 | 3 | 3 | 3 | 4 | 4 |
| 24 | 4 | 3 | 4 | 4 | 3 | 2 | 3 | 3 |
| 평균 | 3.42 | 3.50 | 3.25 | 3.38 | 3.29 | 3.42 | 3.00 | 3.17 |
| 표준편차 | 0.58 | 0.59 | 0.61 | 0.58 | 0.62 | 0.58 | 0.51 | 0.56 |

〈표 13〉는 대학교 '하' 수준 학습자들의 읽기 결과이다. '하' 수준의 학습자들은 단락 구분에 따라 평균 점수의 차가 통계 수치상으로 유의미한 차이를 보이고 있다. 대략 'A'의 경우는 0.42~0.46, 'B'의 경우는 핵심어와 핵심 문장 둘 다 0.42의 차이를 보이고 있다. 덩잇글에 따른 표준 편차는 '상' 수준의 학습자들에 비해 약간의 차이를 보이고 있지만, 통계 수치상으로 유의미한 정도는 아닌 것으로 드러났다.

대학교 학습자들의 경우 단락 구분 여부가 언어 수행 수준 차에 따른 점수 차에 밀접하게 영향을 미치고 있다. 앞선 중·고 학습자들의 경우 '하'에서 핵심어나 핵심 문장 일부만 차이가 있는 것으로 드러났

〈표 13〉 대학교 '하' 수준의 학습자들 읽기 결과

| 구분<br>번호 | 자료A | | | | 자료B | | | |
|---|---|---|---|---|---|---|---|---|
| | A-1 | | A-2 | | B-1 | | B-2 | |
| | 핵심어 | 핵심 문장 | 핵심어 | 핵심 문장 | 핵심어 | 핵심 문장 | 핵심어 | 핵심 문장 |
| 1 | 2 | 3 | 2 | 2 | 2 | 2 | 1 | 1 |
| 2 | 3 | 3 | 3 | 3 | 3 | 3 | 2 | 2 |
| 3 | 3 | 2 | 3 | 3 | 2 | 3 | 3 | 3 |
| 4 | 4 | 4 | 2 | 2 | 2 | 3 | 3 | 3 |
| 5 | 3 | 2 | 3 | 2 | 4 | 3 | 2 | 4 |
| 6 | 2 | 2 | 3 | 3 | 3 | 3 | 2 | 2 |
| 7 | 3 | 3 | 3 | 3 | 3 | 3 | 3 | 3 |
| 8 | 3 | 4 | 3 | 2 | 3 | 3 | 3 | 3 |
| 9 | 3 | 3 | 3 | 4 | 4 | 4 | 2 | 1 |
| 10 | 4 | 4 | 3 | 4 | 2 | 3 | 3 | 3 |
| 11 | 3 | 4 | 2 | 2 | 3 | 3 | 1 | 2 |
| 12 | 4 | 4 | 4 | 4 | 3 | 3 | 3 | 3 |
| 13 | 3 | 3 | 2 | 3 | 3 | 2 | 2 | 3 |
| 14 | 4 | 4 | 2 | 3 | 4 | 3 | 3 | 2 |
| 15 | 3 | 3 | 2 | 3 | 3 | 3 | 2 | 2 |
| 16 | 2 | 3 | 3 | 3 | 3 | 3 | 2 | 3 |
| 17 | 2 | 3 | 2 | 2 | 3 | 3 | 3 | 3 |
| 18 | 3 | 4 | 3 | 3 | 3 | 3 | 3 | 2 |
| 19 | 3 | 3 | 3 | 3 | 2 | 4 | 3 | 3 |
| 20 | 2 | 3 | 3 | 3 | 2 | 2 | 3 | 3 |
| 21 | 3 | 3 | 3 | 2 | 3 | 2 | 3 | 3 |
| 22 | 3 | 3 | 2 | 1 | 3 | 4 | 3 | 3 |
| 23 | 3 | 3 | 3 | 3 | 3 | 3 | 3 | 3 |
| 24 | 4 | 4 | 2 | 3 | 4 | 4 | 2 | 2 |
| 평균 | 3.00 | 3.21 | 2.58 | 2.75 | 2.92 | 3.00 | 2.50 | 2.58 |
| 표준편차 | 0.66 | 0.66 | 0.56 | 0.74 | 0.65 | 0.59 | 0.66 | 0.72 |

지만, 대학교 학습자들의 경우 '하' 전체의 영역이 모두 점수 차가 있는 것으로 드러났다. 즉 언어 수행 수준이 낮다고 상정된 학습자들은 단락 구분 여부에 따라 유의미한 점수 차를 보였다는 것이다. 즉,

연구가설 1은 수용된다. 연구가설 1에 대한 결과는 〈표 14〉와 같다.

**〈표 14〉 연구가설 1에 대한 검증 결과**

| 과정 | 학습자 수준 | 자료 유형 | 조사 항목 | 검정 통계량 | 기각 여부 | 기각역 |
|---|---|---|---|---|---|---|
| 대학교 | 상 | A | 핵심어 | 0.99 | 채택 | $\|z\| \geq 1.96$ |
| | | | 핵심 문장 | 0.71 | 채택 | |
| | | B | 핵심어 | 1.76 | 채택 | |
| | | | 핵심 문장 | 1.51 | 채택 | |
| | 하 | A | 핵심어 | 2.37 | 기각 | |
| | | | 핵심 문장 | 2.28 | 기각 | |
| | | B | 핵심어 | 2.22 | 기각 | |
| | | | 핵심 문장 | 2.22 | 기각 | |

연구가설 2의 검증 결과는 〈표 15〉와 같다. 앞선 중·이 학습자들과 마찬가지로 언어 수행 수준의 높고 낮음과 덩잇글 반응에 대한 점수의 편차는 유의미한 관련이 없는 것으로 드러났다. 따라서 연구가설 2는 기각되었다.

**〈표 15〉 연구가설 2에 따른 검증 결과**

| 과정 | 자료 타입 | 자료 세부타입 | 자료 형태 | 검정 통계량 | 기각 여부 | 기각역 |
|---|---|---|---|---|---|---|
| 대학교 | A | 1 | 핵심어 | 1.28 | 채택 | $F > 2.36$ |
| | | | 핵심 문장 | 1.24 | 채택 | |
| | | 2 | 핵심어 | 0.86 | 채택 | |
| | | | 핵심 문장 | 1.64 | 채택 | |
| | B | 1 | 핵심어 | 1.10 | 채택 | |
| | | | 핵심 문장 | 1.02 | 채택 | |
| | | 2 | 핵심어 | 1.67 | 채택 | |
| | | | 핵심 문장 | 1.61 | 채택 | |

## 4.2. 교육상 의의

이 글에서는 중·고·대 학습자들을 대상으로 국어과 점수에 따른 언어 수행 수준을 단락 구분 여부와 덩잇글 내용의 난이도와 결부시켜 이의 상관관계를 일정한 통계 절차를 바탕으로 하여 검증하였다. 이는 일종의 횡단 연구로, 중·고·대 학습자들의 이해 결과를 따로 구분하여 검증하였고, 이를 바탕으로 두 가지 정도의 교육상 의의를 구성할 수 있다.

첫째, 언어 수행 수준이 높다고 상정된 학습자들일수록 단락 구분 여부에 따른 읽기 결과의 점수 차가 적을 것이라는 가설은 학습자의 학령과 조사 자료의 형태에 그 결과가 달리 드러났다. 즉 단락 구분 여부에 따른 읽기 결과의 점수가 중·고·대 학습자들의 '상'에서는 공히 유의미한 차이가 없었다. 하지만 중학교 '하' 수준 학습자들의 경우 두 자료 모두 단락 구분과 관련된 핵심 문장 파악에서, 고등학교 '하' 수준 학습자들의 경우 자료 A의 핵심 문장을 제외하고는 모두 유의미한 차이가 발견되었다. 대학교 '하' 수준의 학습자들의 경우에는 모두 유의미한 차이가 발견되었다.

직관적으로 학습자들의 연령이 높아짐에 따라 단락 구분 여부에 따른 점수 차가 적게 날 것이라고 예상할 수 있는데, 이 글에서의 결과는 오히려 대학생들에게서 '상'과 '하' 수준의 차가 더 명확하게 나는 것으로 드러났다.[12] 물론 대학생들의 언어 수행 수준이 중학생에 비하여 턱없이 낮을 리가 없음에도 불구하고, '상'과 '하' 수준의 학습자들 사이에 단락 구분 여부가 유의미한 차이가 발견된다는 것

12) 서종훈(2010)에서는 단락 구분 여부를 학령에 따른 상관관계에서, 학령이 높아질수록 단락 구분 여부가 유의미하게 작용하지 않을 것이라는 가설을 상정하였는데, 결과에서 기각됨을 확인할 수 있었다. 이는 일부분 이 글의 조사 내용과 일치한다고 볼 수 있다. 즉 학습자들의 학령에 따른 종단, 횡단 연구에서 모두 단락 구분은 유의미한 읽기 단위로 드러난 것이다.

은 해석의 여지를 남겨두는 부분이다. 덩잇글 읽기에서 단락 구분의 시각적 도식화에 오히려 오랫동안 익숙해져 온 영향으로도 볼 수 있을 것이다.

따라서 이 글의 결과만으로 단정짓기는 어렵겠지만, 단락 구분을 통한 읽기 지도는 언어 수행 수준에 따라 구분될 수 있는 유의미한 활동으로 간주될 수 있다. 특히 언어 수행 수준이 낮은 학습자들에게 더 유의미한 활동으로 다루어질 수 있다. 나아가 학습 연령이 높다고 하더라도, 그 언어 수행의 수준에 따라 단락이 유효한 읽기의 단위로 사용될 수 있음을 조사 결과는 간접적으로 시사하고 있다.

둘째, 언어 수행 수준이 높을수록 덩잇글에 따른 점수의 편차가 적을 것이라는 가설은 중·고·대의 '상'과 '하' 학습자들 모두에서 기각되었다. 즉 언어 수행 수준의 여부에 상관없이 학습자들의 반응은 어느 정도 일관되게 드러나는 것으로 조사 결과는 보여주고 있다. 이 가설에서는 언어 수행 수준이 낮은 학습자들은 상대적으로 덩잇글의 내용 난이도에 따라 그 편차가 클 것으로 예상되었는데, 유의미한 차이를 보여주지 않았다.

덩잇글의 난이도는 여러 측면에서 고려될 수 있다. 특히 덩잇글의 내용 지식 측면은 난이도를 결정하는 가장 중요한 측면이라 할 수 있다. 즉 이는 학습자들의 배경지식과 맞물려 덩잇글에 대한 적절한 표상을 이끌어 내는 데 가장 중요한 변수라 할 수 있다. 이 글에서는 이런 측면을 감안하여, 두 편의 글에서 드러나는 내용상의 편차를 고려하였던 것이다. 즉 학습자의 언어 수행 수준이 높다는 것은 덩잇글의 여러 변수에 영향을 덜 받을 것이고, 이에 반해 언어 수행 수준이 낮은 학습자들은 그런 변수들에 영향을 많이 받아, 덩잇글의 이해 반응 결과의 점수 편차에 그대로 반영될 것이라고 상정하였던 것이다. 연구가설 자체는 기각되었지만, 더 많은 자료와 대상자를 통해 그 유의미성을 밝혀내어야 할 것으로 고려된다.

다만 읽기 교육에서 덩잇글의 내용 난이도를 고려하는 것은 매우 중요한 일이고, 아울러 학습자들의 읽기 동기를 유발하는 데 적절한 내용 난이도의 덩잇글을 선택하는 것은 여러 맥락들이 고려되어야 하는 매우 어려운 과정이기도 하다. 그 점에서 이 글에서의 내용 난이도의 측정 방법은 여러 측면에서 접근할 수 있으며, 아울러 읽기 교육상으로 유의미한 덩잇글을 선정하는 데 일정한 검증 절차로 이용될 수 있는 가능성을 제시했다는 점에서 그 교육적 의의를 찾을 수 있다.13)

## 5. 마무리

이 글은 읽기와 관련된 두 가지 연구가설을 중심으로, 언어 수행 수준에 따른 학습자들의 이해 결과를 조사하였다. 단락 구분 여부와 덩잇글의 내용 난이도에 따른 학습자들의 이해 결과를 일정한 통계 절차를 통해 검증하였고, 이를 바탕으로 몇몇 교육적 의의를 이끌어 내었다.

첫째, 언어 수행 수준이 높다고 상정된 학습자들일수록 단락 구분 여부에 따른 점수 차가 적을 것이라는 가설은 중·고·대 학습자들 각각에서 약간씩 다른 결과가 나왔다. 공히 '상' 수준의 학습자들은 단락 구분 여부에 따른 점수의 차가 없는 것으로 드러났다. 하지만 '하' 수준 학습자들의 경우, 중학교의 경우는 핵심어 부분과 고등학교의 경우는 자료A의 핵심 문장 부분을 제외하고는 차이가 있는 것으로 드러났다. 대학교 '하' 수준 학습자들의 경우 모든 영역에서 가설이 수용되어 점수차가 있는 것으로 판명되었다.

13) 본 연구가설 2의 내용과는 직접적인 관련성은 적지만, 직관적으로 어렵다고 상정한 글과 그렇지 않은 글의 평균 점수가 유의미한 의미할 정도의 점수 차를 보였다. 핵심어와 핵심 문장 파악만이 글 이해의 모든 과정이라 할 수는 없지만, 일정 부분 이해의 중요한 과정이라고 고려한다면, 이는 주요한 덩잇글 내용 난이도 파악의 과정이라 할 수 있을 것이다.

둘째, 언어 수행 수준이 높다고 상정된 학습자들일수록 덩잇글에 따른 점수 편차가 적을 것이라는 가설은 중·고·대 학습자들 공히 모두 가설이 기각되었다. 즉 언어 수행 수준 여부에 상관없이 공히 고른 점수의 편차를 드러낸 것으로 조사 결과가 나왔다.

이상 두 가지 연구가설을 통해 학습자들의 언어 수행 수준에 따른 읽기의 수행과 그 결과를 검토하였다. 본 연구가 보다 타당한 이론적 기반으로 구성되기 위해서는 다양한 갈래의 덩잇글 자료와 여러 언어 수행 수준의 학습자들을 확보해야 할 것이다. 아울러 이는 본 연구의 차후 과제로 남기고자 한다.

# 4부 쓰기 교육론

자기소개서 쓰기 지도

단락 중심 협동 작문

갈래와 주체를 고려한 쓰기 평가

# 자기소개서 쓰기 지도

## 1. 자기소개서의 의미와 교육

요즈음 진학이나 취업시에 자기소개서가 중요한 평가의 한 기준으로 사용되고 있다. 이는 자기소개서 쓰기가 자신을 드러내는 가장 중요한 수단인 동시에, 남에게 자신을 평가받을 수 있는 주요한 한 항목으로 다루어지고 있음을 말해주는 것이라 할 수 있다.

인터넷이 대중화되고, 대중적 욕구를 분출할 수 있는 기회가 예전보다 훨씬 많아진 지금, 자신을 잘 드러내는 것은 능력이요 또한 아울러 세상을 살아가는 전략으로까지 여겨지고 있다. 자기소개서 쓰기가 취업이나 진학에 하나의 평가 수단으로 사용되고 있는 것도 넓게 보면 이런 사회적 현상에 기인한다.

하지만 이제까지 정작 학교 현장에서는 자기소개서 쓰기에 대한 방법이나 교육적 지침이 전무했었다. 물론 이는 사회적으로 자신을 분명하게 드러낼 수 있는 분위기가 조성되지 않았거나 그것을 바라보는 신뢰의 부족에 있었다고 볼 수 있다. 아울러 자신을 드러내는 것이 겸손의 미덕에 반하는 자기 과시욕쯤으로 보아온 관습 때문이기도 있다.

이런 교육적 조치의 부재가 논술교육 시장의 기하급수적 확대와 더불어 사교육 시장의 팽배를 초래했고, 자기소개서를 고액에 대신 써 준다는 대필 업체가 등장하는 현상을 초래하기도 했다.

이 글에서는 이런 자기소개서 쓰기에 대한 교육현장의 문제를, 학습자들이 대학 진학시에 주요한 평가 항목으로 제출했던 자기소개서 쓰기의 주요항목과 자기소개서 쓰기에 대한 반성의 과정의 하나로 '자기소개서 쓰기'에 대한 쓰기를 중심으로 살폈다. 이는 학습자들에게 반성적 사고의 기회를 줌으로써 자기소개서 쓰기에 대한 전반적인 과정과 자기 평가 결과를 살펴보고자 하는 데 목적이 있다.

## 2. 자기소개서 쓰기 양상

### 2.1. 개념 및 특성

고대 그리스나 로마에서는 웅변술을 통해 상대방을 설득하는 수사학이 대단히 발전했었다. 상대방을 설득하는 기술이야말로 처세의 수단이요, 아울러 신분 상승의 수단이었다. 하지만 이런 수사학의 부흥이 중세나 근대로 넘어오면서 지엽적인 표현술에 국한된 수사술로 변형되면서 수사학의 부흥은 쇠퇴의 길로 접어들고 말았다.

하지만 최근 들어 그런 수사학이 점차 활기로 되찾고 있다. 이는 의사소통의 수단이 인터넷이라는 매체를 통해 다양화되고, 아울러 개인의 표현 욕구를 광장을 통해 쏟아낼 수 있는 문화적·정치적 상황이 수반된 결과라 할 수 있다.

자기소개서라는 갈래의 글도 아울러 이런 다양한 자유로운 표현 욕구와 쌍방향 의사소통의 성숙된 사회적 현상이 만들어 낸 하나의 글말 문화라 할 수 있을 것이다.[1] 아울러 자기소개서라는 갈래는 수사학의 주요한 개념인 로고스, 에토스, 파토스가 모두 고려되어야 한다.

자기소개서는 글쓴이의 과거·현재·미래의 전체적 모습이나 일정 시기의 부분적 모습이 읽는이가 요구하는 부분을 중심으로 논리적이면서도 일정 부분 감성적으로 드러난 갈래의 글이다. 설득을 목적으로 하지만, 딱딱하지 않고, 논리적이지만 전기성(傳記性)을 바탕으로 한 개인의 삶의 모습을 감성적으로 접근할 수 있는 글이다.

즉 자기소개서는 특정 영역에 국한된 갈래라기보다는 다양한 양식의 갈래를 혼합한 복잡다기한 갈래의 글이라 할 수 있다. 하지만 그런 복잡다기한 모습이 내용상 추상적이어서 현학적으로 흐르는 것이 아니라, 읽는이를 보다 고려해서 분명한 목적성과 실용성 아래 구성된 갈래라 할 수 있다. 이하에서는 자기소개서의 몇 가지 특성을 살펴보고자 한다.

첫째, 자기소개서는 자신을 가장 잘 드러내어야 하는 글쓰기 갈래로 주관적 속성이 두드러지는 갈래이다. 하지만 자기소개서는, 주관적 속성을 공유하는 일기가 자신을 드러내는 데 특별한 조건이 부과되지 않는 반면에, 자기를 드러내는 데 독자를 반드시 고려해야 하는 조건이 따른다. 즉 '객관화된 자기'를 드러내야 한다는 점에서 일면 객관성이 요구되는 갈래이다.

이는 자기소개서가 지극히 주관적이면서도 한편으론 매우 객관적인 속성의 양면성을 지닌 갈래라 할 수 있다. 즉 자기소개서는 객관

---

1) 자기소개서나 자기소개서 쓰기 지도 방안에 대한 선행 연구는 매우 미미한 실정이다. 신경득(1987)과 양건승(2007)에서 그 면모를 약간 살필 수 있다. 전자는 고전을 인용한 매우 일반적이고 관념적인 수준에서 의미를 제시하고 있으며, 후자는 언어학적 분석의 측면에서 그 의미와 교육적 적용의 문제를 다루고 있다. 아울러 일부 작문책에서 매우 협소한 범위로나마 소개하고 있는 정도이다. 본격적인 학문 연구의 대상은 아니지만, 진학이나 취업을 위한 이들을 위해 상식적 수준의 자기소개서 쓰기 지침서가 다수 출간되어 있다. 서정현 외(2003), 구인환 외(2005), 이경륜(2005) 등이 참고할 만하다.

성과 주관성을 동시에 지향하는 갈래이다.

둘째, 자기소개서는 쌍방향 의사소통으로서의 성격을 분명하게 드러내는 갈래이다. 일반적으로 글쓰기가 특정한 상대를 고려하지 않는 자신과의 고독하고 지극히 주관적인 지적 싸움의 과정으로 볼 수 있다면, 자기소개서 쓰기는 끊임없이 읽는이, 즉 독자와의 보이지 않는 소통상황을 전제해야 한다. 즉 자기소개서 쓰기는 분명한 독자를 상정한 쌍방향성 글쓰기라 할 수 있다.

셋째, 자기소개서는 무형식성의 글이다.[2] 물론 자기소개서를 요구하는 쪽에서 바라는 바가 있겠지만, 기본적으로 자기소개서는 글쓴이의 다양한 모습들이 특별한 형식에 구애받지 않고 산출될 수 있는 갈래이다. 내용과 형식면에서 얼마든지 글쓴이의 창의성이 발휘될 수 있는 가능성을 지닌 갈래라 할 수 있다.

넷째, 분명한 목적성을 가진 글이라 할 수 있다. 목적이 없는 글이 없겠지만, 자기소개서는 읽는이가 글쓴이의 삶의 궤적과 모습을 구체적으로 살피고자 하는 분명한 목적 아래 전개된 글이기 때문에 여타의 글보다 더 분명한 목적성을 지녔다고 할 수 있다. 아울러 이는 읽는이가 글쓴이의 글을 평가의 잣대로 삼는 분명한 목적도 아울러 지닌다.

다섯째, 아울러 이 갈래는 읽는이가 글쓴이의 삶의 모습을 짧은 시간 안에 글을 통해 평가하려는 실용성도 지닌다. 진학이나 취업시에 수많은 대상자들의 면면을 일일이 살필 수 없기 때문에, 글로나마 글쓴이의 여러 가지 면들을 짧은 시간 안에 일부나마 처리할 수 있는 매우 실용적으로 사용될 수 있는 갈래이다.

물론 이상의 특성 이외에도 다양한 점들이 지적될 수 있겠지만,

2) 신경득(1987: 142)에서도 "자기 소개서는 정해진 틀이나 형식이 없을 뿐만 아니라, 돌아볼 만한 궤범도 없어 취업을 앞둔 젊은이를 당혹하게 한다."고 지적하고 있다. 다만 최근의 자기소개서는 완전한 자유 기술식 소개서라기보다는 읽는이 쪽에서 알고 싶어하는 부분을 중심으로 주요 항목들로 나뉘어 제시되는 경우가 많은 것이 특징이다.

자기소개서는 위에서 제시한 속성만으로도 충분히 그 교육적 가치가 드러나는 양식의 갈래라 할 수 있을 것이고, 학교현장에서도 교육의 필요성이 요구되는 것이라 할 수 있다.

## 2.2. 자기소개서의 주요 항목 및 문제점

이 글에서는 특목고인 과학고 2학년 92명 학생들이 대학 진학을 위해 썼던 자기소개서의 주요항목들을 살피고, 그것을 바탕으로 자기소개서의 문제점을 제시한다. 여기에 소개되는 소개서는 모두 자유 기술식이라기보다는 일정한 내용의 항목을 제시하는 제한 기술식이다. 학습자들에게 각 대학이 요구하는 몇 가지 항목들을 제시하고, 학습자들에게 그 항목하에서 자유롭게 기술하도록 유도하고 있다.

물론 여기에서는 자기소개서를 요구하는 한국의 모든 대학을 소개하지는 못한다. 수시 입학에 맞춰 특기자 우선 전형을 뽑는 몇몇 대학을 선정해서 자기소개서에서 요구하는 주요한 내용들을 살펴본다. 선정 대상 대학은 서울의 $S_1$, Y, K, $S_2$대와 대전의 K대, 포항의 P대, 울산의 U대 등이다.

위의 대학들은 소위 명문대학들로 많은 학습자들이 진학을 원하는 곳이기도 하다. 따라서 경쟁률이 높을 뿐만 아니라, 학생들을 뽑는 데도 다양한 전형과정을 제시한다. 위의 주요 대학에서 제시하는 자기소개서 내용 항목만으로도 충분히 많은 대학들에서 자기소개서에 담기를 원하는 바가 뭔지를 짐작할 수 있다.

먼저 선정 대상 대학들에서 학습자들에게 요구하는 자기소개서의 내용들에 대하여 살펴보고자 한다. 대다수 대학들은 자유 기술식에 가깝기보다 제한 기술식 방식을 채택하여, 각 대학에서 필요한 부분만을 선택·취합하는 경향을 보였다.

이하는 각 대학 자기소개서의 주요 내용 항목들이다.

〈표 1〉 서울 $S_1$대의 자기소개서 주요 내용 항목

| 차례 | 내용 항목 |
| --- | --- |
| 1 | ▶지원동기와 진로계획을 중심으로 우리 대학교가 특기자 전형에서 지원자를 선발해야 하는 이유에 대해서 띄어쓰기를 포함하여 1,000자 이내로 기술하여 주십시오. |
| 2 | ▶지원한 모집단위에서 공부하기 위하여 고등학교 재학기간 동안 어떤 노력들을 기울여 왔는지에 대해 학업능력, 특기능력, 모집단위 관련 활동 등을 중심으로 띄어쓰기를 포함하여 1,000자 이내로 구체적으로 기술하여 주십시오. |
| 3 | ▶가정환경(성장과정, 생활여건 등), 학교 및 지역 환경, 고등학교 시절에 겪은 어려움 등 자기소개에 도움이 될 만한 사항이 있는 경우, 그 내용을 띄어쓰기를 포함하여 1,000자 이내로 구체적으로 기술하여 주십시오. |
| 4 | ▶교내·외 활동 중 대표적인 활동을 5개 이내로 기술하고, 이런 활동이 지원자에게 어떤 의미가 있었는지 띄어쓰기를 포함하여 각 250자 이내로 기술하여 주십시오. |
| 5 | ▶자신이 읽었던 책들 가운데 가장 인상 깊었던 책 3권을 선택하고, 그 책을 선택한 이유를 띄어쓰기를 포함하여 각 도서별로 500자 이내로 기술하여 주십시오. |

〈표 2〉 울산 U대의 자기소개서 주요 내용 항목

| 차례 | 내용 항목 |
| --- | --- |
| 1 | ▶지원동기, 관심분야, 본인의 장·단점, 진로계획 등을 중심으로 A4 2매 이내로 기술하십시오. |
| 2 | ▶교내·외 특별활동에 대해 5개 이내로 기술하십시오. |

〈표 3〉 서울 Y대의 자기소개서 주요 내용 항목

| 차례 | 내용 항목 |
| --- | --- |
| 1 | ▶남들보다 뛰어나다고 생각하는 자신의 장점과 보완·발전시켜야 할 단점에 대하여 기술하십시오. |
| 2 | ▶고등학교 재학 기간 중 학업 이외의 활동 영역에서 가장 소중했던 경험을 소개하고, 이러한 경험이 자신의 성장에 어떤 도움을 주었는지 기술하십시오. |
| 3 | ▶아래 주제 중 하나를 선택하여, 그 주제에 맞게 자유롭게 기술하십시오.<br>• 자신의 삶에 영향을 미친 가장 중요한 사건이나 경험을 설명하고, 그것이 자신의 가치관 혹은 인생관에 어떠한 영향을 주었는지를 기술하십시오.<br>• 고등학생 시절 자신이 겪었던 가장 큰 위기 혹은 좌절 상황을 설명하고, 그 상황을 극복하기 위한 과정에서의 자신의 감정과 노력을 기술하십시오.<br>• 고등학생 시절 자신이 가장 관심을 기울였던 사회 문제가 무엇인지 설명하고, 그 문제의 해결을 위해 자신이 앞으로 기여할 수 있는 방법은 무엇이라고 생각하는지를 구체적으로 기술하십시오. |

| 차례 | 내용 항목 |
|---|---|
| 4 | ▶아래 주제 중 하나를 선택하여, 그 주제에 맞게 자유롭게 기술하십시오.<br>• 가장 감명 깊게 읽은 책(1~3권)에 대하여 감명 받은 개인적인 이유를 요점적으로 기술하십시오.<br>• 자신이 가장 소중하게 생각하는 고등학생 시절의 지적 성취 경험에 대해서 설명하십시오. 단, 시험성적이나 석차 등을 나열하기보다는 자신의 창의적인 학습 활동 내용 및 과정 등을 중심으로 기술하십시오.<br>• 전공 선택에 영향을 미친 중요한 경험을 구체적으로 기술하십시오. |

〈표 4〉 서울 $S_2$대의 자기소개서 주요 내용 항목

| 차례 | 내용 항목 |
|---|---|
| 1 | ▶입학 후 학업계획 및 자기 계발계획, 진로계획에 대해서 기술하시오. |
| 2 | ▶아래의 사항 중 본인의 전형에 해당하는 문항을 선택하여 기술하시오. |

〈표 5〉 서울 K대의 자기소개서 주요 내용 항목

| 차례 | 내용 항목 |
|---|---|
| 1 | ▶고등학교 재학 중 읽은 도서 중에서 가장 인상 깊었던 부분의 줄거리를 200(±50)자로 요약하고, 그 부분이 인상 깊었던 이유를 200(±50)자로 설명하시오. |
| 2 | ▶고등학생으로의 삶 중 가장 자랑할 만한 내용이 무엇이며 그 이유를 200(±50)자로 서술하시오. |
| 3 | ▶본인의 삶에서 가장 양보할 수 없는 것이 있다면 무엇이며 그 이유를 200(±50)자로 서술하시오. |
| 4 | ▶고등학생으로서의 삶 중 후회스러운 내용이 있다면 무엇이며 그 이유를 200(±50)자로 서술하시오. |
| 5 | ▶지금까지 겪었던 어려움 중 가장 큰 내용은 무엇이며 이를 극복하기 위해 어떤 노력을 했는지 350(±50)자로 서술하시오. |
| 6 | ▶수상실적, 동아리 및 봉사활동을 각각 50~100자 내로 기재 혹은 기술하시오. |

〈표 6〉 대전 K대의 자기소개서 주요 내용 항목

| 차례 | 내용 항목 |
|---|---|
| 1 | ▶자신의 꿈을 이루기 위해 어떻게 노력해 왔는지 기술하시오.(450자 내외) |
| 2 | ▶자신이 가장 잘 하는 일 및 앞으로 해보고 싶은 일(분야)을 기술하시오.(250자 내외) |

| 차례 | 내용 항목 |
|---|---|
| 3 | ▶도전적인 면에서 당신에게 가장 큰 성취감이나 만족감을 주었거나, 창의성을 발휘한 사례를 기술하시오.(250자 내외) |
| 4 | ▶대학 입학 후 만들거나 참여하고 싶은 교내·외 사회활동을 기술하고, 이유와 사회활동에 기여할 바를 기술하시오.(250자 내외) |
| 5 | ▶본인이 가지고 있는 특별한 재능 혹은 취미활동이나 특기가 있으면 기술하시오.(250자 내외) |
| 6 | ▶본 대학 혹은 다른 교육 및 연구기관과 관련된 경험이나 사연이 있으면 기술하십시오.(200자 내외) |

〈표 7〉 포항 P대의 자기소개서 주요 내용 항목

| 차례 | 내용 항목 |
|---|---|
| 1 | ▶자기소개(본인의 장·단점, 지원동기, 리더쉽, 창의적인 정신, 국제적 감각에 대한 자기 평가, 장래희망 등을 A4용지 2매 이내로 자유롭게 기술하십시오.) |

각 대학별로 나름의 자기소개서 항목을 제시하려고 노력한 결과가 엿보인다. 주요 내용 항목의 선정에서부터 형식에까지 진학 대상자의 평가 자료로 활용하기 위해 각 대학 나름의 자기소개서 틀을 제시한 느낌을 준다. 하지만 자세하게 들여다보면 몇 가지 문제점들이 지적될 수 있다.

우선 전체적인 자기소개서 항목상의 문제이다. 지나치게 자기소개서 항목을 세분화시키고 있다. 모든 대학들이 모두 그런 양상을 보이는 것은 아니지만, 서울의 $S_1$, Y, K, 대와 대전의 K대는 다수의 항목을 제시함으로써 자기소개서가 가지는 쓰기 양상의 자유성과 창의성을 저해할 가능성이 있다.

둘째, 평가와 관련한 부분이다. 대학마다 자기소개서 평가에 두는 가중치는 차이가 있겠지만, 진학을 위해 학습자들이 자기소개서에 들이는 노력만큼 과연 자기소개서가 평가의 분명한 수단이나 잣대로 사용될 수 있을지에 대한 문제이다. 각 문항들이 평가의 수단으로 사용될 수 있기에는 학습자들의 내용상 차별성 유도에 한계가 따를 것으로 판단된다. 기껏해야 글의 표면적이고 형식적인 것에만 평가의 잣대를 둘 수밖에 없을 것으로 보인다. 좀 더 개성적이고 창의적인 질문을 통해 학습자들의 반응을 이끌어 내는 것이 중요할 것이다.

셋째, 몇몇 대학들에서 지나치게 글자수를 제한함으로써, 특히 500자 이내로 제한함으로써 내용보다는 띄어쓰기나 맞춤법, 문장 어법 등에 학습자들의 주의를 쏟게 만들 소지가 있다는 점이다. 가령 250자 정도로 내외로는 학습자들의 삶의 단편적인 부분이나마 제대로 드러낼 수 있을지 의문스럽다.

각 대학들이 자기소개서를 어떤 식의 평가 기준으로 삼을지는 분명 그들의 소관이지만, 자기소개서란 필시 글쓴이의 삶의 과정을 오롯이 드러나야 제대로 글쓴이와 글을 부합시킬 수 있는 법이다. 매우 단편적이고 지엽적인 내용과 몇 자 내·외로 제약되어 있어 자기소개서 쓰기는 학습자들의 창의성을 저해하는 것은 물론이요, 또 다른 모방과 편법에 기승한 자기소개서 쓰기를 산출한 가능성을 다분히 드러낸다고 할 수 있다.

대학들에서 제시한 자기소개서의 주요 항목에 맞추어 학습자들은 자신의 삶과 연계된 여러 부분들을 직·간접적으로 드러낸다. 특히 진학과 관련된 주요한 평가 자료이기 때문에 학습자들은 최선을 다하여 자기소개서를 작성한다.

대학 진학의 평가 자료로 활용되기 때문에 학습자들은 몇 회의 수정 작업을 통해 자기소개서를 구성한다. 따라서 형식적으로 드러난 오류는 거의 찾아보기 힘들다. 이는 물론 온라인(on-line)상으로 작성되기보다는, 오프라인(off-line) 상태에서 작성되기 때문에 주변의 많은 사람들에게 도움을 받아서 작성하는 경우가 많기 때문이다.

이런 점 때문에 자기소개서에 드러난 형식적인 오류를 발견하기 힘들고, 아울러 몇 자 내·외로 한정된 제한 기술식 형태의 서술방식을 택하기 때문에, 내용상으로도 거의 차별성을 발견하기 힘들다. 따라서 자기소개서를 일정한 잣대를 가지고 평가하기에는 어려운 점이 있다.

## 2.3. 반성적 쓰기를 통해 드러난 양상

이 글에서는 이런 점을 감안하여 반성적 쓰기를 통해 학습자들의 자기소개서 쓰기 과정에 대한 과정과 자기 평가 부분을 살피고자 한다.[3) 반성적 쓰기는 일종의 메타 쓰기로서 '자기소개서 쓰기'에 대한 쓰기라고 할 수 있다.[4) 이를 통해 학습자들이 자기소개서를 쓰면서 어려웠던 점과 차후에 자기소개서를 쓴다면 어떤 식으로 접근할 것인지의 문제에 대하여 시사점을 찾고자 한다. 이는 반성적 사고를 통한 자기소개서에 대한 자기 평가이기도 하다는 점에서 의의가 있다.[5)

이 과정은 수행평가의 일환으로 실시되었다. 그 제출여부와 시기에 따라 평가의 편차는 최소화하였다. 대다수 학습자들의 학력 수준이 높고 기본적인 글쓰기에는 숙달되어 있는 편이라 점수의 편차는 크게 고려하지 않았다. 다만 자기소개서 쓰기에 대한 반성적 사고의

3) 반성적 쓰기는 일종의 '쓰기에 대한 쓰기'라 할 수 있다. 따라서 '반성하다'라는 의미는 쓰기 과정에 대한 끊임없는 되돌아보기이며, '반성적 쓰기'는 이를 재차 글로 남기는 것을 말한다. 하지만 여기에서 개념상의 문제로 지적될 수 있는 것 중의 하나는, 가령 '일기'라는 갈래의 글쓰기는 반성적 쓰기가 아닌가라는 점이다. '일기'는 기본적으로 행위에 대한 반성과 관련된다. 그것은 엄밀한 의미에서의 반성적 쓰기, 즉 메타쓰기와는 다르다고 할 수 있다. 박영민(2006: 37)에서는 의료 교육 분야에서 인지적 지식과 실천적 행위의 간극을 좁히는 하나의 방법으로 반성적 쓰기를 유용하게 사용하고 있다고 지적하고 있다. 이를 반성적 쓰기와 관련시켜 도식화 시키면 다음과 같다. '의료행위 : 쓰기행위 = 쓰기행위$_1$ : 쓰기행위$_2$'로 볼 수 있다. 전자가 의료행위와 관련된 반성적 사고의 쓰기이고, 후자는 일종의 메타쓰기의 개념으로 볼 수 있다. 엄밀한 의미에서 전자는 앞서 언급된 일기쓰기와 같은 맥락으로 볼 수 있다. 따라서 메타쓰기의 개념과는 거리가 있다고 할 수 있다. 반성적 쓰기에 대한 보다 정확한 뜻매김이 고려되는 부분이라 할 수 있다.

4) 반성적 쓰기에 대한 연구는 김종백 외(2005), 박영민 외(2006), 박영민(2006) 등에서 상세하게 다루어지고 있다. 다만 이 글에서는 반성적 쓰기에 국한된 연구라기보다는 자기소개서 쓰기에 대한 문제를 반성적 쓰기와 결부시켜 그 의의를 도출하고 있다는 점에서 위의 연구들과 차별성을 가진다. 즉 위의 연구들이 원론적 성격의 반성적 쓰기에 대한 연구라면, 이 글의 반성적 쓰기 부분은 각론적 성격을 지니는 연구라 할 수 있다.

5) 신경득(1987: 148)에서도 자기소개서 평가를 읽는이의 입장에서 섬세하게 검토할 필요성이 있다고 세 가지 정도로 제시하고 있다. 자기실현의 꿈이 인상 깊게 드러나는지의 여부, 사춘기를 어떻게 극복했는지의 여부, 치열하게 살아왔는지에 대한 반성 등이 다분히 감상적이고 추상적으로 제시되고 있다.

결과를 한 편의 글로 담아냄으로써 차후 자기소개서 쓰기에 대한 지침으로 사용하고자 한다. 반성적 쓰기 결과에서 드러난 양상은 이하에서와 같이 몇 가지로 정리할 수 있다.

첫째, 글의 갈래에 대한 정확한 인식이 드러난다는 점이다. 이는 한 편의 글을 쓰는 데 있어 매우 중요한 인식의 계기가 된다. 쓰기 갈래에 대한 명확한 인식은, 분명 여타의 글쓰기 결과에서도 영향을 줄 수 있다.

> 자기소개서란 단순히 자기를 소개하는 것이 아니다. '저는 이러이러한 사람이므로 귀교(또는 귀사)에 입학(입사)하는 데 적합한 사람입니다.'라고 상대를 설득하는 글이다. (2-1반, 박○○)

> 광고문이 상품을 홍보하듯이, 자기소개서는 자신의 강점, 특징, 능력 등을 상대방에게 어필하여 자신을 드러내고자 하는 글이다. (2-2반, 곽○○)

> 자기소개서란 자신을 가장 정확하고도 매력적으로 드러내는 글이다. (2-2반, 김○○)

> 자기소개서에는 '내 안의 나'를 확실히 보여 줄 수 있는 자신만의 철학이 담겨야 하는 글이다. (2-4반, 김○○)

> 자기소개서란 자기를 소개하는 글이다. 면접관들이 나를 모르기 때문에 자기소개서로 나를 인식시켜야 한다. 잘 쓴 자기소개서란 아무것도 모르는 사람이 그것을 보고 '나'가 머릿속에 정확하게 그려지는 것이라 할 수 있다. (2-4반, 김○○)

위에서의 지적처럼 학습자들은 자기소개서를 쓰면서 자기소개서가 어떤 글인지를 나름대로 정의내리고 있다. 따로 자기소개서가 어떤 글인지를 배우지도, 그리고 학습하지 않았음에도 불구하고 글을 쓰면서 스스로 파악한 면들을 잘 부각시키고 있다. 이런 점들은 분명 차후에 여러 글을 쓰면서도 글 갈래에 대한 뜻매김을 통해 덩잇글을 어떻게 전개시키고, 매듭지어 나가야 할지에 대한 개념틀을 제공해 줄 것이다.

둘째, 막연한 생각과 이를 글로 표현하는 것은 분명한 차이가 있음을 학습자들은 명확히 인식하고 있다. 이 문제는 글쓰기가 머릿속에 그려지는 막연한 생각의 파편들을 요약·정리해 나가는 과정을 무수하게 거쳐야만 된다는 인식을 분명하게 심어주고 있다. 아울러 이런 문제를 어떻게 해결해 나아야 할 것인지에 대한 전략도 드러난다.

무엇보다 힘든 것은 '어떤 내용을 쓸 것인가'입니다. 무턱대고 써 내려가는 것은 진도도 안 나갈뿐더러 글의 흐름을 잃기 쉬우므로, 펜을 잡기 전에 글 전체의 계획을 잡는 것이 중요하다는 점을 느꼈습니다. 몇 가지 중심적인 내용을 적은 뒤, 글 전체의 순서를 잡고, 그 중심 내용을 바탕으로 글을 써 내려 가는 것입니다. (2-3반, 김○○)

태어나서 처음으로 진학을 위해 자기소개서를 써보았습니다. 처음 쓰는 글이라 그런지 많이 어설펐고 막막했습니다. 쓰면서 많은 어려움이 있었는데, 가장 큰 것이 '쓸 내용이 없었다.'는 점입니다. 쓰면서 계속 막히고 소재거리가 다 떨어져서 더 쓰지 못하고 했던 얘기만 계속 반복하는 모습을 많이 보였습니다. (2-3반, 김○○)

백지에 자신을 자유롭게 서술하라는 식의 자기소개서는 정말 막막하였습니다. 글의 시작부터 내용 전개, 끝맺음까지를 전부 새롭게 구성해야 하기 때문입니다. 그러나 계속하여 고민하며 글을 쓰고 다듬는 것을 반복한 결과, 어느 정도 만족스러운 자기소개서가 나오게 되었고, 관련 요령도 조금 터득하게 되었습니다. (2-4반 박○○)

글쓰기에 자신이 없는 사람은 일단 시작을 하기가 어렵다. 무슨 내용을 써야 하는지 알고 있어도 표현을 한다는 것이 매우 어렵기 때문이다. 이때 이런 문제를 해결하기 위해서는 대학 자기소개서에 있는 항목에 대해 골똘하게 생각해 보는 것이 좋다. (2-4반 이○○)

셋째, 글쓰기의 윤리적인 측면에 대한 인식이 드러났다. 앞서 지적했듯이 자기소개서는 수사학의 로고스, 에토스, 파토스의 여러 측면이 동시에 고려되어야 하는 글 갈래이기 때문에, 이성과 감성, 그리고 윤리적인 면까지 두루 글속에 드러나야 한다. 특히 윤리적인 면에 대한 고려가 두드러지게 드러나고 있다.

최대한 솔직하게 자신을 표현하는 것이 중요하다. 남이나 가상의 인물을 설정하여 희망사항을 담은 인물을 표현해서는 안 된다. (2-1반, 김○○)

자기소개서는 대학을 설득하여 자신이 우수하다는 사실을 알리는 데 목적이 있다. 한 가지 말하고 싶은 것은, 솔직한 글을 쓰라는 것이다. 자기소개서를 쓸 때가 되면, 왠지 내가 아닌 나를 담고 싶은 유혹을 느낀다. 하지만 그럼에도 정직해지라고 하고 싶다. 자신을 돌아보면 자신의 뛰어난 점이나 내면에 품은 꿈을 분명 찾아낼 수 있을 것이다. (2-1반, 박○○)

자기소개서란 자신이 왜 이 대학에 뽑혀야 하는가를 적는 것이므로 논리력이 필수다. 사실을 기반으로 써야지 과장되게 적으면 논리력이 떨어진다. 또한 사실을 기반으로 하되 자신에게 유리하게 적는 것도 좋다. 하지만 구체적 증거를 들어 줄 필요가 있다. (2-4반, 남○○)

자기소개서를 쓸 때, 그 무엇보다 중요한 것이 있는데, 바로 자기 자신에 대한 자부심을 가지라는 것이다. 자신감은 자신을 소개하려는 사람이 반드시 갖추어야 할 덕목이며, 자신감이 없는 사람은 결코 자기소개서를

쓸 수 없다. (2-4반, 양○○)

실제로 자기소개서를 쓸 때, 가장 강력한 도구는 솔직함과 진솔함이다. 좀 더 잘 보이기 위해 과장된 표현과 거짓말을 써나가는 것보다 자신이 직접 겪은 경험들을 바탕으로 그 과저에서 느꼈던 점이나 자신의 우수성을 강조해 주는 것이 훨씬 효과적이다. (2-4반, 이○○)

많은 학습자들이 자기소개서에 표현될 내용에 대하여 과장에의 유혹을 많이 받고 있는 것으로 드러났다. 과장을 통해 읽는이의 관심을 끌어내어야 한다는 쪽과 초지일관 솔직하고 정직하게 써야 한다는 쪽에서 많은 고민을 하는 것으로 보였다. 학습자들은 이런 과정을 통해 상대방을 보다 잘 설득하려고 할 때, 어떻게 해야 하는가를 직·간접적으로 터득하게 된다.

넷째, 글쓰기는 곧 삶쓰기와 같은 맥락에 있음을, 학습자들의 자기소개서 쓰기 양상을 통해 절실히 파악할 수 있었다. 삶쓰기란 곧 많은 경험을 통해 그것을 자신의 가치와 전략으로 만들어 가는 과정이고, 글쓰기란 다름 아닌 그런 과정을 문자를 통해 가시적으로 드러내는 것이다. 따라서 글쓰기에 앞서 많은 경험이 토대가 되어야 한다는 사실을 학습자들은 뼈저리게 느끼고 있음을 드러냈다.

양질의 자기소개서를 쓰기 위해서는 가장 먼저 쓸 말이 많아야 한다. 따라서 여러 가지 많은 경험을 해 두는 것이 필요하고 다양한 활동에 적극적으로 참여해 두어야 한다. (2-1반, 박○○)

만약 제가 취업이나 진학을 위해 또다시 자기소개서를 쓴다면, 대인관계를 조금 더 강조하고 꾸준히 노력하는 모습에 역점을 두고 쓸 것입니다. 왜냐하면 실제 사회에서 노력하면서 대인관계가 원만한 사람은 성공할 확률이 크게 때문에 대학이나 기업에서 가장 원하는 인재상이라고 생각

하기 때문입니다. (2-2반, 손○○)

자기소개서를 쓰기 전에 남들과는 다른 이색적인 경험을 많이 해 볼 것을 추천한다. 평범한 일상의 굴에서 바깥으로 한 발을 내딛는다면, 평소와 다른 자신을 느끼면서 자기 자신을 더 잘 알게 되고, 자기소개서에 쓸거리도 많아진다. 같은 맥락으로 폭넓은 독서 또한 추천한다. (2-3반, 강○○)

무엇보다 기본이 되는 것은 평소 생활을 열심히 하는 것이라 본다. 매사에 적극적이고 열정적인 태도로 임해야 자기소개서에 쓸 실적, 경험 등이 풍부해질 수 있다. 뿐만 아니라, 이러한 태도는 자기소개서 외에 자신을 발전시키고 자신의 꿈과 목표에 더 다가설 수 있는 가장 쉬우면서도 효과적인 방법이다. (2-3반, 김○○)

결국 좋은 글이란 글쓴이의 삶의 폭과 깊이에 비례한다는 평범한 진리를 학습자들은 자기소개서 쓰기를 통해 절실하게 깨닫는 것으로 드러났다. 학교라는 울타리에서만 생활해 온 학습자들이 더 좋은 글을 쓰기 위해서는 보다 폭넓은 경험의 필요성을 역설하는 것은 현 우리 국어교육에 많은 시사점을 주는 바라 하겠다.

다섯째, 자기소개서 쓰기의 내용과 형식에 대한 여러 가지 문제에 대한 기본적인 인식의 제고를 들 수 있다. 내용 생성과 조직, 표현, 고쳐 쓰기 등 여러 가지 글쓰기 기본 문제에 대한 사고의 결과를 반성적 쓰기를 통해 알 수 있다. 즉 학습자들은 반성적 쓰기를 통해 글쓰기의 내용과 형식적인 여러 부분에 대하여 고민하고 있고, 아울러 그것의 해결전략까지 나름대로 세우는 것으로 드러났다.

문득 떠올랐던 생각 중 일기를 쓰는 것이 어떨까하는 생각을 해 보았다. 큰 사건의 경우는 기억에 잘 남지만 작은 사건의 경우는 아니다. 사소한 것이라도 상대에게 호감을 주는 사건은 글을 쓸 하나의 소재가 된다.

하루에 사소한 일이라도 뜻있는 일이었다면, 간단한 메모를 남기는 것도 괜찮은 방법인 듯하다. (2-1반, 이○○)

미사여구나 애매한 말을 써서는 안 됩니다. 상대방은 우리보다 훨씬 논리적인 이공계 교수님들입니다. 자칫 면접시에 그런 표현들로 자신을 옭아매는 수도 있을 것입니다. (2-1반, 조○○)

자기소개서는 자신의 1년 반 동안의 고등학교 삶에 대해 기술하는 것이다. 여기서 읽는이에게 무미건조한 느낌을 주지 않기 위해서는 스토리가 필요하다. 사람은 긴 줄글보다 스토리가 있는 것을 재미있게, 인상 깊게 읽는 경향이 있다. (2-3반, 이○○)

내가 교수라고 생각해 보면, 딱딱하고 사실에만 근거한 글은 읽기 싫을 것입니다. 최대한 자신만의 특별한 경험에 대한 일화를 살려 소설 같은 형식으로 쓰면 좋습니다. 그렇다고 말을 너무 꾸미거나 치장은 하지 말고, 읽는 사람의 마음을 움직일 수 있도록 써야 합니다. (2-4반, 김○○)

이상 자기소개서에 대한 반성적 쓰기를 통해 드러난 여러 가지 글쓰기 현상에 대한 문제들을 정리해 보았다. 학습자들이 혼신을 힘을 다해 쓴 만큼 이제까지 써 온 여타의 글에 대해서보다 많은 생각의 흔적들을 드러낼 수 있을 것이라 고려했다. 하지만 반성적 쓰기를 통해 보다 향상된 자기소개서 쓰기를 할 수 있을지의 문제에까지는 이 글에서 나아가지 못했다.[6]

다만 학습자들이 반성적 쓰기를 통해 자기소개서에 대한 여러 가지 문제 상황들을 글쓰기 과정의 관점에서 스스로 인식·자각할 수

6) 박영민·최숙기(2008)에서는 계획적 쓰기와 반성적 쓰기의 효능을 중학생 설명문 쓰기에 적용하면서, 반성적 쓰기가 중위 집단과 하위 집단에 효과적이라는 결과를 내놓고 있어 참고가 된다.

있었다는 점은 중요한 의의로 판단된다. 아울러 언어교육이 언어와 언어 사용에 대한 자각의 문제에[7] 큰 비중을 두어야 하는 만큼, 반성적 쓰기가 언어와 언어 사용에 대한 중요한 지침을 제공하고 있다는 점 또한 의의로서 지적될 수 있다.

## 3. 교수·학습 지도 방안

기존의 우리 교육현장, 특히 중·고교 국어교과 과정에 자기소개서 쓰기에 대하여 그 내용의 구체적인 항목이나 교수·학습 과정을 제시한 부분은 매우 드물다. 이는 그 동안 자기소개서 쓰기에 대한 사회적 필요가 덜 한 영향도 있었을 것이고, 자기소개서라는 갈래의 글을 굳이 공적인 담론의 글 갈래로 부각시킬 사회적 분위기도 조성되지 못한 탓이라 할 수 있다.

하지만 최근 들어 많은 대학에서 자기소개서를 진학의 필수제출 자료로 요구하고 있고, 이는 비단 진학에서뿐만 아니라, 사회 진출의 첫 교두보인 취업에서도 매우 중요한 필수 제출 자료로 여겨지고 있다. 하지만 정작 학교현장에서는 이런 자기소개서의 중요성에 대한 사회적 인식의 향상에도 불구하고 구체적인 교수·학습 과정의 대상으로 다루어지지 못하고 있는 실정이다.

이런 인식과 더불어 앞선 장에서 드러난 학습자들의 반성적 쓰기에 드러난 다양한 문제의식을 바탕으로 이하의 장에서는 자기소개서 쓰기에 대한 구체적인 교수·학습과정의 목록을 제시하고, 아울러 실제 교육현장에서 사용할 수 있는 교수·학습 과정안을 제시해 보고자 한다. 물론 차시별 구체적인 과정안을 제시하기보다는, 개괄적인 내

7) 김지홍(2007)에서는 언어와 언어사용의 자각과 인식에 대한 문제를 대하여 깊이 있게 다루고 있어 참고가 된다.

용과 방법의 문제를 다루어 보는 데 의의가 있다.

자기소개서 쓰기는 크게 두 가지 과정으로 나눌 수 있다. 그것은 '나'를 드러내는 과정과 '상대'를 고려하는 과정이다. 자기소개서의 주요한 특성중의 하나인 주관성과 객관성을 동시에 지닌 갈래라는 점에 비중을 둔다면 이는 매우 중요한 과정이라 할 수 있다. 간략하게 도식화시켜 보면 다음과 같다.

〈표 8〉 자기소개서 쓰기의 과정 및 내용

| 과정 | 내용 |
|---|---|
| '나'를 드러내는 과정 | 자아 정체성 인식하기 |
| '상대'를 고려하는 과정 | 자아와 타자의 공존관계 인식하기 |

두 가지 과정을 명확하게 나눌 수는 없지만, 자기소개서를 한 번도 접해보지 않은 대다수의 학습자들에게 일종의 하위 과정으로 나누어 제시할 수 있을 것이다. 무엇보다 중요한 것은 '자기정체성'에 대한 문제를 파악하는 것, 즉 '나는 누구인가?'라는 문제에 대한 깊이 있는 고민의 과정이 필요하다.

이런 고민의 과정이 없고서는 기껏해야 화려하게 포장되거나, 혹은 사실에 바탕을 두지 않은 비윤리적 글쓰기의 유혹에 빠진 자기소개서만 양산할 가능성이 크기 때문이다. 무엇보다 자신의 삶에 대한 진정성이 드러나는 글이어야 할 것이다.

아울러 타자와의 공존관계에 대한 고민의 흔적이 드러나야 할 것이다. '공존관계'라는 표현이 의미하는 바는, 자기소개서가 우선 읽는이를 적극적으로 고려해야 한다는 의미와 함께 글쓴이와 읽는이가 지향하는 바가 공감될 때 가장 큰 효과를 거둘 수 있다는 의미에서이다.

'나'를 드러내는 과정은 일종의 자신의 삶에 대하여 드러내는 전기 형식의 글이 될 수 있다. 물론 전기문은 아니다. 하지만 특정 시간·공간을 유념하면서 전개해야 하기 때문에, 일종의 자서전의 형식이라고 할 수 있다.

이는 단순하게 시간에 따른 나열식의 서술방식으로는 자기소개서의 본령에 적합한 내용을 이끌어낼 수 없다. 무엇보다 자아의 정체성에 대한 깊이 있는 고민이 따라야 한다. 그래야만 자신을 객관화시킬 수 있는 힘이 생길 수 있다. 간략하게나마 자서전 형식에 포함되어야 할 요소들을 제시하면 다음과 같다.

〈표 9〉 자기소개서에 소개할 주요 내용 요소

| 내용 | 시간 | 공간 |
|---|---|---|
| 어떻게 살아왔는가? | 과거 | 가정·학교 등 |
| 어떻게 살아가고 있는가? | 현재 | 가정·학교 등 |
| 어떻게 살아갈 것인가? | 미래 | 가정·학교·사회 등 |

위의 표에 제시된 내용은 자기소개서에서 '나'를 드러내는 가장 기본적인 과정의 하나로 삶에 대한 문제를 시간과 공간별로 나누어 서술하게 해 보는 시도이다. 단순한 면이 있지만, 가장 분명하게 자신의 삶의 과정을 드러낼 수 있는 과정이라 할 수 있다. 아울러 쓰기의 수사적 도식도 시간과 공간이라는 점을 분명하게 하여 학습자들이 보다 쉽게 접근할 수 있도록 유도하고 있다.

이는 학습자의 관점에서 자기소개서에 대한 큰 틀을 제공한다고 볼 수 있다. 무엇보다 자기소개서의 기본은 글쓴이의 삶의 과정이 오롯이 드러나야 하기 때문이다. 하지만 이런 과정이 시·공간을 고려한 수사적 도식에 따라 드러난다고 자기소개서 쓰기의 틀이 완성되었다고는 볼 수 없다.

실제 진학이나 취업시에 요구하는 자기소개서는 물론 위와 같이 매우 큰 범위에서 글쓴이의 삶의 과정에 대한 평가를 내리지는 않겠지만, 본격적인 자기소개서를 쓰기 이전에 자신에 대한 고민의 과정으로 위의 세 과정을 기본틀로 삼을 수 있을 것이다.

하지만 '자기정체성'에 대한 보다 깊은 사색의 과정이 드러날 수 있는 보다 구체적이고 세부적인 교수·학습 과정상의 내용이 모색되어야 할 것이다. 그 일환의 하나로 '나'에 대한 광고문 쓰기를 시도해 볼 수 있을 듯하다. 광고문이란 매우 짧은 시간 안에 드러내고자 하는 것의 모든 것을 가장 잘 드러내는 자본주의의 총아가 나은 예술영역이라 할 수 있다.

광고문 쓰기는 자칫 자기소개서가 전체적으로 논리적인 도식과 사실의 영역의 전달에만 치중한 나머지 읽는이에게 설득력 있거나 감성적으로 와 닿지 않는 부분에 대한 약점을 보완할 수 있는 것으로 다루어질 수 있을 것이다. 자기소개서는 위에서 언급한 바와 같이 설득을 목적으로 한 논리적 글이기도 하지만, 그 이전에 읽는이에게 감동과 여운을 남겨주어야 하는 갈래 복합의 양식이라고 했다.

따라서 상징이나 비유적 표현의 사용도 아울러 고려해 볼 수 있을 것이다. 이런 상징과 비유적 표현이 가장 짧은 문구와 더불어 드러날 수 있는 글 갈래가 광고문일 것이다. 다소 학습자들에게 생소할 수 있지만, 자기를 드러내는 가장 분명한 수단의 갈래로 사용할 수 있을 것이다.

광고문 쓰기는 자서전 쓰기와 별개로 다룰 것이 아니라, 이후에 최종적으로 자기소개서 쓰기 과정시에 필요한 부분들을 선택해서 넣을 수 있을 것이다. 즉 사실성을 바탕으로 자칫 무미건조해질 수 있는 부분에 상징과 비유를 바탕으로 한 짧은 경구 등을 포함시킴으로써 읽는이에게 주의를 환기시킬 수도 있을 것이고, 아울러 기억 속에 오래 남을 수 있는 계기가 될 수도 있을 것이다.

두 번째 '상대'를 고려하는 과정은 여러 가지를 생각해 볼 수 있을 것이다. 이는 '나를 누구일까'를 넘어 '나는 타인에게 누구일까'의 문제를 본격적으로 다루어야 하는 과정이다. 즉 '나'를 보다 객관화된 입장에서 볼 수 있도록 자신을 냉정하고 분명하게 드러내고 자리매김하는 것이다. 따라서 앞서 첫 번째의 과정보다 보다 많은 노력의 과정이 들어간다고 할 수 있다.

단적으로 자기소개서는 읽는이가 누구인가에 따라 그 내용이 달라질 수 있다. 따라서 '누구인가'에 대한 탐구과정이 심층적으로 이루어져야 할 것이다. 교수·학습과정에서는 '누구'를 다양하게 상정해 보고 그에 따른 자기소개서의 양상이 어떻게 달라질 수 있는지 연습시켜 볼 수 있을 것이다.

우선 생각해 볼 수 있는 것이 입장 바꿔 생각해 보고, 그에 따른 내용을 생성해 보는 것이다. 가령 진학하고자 하는 해당학과의 교수가 되거나 혹은 취업하고자 하는 회사의 사장 입장에서 자신을 어떻게 드러낼 것인가를 고민해 보게 하는 것이다. 나아가 자신이 해당학과의 교수나 회사의 사장 입장에서 어떤 사람을 뽑을 것인가에 대한 문제를 적어보게 하는 것이다. 즉 역지사지의 입장에서 쌍방향 글쓰기를 해보는 것이다.

또한 또래 학습자들의 자기소개서 몇 편을 읽으면서 자기소개서의 내용과 형식을 판정해 보고, 나아가 어느 소개서가 가장 우수한 지를 읽는이의 입장에서 판정해 보고, 그 판정한 바를 서술해 보는 것이다. 그렇다면 자연스럽게 글쓴이와 읽는이의 쌍방향 의사소통 과정에 있게 되고, 보다 객관적으로 자기를 바라볼 수 있는 기회를 얻을 수 있을 것이다.

요약하자면 '상대'를 고려하는 과정은 아래의 표와 같이 간략하게 구성될 수 있다.

**〈표 10〉 '상대'를 고려하는 주요 단계 및 내용**

| 단계 | 내용 |
|---|---|
| '읽는이' 상정하기 | '읽는이'의 입장에서 바라는 내용 생성해 보기 |
| '나'를 객관화하기 | '읽는이'가 바라는 자기소개서 구성하기 |
| 입장 바꿔 평가하기 | '읽는이'의 관점에서 다른 학습자의 자기소개서 평가하기 |

## 4. 마무리

이 글에서는 자기소개서에 대한 개념 및 특성, 아울러 대학진학을 위해 각 대학에서 자기소개서의 주요한 항목으로 제시한 내용들을 살펴 그 문제점을 몇 가지로 파악해 보았다. 대학에서 제시한 자기소개서는 대다수가 제한 기술식으로 제시되어 학습자들의 삶을 오롯이 드러내기에는 부족만 면이 많았다. 또한 학습자들의 개성과 창의성을 이끌어내기에도 질문 자체가 지나치게 도식화되고 정형화되었다는 인상을 주었다.

한편 학습자들의 자기소개서 쓰기에 드러난 다양한 문제를 파악하기 위하여 반성적 쓰기를 실시하였다. 반성적 쓰기는 일종의 메타쓰기로 '쓰기에 대한 쓰기'로 규정할 수 있다. 이를 통해 쓰기 과정에 대한 글쓴이는 자신의 상위 인지를 파악할 수 있고, 자기 평가의 잣대로도 사용할 수 있었다.

아울러 이상의 점들을 통해 이 글에서는 자기소개서 쓰기에 대한 교수·학습 방법의 문제를 간략하게 제시하였다. '나'를 드러내는 과정과 '상대'를 고려하는 과정이 그것이다. 두 가지 분명하게 구분되어 진행되어야 하는 것은 아니지만, 초보적인 자기소개서 쓰기에 대한 개괄적인 윤곽을 잡기 위한 방편으로서 제시되었다.

# 단락 중심 협동 작문

## 1. 협동 작문의 의미와 단락

글쓰기에도 이른바 본격적인 소통의 시대가 왔다. 이런 소통은 단순히 필자와 독자 간의 보이지 않는 소통을 넘어서 실제 필자들 간에 혹은 필자들과 독자들 간에 이루어지고 있다. 이는 무엇보다 다양한 매체에 의한 글쓰기 환경의 변화에 기인한 것이라고 할 수 있다. 하지만 글쓰기라는 행위 자체는 엄연히 개인의 치열한 실존적 탐구의 과정이다.

최근 우리 학교 현장의 글쓰기 환경 자체가 빠른 속도로 변하고 있다. 특히 다양한 전자 매체의 발달로 인해 학습자들의 글쓰기 환경이 예전에 비해 더욱 연성화 되어가고 있다. 아울러 이런 환경은 기존의 고립된 필자 중심의 글쓰기에서 벗어나 필자 간 다양한 생각을 교환할 수 있는 이른바 협동 글쓰기를 가능하게 한다.

하지만 문제는 이와 같은 환경의 변화가 정작 학습자들의 글쓰기의 능력을 실질적으로 향상시키는 데 도움을 줄 수 있는지에 있다.

이런 상황이 오히려 학습자들로 하여금 단편적이고 피상적인 토막글 산출에만 그치게 하고, 완성도 높은 한 편의 글을 구성하는 능력은 오히려 떨어지게 만드는 것은 아닌지 의심스럽다.

개인의 인지적 틀을 넘어서 당대 사회, 문화적 맥락의 반영을 중시하는 최근 글쓰기 경향에 비추어 보면 이는 매우 중요한 문제이다. 하지만 그런 교육 환경에서 소통 기반의 협동 관계가 글쓰기에 어떤 식으로 구체적으로 반영되는지에 대한 실질적인 교육 방법의 모색이나 고민은 부족한 듯하다.

특히 학교 현장에서는 협동 학습의 범주 아래에서 모둠 글쓰기, 쓰기 워크숍, 협동 작문 등으로 다양하게 그 용어들이 사용되고 있지만, 실질적으로 학교 현장에서의 효과는 미미한 듯하다. 이 글은 이런 문제의식을 바탕으로, 협동 작문의 실질적인 구현의 문제에 초점을 두었다. 특히 단락이라는 단위를 중심으로 그것의 협동 작문에의 필요성과 그 교육적 방안을 모색해 보고자 한다.[1)]

## 2. 협동 작문의 개념과 범주

협동 작문은 사회 구성주의나 대화주의에 바탕을 둔 소통 중시의 작문관이라고 할 수 있다.[2)] 따라서 기존의 형식주의나 인지주의 관

1) 협동 작문 역시 학습자들의 글쓰기 능력을 신장시킬 수 있는 하나의 방편이 될 수 있다. 하지만 이 글에서는 그런 관점으로 접근하기보다는 협동 작문이 실질적으로 제대로 구현될 수 있는 문제에 초점을 두었다. 아울러 그와 같은 협동 작문의 결과는 쓰기를 통한 소통의 양상을 표면적으로 이끌어 냄으로써 학습자들의 쓰기와 관련된 다양한 소통 측면의 상위 인지적 양상과 밀접하게 결부될 수 있다는 점에서 의의가 있다.

2) 혹자에 따라서는 사회구성주의와 대화주의를 구별해서 작문 이론으로 접근한다. 물론 그 구분도 의의가 있다. 사회구성주의가 보다 거시적인 측면에서의 이론적인 틀이라면 대화주의는 미시적인 측면에서 필자와 독자의 면밀한 상호작용에 초점을 둔 이론으로 파악된다. 다만 이 글에서는 이들 두 이론을 구분하기보다는 협동 작문에 필요한 주요한 이론들로 아우른다.

점에서의 작문관과는 일정한 차이를 보인다. 하지만 이들 이론에 바탕을 둔 작문관이 실제로 학교 현장에서는 어떻게 받아들여지고 있고, 아울러 교수·학습 과정에 어떻게 적용되고 있는지는 의문이다.

대체적으로 학교 현장에서의 협동 작문은 전통적 모둠 학습의 형태에서 크게 벗어나지 못하고 있는 상황이다. 특히 협동 작문을 기존의 전통적인 소모둠 학습과 차별성 없는 맥락에서 보고, 이를 교수·학습 과정에 그대로 적용하는 경우가 많다. 이는 결국 협동 작문의 교육적 유용성에 일정한 한계로 작용한다.

협동 작문은 일반적으로 협동 학습의 틀 아래에서 이루어진다. 따라서 기본적인 개념은 협동 학습의 개념하에서 구성될 수 있다. 특히 대화나 협의가 쓰기 과정의 주요한 협동의 매개로 작용한다. 따라서 쓰기의 각 과정에서 대화나 협의를 통한 다양한 상호작용적 관계의 형성이 핵심으로 부각된다.

하지만 이와 같은 다양한 대화나 협의를 통한 상호작용이 실질적인 글쓰기 과정으로 이어질 수 있는지가 문제이다. 결국 이는 협동 작문의 개념과 범주를 결정하는 데 주요한 문제의 쟁점이 될 수 있다. 이를 위해 협동 작문의 개념과 범주에 대한 몇몇 주요한 선행 연구를 통해 이 문제를 우선적으로 다루어보고자 한다.

이재기(1997)와 교육과학기술부(2009)에서는 소집단 작문 활동의 유형을 동료 반응(평가)활동, 협동적 쓰기 활동, 동료 협의 활동을 구분해서 정의한다. 협동 작문을 여러 종류로 구분해서 접근하고 있다는 점에서 참고의 의의가 있다. 하지만 이런 종류의 협동 작문의 범위가 너무 넓어 그 교육적 효과에 의구심이 든다.

문혜경(2000), 정미현(2003), 송재림(2008), 황재웅(2008)에서도 명칭만 달리했을 뿐 비슷한 맥락에서 협동 작문이 논의된다. 즉 대다수 연구가 모두 협동 작문에서 대화와 협의를 강조하지만, 실질적인 쓰기 과정이 개인과 모둠을 구분해서 어떻게 구현되어야 하는지에 대한 논의는 불충분하다. 아울러 협동 작문으로서 과연 개인의 역할이

분명하게 제시되고 있는지가 문제가 된다.

성숙자(2003)는 앞선 연구들에 비해 협동 작문의 보다 심층적인 탐색에 이른다. 특히 협동 작문의 종류를 세분화해서 보여주고 있다는 점에서 참고의 의의가 높다. 협동 작문 범주의 논의를 위해 성숙자(2003: 173)에서 제시된 내용을 인용하면 〈표 1〉[3]과 같다.

**〈표 1〉 협동 작문의 종류(○:협동학습, ×:개별학습)**

| 쓰기 전 단계 | 쓰기 단계 | | 고치기 단계 | 유형 |
|---|---|---|---|---|
| ○ | × | 개인별 쓰기 | × | 1 |
| ○ | × | 〃 | ○ | 2 |
| ○ | ○ | 대표 1인 쓰기 | × | 3 |
| ○ | ○ | 여럿이 나누어 쓰기 | × | 4 |
| ○ | ○ | 대표 1인 쓰기 | ○ | 5 |
| ○ | ○ | 여럿이 나누어 쓰기 | ○ | 6 |
| × | ○ | 대표 1인 쓰기 | × | 7 |
| × | ○ | 여럿이 나누어 쓰기 | × | 8 |
| × | ○ | 대표 1인 쓰기 | ○ | 9 |
| × | ○ | 여럿이 나누어 쓰기 | ○ | 10 |
| × | × | 개인별 쓰기 | ○ | 11 |

아울러 성숙자(2003)에서는 〈표 1〉에서 제시된 내용을 바탕으로 협동 작문이 학습자 쓰기 교육에 제대로 기여하기 위해서는 반드시 학습자 개인별 쓰기 과정이 협동 작문 과정에 포함되어야 함을 강조한다. 성숙자(2003)에서 제시된 내용을 약간 수정해서 제시하면 〈그림 1〉과 같다. 고치기 단계 이후에 '개인별 쓰기 단계'가 추가된 것이 특징적이다.

---

3) 〈표 1〉에서 유형 4, 5, 6, 10에서도 실질적인 쓰기 단계에서 여럿이 나누어 쓰기에 초점을 두고 있다. 하지만 어떻게 실질적으로 나누어 쓸지에 대해서는 구체적인 논의가 제대로 이루어진 경우는 찾아보기 힘들다. 이런 문제의식을 바탕으로 이 글에서는 단락을 여럿이 나누어 쓰는 주요한 단위로 활용했다는 점에서 차별성이 있다.

쓰기 전 단계 → 쓰기 단계 → 고치기 단계 → 개인별 쓰기 단계

**〈그림 1〉 협동 작문의 단계**

이 논의에서 제기되는 실질적인 개인 글쓰기 과정이 협동 작문에 포함되어야 한다는 주장은 설득력이 있다. 하지만 〈그림 1〉에서와 같이 개인 글쓰기는 협동 작문에서 고쳐 쓰기 과정이 모두 끝난 이후에 이루어지기 때문에 과연 개인 글쓰기의 결과물이 협동 작문과 관련해서 어떤 의미를 지닐 수 있을지에 의문이 제기된다. 이는 대화와 협의를 바탕으로 해서 개인적 글쓰기로 마무리 짓는 통상의 협동 작문과 큰 차이를 보이지 못하는 결과를 낳는다.

정희모(2006)에서도 글쓰기 협력 학습의 유형을 동료지도, 쓰기 모둠학습, 공동작가의 세 가지로 분류한다. 특히 과제의 소유권, 학습자들의 상호의존성, 글쓰기 과정의 협력 범위에 따라 구체적으로 접근하고 있다는 점에서 고찰의 의의가 있다. 문학 창작과 관련된 공동작가가 새롭게 추가된 것이 특징적이지만, 동료지도나 쓰기 모둠학습은 앞선 연구들과 같은 맥락 선상에서 이해될 수 있다.

오택환(2008)에서는 성숙자(2003)에 제시된 유형 2와 5를 전형적인 협동 작문의 유형으로 간주하면서 고등학생들을 대상으로 일정 기간 협동 작문의 교육적 가치와 의의를 이끌어 내고 있다는 점에서 협동 작문과 관련된 현장교육의 주요한 성과로 주목된다. 하지만 일부 수준과 연령대의 학습자들을 대상으로 한다는 점에서 논의의 일반화를 꾀하기는 어려울 듯하다.

ASHE-ERIC(2001)과 Dale(1992)에서도 협동 작문 기회의 범위와 협동 작문 전반에 대한 이론과 실천적 측면을 고찰하고 있어 참고가 된다. 특히 협동 작문이 어떤 시점에서 적절하게 적용되어야 하는지에 대한 시사점을 제공하고 있어 유익하다.

이상 몇몇 협동 작문과 관련한 선행연구를 살펴보았다. 하지만 여

전히 협동 작문의 기본 개념과 범주를 어떻게 규정해야 할지에 대한 문제는 제대로 풀리지 않는다. 이는 협동 작문이 지니는 인지적 복잡성에 기인하는 것이라고 할 수 있지만, 무엇보다 협동 작문이 무엇인지에 대한 합의가 제대로 이루어지지 않은 것에도 기인하는 것이라고 할 수 있다.

특히 협동 작문에서 협동의 범위를 어떻게 설정해야 할지의 문제가 가장 관건이 된다. 대개 협동 작문 이론가나 실천가들의 연구에서는 실질적인 쓰기 전 과정의 계획하기나 내용 생성하기에서 협동의 효과가 큼을 밝히고 있다. 아울러 고치기 단계에서의 협동에 대한 논의도 상당 부분 이루어지고 있다.

하지만 정작 실질적인 쓰기 과정에서의 협동에 대한 문제는 제대로 다루어지고 있지 못한 상황이다.[4] 대체로 모둠에서 1인 대표 글쓰기나 혹은 쓰기 전·후의 대화나 협의 과정에만 초점을 두고 실질적인 쓰기 과정은 학습자 개인으로 한정하고 있는 경우가 많다. 즉 대다수의 협동 작문에서는 협동의 초점을 실질적인 쓰기 과정보다는 본격적인 쓰기를 위한 준비 과정과 쓰고 난 이후의 고쳐 쓰기 과정에 두고 있다.

협동 작문은 분명 협동 학습이 지향하는 긍정적 상호 의존 관계의 형성, 대면적 상호 작용, 개인적 책무성, 대인간 및 소집단 기능의 적절한 활용 등의 요소들이 포함되어야 한다. 하지만 이런 협동 학습의 기본적인 요소와 더불어 무엇보다 쓰기 과정 그 자체가 반드시 수반되어야 한다. 특히 모둠 혹은 공동 필자로서의 쓰기와 개인 필자

---

4) 이 글에서는 형식주의 작문 이론에 근거한 일반적인 쓰기 과정이 쓰기 전, 중, 후로 구분된다고 보고, 실질적인 쓰기 과정은 쓰기 중 과정에 한정하였다. 물론 실질적인 쓰기 과정이 쓰기 전, 즉 계획과 전체적인 내용 생성, 그리고 쓰기 후인 고쳐쓰기 과정 모두를 아우를 수도 있다. 하지만 그럴 경우, 협동 작문과 일반적인 작문 과정이 차별적으로 접근되기 어려운 부분이 있다. 즉 일반 작문의 과정도 보이지 않는 필자 및 독자들과의 대화를 상정하게 되며, 아울러 쓰기 과정이 일어나는 맥락을 반영하지 않을 수 없기 때문이다.

로서의 쓰기 과정과 결과가 모두 포함되어야 한다. 협동 작문은 기본적으로 글을 잘 쓰기 위한 하나의 방편이자 수단이지, 협동 그 자체만을 목적으로 하는 것은 아니기 때문이다.

즉 대화와 협의 중심의 협동 과정만 있고 실질적이고 차별성 있는 쓰기 과정은 없거나, 혹은 모둠의 생각과 의견이 반영된다는 전제하에 이루어지는 1인 대표 중심의 모둠 글쓰기 방식은 전형적인 협동 작문으로 보기 어렵다. 즉 쓰기 일부 과정에서 대화나 협의를 통해 이루어지는 학습자 중심의 개인별 글쓰기는 모둠에 참여한 학습자들의 차별성 없는 내용의 쓰기 결과물을 산출할 가능성이 있으며, 아울러 1인 대표 글쓰기는 1인을 제외한 모든 모둠 구성원들의 실질적인 쓰기 과정을 박탈하기 때문이다.[5)]

이상의 논의를 바탕으로, 이 글에서는 협동 작문을 개인 필자와 공동 필자가 모두 쓰기 과정에 직접적으로 참여하되, 최종적으로는 각 구성원의 개별적인 글이 아닌 모둠 구성원 모두의 생각이 반영된 공동의 쓰기 결과물을 구성하는 과정이라고 본다. 즉 모둠 구성원의 개인별 쓰기 과정이 포함되지만, 최종적인 쓰기 구성물은 반드시 모둠 혹은 공동의 견해와 의견이 반영되는 형태이다. 이를 간략하게 도식화하면 〈그림 2〉와 같다.

---

5) 이는 실제로 중·고등학교 현장에서 모둠 중심 학습자들의 쓰기 결과물에서 빈번하게 발생하는 현상이다. 특히 언어수행 수준이 낮은 학습자들의 경우는 더욱 그러하다. 이는 오히려 협동 작문의 부정적인 한 측면이라고 할 수 있다. 즉 자신보다 언어수행 수준이 뛰어난 학습자의 생각을 반영해서 글쓰기를 하거나 혹은 글의 주제와 관련한 대화와 협의에는 참여하지만 실질적인 글쓰기 과정에는 이를 주체적으로 반영하지 못한다면, 이는 오히려 학습자 개인의 주체적이고 능동적인 글쓰기를 저해하는 주요한 요인이 될 수도 있다. 따라서 실질적인 협동 작문이 되기 위해서는 공동이 아닌 개인의 글쓰기 과정이 반드시 포함되어야 한다. 물론 이는 단순한 개인적인 차원의 중요성을 지적하기보다는 공동의 담화를 산출하기 위한 일정한 개인적 기여와 관련된다.

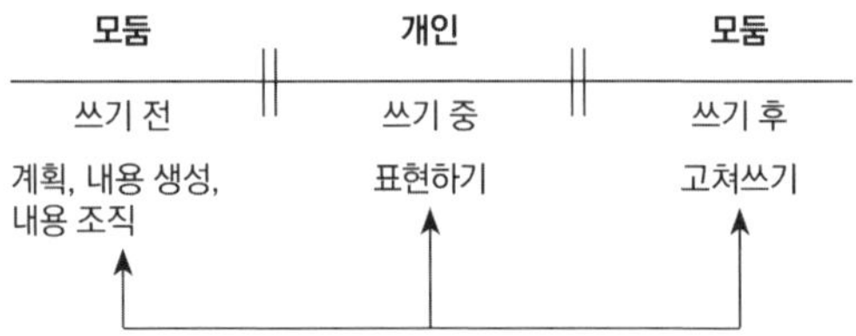


〈그림 2〉 실질적 쓰기 주체에 따른 협동 작문

그렇다면 실제 표현하기 과정에서 쓰기 주체로서의 모둠원 개인이 실질적으로 어떻게 참여할 수 있는지의 방안을 모색하는 것이 중요하다. 이를 위해 다음 장에서는 단락이라는 단위를 활용하여 보다 실효성 있는 개인 글쓰기와 모둠 글쓰기 과정이 이루어질 수 있는지를 모색한다.

## 3. '단락'이라는 단위의 필요성

이 장은 협동 작문에서 단락이라는 단위의 필요성에 대해 고찰한다.[6] 협동 작문이 제대로 이루어지기 위해서는 무엇보다 협동 작문에 참여한 각 구성원들이 적극적으로 실제 쓰기 과정에 참여할 수 있어야 한다. 이는 앞서 언급한 바와 같이 협동 작문의 범위를 지나치게 넓게 잡음으로써 생기는 문제를 해결하기 위해서이다. 하지만 협동 작문에 참여한 학습자들이 자신의 몫을 제대로 수행하기 위해서는 쓰기 과정에서 일정한 내용과 형식의 제한이 필요하다.

---

6) 서정수(1995)는 글쓰기 과정에서 단락을 주요한 단위로 자리매김 시킨 대표적인 논의이다. 정달영(1997)은 연장선상에서 다양한 작문 교과서에의 단락의 실태를 교육적 관점에서 검토하고 있어 참고가 된다. 학교 현장에서 단락 쓰기와 관련된 다수의 논의는 위의 두 논의의 연장선상에서 크게 벗어나지 못하고 있는 실정이다. 서종훈(2009)는 이들 두 논의에서 나아가 단락을 쓰기뿐만 아니라, 읽기의 관점에서 어떻게 사용할 것인지의 문제를 총체적으로 다루고 있다. 이 글은 단락이라는 단위의 교육적 적용의 폭을 확대해서 협동 작문에서의 기능에 초점을 모은다.

이런 관점에서 단락은 협동 작문에서 일정한 내용과 형식의 제한 단위로서 기여할 수 있는 바가 크다. 물론 이런 제한이 학습자들의 글쓰기 수월성이나 창의성을 막아서는 안 된다. 단락은 글에서 일정한 내용 단위이자 형식 단위로 작용한다. 특히 내용의 완결성 측면에서는 전체로서의 속성을 지니지만 전체글에서는 부분의 속성을 지니기도 한다. 이와 같은 이중적 속성은 협동 작문에서 단락이라는 단위의 유용성을 부각시킨다. 이하에서는 이를 구체적으로 몇 가지로 구분해서 다루어보고자 한다.[7]

### 3.1. 협동적 사고의 실질적이고 유기적인 유도

한 편의 글은 다양한 의미들이 씨줄과 날줄을 이루면서 빚어내는 일종의 사고 구성물이다. 하지만 이런 다양한 의미들이 한 편의 완전한 구성물로 조직되는 과정은 필자에게 엄청난 인지적 부담이 된다. 또한 더 어려운 점은 필자에게 경험되지 않은 다양한 의미들을 새롭게 생성하는 것에 있다.

우리 학교 현장의 쓰기 교육은 이런 인지적 부담을 학습자 필자들에게 고스란히 떠넘기고 있다. 물론 최근 쓰기 교육에서는 이런 필자 개인의 인지적 부담을 모둠이라는 복수의 필자들에게 나누어 분담시키고 있다. 하지만 이런 모둠 중심의 쓰기 과정도 학습자들의 인지적 부담을 덜어주겠다는 의도만 있지 실질적으로 짐을 제대로 덜어주면서 쓰기 과정을 활성화시키고 있는지는 의문이다.

이 점에서 단락은 협동 작문에서 모둠 구성원의 협동적 사고를 이

---

7) 정희모(2006: 180)에서는 글쓰기 협력의 원리를 쓰기-읽기 상호성 원리, 작가-독자의 원리, 인지 역동성의 원리, 학습 전이의 원리, 피드백의 원리로 제시한다. 하지만 이런 원리들이 실제 협동 작문에서 제대로 구현되기 위해서는 무엇보다 쓰기의 일정한 형식 단위가 요구된다. 단락은 이런 형식 단위로서의 기능을 주요하게 담당하는 단위라고 할 수 있다.

끌어 낼 수 있는 주요한 단위로 부각될 수 있다. 단락은 전체글의 맥락을 조정하는 주요한 단위이다. 이는 단락이 한 편의 글에서 사고의 흐름을 표면적으로 구획지어 준다는 점과 관련된다. 따라서 하나의 단락은 전체글에서 의미의 일정한 거점 단위로 맥락에 관여하며, 협동 작문에서 협동적 사고의 과정을 구현한다.

즉 모둠 구성원의 다양한 사고의 조각들이 유기적이며 실질적인 하나의 완전한 구성물로 이어지기 위해서는 반드시 일정한 의미의 거점 단위를 거쳐야 한다. 이 역할을 할 수 있는 단위가 바로 단락이다. 이는 단락이라는 단위가 협동 작문에서 학습자들의 다양한 사고의 흐름을 맥락에 맞도록 조절하면서 자연스럽게 협동의 과정을 이끌어 낼 수 있음과 관련된다.

### 3.2. 개인과 공동 필자의 역할을 모두 유도

협동 작문에서 가장 문제가 되는 것 중의 하나는 바로 실제 글쓰기에 모둠 구성원이 모두 참여하느냐이다. 이 글에서는 기존의 대화나 협의 중심의 1인 대표 중심의 작문보다는 개인과 공동 필자가 반드시 실질적인 쓰기 과정에 참여하는 것을 협동 작문으로 보았다. 하지만 문제는 개인과 공동 필자의 몫을 실질적인 쓰기 과정에 어떻게 반영하느냐이다.

단락은 그런 점에서 협동 작문에서 개인 필자와 공동 필자의 몫을 적절하게 나누어 줄 수 있는 단위이다. 전체글을 구성하는 각 단락의 구성은 개인 필자의 몫이다. 이는 실질적인 쓰기 과정에 관련되며, 각 모둠 구성원 각자의 몫으로 나뉜다. 따라서 개인 필자 사고 과정의 구성물로 각 단락은 기능하며, 이 때 각 단락은 전체의 관점에서 구성된다.

하지만 개인 필자의 몫으로 나누어진 각 단락은 전체글의 관점에서 그것의 기능과 의미가 제대로 부각되기 어렵다. 이는 개인 필자의 몫인 전체로서의 단락이 전체글의 관점에서는 부분으로서만 작용하기 때문이다. 여기에서 공동 혹은 모둠 필자의 몫이 발생한다.

따라서 각 단락은 전체로서 개인 필자의 사고 구성물이기도 하지만, 전체글에서는 부분이라는 속성을 지니면서 공동 필자의 사고 과정이 반영될 수 있는 여지를 남긴다. 즉 전체글을 구성하는 각 단락의 형식적, 의미적 기능은 전체라는 관점에서 재구성해야 되어야 한다. 이는 단락이 지니는 부분과 전체의 의미 속성을 공동 필자가 최종적으로 조율해야 하는 과정이다.

### 3.3. 필자와 독자의 역할에 대한 연계 및 통합

기존의 협동 작문에서는 학습자들이 독자와 필자의 역할을 실제 글쓰기 과정에서 동시에 구현하기가 어렵다. 이는 독자와 필자의 역할을 실시간으로 동시에 수행하기 어렵다는 점과도 상통한다. 아울러 이는 사회 구성주의에 토대를 둔 협동 작문의 근본 취지와도 맞지 않다.

단락은 이런 점에서 독자와 필자의 역할을 협동 작문에서 실시간으로 수행하는 데 적합한 단위가 될 수 있다.8) 특히 단락은 문장과 달리 본격적인 사고 단위로서 그것 자체로 일정한 의미 덩이를 이루는 동시에 전체글에서는 부분으로서의 의미에 기여하는 단위이다. 따라서 학습자들은 단락이라는 단위를 통해 자연스럽게 필자와 독자의 역할을 교대로 수행하면서 실질적인 쓰기 과정에 참여할 수 있다.

---

8) 물론 독자와 필자의 역할을 연계하는 데 필요한 단위가 꼭 단락일 필요는 없다. 하지만 학교 현장에서 학습자들에게 제한된 시간과 노력하에 협동 작문이라는 과정을 통해 독자와 필자의 역할을 실시간으로 자각하도록 유도하는 데 필요한 단위가 무엇인지 고민한다면 해답을 쉽게 찾기 어렵다. 그 점에서 단락은 최적화된 읽기와 쓰기의 동시 수행 단위가 될 수 있다. 문장은 사고 측면에서 완결성이 떨어지며, 그 길이도 짧아 효율성 측면에서 협동 작문의 대상 단위로 사용하기에는 부적합하다. 아울러 단락 이상의 단위는 갈래 구조 측면에서 고려되어야 하는데, 이는 쓰기의 양적 측면에서 학습자들에게 지나친 인지적 부담을 줄 수 있다.

이른바 언어 통합 학습이 최근 국어과 교수·학습 방법론의 주된 방향 중의 하나라면, 분명 단락은 이런 언어 통합 학습을 달성하는 데 주요한 기능 단위가 될 수 있다. 즉 각 모둠 구성원들은 앞선 필자의 단락을 읽음으로써 자신이 구성해야 할 단락에 대한 단초를 얻게 되며, 나아가 자신의 생각과 견해를 다른 필자와 보이지 않는 대화와 협상을 통해 조정하게 된다.[9)]

이른바 단락 중심 협동 작문을 통해 학습자들은 읽기는 곧 쓰기이고, 아울러 쓰기는 곧 읽기라는 언어 수행통합의 과정을 학습자들은 경험하게 된다. 단락은 이 과정에서 학습자들의 실시간 사고의 결과물을 독자와 필자의 관점에서 경험할 수 있도록 유도하는 적절한 단위가 된다.

즉 단락은 학습자들 간 협동적 사고를 적절하게 이끌어 낼 수 있고, 개인과 공동 필자의 역할을 공히 유도할 수 있으며, 필자와 독자의 역할을 연계하고 통합할 수 있다는 점에서 협동 작문에서 효과적으로 사용될 수 있는 단위가 된다. 이를 바탕으로 다음 장에서는 단락을 중심으로 협동 작문 방안을 구체적으로 다뤄보고자 한다.

## 4. 단락 중심의 협동 작문 방안

이 글에서는 단락 이어 쓰기와 단락 나누어 쓰기로 구분해서 협동 작문 방안을 다룬다.[10)] 단락 이어 쓰기와 나누어 쓰기는 단락을 중심

---

9) 여기에서 대화와 협상을 통한 조정은 복합적으로 작용한다. 일견 앞선 필자의 단락에서 제기된 생각과 의견들이 쓰기 과정 전개시의 내용 생성에 도움을 줄 수 있지만, 과도한 생각과 의견의 제시는 새로운 내용 생성의 부담으로 전가될 수 있기 때문이다.

10) 이미 이러한 생각의 단초들은 정희모(2006)이나 이재기(1997) 등에서 직·간접적으로 제기되었다. 하지만 정작 단락 중심의 실질적인 협동 작문 방법론이 논의된 경우는 찾기 어렵다. 기존의 협동 작문 사례가 모둠의 1인 대표 중심으로 이루어지거나 쓰기 전후 과정의 대화나 협의를 중심으로 이루어졌다는 점에서 이 글은 단락 중심의 실질적인

으로 한 협동 작문이지만 쓰기 과정에서 협동의 과정이 차별화된 양상으로 접근될 수 있으며, 이는 결국 협동 작문의 결과에 일정한 차이를 가져올 수 있다.

아울러 실제 학습자들에게 위의 과정을 적용하면서 드러난 문제의식을 바탕으로, 단락 이어 쓰기와 나누어 쓰기가 교육·학습 현장에 보다 더 효과적으로 적용될 수 있도록 재구성되었다.[11] 특히 학습자들의 협동 과정이 실제 쓰기 과정에서 더 부각될 수 있도록 의미의 연결 정도와 위계를 고려한 단락 이어 쓰기와 나누어 쓰기를 제시하였다.

## 4.1. 단락 이어 쓰기

단락 이어 쓰기는 모둠 구성원 각자가 글 쓸 순서에 따라 순차적으로 단락을 구성해 가는 방식이다. 여기에서 중요하게 부각되는 측면은 읽기와 쓰기 수행 과정이 통합되는 방식으로 이루어질 수 있다는 점이다. 즉 필자가 독자의 역할을, 독자가 필자의 역할을 교대로 수행하면서 쓰기 과정이 진행된다.

이는 매우 중요한 협동 작문의 속성이라고 할 수 있다. 협동 작문이 대화와 협의를 기반으로 하지만, 정작 이는 모둠 구성원 중에서 주요한 생각이나 견해를 개진하는 이에게 국한되거나 혹은 그런 모둠을 이끄는 모둠 대표에 의해 이루어지는 경우가 많다. 특히 연령이

---

협동 작문 방안 연구로 의의가 있다.

11) 이 글에서는 단락 중심 협동 작문의 효과성을 실증적으로 검정하기 위해 경남의 한 특목고 학습자들을 대상으로 단락 중심 협동 작문을 한 한기 수행평가 과제로 실시한 적이 있다. 이를 바탕으로 이 글은 애초에 학습자들의 단락 중심 협동 작문의 결과에 대한 실증적 검토에 초점을 두려고 했지만, 논의를 전개하는 과정에서 실증적인 검토 대신에 이와 관련된 이론적인 얼개를 우선적으로 논의하는 것이 필요하다는 자각이 있었다. 따라서 이런 이론적인 얼개는 학습자들의 단락 중심 협동 작문을 바탕으로 일부 이루어진 것임을 밝혀둔다. 아울러 차후 연구에서 이의 실증적 검토에 기반한 연구가 이어질 계획이다.

나 언어 수행 수준이 낮은 학습자들의 경우는 그러하다.

협동 작문은 기본적으로 구성원들의 소통 양상의 결과물이다. 아울러 그런 소통의 결과는 어느 쪽에 치우친 것이기보다는 모든 구성원의 생각과 견해가 고르게 분포하면서 쓰기의 결과물로 구성되어야 한다. 그런 점에서 단락 이어 쓰기는 협동 작문을 구현할 수 있는 주요한 방법적 토대가 될 수 있다.

특히 단락 이어 쓰기는 글의 앞뒤 전·후 맥락을 단락을 통해 학습자들이 구체적으로 인식할 수 있는 계기가 된다. 학습자들은 단순히 자신의 단락만을 쓰기보다는 글의 전·후 맥락을 고려하면서 단락을 구성할 수 있다.[12] 이를 통해 학습자들은 글의 흐름이라고 할 수 있는 맥락을 실시간으로 인식하게 된다.

단락 이어 쓰기의 또 다른 특징 중의 하나는 학습자들의 순발력과 집중력이 요구된다는 점이다. 학습자들은 혼자 쓸 때와는 달리 협동 작문에서는 실시간으로 연속되는 단락을 구성해야 하기 때문에 시간적 압박을 많이 받는다. 이는 자칫 쓰기 과정에 부정적인 영향을 줄 수도 있지만, 한편으로는 자신의 분량에 대해서는 제한된 시간에 집중력을 발휘해야 한다는 장점도 있다.[13]

여기에서는 세 가지 형태의 단락 이어 쓰기 방안을 구안하였고, 이를 직접 학습자들에게 적용하였다. 우선 이해의 편의를 위해 가령 5개의 단락으로 구성된 가장 일반적인 형태의 단락 이어 쓰기의 형태를 도식화하면 〈그림 3〉과 같다. 이는 통상 단락 중심 협동 작문에

12) 단락 이어 쓰기에서 대다수의 학습자 필자들은 자신의 앞에 제시된 단락에 직접적으로 영향을 받는다. 하지만 단락 중심의 협동 작문 과정에 참여하는 횟수가 높아짐으로써 학습자들은 자신이 구성한 단락에 직접적으로 영향을 받게 될 단락들도 인식할 것이다. 즉 학습자들은 글의 전·후 맥락에 더 민감하게 반응할 수 있다.

13) 이러한 문제로 인해 단락 이어 쓰기의 경우는 학습자들의 글쓰기 수준이나 연령대가 낮으면 실질적인 교육적 효과를 얻기 어려운 면도 있을 것이다. 따라서 단락 이어 쓰기의 경우는 글 쓸 주제에 대해 어느 정도의 지식을 가지고 있거나 혹은 쓰기 수행 수준이 다소 높은 학습자들에게 적절할 것으로 판단된다.

서 학습자들이 구성할 수 있는 방식을 직관적으로 도식화한 것이다.

$$P_1 \rightarrow P_2 \rightarrow P_3 \rightarrow P_4 \rightarrow P_5$$

**〈그림 3〉 일반적인 단락 이어 쓰기**

〈그림 3〉에서와 같이 가장 일반적인 단락 이어 쓰기는 첫 단락을 쓰는 학습자가 중요한 역할을 한다. 왜냐하면 전체글의 내용을 어떻게 진행할 것인지에 대한 길잡이 역할을 하기 때문이다. 아울러 단락 이어 쓰기에서 학습자들은 전체글에 대한 자각 없이 인접 단락 간 의미 연결에 초점을 두면서 각자의 단락을 구성할 가능성이 있다. 즉 전체를 보지 못한 채 부분적인 의미 연결에만 치중할 수 있다.

따라서 일반적인 단락 이어 쓰기의 약점은 쓰기 전 단계에서 모둠원들 간에 글 전체의 계획하기와 기본적인 내용 생성 및 조직 과정이 대화와 협상을 심층적으로 이루어졌더라도 실제 표현하기 과정에서 단락 간 인식의 차가 생겨날 수 있다. 아울러 개인 필자의 실질적인 쓰기 이후의 고쳐 쓰기 단계에서 모둠 구성원 간의 대화와 협의에 따른 공동의 글쓰기 과정이 수반되어야 한다.

다음으로 〈그림 4〉와 같은 형태를 생각할 수 있다. 이 형태는 앞선 〈그림 3〉의 이어 쓰기에 비해 학습자들이 되짚어보기(feedback) 과정에서 다른 학습자들의 단락을 재구성해 볼 수 있는 양상이다. 즉 두 번째 단락을 구성하는 학습자는 자신의 단락을 구성하면서 첫 번째 단락을 수정할 수 있다.

$$P_1 \rightleftarrows P_2 \rightleftarrows P_3 \rightleftarrows P_4 \rightleftarrows P_5$$

**〈그림 4〉 되짚어보기 과정이 반영된 단락 이어 쓰기**

이 과정은 일반적인 단락 이어 쓰기에 비해 단락 간 내용상 흐름을 일정하게 조절할 수 있다는 장점이 있다. 아울러 고쳐 쓰기 과정을 실제 표현하기 과정에 직접 도입함으로써 내용상 보다 완결성을 획득할 수 있는 점이 부각될 수 있다.

특히 이 과정은 매체의 활용이 부각되는 형태이다. 전산망이 구축된 컴퓨터실을 활용하면 보다 수월하게 이어 쓰기가 이루어질 수 있다. 즉 이 형태는 고쳐 쓰기 과정에서 매체를 활용함으로써 손으로 지우고 쓰는 번거로움을 들 수 있다. 하지만 일반적인 단락 이어 쓰기에 비해 시간적 부담 및 실시간 고쳐 쓰기에서 오는 내용 전개의 부담이 따른다.

다음은 단락 이어 쓰기의 마지막 형태로 인접 단락 간에 의미 연결의 정도나 강도를 고려한 것이다. 즉 쓰기 전 단계에 단락 간에 의미 연결의 정도를 학습자들에게 논의하게 함으로써 글의 맥락에 더 민감하게 반응할 수 있도록 한 형태이다. 〈그림 5〉와 같이 제시될 수 있다.[14)]

$$P_1 \rightarrow P_2 \Rightarrow P_3 \Rrightarrow P_4 \rightarrow P_5$$

**〈그림 5〉 의미 연결 정도를 고려한 단락 이어 쓰기**

〈그림 5〉는 단락 간 의미 연결 정도나 강도를 높거나 낮게 설정함으로써 학습자들이 글의 전개를 보다 역동적으로 고려할 수 있도록 한 양상이다. 이는 화살표의 형태로 구분되는데, 가령 '→'는 의미의 전환으로, '⇒'는 의미의 유지로, '⇛'는 의미의 연속으로 간주된다.[15)]

---

14) 〈그림 3〉~〈그림 5〉에서 제시하고 있는 방법은 글의 갈래에 따라 그 실현 양상의 결과에 차이가 있을 것으로 추측된다. 이 글에서는 시간적 제약으로 인해 학습자들이 기본적인 배경지식을 가지고 있는 주장글에 한정하여 〈그림〉들에서 제시한 양상을 학습자들에게 적용해 보았다. 따라서 제시한 양상들을 설명글이나 서사글에 일률적으로 적용하기는 어려울 것이다. 차후 연구과제로 삼고자 한다.

15) 이는 Walker 외(1998)에서 제시하고 있는 중심화 이론(centering theory)과 관련된다. 이는 명사구 선택이 화자의 의식 상태 및 발화 문장 간의 지엽적 의미 연결(local coherence)과 깊은 관계가 있다는 가정에서 출발하여, 대명사와 관련된 문제들을 담화 구조 내에서의 담화 현상으로 설명하기 위하여 구성된 것이다. 그 기반은 전산 언어학의 인공 지능

즉 의미가 전환되는 과정은 서론과 본론, 본론과 결론 간의 의미 관계로 그리고 의미의 유지와 연속은 본론 내에서의 단락 간 의미 관계에 상정할 수 있다. 이는 앞선 일반적인 단락 이어 쓰기에 비해 단락 간의 의미 연결, 이른바 글의 맥락이라고 하는 흐름을 학습자들이 좀 더 민감하게 고려하도록 구성된 것이다.

앞선 두 가지 형태에 비해 의미 연결 정도를 고려한 단락 이어 쓰기는 글의 흐름, 이른바 맥락의 중요성을 학습자들이 깨달을 수 있도록 고안되었다. 이는 학습자들의 언어 자각과 관련하여 중요한 이어 쓰기 과정이라고 할 수 있다.

즉 보다 수준 높은 글을 쓴다는 것은 실시간으로 이루어지고 있는 글의 맥락을 끊임없이 자각하고 있다는 점과 밀접하게 관련되기 때문이다. 하지만 단락 간 의미 연결의 정도에 대한 명징한 수준 및 척도를 제시해야 하는 과제를 남겼다.

## 4.2. 단락 나누어 쓰기

단락 나누어 쓰기는 단락 이어 쓰기와는 다른 형태의 협동 작문이라고 할 수 있다. 이는 단락 이어 쓰기와는 달리 쓰기 전 단계에서 글 전체의 계획과 내용 생성 등에 대해 심도 있는 대화와 협의가 이루어질 수 있다. 따라서 단락 중심으로 구성될 수 있는 실질적인 글의 개요를 통해 각 모둠 구성원들이 각 단락 쓰기 구성에 참여할 수 있다.

즉 단락 나누어 쓰기는 이어 쓰기에 비해 쓰기 전 단계에 많은 비

(artificial intelligence)의 영역에서 '언어 해석에 있어서 효과적인 맥락 사용'에 대한 연구에서 비롯되었으며, 담화 분절상에서 발화간의 지엽적 의미 연결을 다루는 데 있다. 아울러 이 이론에서는 중심의 전이 유형을 중심 연속 전이(continue), 중심 유지 전이(retain), 완만한 중심 이동 전이(smooth-shift), 급격한 중심 이동 전이(rough-shift)의 순서로 매겨진다.'이다. 이 글에서는 의미의 연속, 유지, 그리고 완만한 중심 이동과 급격한 중심 이동은 의미의 전환으로 재구성하여 제시하였다.

중을 둘 수 있는 형태이다. 하지만 단락 이어 쓰기와는 달리 글의 맥락이 개요를 중심으로 이루어지기 때문에 실시간으로 전개되는 쓰기 과정에서 이들 개요 중심의 내용들이 실제 어떤 식으로 구체화될지 의문이다.

즉 단락 중심의 개요 작성에서 대화와 협의가 충실하게 이루어진다고 해도 모둠 구성원들이 실제 글을 써나가면서 내용에 많은 변화를 겪을 가능성이 있다. 이는 단락 이어 쓰기보다 더 심하게 부각될 수 있는 문제이다. 즉 사고와 표현의 차이를 어떻게 조절하는지가 이 협동 작문의 가장 큰 문제라고 할 수 있다.

아울러 단락 나누어 쓰기에서는 한 단락 쓰기에 요구되는 정교한 구성 능력을 필요로 한다. 이는 단락 이어 쓰기와 미세한 차이를 보이는 부분이다. 단락 나누어 쓰기의 경우 학습자가 자신이 맡은 단락의 내용 구성에만 집중하게 되기 때문에, 단락 그 자체의 의미 구성에 초점을 둘 수 있다. 반면에 단락 이어 쓰기는 앞뒤 맥락에 신경을 더 쓸 수밖에 없기 때문에 단락 그 자체보다는 글의 내용 흐름에 초점을 둘 가능성이 높다.

먼저 단락 나누어 쓰기는 일반적으로 〈그림 6〉에서와 같이 학습자들이 평면적인 개요하에서 각자의 단락을 구성하는 형태를 상정할 수 있다. 각 모둠원 학습자들은 쓰기 전 개요 구성에서 자신이 맡은 단락을 실제 표현 과정에서 구성한다.

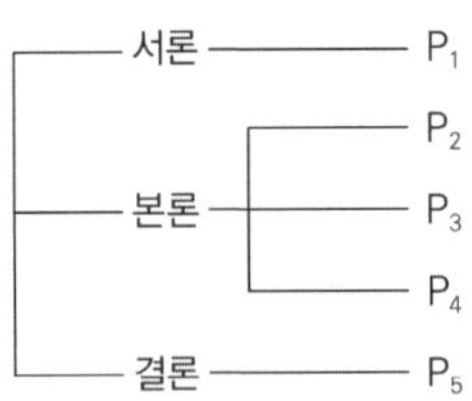


**〈그림 6〉 평면적 개요 중심의 단락 나누어 쓰기**

〈그림 6〉에서와 같은 글의 개요는 개인적인 쓰기 과정에서는 매우 유효한 전체글의 도식으로 작용할 수 있지만, 협동 작문에서는 단락 간, 혹은 글의 구조 간에 의미나 형식의 단절이 생길 가능성이 있다. 이는 고쳐 쓰기 과정에서 심도 있는 대화나 협의의 과정이 뒤따라야 할 부분이다.

다음으로 개요 작성 시에 단락 간 의미의 단절을 줄이기 위해 글의 의미 위계가 반영된 형태의 개요를 고려해 볼 수 있다.[16] 이는 한편의 글을 구성하는 단락들이 병렬적으로 나란하게만 놓이는 것이 아니라, 서로 간에 의미의 복잡한 관계를 드러내면서 구성된다는 점을 가장 단순하게 표상해 놓은 방식이다.[17] 가령 단락 간 의미 위계를 고려한 단락 나누어 쓰기는 형태는 〈그림 7〉과 같이 개요를 구성할 수 있다.

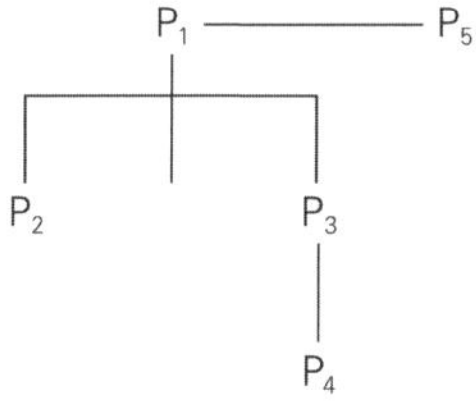


**〈그림 7〉 의미 위계를 고려한 단락 나누어 쓰기**

〈그림 7〉에서 단락 $P_1$과 $P_5$는 최상위 의미 위계 단락에, $P_4$는 최하위 의미 위계 단락으로 설정되었다. 앞서 〈그림 6〉에서 제시된 평면적인 개요 대신에 이와 같이 의미 위계를 고려한 단락 중심 개요를

16) 학습자들은 단락 나누어 쓰기를 하면서 단락 간 의미의 단절을 어떻게 극복할 수 있을지에 많은 관심을 두었다. 이는 실제 단락 나누어 쓰기 협동 작문이 이루어지는 내내 문제로 제기되었다. 따라서 이런 문제의식은 그에 상응하는 다양한 형태의 개요를 고민하도록 학습자들을 유도하는 계기가 되었다. 이 글의 단락 나누어 쓰기에 제시된 형태들은 이와 같은 문제의식의 일부를 공유한 형태들이라고 할 수 있다.

17) 문장이 접속과 내포만으로 그 관계를 형성한다는 점을 단락 간에도 적용한 것이다.

구성함으로써 학습자들은 단락 간 의미 관계를 전체글의 관점에서 보다 밀접하게 구성할 수 있으며, 또한 인접한 단락 간의 의미 관계에 대한 인식도 심화시킬 수 있다.

이상의 단락 이어 쓰기와 나누어 쓰기를 중심으로 한 협동 작문 방안 및 학습자들의 인식 측면을 살펴보았다. 이를 중심으로 단락 이어 쓰기와 나누어 쓰기를 몇 가지 기준을 중심으로 해서 정리하면 〈표 3〉[18]과 같다.

**〈표 3〉 단락 이어 쓰기와 나누어 쓰기 비교**

| | 단락 이어 쓰기 | 단락 나누어 쓰기 |
|---|---|---|
| 쓰기 방향 | 소통 중심 | 체계 중심 |
| 전개 속성 | 순차적 | 독립적 |
| 글의 속성 | 일관성/통일성 | 체계성/응집성 |
| 협력 초점 | 쓰기 '중'과 '후' | 쓰기 '전'과 '후' |
| 수행 수준 | 상 | 중·하 |

〈표 3〉에서 쓰기 방향은 소통과 체계 중심으로 구분된다. 단락 이어 쓰기나 나누어 쓰기 모두 쓰기 전 단계에서 모둠원들 간에 일정한 논의를 하지만, 실질적으로 표현하는 과정에서 이어 쓰기의 경우는 앞뒤 단락 간에 질의와 응답의 소통 구조로, 그에 반해 나누어 쓰기

18) 단락 이어 쓰기의 경우에도 쓰기 전에 개요를 세울 수 있다. 하지만 본 조사 시에 드러난 결과를 보면 그와 같은 개요의 구성 내용이 이어 쓰기를 진행하는 과정에서 오히려 학습자들의 자연스러운 이어 쓰기에 유의미하게 작용하지 않았음을 살필 수 있었다. 따라서 단락 이어 쓰기의 경우는 쓰기 전 단계가 단락 나누어 쓰기에 비해 그 중요성이 덜해진다고 할 수 있다. 아울러 이는 전개 속성에서 단락 이어 쓰기의 경우는 순차적인 측면이 강조되었고, 그에 반하여 단락 나누어 쓰기는 철저한 단락 중심 개요에 따른 쓰기이기 때문에 각 단락의 독립성이 강조된다는 측면에서 전개 속성이 독립적으로 제시된 점과 관련된다.

이는 단락 이어 쓰기의 경우는 학습자들이 각 단락을 차례대로 서술하는 반면에 나누어 쓰기의 경우에는 동시에 서술하기 때문에 생기는 문제와도 관련된다. 따라서 단락 이어 쓰기의 경우는 쓰기 중과 후, 단락 나누어 쓰기의 경우는 쓰기 전과 후에서 협력이 강조될 수 있다.

는 철저하게 개요에 따른 체계 중심으로 쓰기의 방향이 설정된다.

아울러 이어 쓰기의 경우는 단락을 순차적으로, 나누어 쓰기는 독립적으로 전개해 나간다. 이는 텍스트 속성, 일명 텍스트성과도 관련되는데, 이어 쓰기의 경우는 통일성에 나누어 쓰기의 경우는 한 단락 구성에 초점이 있기 때문에 응집성에 주요한 텍스트 속성이 놓인다.

모둠원들 간 협력은 쓰기 전, 중, 후의 모든 과정에서 발생한다. 하지만 이어 쓰기의 경우는 실제 표현 과정과 고쳐 쓰기 과정에서, 나누어 쓰기의 경우는 개요 작성과 고쳐 쓰기 과정에서 협력에 대한 필요성이 높게 드러났다.

수행 수준은 이어 쓰기의 경우 실시간으로 죄어오는 쓰기 압박감이 높다는 점에서 언어 수행 수준이 높은 학습자들에게 적절하다. 그에 반해 나누어 쓰기의 경우는 자신이 맡은 것에만 집중할 수 있기 때문에 불안 수준이 낮다고 할 수 있다. 따라서 이어 쓰기에 비해 언어 수행 수준이 낮은 학습자들에게 적절하다고 볼 수 있다.

## 5. 마무리

이 글에서는 단락 중심의 협동 작문에 대한 개념과 범위, 그리고 방안에 대해 논의하였다. 먼저 기존의 협동 작문의 문제점을 개념과 범주 면에서 밝히고, 단락이라는 단위의 필요성을 논의하였다. 아울러 단락 이어 쓰기와 나누어 쓰기를 중심으로 협동 작문 방안을 구성하였고, 나아가 단락 간 의미 연결의 정도 및 위계 등을 고려한 협동 작문 방안을 제시하였다.

기존의 협동 작문은 주로 쓰기 전, 후에 모둠 구성원들 간의 대화나 협의를 통한 개인 글쓰기나 모둠 중심의 1인 대표 글쓰기가 주류를 이루었다. 하지만 이 글에서는 협동 작문의 목표를 글을 잘 쓰기 위한 것에 있지, 협동 그 자체에만 있다고 보지 않았다. 이를 위해 기본적으로 개인과 모둠이 모두 쓰기 과정에 참여해야 한다고 보았다. 개인은 쓰기 '중'에 모둠은 쓰기 '후'에 참여하면서, 결과적으로는 공동의 쓰기 결과물을 구성해야 하는 것을 협동 작문으로 보았다.

나아가 이 글은 개인과 모둠이 모두 쓰기 과정에 어떻게 참여할지를 모색하면서 단락을 이용하는 것이 필요함을 세 가지 이유를 통해 밝혔다. 첫째, 협동적 사고를 유기적이며 실질적으로 이끌어 낼 수 있고, 둘째, 개인과 모둠 필자가 모두 쓰기 과정에 참여할 수 있고, 셋째, 필자와 독자의 역할을 연계, 통합할 수 있다는 점에서 단락을 협동 작문에 유용한 단위로 사용할 수 있음을 제시하였다.

아울러 단락 중심의 협동 작문 방안을 단락 이어 쓰기와 단락 나누어 쓰기로 구분하여 구체적으로 그 장·단점을 논의하였다. 단락 이어 쓰기의 경우는 맥락 중심으로 글의 통일성에 초점을 두면서 쓰기 중과 후 과정에 적용하기 용이하며, 단락 나누어 쓰기는 개요 중심으로 글의 응집성에 초점을 두면서 쓰기 전과 후 과정에 적용하기 쉬움을 논의하였다. 여기에 더해 단락 간 의미 연결과 위계를 고려해서 교육적으로 더 유의미한 협동 작문 방안을 제시하였다.

이상의 논의는 단락 중심의 협동 작문에 대한 시론적 성격을 지닌다. 향후 학교 현장에서 보다 면밀한 방안을 마련하여 실질적으로 단락 중심의 협동 작문이 기존의 협동 작문에 비해 어떤 점이 나은지, 아울러 어떤 면을 보완해야 할지를 현장 교육의 관점에서 면밀하게 검토할 필요성을 남겼다.

# 갈래와 주체를 고려한 쓰기 평가

## 1. 쓰기 평가의 문제

국어과 영역에서 쓰기는 그 결과물 평가에 있어 많은 노력과 시간이 요구된다. 특히 대단위 규모의 쓰기 평가는 그 효율성 측면에서 실제로 직접 평가가 불가능한 경우가 많다. 따라서 쓰기 평가는 대단위 학습자를 대상으로 직접 평가를 실시하기가 매우 어렵다. 이는 쓰기 평가에 심각한 문제로 지적될 수 있다.

또한 쓰기 영역은 국어과 타 영역에 비해, 특히 읽기 영역에 비해 평가가 객관적이고 효율적으로 이루어지기가 어렵다. 읽기 영역의 경우 간접 평가 방식으로도 어느 정도 학습자의 이해 결과를 측정할 수 있지만, 쓰기 영역의 경우는 간접 평가 방식으로는 많은 제약이 따른다. 이런 점을 고려한다면 쓰기 평가의 경우 총체적 혹은 분석적 평가이든 직접 평가 방식이 이루어져야만 제대로 학습자들의 쓰기 결과물에 대한 제대로 된 평가가 이루어질 수 있다.

하지만 그와 같은 쓰기 결과물에 대한 직접 평가 방식이 제대로 수용되려면 우선 해결되어야 하는 문제가 쓰기 결과에 대한 평가의 신뢰도이다. 즉 평가 주체와 평가 횟수에 상관없이 해당 쓰기 결과물에 대한 평가 결과의 측정값이 일정해야 한다는 것이다. 하지만 직관적으로 쓰기 결과물에 대해서는 채점자에 따라 관점의 차이가 날 수 있으며, 특히 내용 영역에서는 그 차이가 더 심하게 벌어질 수 있다.

물론 분석적 평가는 쓰기 평가의 다양한 구성 요소를 미리 구분해서 채점 기준으로 제시하기 때문에 큰 문제가 없지만, 이 역시 채점의 효율성 측면이나 혹은 전체보다는 부분에 지나치게 치중한다는 문제가 지적될 수 있다. 이런 상황에 이르면, 과연 학습자들의 쓰기 결과물에 대한 평가를 어떻게 해야 할지 그 해결책이 쉽게 보이지 않는다.

이런 문제의식하에 이 글에서는 고등학교 학습자 두 집단의 쓰기 평가 사례를 통해, 교실 수업 내 쓰기 평가의 신뢰도를 향상시키고, 아울러 쓰기 평가 방안의 적절한 대안을 찾는 데 연구의 목적이 있다. 이를 위해 쓰기 결과물에 대한 평가 주체를 교사뿐만 아니라, 학습자의 자기 평가, 동료 평가, 모둠 평가 등으로 다양화하며, 아울러 특정 갈래의 평가 결과에 초점을 두기보다는 다양한 담화 갈래 간 평가 점수의 상관관계까지 고려한다.1)

이는 학습자의 쓰기 평가 결과물에 대한 평가의 신뢰성을 높이기 위한 하나의 평가 방안으로 실시된다. 아울러 학습자들이 쓰기 평가를 하면서 겪게 되는 상위 인지적 측면의 여러 인식 모습을 파악하기 위한 시도로 이루어진다.

하지만 이 글에서는 학교 현장에서 학습자들 스스로 쓰기 결과물을 평가하고 이를 실제 평가에 반영하기가 매우 어려운 환경임을 감안하여, 일부 고등학생을 표집 대상으로 하여 조사 과정이 이루어졌

---

1) 평가의 신뢰도를 검정하는 데는 여러 통계 측정 방법이 사용될 수 있다. 이 글에서는 상관관계 분석에 초점을 두고 평가자 간 신뢰도 분석을 실시하였다. 아울러 담화 갈래 간 평가 점수의 신뢰도 측정에도 상관관계 분석을 적용하였다.

다는 한계를 지닌다. 또한 학습자들 스스로 평가한 결과를 다양한 관점에서 접근하고 분석한 선행연구가 아직은 폭넓게 이루어지지 못했다는 점을 감안한다면, 이 글은 학습자 중심 쓰기 평가 연구의 본격적인 연구이기보다는 시론적 성격을 지닌다.

## 2. 선행연구

쓰기 평가와 관련된 연구는 주로 평가 기준 설정의 문제, 평가의 신뢰도와 타당도 향상과 관련된 논의, 분석적 평가와 총체적 평가 간의 관련성 등 비교적 다양하게 논의되고 있다. 이하에서는 이 글과 직·간접적으로 관련된 몇몇 연구를 살펴보고, 그 의의와 한계와 고찰하고자 한다.

김라연(2007)과 정희모 외(2009)는 쓰기 평가에서 총체적 평가와 분석적 평가의 비교를 통해 쓰기 평가의 신뢰도를 구축하는 하고 있다는 점에서 연구의 의의가 있다. 하지만 두 연구 모두 평가자의 구성 및 조사 대상글이 특정 담화 갈래에 국한되는 등의 한계를 보여주고 있다. 따라서 쓰기 평가자 및 담화 갈래의 다양한 구성이 요구된다.

박영목(2008)에서는 원론적인 측면에서 쓰기 평가의 다양한 부면을 다루고 있어 참고가 된다. 특히 쓰기 평가의 신뢰도와 타당도에 관한 연구에서 60여 명 평가자의 신뢰도가 .31로 매우 낮아 쓰기 평가에 주요한 한계 사항으로 지적하고 있으며, 평가의 신뢰도 측정을 위한 다양한 통계 방법의 개략적인 언급을 통해 그 유용성을 제고하고 있다. 다만 원론적인 측면에서 이상의 문제를 다루고 있어 보다 심화된 현장연구 조사가 따라야 할 것으로 판단된다.

서수현(2008, 2012)에서는 쓰기 평가 기준 설정을 위한 담화 갈래별 논의 및 쓰기 평가와 관련된 평가자의 인식 문제를 폭넓게 다루고 있어 참고가 된다. 특히 후자는 교사 6명과 사범대 학생 9명을 선정해서 쓰기 평가와 관련된 인식의 문제를 다양한 국면으로 구분해서 다루고 있어 쓰기 평가자의 다양한 인식의 문제를 구체적으로 살펴볼 수 있다. 다만 여기에 관련된 드러난 쓰기 평가의 신뢰도 문제는 실제 학습자들의 글을 대상으로 하지 않았다는 점에서 한계를 남긴다.

오택환(2010)에서는 쓰기 수행평가에 드러난 동료 평가자 간 신뢰도 문제를 다루고 있다. 특히 학교 현장의 학습자들을 대상으로 쓰기 평가의 신뢰도 문제를 본격적으로 다루고 있다는 점에서 연구의 의의가 있다. 하지만 동료 평가의 구체적인 방법과 평가 결과에 대한 구체적인 내용들이 제시되고 있지 않아 동료 평가의 신뢰도 문제를 면밀하게 고찰하기 어려운 점이 있다.

이성영(2005)에서는 쓰기 영역 평가 전문성의 기준과 모형을 이상적인 틀에서 제시하고 있다. 특히 평가 전문성의 구성 요인을 지식, 수행, 태도로 구분해서 다루고 있는 점이 참고가 된다. 하지만 이들 요인들이 보다 구체적으로 학교 현장에서 유용하게 사용되기 위해서는 실질적인 현장연구를 통해, 그 신뢰성을 확보해야 한다는 점에서 연구의 한계를 남긴다.

조재윤(2009)에서는 일반화가능도 이론을 이용한 쓰기 평가의 오류 차원을 크게 쓰기 과제, 채점자, 평가 기준으로 구분해서 그 신뢰성을 검토하고 있다. 이 연구는 본격적인 쓰기 평가의 신뢰도 문제를 다루고 있다는 점에서 참고 의의가 있다. 특히 쓰기 평가의 신뢰도 문제를 높이기 위해서는 채점자보다는 평가 기준이나 과제 수를 늘리는 것이 효과적이라고 제시하고 있다. 하지만 조사 대상이 초등학교 학습자들로 국한되어 있고, 자료 수집 과정도 다소 과학적이지 못하다는 점이 연구과정의 문제로 지적될 수 있다.

## 3. 연구방법 및 연구가설

### 3.1. 연구방법

이 글에서는 쓰기 결과에 대한 평가 문제를 위해 일정한 두 집단의 학습자들을 조사 대상자로 선정하였다. 조사 대상자들은 소도시 인문계고 2학년 학습자들과 특목고 2학년 학습자들이다.[2] 학습자들의 전체적인 수준은 일반고의 경우는 대략적으로 수능 모의고사 언어영역 3~7등급상에서 정규분포를 이루며, 특목고 학습자들의 경우는 1~3등급상에서 정규분포를 보였다. 이는 두 집단 학습자들의 언어수행 수준에서의 일정한 차이와 관련되며, 나아가 쓰기 평가 시에도 집단 간 일정한 격차를 보일 것으로 예상할 수 있다.

이들 학습자들은 자신의 쓰기 결과물에 대해 자기 평가를 하며, 나아가 동료 평가와 모둠 평가에도 모두 참여한다.[3] 조사 대상 갈래의 글에 대한 작성과 모둠 평가는 정규 수업과 방과 후 논술 시간을 활용하였다.

전체 조사 과정은 쓰기 평가에 대한 사전 교육, 글감 수집, 담화 갈래별로 세 편의 글쓰기, 평가 주체별 쓰기 결과물 평가, 평가와 관

---

2) 처음 조사를 계획했을 당시에는 중학교 학습자들도 평가 대상에 포함시켰다. 하지만 중학교 학습자들은 다양한 갈래의 글을 작성하고 이를 차별적으로 평가하기가 어렵다는 학교 현장 교사의 지적에 따라 조사 대상자에서 제외하였다. 이는 결국 집단의 신뢰도 계수와 밀접하게 관련된다. 물론 이 글의 조사 대상인 고등학교 학습자들의 경우도 집단별 신뢰도 계수를 우선적으로 밝혀져야 하는데, 이 글에서 애초에 기획한 것이 학습자 쓰기 평가의 결과를 다양한 상관관계하에서 다루고자 한 것에 초점을 두었기 때문에 이를 제대로 고려하지 못하였다. 아울러 이 문제는 별도의 쓰기 평가와 관련된 내용으로 차후 연구 과제로 삼고자 한다.

3) 자기 평가와 동료 평가는 개별 과제로 학습자들에게 부여되며, 이후에 모둠 평가는 실제 수업 시간에 이루어진다. 따라서 모둠 평가 시에 학습자들은 자기 평가와 동료 평가 결과를 암묵적으로 고려하게 된다. 이는 모둠 평가 시에 점수 부여에 대한 다양한 의견들이 나올 수 있고, 학습자들이 쓰기 평가에 대한 상위 인지 틀을 형성해 갈 수 계기가 된다. 여기에서 동료 평가는 평가 주체가 학습자 개인이 되고, 모둠 평가는 모둠원들 모두가 평가 주체가 된다는 점에서 차이가 있다.

련된 반성적 글쓰기로 구분되어 진행되었고, 조사 기간은 거의 한 학기가 소요되었다. 연구방법과 관련된 개괄적인 내용은 〈표 1〉과 같다.

〈표 1〉 연구방법 개관

<table>
<tr><th>구분 \ 개관</th><th colspan="2">연구방법 개관</th></tr>
<tr><td>조사 대상[4]</td><td colspan="2">• 일반 인문고 2학년 학습자 30명<br>• 특수 목적고 2학년 학습자 30명</td></tr>
<tr><td>조사 기간</td><td colspan="2">• 2013.03~2013.08</td></tr>
<tr><td>조사 과정</td><td colspan="2">• 쓰기 평가에 대한 사전 교육 → 글감 수집 → 세 편의 글쓰기 → 평가 주체별 평가 → 평가에 대한 반성적 글쓰기</td></tr>
<tr><td rowspan="2">평가 주체[5]</td><td>• 자기, 동료, 모둠 평가</td><td>• 전문가 평가</td></tr>
<tr><td>• 조사 대상 학습자</td><td>• 10년 경력 이상의 국어교사 6인</td></tr>
<tr><td>담화 갈래</td><td colspan="2">• 정보 전달, 설득, 친교 및 정서 표현 각 1편</td></tr>
<tr><td>쓰기 분량</td><td colspan="2">• 정보 전달, 설득: A4 한 면 이내<br>• 친교 및 정서 표현: A4 두 면 이내</td></tr>
</table>

〈표 1〉에서 드러난 바와 같이, 조사 대상 학습자가 각각 30명의 집단으로 구성되었다. 평가 주체는 학습자들과 전문가로 구분된다. 조사 대상 학습자들의 경우 자기, 동료, 모둠 평가로 구분하여 평가에 참여하게 된다. 동료 평가는 학습자 개개인이 동료들의 글을 모두 개별적으로 평가하며, 모둠 평가는 6개 모둠으로 구성된 각 모둠이

4) 원래 조사 대상자는 30여 명을 넘었지만, 조사 참여 대상자들의 여러 상황 등을 감안하여 30명으로 한정하였다. 이는 양적 분석 방법을 위한 최소 대상 인원 확보와 관련된다. 즉 상관관계 분석의 정규성 가정을 위해 집단별 인원수(N)가 최소한 30명 정도는 되어야 하기 때문이다. 아울러 일반고와 특목고로 구분한 것은 학습자들의 언어 수행 수준에 따른 평가 결과의 상관관계에 차이가 있는지를 파악하기 위해서이다.

5) 이 글은 학습자들에게서 드러난 쓰기 평가 결과에 초점을 두었다. 다만 전문가 평가는 학습자들의 평가 결과가 어느 정도 객관성이 있는지를 비교해 보기 위해 이루어졌다. 전문가 평가가 평가 주체로서 의미를 지니기 위해서는 앞선 학습자들과 마찬가지로 평가 주체의 수가 최소 30여 명을 넘어야 한다. 하지만 현실적으로 이와 같은 전문 인력을 확보하다는 것은 현실적으로 매우 어려운 일이다.

조사 대상 학습자들 30여 명의 글을 모두 평가하는 것이다.[6]

글감은 학습자들이 제시한 것 중에서 선정하였다. 특히 정보 전달이나 설득의 경우 학습자들의 관심이나 배경지식이 없는 경우에는 글쓰기에 어려움을 겪을 것으로 예상되었기 때문이다. 갈래별 쓰기 선정 주제는 〈표 2〉[7]와 같다.

〈표 2〉 갈래별 쓰기 주제

| 갈래 \ 글감 | 주제 |
|---|---|
| 정보 전달 | • 이 시대의 新 권력, 'Speech'의 힘(기사문) |
| 설득 | • SNS(Social Network Service)의 순기능과 역기능, 그리고 SNS가 앞으로 나아가야 할 방향 |
| 친교 및 정서 표현 | • 주변 사람들에 대한 감동적이고 재미있는 이야기 |

실제 글쓰기 과정은 3편 모두 각각 2시간 이내의 논술 시간과 작문 실습 시간을 사용해서 이루어졌다. 아울러 쓰기 평가물의 평가하기 위해서는 일정한 평가 기준이 제시되었는데, 분석적 평가의 기준으로 평가 기준표를 제시했지만, 쓰기 결과물 자체의 분량이나 질, 또는 학습자들의 수준을 고려하여 기준을 지나치게 세분화하지 않았다. 평가 기준표는 각 갈래별 〈표 3〉과 같다.

반영 비율은 평가자들이 채점 기준상의 점수를 부여하고 해당 인원을 배분하는 데 참고하도록 제시하였다. 조사 대상 학습자들을 다섯 등급 정도의 점수대로 구분한 것은, 쓰기 수행에서 능력한 비슷한 학습자들을 지나치게 세분화해서 평가하기 어려운 점이 반영되었기 때문이다.

---

6) 조사 대상 학습자들은 동료 평가를 하면서 자연스럽게 자기 평가도 하게 된다. 즉 자기 평가와 동료 평가는 학습자 개인별로 동시에 이루어진다.

7) 갈래 별 주제의 난이도를 균일하게 맞추는 것이 이 연구의 어려운 과제 중의 하나였다. 이를 위해 이 글에서는 학생들이 쓰기 과제를 직접 수집, 선정하도록 하였다. 그럼으로써 일정 부분 과제 난이도에 대한 학습자들 간 인식의 격차를 줄일 수 있기 때문이다.

〈표 3〉 갈래별 평가 기준표

<table>
<tr><th colspan="3">정보 전달</th><th>채점 기준</th></tr>
<tr><td>범주</td><td>평가요소</td><td>비율</td><td rowspan="2">점수</td></tr>
<tr><td rowspan="2">내용</td><td>정보의 신뢰성, 정확성, 풍부성</td><td rowspan="2">4</td></tr>
<tr><td>주제의 명료성</td><td rowspan="3">5</td></tr>
<tr><td>조직</td><td>글 구조 및 단락 관계의 적절성</td><td>3</td></tr>
<tr><td rowspan="2">표현</td><td>맞춤법, 띄어쓰기, 글씨의 적절성</td><td rowspan="2">2</td></tr>
<tr><td>낱말 선택과 문장 구성의 유창성</td><td rowspan="3">4</td></tr>
<tr><td>태도</td><td>참여에의 적극성 및 인용의 명확성</td><td>1</td></tr>
<tr><th colspan="3">설득</th></tr>
<tr><td>범주</td><td>평가요소</td><td>비율</td><td rowspan="6">3</td></tr>
<tr><td rowspan="2">내용</td><td>논지의 명료성, 적절성, 참신성</td><td rowspan="2">4</td></tr>
<tr><td>논거의 타당성, 풍부성, 신뢰성</td></tr>
<tr><td>조직</td><td>글 구조 및 단락 관계의 적절성</td><td>3</td></tr>
<tr><td rowspan="2">표현</td><td>맞춤법, 띄어쓰기, 글씨의 적절성</td><td rowspan="2">2</td></tr>
<tr><td>낱말 선택과 문장 구성의 유창성</td></tr>
<tr><td>태도</td><td>참여에의 적극성 및 인용의 명확성</td><td>1</td><td rowspan="3">2</td></tr>
<tr><th colspan="3">친교 및 정서 표현</th></tr>
<tr><td>범주</td><td>평가요소</td><td>비율</td></tr>
<tr><td rowspan="2">내용</td><td>내용의 구체성, 진정성, 참신성</td><td rowspan="2">4</td><td rowspan="6">1</td></tr>
<tr><td>가치관과 개성의 반영</td></tr>
<tr><td>조직</td><td>글 구조 및 단락 관계의 적절성</td><td>3</td></tr>
<tr><td rowspan="2">표현</td><td>맞춤법, 띄어쓰기, 글씨의 적절성</td><td rowspan="2">2</td></tr>
<tr><td>낱말 선택과 문장 구성의 유창성</td></tr>
<tr><td>태도</td><td>참여에의 적극성 및 진실성</td><td>1</td></tr>
</table>

이상의 과정을 통해 산출된 담화 갈래별 평가 결과는 일정한 통계 검정 절차를 거쳐 그 유의미성이 결정된다. 따라서 이 글에서의 집단 규모나 조사 과정은 질적 연구의 측면으로, 그 결과물에 대한 검정은 양적 연구의 측면으로 접근한다. 일종의 질적, 양적인 측면이 결합된 혼합 연구가 된다.

## 3.2. 연구가설

여기에서는 쓰기 평가와 관련하여 두 가지 가설을 상정하였다. 첫 번째는 평가 주체 간, 즉 쓰기 결과물에 대해 학습자 자신, 동료, 모둠, 그리고 전문가 간의 평가에 대한 상관관계이고, 두 번째는 각 담화 갈래에 대한 평가의 상관관계이다.[8)]

**가설 1. 평가 주체 간 평가 결과에는 일정한 상관관계가 있을 것이다.**

이 가설은 네 평가 주체 간의 평가 점수 차이에 대한 관계와 관련된다. 직관적으로 쓰기 수행 능력이 떨어지거나 쓰기 경험이 적은 학습자일수록 글을 보는 안목이 낮다. 이는 쓰기 수행 결과물에 대한 평가에 부정적인 영향을 줄 수 있다. 특히 글을 보는 안목이 부족한 학습자들의 경우에는 자신의 글에 대한 객관적 평가의 어려움이 따를 것이다.

이를 위해 쓰기 평가에 대한 경험이 없는 이 글의 조사 대상 학습자들은 본격적인 쓰기 평가 과정에 참여하기 전에, 사전 교육으로 몇몇 갈래의 글에 대한 쓰기 평가 교육을 받았다. 아울러 대상 학습자들은 기본적인 쓰기 수행 능력을 갖추고 있으며, 일정한 시험과 관련하여 쓰기 수행에 대한 동기 부여가 되어 있기 때문에 쓰기 결과물 평가에 있어, 특히 자신의 글을 지나치게 높게 혹은 낮게 평가하는 등의 오류는 범하지 않을 것이다.

다만 각 주체들 간의 상관계수의 크기에는 다소 차이가 있을 것으로 예상된다. 즉 네 집단 간 상관 비교는 총 6가지의 상관관계로 상정

8) 쓰기 평가의 신뢰도와 관련된 주요한 변인으로는 평가 주체와 평가 횟수를 들 수 있다. 이 글에서는 후자를 고려하지 못했는데, 이는 특히 조사 대상 학습자들로부터 장기간의 평가 기간을 확보하기 어려웠기 때문이다. 아울러 담화 갈래를 신뢰도와 관련된 주요한 변인으로 선택했는데, 이는 학교 현장의 공식적인 쓰기 평가가 주로 논술 글에 국한되어 있다는 상황을 감안하여 교육과정상의 세 가지 갈래의 담화 양식을 모두 고려한 것이다.

되는데, '전문-모둠', '전문-동료', '모둠-동료', '자기-동료', '자기-모둠', '자기-전문'의 관계 순으로 상관성을 보일 것으로 예상된다. 여기에서 가장 상관계수가 가장 높을 것으로 상정되는 관계는 '모둠-전문' 간이다. 아울러 가장 낮은 상관계수를 보일 것으로 상정되는 것은 '자기-전문' 간으로 예상된다.

왜냐하면 개별 학습자들이 일정 정도의 쓰기 수준에 이르렀다고는 하지만, 쓰기 평가에 대한 전문적인 식견이 낮고 경험이 적은 관계로 전문가들의 평가와는 다소의 격차를 보일 것이다. 하지만 자기 평가와 동료 평가에 참여한 뒤에 이루어지는 모둠 평가의 경우는 다섯 명의 학습자가 재차 자신의 글을 포함한 모든 학습자들의 글에 대한 평가 주체가 된다. 따라서 자기 혹은 동료 평가보다 평가 대상 글에 대해 보다 객관적인 관점을 취할 수 있을 것이다. 결론적으로 이는 전문가들의 평가 결과와 가장 유사한 결과를 보여줄 것이라고 예상할 수 있다.

**가설 2. 담화 갈래 간 평가 결과에는 유의미한 상관관계가 없을 것이다.**

담화 갈래 간 평가 점수에 유의미한 상관관계가 없을 것이라는 점은 학습자들의 개별 담화 갈래에 따른 쓰기에의 일정한 성향과 관련된다. 즉 각 학습자들은 특정 담화 갈래에 따라 쓰기의 논리성이나 유창성 등에서 질적 차이를 보일 것이다. 이는 통상 사물을 지각하고 판단하고 해석하는 일종의 인지 양상과도 관련되며, 쓰기 결과에도 자연스럽게 반영될 것이다.

결국 담화 갈래란 그와 같은 인지 양상의 응집체이자 결합체라고 할 수 있다. 따라서 그와 같은 인지 양상의 응집체인 쓰기 결과물이 다양한 담화 갈래로 귀결되며, 개인에 따라서 그런 인지 틀이 차별성 있게 쓰기 과정과 결과에 반영될 것이다. 이는 곧 쓰기 결과물인 담화 갈래의 질적 차이와 밀접하게 관련될 수 있다.

다만 가설 1에서와 같이 갈래별 관계에 있어서는 차이가 있을 것이다. 여기에서는 '정보 전달-설득', '설득-친교', '정보 전달-친교'순으로 상관관계를 예상할 수 있다. 이는 정보 전달과 설득의 경우는 비문학 글로 일상 언어가 바탕이 되는 반면에 친교 및 정서 표현의 경우는 일상 언어뿐만 아니라 문학 언어가 관계될 수 있기 때문에 질적인 면에서 인지적 차이가 날 것이다. 특히 비문학글과 문학글의 경우, 전자는 비교적 내용의 객관성과 논리성에, 후자의 경우는 내용의 독창성과 참신성에 담화 갈래상의 초점이 주어진다.[9] 아울러 설득 갈래가 정보 전달보다 친교 및 정서 표현의 갈래에 더 밀접한 상관관계를 보일 것으로 예상된다. 이는 설득과 친교 및 정서 표현은 필자의 주관적 색체가 두드러지는 갈래이기 때문이다.

즉 이런 요소들은 담화 갈래 간 글의 내용 전개나 조직, 표현 등에서 상이한 속성으로 부각될 수 있다. 이는 자연스럽게 학습자들의 쓰기 과정이나 결과에도 반영되며, 특히 비문학글과 문학글, 주관적 색체가 두드러지거나 혹은 그렇지 않은 갈래 간의 차이로 부각될 수 있다.

## 4. 평가 주체와 갈래에 따른 결과 및 논의

여기에서는 두 가지 연구가설을 바탕으로 학습자들의 쓰기 평가 결과를 일정한 통계 검정 절차를 중심으로 논의한다. 논의는 연구가설에 따라 구분된다. 아울러 조사 대상 학습자들의 쓰기 평가와 관련된 반성적 글쓰기의 인식 양상도 함께 고려된다. 우선 일반고 1, 2학년 학습자들의 결과는 〈표 4〉와 같다.

9) 이광모(2005)에서는 J. Crosswhite(1996)의 논의에 기대어, 대학 글쓰기의 종류를 크게 '표현적 글쓰기'와 '논증적 글쓰기'로 나누어 다루고 있는데, 이 글에서의 담화 갈래도 크게는 두 가지로 구분해서 접근가능하다. 즉 설명과 설득은 주로 '논증적 글쓰기'에, 친교 및 정서 표현은 '표현적 글쓰기'에 초점이 주어진다고 할 수 있다.

〈표 4〉 '일반고' 학습자들의 쓰기 평가 결과

| 주체 / 대상 | 정보 전달 | | | | 설득 | | | | 친교 및 정서 표현 | | | |
|---|---|---|---|---|---|---|---|---|---|---|---|---|
| | 자기 | 동료 | 모둠 | 전문 | 자기 | 동료 | 모둠 | 전문 | 자기 | 동료 | 모둠 | 전문 |
| 1 | 2 | 2.93 | 3.20 | 3.67 | 3 | 3.07 | 3.20 | 2.67 | 4 | 2.50 | 2.20 | 3.00 |
| 2 | 1 | 2.43 | 2.40 | 2.00 | 3 | 2.79 | 2.60 | 3.00 | 2 | 2.14 | 2.40 | 2.33 |
| 3 | 1 | 3.21 | 3.00 | 3.67 | 2 | 3.14 | 2.80 | 2.00 | 3 | 3.50 | 2.80 | 2.33 |
| 4 | 3 | 1.71 | 2.40 | 2.67 | 4 | 2.86 | 2.60 | 3.67 | 4 | 2.64 | 2.80 | 3.00 |
| 5 | 2 | 3.07 | 3.20 | 2.33 | 3 | 2.93 | 2.80 | 2.33 | 3 | 3.71 | 3.60 | 3.00 |
| 6 | 2 | 2.86 | 3.20 | 3.67 | 3 | 2.50 | 3.20 | 3.00 | 4 | 3.21 | 2.40 | 2.67 |
| 7 | 2 | 3.64 | 3.60 | 3.00 | 4 | 3.50 | 3.40 | 3.67 | 3 | 3.29 | 3.60 | 4.33 |
| 8 | 3 | 3.14 | 3.00 | 2.00 | 2 | 2.29 | 3.00 | 3.00 | 3 | 2.50 | 2.00 | 1.67 |
| 9 | 4 | 3.50 | 2.80 | 2.67 | 3 | 4.07 | 3.20 | 2.67 | 4 | 3.93 | 4.36 | 4.00 |
| 10 | 2 | 2.93 | 2.60 | 3.00 | 2 | 2.93 | 3.00 | 3.00 | 3 | 2.36 | 1.80 | 2.00 |
| 11 | 1 | 2.43 | 2.60 | 1.67 | 1 | 2.36 | 2.40 | 1.67 | 1 | 1.93 | 2.40 | 2.67 |
| ⋮ | ⋮ | ⋮ | ⋮ | ⋮ | ⋮ | ⋮ | ⋮ | ⋮ | ⋮ | ⋮ | ⋮ | ⋮ |
| 27 | 4 | 2.67 | 2.60 | 3.33 | 3 | 1.93 | 2.20 | 1.33 | 4 | 2.86 | 3.20 | 3.00 |
| 28 | 3 | 3.14 | 3.20 | 2.67 | 2 | 3.00 | 3.20 | 4.00 | 2 | 3.43 | 3.80 | 3.00 |
| 29 | 4 | 4.14 | 3.80 | 4.67 | 4 | 3.86 | 3.80 | 5.00 | 5 | 3.07 | 3.60 | 3.67 |
| 30 | 3 | 3.36 | 3.40 | 4.00 | 3 | 3.43 | 3.60 | 4.00 | 4 | 3.79 | 4.07 | 4.33 |

대상 열의 1~30번은 학습자의 사생활과 관련된 정보 유출을 막기 위해 이름 대신 숫자를 부여하여 구분한 것이다. 〈표 4〉에서 드러난 표면상 두드러진 특징 중의 하나는, 자기 평가의 평균값이 정보 전달과 설득의 경우에 다른 주체의 평균값에 비해 훨씬 낮다는 점이다. 특히 정보 전달의 경우는 자기 평가 결과가 상당히 낮다. 하지만 친교의 경우는 다른 주체의 평균을 약간 상회하고 있다. '특목고' 학습자들의 결과는 〈표 5〉와 같다.

〈표 5〉의 결과에서 우선 드러난 특징들을 살펴보면, 앞선 〈표 4〉의 결과에서와 달리, 각 갈래별 자기 평가의 점수가 전체적으로 평균보다 높게 드러나고 있다는 점이다.[10] 하지만 〈표 4〉에서와 같이 자기 평가의 점수가 '정보 전달→설득→친교 및 정서 표현'으로 갈수록 높

〈표 5〉 '특목고' 학습자들의 쓰기 평가 결과

| 주체 / 대상 | 정보 전달 | | | | 설득 | | | | 친교 및 정서 표현 | | | |
|---|---|---|---|---|---|---|---|---|---|---|---|---|
| | 자기 | 동료 | 모둠 | 전문 | 자기 | 동료 | 모둠 | 전문 | 자기 | 동료 | 모둠 | 전문 |
| 1 | 2 | 2.07 | 2.00 | 1.67 | 4 | 2.57 | 2.80 | 3.00 | 4 | 3.36 | 3.40 | 1.33 |
| 2 | 2 | 2.43 | 2.20 | 2.67 | 2 | 3.43 | 3.40 | 2.67 | 2 | 2.71 | 2.60 | 2.00 |
| 3 | 2 | 2.93 | 3.00 | 3.33 | 3 | 2.93 | 2.80 | 3.00 | 4 | 3.71 | 3.80 | 2.67 |
| 4 | 4 | 2.50 | 2.20 | 2.33 | 3 | 1.93 | 2.00 | 2.33 | 5 | 2.79 | 2.80 | 3.67 |
| 5 | 5 | 4.43 | 4.80 | 5.00 | 4 | 3.36 | 3.80 | 4.00 | 5 | 3.07 | 2.60 | 3.33 |
| 6 | 4 | 3.00 | 3.20 | 3.67 | 4 | 3.29 | 3.40 | 3.67 | 4 | 2.36 | 2.20 | 3.33 |
| 7 | 4 | 3.64 | 3.80 | 3.67 | 3 | 3.79 | 3.60 | 3.67 | 4 | 3.57 | 3.60 | 3.00 |
| 8 | 2 | 2.00 | 1.80 | 2.67 | 3 | 2.14 | 1.80 | 1.33 | 3 | 3.21 | 3.60 | 2.33 |
| 9 | 4 | 3.29 | 3.60 | 2.67 | 3 | 2.29 | 2.00 | 3.00 | 5 | 3.36 | 3.20 | 4.67 |
| 10 | 3 | 2.50 | 2.40 | 3.00 | 3 | 3.14 | 3.00 | 3.00 | 3 | 1.43 | 1.40 | 2.67 |
| 11 | 3 | 3.00 | 2.80 | 2.33 | 3 | 2.50 | 2.60 | 2.00 | 3 | 1.93 | 2.20 | 2.33 |
| ⋮ | ⋮ | ⋮ | ⋮ | ⋮ | ⋮ | ⋮ | ⋮ | ⋮ | ⋮ | ⋮ | ⋮ | ⋮ |
| 27 | 2 | 2.21 | 2.20 | 1.67 | 2 | 1.14 | 1.20 | 1.33 | 1 | 1.57 | 1.60 | 2.00 |
| 28 | 3 | 4.43 | 4.60 | 4.00 | 5 | 4.64 | 4.80 | 4.33 | 4 | 3.50 | 4.00 | 4.33 |
| 29 | 4 | 3.50 | 3.40 | 3.33 | 3 | 3.64 | 3.60 | 3.67 | 4 | 3.50 | 3.60 | 3.00 |
| 30 | 2 | 3.00 | 3.00 | 3.00 | 5 | 3.86 | 4.20 | 4.00 | 5 | 4.21 | 4.40 | 4.33 |

아지고 있는 것은 공통된 현상이다.

이는 쓰기 평가에 드러난 매우 흥미로운 결과 중의 하나이다. 자기 평가의 경우는 자신의 점수를 동료들의 결과물에 비추어 평가한 것이라는 점에서 쓰기 평가에 대한 학습자들의 개별 성향을 엿볼 수 있고, 또한 담화 갈래별 쓰기에 대한 학습자들의 인식 양상도 살필 수 있다. 즉 정보 전달에 비해 설득과 친교 및 정서 표현으로 갈수록

10) 이는 일반 일반고와 특목고 학습자들의 글쓰기에 대한 자신감의 차이에서 기인하는 것으로 해석된다. 전반적으로 특목고 학습자들의 경우에는 대다수가 고등학교 진학을 위해 논술과 토론 등의 다양한 과외 학습을 개별적으로 받은 것으로 조사되었다. 물론 이런 과정이 글의 질에 대한 객관적인 담보 지표로 작용할 가능성도 있겠지만, 우선적으로 특목고 학습자들의 쓰기 관련 역량에 대한 개인적인 자신감과도 관련이 있는 것으로 보인다.

자기 평가에 후한 평가를 내린다는 것은 정보 전달에 비해 설득이나 친교 및 정서 표현의 글은 글 내용의 측면에서 보다 주관성이 강조될 수 있다는 면과 관련된다고 할 수 있다. 이는 설득에 비해 친교 및 정서 표현의 글에 더 높은 점수가 부여된다는 점에서 더욱 그런 현상이 심화된 것이라 할 수 있다.

즉 글쓴이가 자신의 주장 혹은 이야기를 전개해 나가는 것이 내용상 객관성을 담보해야하는 정보 전달에 비해 내용 전개나 조직, 표현 등에서 보다 용이했을 것이고, 이는 자연스럽게 자기 평가에도 반영되었을 것이라 추측해 볼 수 있다. 이하의 절에서는 다양한 평가 주체와 담화 갈래에 따른 관계를 연구가설에 따라 논의하고자 한다.

## 4.1. 평가 주체에 따른 결과

평가 결과에 대한 자료 처리는 SPSS 19.0 프로그램을 이용하였다. 상관은 피어슨(Pearson) 적률 상관계수(product-moment correlation coefficient)

〈표 6〉 일반고 '정보 전달'에 드러난 평가 주체 간 상관성

| | | 자기 | 동료 | 모둠 | 전문 |
|---|---|---|---|---|---|
| 자기 | 상관계수 | 1.000 | .331 | .221 | .349 |
| | 유의확률 (한쪽) | | .114 | .215 | .101 |
| | N | 15 | 15 | 15 | 15 |
| 동료 | 상관계수 | | 1.000 | .826** | .522 |
| | 유의확률 (한쪽) | | | .000 | .023 |
| | N | | 15 | 15 | 15 |
| 모둠 | 상관계수 | | | 1.000 | .613** |
| | 유의확률 (한쪽) | | | | .008 |
| | N | | | 15 | 15 |
| 전문 | 상관계수 | | | | 1.000 |
| | 유의확률 (한쪽) | | | | |
| | N | | | | 15 |

**. 상관계수는 0.01 수준(한쪽)에서 유의합니다.

를 적용하였다. 평가 주체에 따른 상관관계는 담화 갈래별로 구분되어 논의된다. 우선 정보 전달 글에 대한 평가 주체 간 상관관계 결과는 〈표 6〉, 〈표 7〉과 같다.

〈표 6〉에서와 같이, 일반고 학습자들의 경우는 '동료-모둠'과 '모둠-전문' 간에 유의미한 상관관계가 드러난다.11) 즉 정보 전달 글이 비교적 객관적 정보 전달에 초점을 두기 때문에, 그 결과 평가에서도 비교적 객관적 시각을 확보할 수 있는 주체이거나 혹은 정보에 대한 전문적인 식견을 가진 경우 간에 유의미한 상관관계가 있는 것으로 드러나고 있다.

하지만 자기 평가의 경우는 어떤 평가 주체와도 유의미한 상관관계가 드러나지 않았다. 이는 정보 전달 글의 경우에 일반고 학습자들의 자기 평가는 평가의 신뢰성을 확보하기 어려운, 즉 유의미한 쓰기 평가가 주체가 되지 못함을 보여주는 결과라고 할 수 있다. 다음은 〈표 4〉의 일반고 일부 학습자들에게서 드러난 자기 평가와 관련된 인식 양상이다.

> 글쓰기에서 내 글을 내가 평가해보는 것은 처음이다. 특히 다른 아이들 글을 읽다가도 문득문득 내 글의 내용들이 떠올라 집중이 되지 않기도 했다. 아무튼 내 글을 내가 평가한다는 것은 아무래도 여러 면에서 어려웠다. (학습자 7)

> 처음에 내 글을 내가 평가하는 것이 쉬울 것이라고 생각했는데, 막상 다른 아이들과 비교하면서 평가하려고 하니 무척이나 어려웠다. 특히 내 글이 다른 아이들 글과 비교해 더 못하면 어떻게 하지라는 생각 때문에 점수를 제대로 주기가 어려웠다. 그냥 선생님께서 평가해 주시는 것이

11) 대체적으로 상관계수에 대한 언어적 해석은 상관계수가 '.60' 이상은 상관이 있거나 강한 것으로, 그 이하는 상관이 약하거나 없는 것으로 간주하고 있다. 상관계수에 대한 해석은 성태제(2005: 111)에서 확인할 수 있다.

더 나을 것이라는 생각이 들었다. (학습자 28)

위 학생들은 글쓰기에서 자기 평가 경험이 없었음을 보여주면서 자기 평가의 어려움과 생소함을 토로하고 있다. 교육과정에서도 자기나 동료 평가가 주요한 평가 방법으로 제시되고 있지만, 학교 현장에서는 이를 제대로 반영하기 어려움을 간접적으로 보여준 것이라고 할 수 있다. 아울러 특목고 학습자들의 경우는 〈표 7〉과 같다.

**〈표 7〉 특목고 '정보 전달'에 드러난 평가 주체 간 상관성**

| | | 자기 | 동료 | 모둠 | 전문 |
|---|---|---|---|---|---|
| 자기 | 상관계수 | 1.000 | .708** | .679** | .502 |
| | 유의확률 (한쪽) | . | .002 | .003 | .028 |
| | N | 15 | 15 | 15 | 15 |
| 동료 | 상관계수 | | 1.000 | .976** | .769** |
| | 유의확률 (한쪽) | | . | .000 | .000 |
| | N | | 15 | 15 | 15 |
| 모둠 | 상관계수 | | | 1.000 | .817** |
| | 유의확률 (한쪽) | | | . | .000 |
| | N | | | 15 | 15 |
| 전문 | 상관계수 | | | | 1.000 |
| | 유의확률 (한쪽) | | | | . |
| | N | | | | 15 |

**. 상관계수는 0.01 수준(한쪽)에서 유의합니다.

〈표 7〉에서와 같이 특목고 학습자들의 경우는 '자기-전문' 간을 제외하고는 다수의 평가 주체 간 유의미한 상관관계가 나왔다. 특히 '동료-모둠' 간의 상관성은 '.976'으로 매우 높게 나왔다. 아울러 자기 평가의 경우도 다른 평가 주체와 대체적으로 유의미한 상관관계를 보여주고 있다. 이는 일반고 학습자들의 평가 결과와는 사뭇 다른 결과이다. 즉 학습자들 간 평가 결과에 대한 다양하고 상충된 의견이

있었을 것인데, 특목고 학습자들은 자기 평가와 동료 평가에서의 결과를 모둠 평가에도 비슷한 양상으로 반영시켰다고 볼 수 있다.

다만 가설에서는 '모둠-전문' 간의 상관성이 가장 높을 것이라고 상정하였다. 하지만 결과는 '동료-모둠' 간의 상관성이 가장 높았다. 이는 동료 평가와 모둠 평가에 참여자들이 동시에 참여하였고, 특히 모둠 평가에서 비교적 점수를 객관적으로 주기 위해 동료 학습자들과 상호 협력한 과정 때문이라고 할 수 있다.

한편 〈표 7〉에서 '자기-전문' 간의 상관성이 가장 낮은 것으로 드러났다. 이는 앞선 일반고 학습자들의 경우와 비슷한 결과이다. 즉 정보 전달이라는 담화 갈래는 정보의 객관성이 뒷받침되어야 하는데, 이런 내용상의 인식 차가 '자기-전문' 간에 점수의 차이를 보이는 것으로 볼 수 있다. 이는 쓰기 평가 이후에 이루어진 쓰기 평가에 대한 되짚어보기(feedback) 관점에서 작성된 특목고 학습자들의 반성적 글쓰기를 통해 추측해 볼 수 있다.

> 자기 평가를 객관적으로 하는 일은 아주 어려웠다. 특히 정보 전달글에서 정보의 객관성에 대해 파악하기가 어려웠다. 물론 최대한 장르별 평가의 기준을 따라서 평가했지만, 다른 글보다 나의 글은 덜 객관적으로 평가되는 것 같았다. 나도 모르게 내 글에 높은 점수를 주려고 노력하는 것 같았다. (학습자 1)

> 내 글을 내가 평가하는 경우는 처음이었다. 중학교 때 학원에서 선생님으로부터 개인적인 평가를 받아보기는 했지만, 내가 직접 내 글을 평가하기 위해서는 무엇보다 객관적이어야 한다는 생각이 많이 들었다. 하지만 친구들의 글을 평가하면서 이런 객관성을 제대로 반영했는지 자꾸만 의심이 갔다. 글쓰기도 어렵지만, 평가는 정말로 더 어려운 것 같다. (학습자 8)

설득의 경우도 전체적으로 정보 전달과 마찬가지로 평가 주체 간 비슷한 양상이다. 하지만 각 주체 간 상관계수에서는 차이를 보이고 있다. 앞선 정보 전달과 마찬가지로, 일반고 학습자들의 경우, '동료-모둠'과 '모둠-전문' 간에만 유의미한 상관관계가 성립한다. 우선 일반고 학습자들의 설득 글에 대한 평가 주체 간 상관관계는 〈표 8〉과 같다.

〈표 8〉 일반고 '설득'에 드러난 평가 주체 간 상관성

| | | 자기 | 동료 | 모둠 | 전문 |
|---|---|---|---|---|---|
| 자기 | 상관계수 | 1.000 | .439 | .376 | .514 |
| | 유의확률 (한쪽) | | .051 | .084 | .025 |
| | N | 15 | 15 | 15 | 15 |
| 동료 | 상관계수 | | 1.000 | .737** | .580 |
| | 유의확률 (한쪽) | | | .001 | .012 |
| | N | | 15 | 15 | 15 |
| 모둠 | 상관계수 | | | 1.000 | .793** |
| | 유의확률 (한쪽) | | | | .000 |
| | N | | | 15 | 15 |
| 전문 | 상관계수 | | | | 1.000 |
| | 유의확률 (한쪽) | | | | |
| | N | | | | 15 |

**. 상관계수는 0.01 수준(한쪽)에서 유의합니다.

전체적으로 평가 주체 간 상관계수도 정보 전달과 비슷한 양상이다. 특히 자기 평가는 어떤 평가 주체와도 유의미한 상관관계를 보이지 않는데, 이는 학습자 개인 스스로는 유의미한 평가 주체가 되기 어려움을 말해주는 결과라고 할 수 있다. 하지만 설득의 경우에, 특목고 학습자들의 결과는 〈표 9〉와 같이 일반고 학습자들의 결과 양상뿐만 아니라, 앞선 특목고 학습자들의 정보 전달 갈래와도 약간 다른 양상을 보여주고 있다.

〈표 9〉에서와 같이, '동료-모둠' 간은 정보 전달과 같이 매우 높은 상관성을 보여주고 있다. 하지만 정보 전달과 달리 '자기-동료' 간의

〈표 9〉 특목고 '설득'에 드러난 평가 주체 간 상관성

| | | 자기 | 동료 | 모둠 | 전문 |
|---|---|---|---|---|---|
| 자기 | 상관계수 | 1.000 | .505 | .622** | .757** |
| | 유의확률 (한쪽) | . | .027 | .007 | .001 |
| | N | 15 | 15 | 15 | 15 |
| 동료 | 상관계수 | | 1.000 | .968** | .850** |
| | 유의확률 (한쪽) | | . | .000 | .000 |
| | N | | 15 | 15 | 15 |
| 모둠 | 상관계수 | | | 1.000 | .916** |
| | 유의확률 (한쪽) | | | . | .000 |
| | N | | | 15 | 15 |
| 전문 | 상관계수 | | | | 1.000 |
| | 유의확률 (한쪽) | | | | . |
| | N | | | | 15 |

**. 상관계수는 0.01 수준(한쪽)에서 유의합니다.

상관관계는 유의미하지 않은 것으로, 아울러 정보 전달에서는 유의미하지 않았던 '자기-전문' 간에 상관관계가 높은 것으로 드러났다.

설득은 무엇보다 자신의 주장과 그것에 대한 논거가 중심이 되는 글이다. 따라서 각 학습자들의 주관이 글 속에 뚜렷하게 드러날 가능성이 높고, 이를 동료 학습자들과 전문가 평가자들이 어떻게 받아들일 수 있는지가 평가의 관건이 될 수 있다. 〈표 9〉에 드러난 바로는, '자기-전문' 간의 상관관계가 높은 것으로 드러나지만, '자기-동료' 간의 관계는 그렇지 못하다. 다음의 내용은 특목고 학습자들의 동료 평가에 대한 반성적 글쓰기 부분에서 자주 지적되었던 내용이다.

> 자기 평가를 하면서는 내 글의 주장이 적절하게 제시되었다고 생각했다. 하지만 막상 동료 평가를 하면서 많은 아이들이 쓴 글이 설득이라기보다는 SNS의 순기능과 역기능만을 알려주는 정보 전달 글이라는 느낌이 많이 들었다. 후에 '그렇다면 우리는 어떻게 SNS의 단점을 받아들여야 할까'라는 주제에서 전혀 '설득'이라는 느낌을 받지 못했다. (학습자 10)

내 친구들의 글을 평가하면서 많이 혼란스러웠다. 수행평가에 반영하겠다는 선생님의 말씀을 듣고 최대한 객관적으로 평가해야 한다는 생각으로 임했지만, 자꾸만 나와 친하거나 친하지 않은 친구들의 얼굴이 글과 겹쳐서 떠올랐다. 수학이나 물리처럼 정확한 답의 도출 과정이 있다면 평가에 문제가 없겠지만, 도저히 인간인 이상 마음이 한쪽 편으로 기우는 느낌이 들어 괴로웠다. (학습자 29)

즉 자기 평가에서 긍정적으로 평가된 자신의 주장이, 다른 학습자들의 동료 평가에서는 부정적인 것으로, 즉 논리가 부족하거나 혹은 설득력이 부족한 것으로 평가 받았거나 혹은 설득이 아닌 정보 전달 유형으로 글의 내용이 구성되는 경우가 많음이 지적되었다. 아울러 동료 평가에서 객관성을 유지한다는 것 자체의 어려움을 토로하는 경우가 있었다.

이는 주관적 색채가 더 두드러지는 친교 및 정서 표현에도 일부 적용될 수 있다. 우선 일반고 학습자들의 평가 주체 간 상관관계 결과는 〈표 10〉과 같다.

〈표 10〉 일반고 '친교 및 정서 표현'에 드러난 평가 주체 간 상관성

| | | 자기 | 동료 | 모둠 | 전문 |
|---|---|---|---|---|---|
| 자기 | 상관계수 | 1.000 | .406 | .278 | .406 |
| | 유의확률 (한쪽) | | .067 | .158 | .067 |
| | N | 15 | 15 | 15 | 15 |
| 동료 | 상관계수 | | 1.000 | .816** | .607** |
| | 유의확률 (한쪽) | | | .000 | .008 |
| | N | | 15 | 15 | 15 |
| 모둠 | 상관계수 | | | 1.000 | .833** |
| | 유의확률 (한쪽) | | | | .000 |
| | N | | | 15 | 15 |
| 전문 | 상관계수 | | | | 1.000 |
| | 유의확률 (한쪽) | | | | |
| | N | | | | 15 |

**. 상관계수는 0.01 수준(한쪽)에서 유의합니다.

일반고 학습자의 경우 앞선 정보 전달, 설득의 경우와 비슷한 양상이다. 다만 '동료-전문' 간에 유의미한 상관관계가 성립하는 것이 두 갈래들과는 차이가 있다. 즉 일반고 학습자들의 경우는 모든 갈래에서 평가 주체가 학습자 스스로가 되는 경우에는 그 평가 신뢰도가 전반적으로 낮으며, '동료-모둠' 간, 혹은 '모둠-전문' 간의 경우에만 상관관계가 유의미한 것으로 드러난다. 이는 학습자들의 모둠 평가에 참여하면서 평가에 대한 전체적인 반성적 사고 양상이 드러나고 있어 주목된다. 다음은 〈표 7〉의 일반고 학습자 4에 드러난 내용이다.

> 모둠 평가를 하면서 내 평가가 잘못되었음을 조금씩 알게 되었다. 동료 평가 시에는 내 글이 다른 아이들에 비해 별로 나쁠 것이 없다고 생각했는데, 모둠 평가를 하면서 다른 아이들이 내 글의 단점을 꼬집어 낼 때 무척이나 부끄러워 숨고 싶은 기분이었다. (학습자 4)

하지만 특목고 학습자들의 경우는 앞선 두 갈래의 평가 주체 간

〈표 11〉 특목고 '친교 및 정서 표현'에 드러난 평가 주체 간 상관성

| | | 자기 | 동료 | 모둠 | 전문 |
|---|---|---|---|---|---|
| 자기 | 상관계수 | 1.000 | .547 | .440 | .790** |
| | 유의확률 (한쪽) | . | .017 | .050 | .000 |
| | N | 15 | 15 | 15 | 15 |
| 동료 | 상관계수 | | 1.000 | .951** | .396 |
| | 유의확률 (한쪽) | | . | .000 | .072 |
| | N | | 15 | 15 | 15 |
| 모둠 | 상관계수 | | | 1.000 | .365 |
| | 유의확률 (한쪽) | | | . | .091 |
| | N | | | 15 | 15 |
| 전문 | 상관계수 | | | | 1.000 |
| | 유의확률 (한쪽) | | | | . |
| | N | | | | 15 |

**. 상관계수는 0.01 수준(한쪽)에서 유의합니다.

상관관계와는 또 다른 양상으로 결과가 드러났다. 결과는 〈표 11〉과 같다.

친교 및 정서 표현은 세 갈래의 글 중에서 학습자들의 주관적 색채가 가장 뚜렷하게 글 속에 반영된다고 할 수 있다. 이는 학습자 개인의 일화를 중심으로 글이 전개될 가능성이 높기 때문이다. 따라서 이런 개인 중심의 일화들을 평가 주체들이 평가에 어떻게 반영할지가 관건이 된다.

전체적으로 평가 주체 간의 상관관계가 정보 전달이나 설득에 비해 비교적 많이 낮다. 다만 정보 전달이나 설득과 같이 '동료-모둠' 간의 상관관계가 매우 높으며, 아울러 설득과 마찬가지로 '자기-전문' 간에도 상관성이 높은 것으로 드러났다. 하지만 그 외는 비교적 상관관계가 낮아 가설에서 제기하고 있는 평가 주체 간 상관관계는 비교적 낮거나 없는 것으로 해석될 수 있다. 이는 다음과 같이 일부 특목고 학습자의 반성적 쓰기에서 그 양상을 추측해 볼 수 있다.

> 모둠 평가를 하면서 가장 오래 점수를 고민한 것은 우리 모둠원들의 친교 및 정서 표현의 글이었다. 서로 각자의 글에 만족하고 있었기 때문에 더 점수를 주기 어려웠다. 또 각자의 글이 남아 있었기 때문에 자신의 글에 자신이 평가를 내리기가 부끄럽기도 하고 어려웠다. 서로의 글이기 때문에 그 앞에서 다른 사람의 글을 평가하기도 어려웠다. 특히 각자의 글에 만족하고 있었던 경우라서 자칫 감정이 상하는 상황이 생길 것 같아 직접적으로 평가를 말하지 못하는 경우도 생겨났었다. (학습자 4)

이는 친교 및 정서 표현이라는 갈래가 지니는 내용과 표현상의 주관적 색체가 평가에서 객관적으로 평가받기 어렵다는 점을 보여주는 것이라 할 수 있다. 특히 이는 학습자들 간에 이루어진 동료 평가와 모둠 평가가 자기 평가와의 유의미하지 않은 상관관계와 관련된다. 이는 해석상의 어려움으로 판단되는데, 다만 친교 및 정서 표현의 글에 대한 심층적인 이해가 학습자들 간에 제대로 이루어지지 않은 것은 아닌지 의심해 볼 필요가 있다. 즉 해당 글의 필자가 함축적으로 제공한 내용이나 주제 의식이 동료 학습자들에게 제대로 전달되지 않았거나 이해되기 어려운 것으로 간주될 수도 있었을 것이다. 이는 자기 평가와 전문가 평가 간의 상관관계가 높다는 점에서 추측가능하다.

가령 앞선 〈표 5〉의 4번에 해당하는 학습자는 자기 평가에서 친교 및 정서 표현의 글을 5점을 주었지만, 동료나 모둠 평가에서는 2.79와 2.80점의 비교적 낮은 점수를 부여받고 있다. 하지만 전문가 평가에서는 3.67점이라는 비교적 높은 점수를 받고 있다. 이는 6번이나 9번에 해당하는 학습자도 마찬가지이다.

이상 두 집단 간에 드러난 평가 주체 간 상관관계에 대해 요약하자면 다음과 같다. 일반고 학습자들의 경우, 세 갈래에 드러난 평가 주체 간 상관관계가 비교적 낮았다. 특히 자기 평가의 경우는 어떤 평가 주체와도 유의미한 상관관계를 이루지 못하였다. 다만 '동료-모둠', '모둠-전문' 간의 상관관계만 세 갈래에 일관되게 유의미한 것으로 드러났다. 즉 일반고 학습자들의 경우에는 학습자 개인이 쓰기의 평가 주체로 참여하기보다는 모둠 형태로 평가하는 것이 평가의 신뢰성을 높이는 것으로 드러났다.

이에 반해 특목고 학습자들의 경우는 세 갈래에 드러난 평가 주체 간 상관관계는 전체적으로 비교적 유의미했다. 다만 친교 및 정서 표현에서는 다소 낮은 상관관계를 보여주었다. 가설에서는 '모둠-전문' 간에 가장 높은 상관관계를 보여줄 것이라고 상정했지만, 결과에서는 세 갈래 모두 '동료-모둠' 간에 가장 높은 상관관계를 보여주고 있다. 이는 일반고 학습자들의 경우와 비슷한 양상이다.

아울러 '자기-전문' 주체간이 모든 갈래에서 가장 낮은 상관관계를 보여줄 것이라고 예상했지만, 특목고 학습자들의 경우, 주관적 색채가 강한 설득과 친교 및 정서 표현에서는 오히려 '자기-전문' 주체 간에 비교적 높은 상관성을 보여주었다. 이는 일반고 학습자들의 경우와 뚜렷한 대조를 이루는 부분이다.

즉 평가 주체만을 두고 본다면, 이 글의 일반고 학습자들은 자기 평가에서 다른 주체들과 유의미한 상관을 이루지 못하기 때문에 평가 주체로서 적절하지 못하다는 결론을 내릴 수 있다. 물론 더 많은 표집 집단을 통해 검정해 보아야 하지만, 쓰기 평가에서 일반고 학습자들은 평가 주체로서의 자기 평가는 신뢰도를 높이는 데 기여하기 어려운 것으로 볼 수 있다.

## 4.2. 담화 갈래에 따른 결과

담화 갈래에 따른 결과는 학습자들의 자기 평가, 동료 평가, 모둠 평가를 각 갈래별로 구분해서 다룬다. 다만 여기에서는 전문가 평가는 포함시키지 않았다. 논의의 초점이 학습자들의 쓰기 평가 사례의 파악에 있기 때문이다. 우선 자기 평가를 중심으로 한 일반고 학습자들의 담화 갈래별 결과는 〈표 12〉와 같다.

〈표 12〉에서와 같이, '정보 전달-친교', 그리고 '설득-친교' 간에 유의미한 상관관계가 드러났다. 이는 가설에서 상정한 내용과는 다른

**〈표 12〉 일반고 '자기 평가'에 드러난 담화 갈래별 상관성**

| | | 정보 | 설득 | 친교 |
|---|---|---|---|---|
| 정보 | 상관계수 | 1.000 | .422 | .661** |
| | 유의확률 (한쪽) | | .059 | .004 |
| | N | 15 | 15 | 15 |
| 설득 | 상관계수 | | 1.000 | .706** |
| | 유의확률 (한쪽) | | | .002 |
| | N | | 15 | 15 |
| 친교 | 상관계수 | | | 1.000 |
| | 유의확률 (한쪽) | | | |
| | N | | | 15 |

**. 상관계수는 0.01 수준(한쪽)에서 유의합니다.

결과이다. 즉 일부 갈래 간에 유의미한 상관관계가 성립하고, 또한 갈래 간 상관계수의 우열 측면에서도 다른 결과를 보여주고 있다. 다음은 〈표 4〉에 드러난 일반고 학습자의 갈래 평가에 대한 인식의 일부이다.

> 친교 및 정서 표현 글은 평가하기가 그래도 좀 나은데, 정보 전달과 설득은 평가하기가 무척이나 어려웠다. 정보 전달과 설득을 명확하게 구분하기도 어려웠고, 특히 친구들의 글의 내용이 거의 비슷하다는 생각을 하게 되었다. 나의 글도 역시 정보 전달과 설득을 명확하게 구분해서 쓰기가 어려웠었다. (학습자 30)

다음은 특목고 학습자들의 자기 평가에 드러난 담화 갈래별 상관관계로, 그 결과는 〈표 13〉과 같다.

〈표 13〉에 드러난 바와 같이, 자기 평가에서는 '설득-친교' 간에만 상관관계가 있을 뿐, 기타 담화 갈래 간에는 상관성이 낮거나 거의 없는 것으로 드러났다. 모든 갈래 간에 평가 결과값의 상관성이 없을 것이라고 본 연구가설의 상정 내용과는 조금 다른 결과이다.

**〈표 13〉 특목고 '자기 평가'에 드러난 담화 갈래별 상관성**

| | | 정보 | 설득 | 친교 |
|---|---|---|---|---|
| 정보 | 상관계수 | 1.000 | .184 | .537 |
| | 유의확률 (한쪽) | . | .255 | .020 |
| | N | 15 | 15 | 15 |
| 설득 | 상관계수 | | 1.000 | .607** |
| | 유의확률 (한쪽) | | . | .008 |
| | N | | 15 | 15 |
| 친교 | 상관계수 | | | 1.000 |
| | 유의확률 (한쪽) | | | . |
| | N | | | 15 |

**. 상관계수는 0.01 수준(한쪽)에서 유의합니다.

즉 두 집단 모두에게서 '설득-친교' 간에는 유의미한 상관관계가 드러나고 있다. 두 갈래의 글이 내용과 표현상의 평가에서 주관적 속성이 두드러질 수 있다는 점에서 관련성을 지닐 수 있다. 또한 연구가설에서는 상관계수의 차이에서 문학과 비문학 갈래 간이 더 낮을 것으로 예상하였다. 하지만 실제 자기 평가 결과에서는 그렇지 않았다. 학습자들이 문학과 비문학의 갈래로 접근하기보다는 주관적 속성에 바탕을 둔 설득과 친교 및 정서 표현의 갈래를 더 유사한 평가 관점에서 다루고 있음을 알 수 있다. 다음은 특목고 학습자의 자기 평가에서 드러난 갈래 별 평가 상관관계에 대한 글이다.

> 객관적인 글에 주관적인 글이 평가하기가 조금 쉬었던 느낌이 들었다. 왜냐하면 주장하는 글은 비교적 그 주장하는 바가 명백하게 드러나기 때문이고, 친교 및 정서 표현의 글은 개인의 경험이 주 내용이 되기 때문이다. 따라서 평가할 때도 비슷한 느낌으로 접근하였다. (학습자 29)

하지만 이는 동료 평가에서는 다르게 드러난다. 동료 평가를 중심으로 한 일반고 학습자들의 담화 갈래별 평가의 상관성은 〈표 14〉와

**〈표 14〉 일반고 '동료 평가'에 드러난 갈래별 상관성**

| | | 정보 | 설득 | 친교 |
|---|---|---|---|---|
| 정보 | 상관계수 | 1.000 | .644** | .559 |
| | 유의확률 (한쪽) | | .005 | .015 |
| | N | 15 | 15 | 15 |
| 설득 | 상관계수 | | 1.000 | .566 |
| | 유의확률 (한쪽) | | | .014 |
| | N | | 15 | 15 |
| 친교 | 상관계수 | | | 1.000 |
| | 유의확률 (한쪽) | | | |
| | N | | | 15 |

**. 상관계수는 0.01 수준(한쪽)에서 유의합니다.

같다.

〈표 14〉에서와 같이, '정보 전달-설득' 간에 비교적 상관관계가 높다. 상관계수의 우열 측면에서는 가설에서 상정한 내용과 일치하지만, 갈래 간 상관성이 없을 것이라는 연구가설의 내용과는 일부 다른 결과이다. 정보 전달과 설득이라는 두 담화 갈래가 비문학 갈래라는 점에서 공통적이며, 그런 점에서 학습자들이 글의 전체적인 구조나 전개 면에서 공통된 평가 토대를 기반을 상정했을 것이라고 추측할 수 있다. 이는 〈표 15〉의 특목고 학습자들에게도 적용된다.

**〈표 15〉 특목고 '동료 평가'에 드러난 갈래별 상관성**

| | | 정보 | 설득 | 친교 |
|---|---|---|---|---|
| 정보 | 상관계수 | 1.000 | .637** | .386 |
| | 유의확률 (한쪽) | . | .005 | .078 |
| | N | 15 | 15 | 15 |
| 설득 | 상관계수 | | 1.000 | .517 |
| | 유의확률 (한쪽) | | . | .024 |
| | N | | 15 | 15 |
| 친교 | 상관계수 | | | 1.000 |
| | 유의확률 (한쪽) | | | . |
| | N | | | 15 |

**. 상관계수는 0.01 수준(한쪽)에서 유의합니다.

〈표 15〉과 같이, 동료 평가를 중심으로 담화 갈래별 평가 결과의 상관성은 '정보 전달-설득' 담화 간에만 유의미하게 드러나고 있다. 이는 가설에서 상정한 내용과는 다른 결과이며, 아울러 이는 자기 평가에서 '정보 전달-설득' 간의 평가 결과의 상관성이 매우 낮았다는 점과 비교가 된다. 동료 평가의 경우 한 학습자가 자기를 포함해 30명 동료 학습자의 글을 일정한 기준에 따라 상대평가 하는데, 자신의 글을 평가하는 것과 동료 글의 평가에 대한 인식의 틀이 달리 적용된 것으로 판단된다.

즉 연구가설의 상관계수 측면에서 상정한 바와 같이, 비문학류 갈래인 정보 전달과 설득을 같은 맥락에서 평가하고 있음을 알 수 있다. 이는 평가의 객관성을 확보하려는 학습자들의 노력과도 일부 관련성이 있다. 아울러 이는 모둠 평가에도 그대로 적용된다. 우선 모둠 평가를 중심으로 한 일반고 학습자들의 각 담화 갈래의 결과는 〈표 16〉과 같다.

〈표 16〉 일반고 '모둠 평가'에 드러난 갈래별 상관성

| | | 정보 | 설득 | 친교 |
|---|---|---|---|---|
| 정보 | 상관계수 | 1.000 | .608** | .257 |
| | 유의확률 (한쪽) | | .008 | .177 |
| | N | 15 | 15 | 15 |
| 설득 | 상관계수 | | 1.000 | .395 |
| | 유의확률 (한쪽) | | | .073 |
| | N | | 15 | 15 |
| 친교 | 상관계수 | | | 1.000 |
| | 유의확률 (한쪽) | | | |
| | N | | | 15 |

**. 상관계수는 0.01 수준(한쪽)에서 유의합니다.

앞선 동료 평가에서와 같이 '정보 전달-설득' 간에만 유의미한 상관관계가 드러난다. 갈래 간 상관계수의 우열 측면에서는 가설의 상정 내용과 일치하지만, 갈래 간 상관관계의 유의미성에서는 가설에서 상정한 내용과는 다른 결과이다. 아울러 이는 특목고 학습자들의 경우도 〈표 17〉과 같이 마찬가지이다.

〈표 17〉에서와 같이 모둠 평가에 드러난 담화 갈래별 상관관계도 앞선 동료 평가와 유사하다. '정보 전달-설득' 간에 상관성이 높게 나왔다는 점은 연구가설에서 상정한 내용과는 역시 상치되는 부분이다. 하지만 '정보 전달-설득', '설득-친교', '정보 전달-친교'의 순으로 상관계수의 수치가 드러나고 있어 연구가설에 제시한 내용과 일치하

〈표 17〉 특목고 '모둠 평가'에 드러난 갈래별 상관성

| | | 정보 | 설득 | 친교 |
|---|---|---|---|---|
| 정보 | 상관계수 | 1.000 | .671** | .249 |
| | 유의확률 (한쪽) | . | .003 | .186 |
| | N | 15 | 15 | 15 |
| 설득 | 상관계수 | | 1.000 | .414 |
| | 유의확률 (한쪽) | | . | .062 |
| | N | | 15 | 15 |
| 친교 | 상관계수 | | | 1.000 |
| | 유의확률 (한쪽) | | | . |
| | N | | | 15 |

**. 상관계수는 0.01 수준(한쪽)에서 유의합니다.

고 있다.

연구가설 2에서는 갈래별 평가 결과의 상관성이 없을 것이라고 상정했다. 하지만 일반고 학습자들의 경우, 자기 평가에서는 '정보 전달-친교', '설득-친교' 간에 유의미한 상관관계가, 그리고 동료 평가와 모둠 평가에서는 '정보 전달-설득' 간에 유의미한 상관관계가 드러났다. 따라서 가설에서 상정한 내용과는 상치되는 결과를 보여주었다. 다만 동료 평가와 모둠 평가에서의 각 갈래별 상관계수의 우열 측면에서는 '정보 전달-설득', '설득-친교', '정보 전달-친교'의 순으로 결과가 나와 가설의 상정 내용과 일치하고 있다.

특목고 학습자들의 경우, 자기 평가에서는 주관적 색채가 두드러지는 '설득-친교' 간에, 동료 평가와 모둠 평가에서도 비문학 갈래인 '정보 전달-설득' 간에 유의미한 상관관계가 도출되었다. 역시 연구가설에서 상정한 내용과 상치되는 부분이다.

즉 본 가설은 각 학습자들이 다양한 담화 갈래를 모두 잘 쓰거나 혹은 못 쓰기보다는 특정 갈래에 따라 쓰기 결과물의 질적, 양적 차이가 평가에 반영될 것으로 보았다. 하지만 자기 평가에서는 주관적 속성이 강한 '설득-친교' 간에, 동료 및 모둠 평가에서는 비문학 갈래

인 '정보 전달-설득' 간에 유의미한 상관관계가 드러났다. 다음은 그와 같은 평가관이 일부 반영된 특목고 학습자들의 반성적 쓰기의 결과이다.

> 우리는 모둠 평가 시에 정보 전달과 설득은 주제의 선명성과 글 조직의 구성이나 짜임새에 초점을 두었고, 친교 및 정서 표현은 글의 구성적인 측면보다는 내용의 독창성이나 진솔성에 초점을 두고 평가를 하였다. 왜냐하면 대다수의 정보 전달이나 설득은 내용이 비슷하거나 차별화되기 어려운 내용들로 이루어져있었기 때문이었다. (학습자 28)

즉 위의 모둠 학습자들은 정보 전달과 설득을 글의 구성적인 측면에 초점을 두고 평가하였고, 친교 및 정서 표현은 내용의 독창성이나 진솔성에 초점을 두고 평가하였음을 보여준다. 이는 일부 모둠 학습자들의 평가관에서 드러나는 현상인데, 즉 자기 평가나 동료 평가는 개별 학습자들이 단독으로 대상글을 평가하는 데 반해, 모둠 평가는 일정 구성원들이 모여서 평가를 하기 때문에 평가관에 합의가 있어야 하다. 물론 일정한 평가 기준을 제시했지만, 모둠원들이 재차 글을 읽고 평가관을 수정하는 경우도 있다. 위의 모둠 평가의 경우는 비문학류는 내용보다는 형식에 문학류는 내용을 초점을 두고 있음을 알 수 있다.

## 5. 마무리

이 글은 일반고와 특목고 학습자들로 구성된 두 집단을 중심으로 교실 수업 내 쓰기 평가의 신뢰도 향상과 쓰기 평가의 방안 마련을 위한 하나의 대안으로 쓰기 평가의 문제를 상관성의 측면에서 다루었다. 구체적으로 평가 주체와 담화 갈래 간의 평가 신뢰도가 상관관계 분석에 의해 검정되었다. 평가 주체는 학습자와 전문가로 구분되며, 전자는 자기, 동료, 모둠 평가에 후자는 전문가 평가에 참여하였다. 담화 갈래는 정보 전달, 설득, 친교 및 정서 표현으로 구분되었다.

첫째, '평가 주체 간 평가 결과에는 유의미한 상관관계가 있을 것이다'는 가설은 대상 학습자와 갈래에 따라 약간의 차이가 있었다. 특목고 학습자들은 정보 전달과 설득 갈래에서는 전반적으로 모든 주체들 간에 전반적으로 유의미한 상관관계를 드러냈지만, 일반고 학습자들은 '동료-모둠', '모둠-전문' 간에만 유의미한 상관관계를 보여주었다. 즉 특목고 학습자들의 경우에 평가 주체 간 부여한 점수가 거의 비슷했지만, 일반고 학습자의 경우에는 일부 평가 주체를 제외하고는 평가 주체 간 점수가 상이한 양상으로 분포하였다.

하지만 친교 및 정서 표현의 경우는 평가 주체들 간의 상관관계가 다양한 양상으로 드러났다. 우선 일반고 학습자들의 경우는 '모둠-동료', '모둠-전문', '동료-전문' 간에 유의미한 상관관계가 드러났지만, 자기 평가의 경우는 다른 평가 주체와 유의미한 상관관계가 드러나지 않았다. 특목고 학습자들의 경우는, '자기-전문', '동료-모둠' 간에 유의미한 상관관계가 드러나고 있어, 평가 주체 간에 특징적인 상관성을 정형화하기 어려운 양상이다. 다만 특목고 학습자들의 경우 자기 평가와 전문가 평가 간에만 상관관계가 높은 것이 특징적이었는데, 이는 설득의 경우도 마찬가지여서 주관성이 강한 담화 갈래의 경우 학습자 자기 평가가 지니는 신뢰성의 문제를 면밀하게 고찰해야 할 것으로 판단된다.

아울러 모든 담화 갈래에서 학습자들의 '동료-모둠'은 그 상관관계가 매우 높게 드러나고 있어, 그 평가 결과의 신뢰도가 높다고 할 수 있다. 결국 쓰기 평가의 신뢰도 확보를 한 방안으로 평가 주체를 달리한 접근은 일률적으로 유의미한 상관관계를 드러내기보다는 담화 갈래와 학습자의 수준에 따라 다양한 양상으로 드러났다.

둘째, '담화 갈래 간 평가 결과에는 유의미한 상관관계가 없을 것이다'는 가설은 평가 주체에 따라 정형화된 결과가 다르게 나왔다. 일반고와 특목고 학습자 공히, 자기 평가의 경우에는 '설득-친교' 간, 동료 평가와 모둠 평가의 경우에는 '정보 전달-설득' 간에 유의미한 상관관계가 드러났다.

즉 대다수 담화 갈래들 간에는 상관관계가 미미하거나 없었지만, 몇몇 평가 주체에 따른 담화 갈래는 유의미한 상관관계를 보여주었다. 즉 자기 평가의 경우는 주관적 속성이 강한 '설득-친교' 간, 학습자 동료 평가와 모둠 평가의 경우는 비문학적 속성이 두드러지는 '정보 전달-설득' 간이 유사한 평가 관점하에서 평가가 이루어진 것으로 판단된다. 즉 학습자들은 담화 갈래에 따라 평가 기준을 재구성해서 적용한 것으로 볼 수 있다.

이 글은 일반고와 특목고 두 집단의 학습자들을 대상으로 쓰기 평가의 문제를 상관관계 분석으로 다루었다. 이는 두 집단의 쓰기 평가의 신뢰도와 관련한 일정한 경향을 알려줄 수는 있지만, 점수의 일치도에 대한 단정적인 결과를 보여주지 못한다는 점에서는 일정한 한계가 있다. 따라서 차후 연구에서는 보다 많은 표집 집단을 확보하고, 아울러 엄격하고 세밀한 통계 방법이 적용되어야 함을 과제로 남겼다.

# 5부 영역 통합 교육론

글말과 입말 사용의 통합

언어와 언어 사용에 대한 자각

띄어쓰기에 대한 인식

# 글말과 입말 사용의 통합

## 1. 국어과 영역의 연계와 통합

2009 개정 교육과정에서는 기존의 단일 선택과목들이 독서와 문법, 작문과 화법으로 결합되었다. 각 내용 영역들 간의 연계와 통합이라는 국어교육의 내적 목적에 학습자들의 입시 준비에는 효율성 제고와 선택과목의 위상 고려라는 외적 목적이 더해져 국어 교육현장에 변화가 예상된다.

하지만 몇몇 과목들이 독자성을 잃고 서로 결합됨으로써 생겨날 수 있는 문제를 교수·학습 내용과 방법, 그리고 평가의 측면에서의 고려하지 않을 수 없다. 특히 읽기 영역 중심의 국어 교육현장에서 듣기, 말하기, 쓰기 영역들을 어떻게 적절하게 결합하여 학습자들의 언어 사용 능력을 향상시킬 수 있을지에 대해서는 많은 의문이 제기될 수 있다.

이 글은 이런 문제의식을 바탕으로, 국어교육 내용 영역들 간의 연계와 통합의 문제를 말하기와 쓰기 영역을 결합하여 다루어보고자 한다.[1] 이를 위해 여기에서는 말하기에서 발화 단위의 주요한 구분 요소로 작용하는 '쉼(pause)'을 쓰기의 '문장'과 관련시키고, 입말과 글말 수행의 관점에서 이를 비교 분석하게 된다.

이를 통해 이 글은 말하기와 쓰기 영역을 연계하여 교육할 수 있는 토대를 일부 마련하며, 나아가 학습자들의 글말과 입말의 교차 수행을 통해 언어 사용에 대한 자각, 즉 상위 인지적 측면에서의 언어 사용에 대한 인식의 확대를 꾀하는 데 연구의 목적이 있다.

## 2. 선행연구

여기에서는 글말과 입말의 수행 양상에 대한 연구의 큰 틀을 바탕으로 몇몇 측면에서 선행연구들을 살피고자 한다. 말하기와 쓰기의 교육적인 측면에서의 상관관계에 대한 것과 '쉼'의 언어적 기능과 그 의미에 대한 고찰이 그것이다. 전자는 최근 국어과 교육과정에서 언어 사용 영역들 간의 연계와 통합의 관점에서의 논의를 중심으로, 후자는 입말에서의 '쉼'의 언어적인 고찰을 중심으로 그 기능과 의미를 살폈다. 두 가지 측면은 넓게는 글말과 입말의 수행 양상에 대한 고찰과 긴밀하게 관련을 맺는다.

노은희(2009)에서는 현행 교육과정에서 드러난 말하기와 쓰기의 통합에 대한 고찰을 통해 두 영역의 통합 가능성과 교육적 적용에의 문제를 포괄적으로 다루고 있다. 다만 실제 수업에서 적용될 수 있는

---

1) 현실적으로 중·고등학교 현장에서 듣기·말하기 교육은 제대로 이루어지지 못하고 있는 실정이다. 듣기 교육은 기껏 수능과 관련하여 일부 시험에서 실시되고 있지만, 정작 듣기 교육이라는 교수·학습 방법론의 측면에서는 거의 도외시되고 있다. 말하기 교육도 일부 입시생을 위한 토론이나 토의 수준에 그치고 있고, 그나마 '○분' 말하기의 형식으로 본격적인 수업 이전에 수업 분위기 전환이나 학습자들의 학습 의욕을 높이기 위한 의도로 일부 교사들에 의해 이루어지고 있다. 이는 대학에서도 마찬가지이다. 정작 교양과목으로 토론과 토의, 혹은 인문학과 관련된 표현 교육 등이 과목으로 설정되어 있지만, 대다수 쓰기를 통한 발표에 그치고 있는 경우가 대다수이다.

구체적인 내용이나 방법들은 거의 제시되고 있지 못하고 있는 한계를 드러낸다. 임칠성(2009)는 화법과 작문의 교육내용을 대비 고찰한 논의이다. 말하기와 쓰기 간에 일정한 겹침의 문제가 발생하는 점을 지적하고 있는데, 특히 말하기의 과정이 쓰기에 많은 영향을 받음을 비판적으로 고찰한다. 다만 말하기와 쓰기의 내용 영역이 일정 부분 겹쳐진다는 점을 인정하면, 어떤 측면을 어떻게 다루어야 할지에 대한 논의가 원론적인 수준의 지적에서 제시되고 있는 점이 한계로 드러난다. 황성근(2009)는 말하기 교육에서 글쓰기의 효과와 연계방안을 논의하고 있다. 특히 '글쓰기 원고'가 읽기를 위한 것이 아니라, 말하기를 위한 것임을 여러 측면에서 논의하고 있다. 아울러 말하기의 범주를 넓혀 토론 및 토의에까지 글쓰기의 연계 교육을 확장하고 있다. 하지만 앞선 두 논의와 유사하게 말하기와 글쓰기를 연계해 주는 구체적인 논의에까지 이르지 못하고 원론적인 수준에 그치고 있다.

노대규(1996)은 한국어의 입말과 글말에 대한 선구적인 업적이지만, 실제 언어 사용 현장에서 드러나는 다양한 맥락과는 거리가 있다. 장경현(2003)은 입말과 글말의 문제를 체계적인 구어체/문어체의 개념으로 접근하기에는 논리가 부족한 점을 지적하며, 상황 의존적이냐의 문제에 따라 접근하는 것이 적절할 수 있음을 제기하고 있다. 하지만 상황 의존성이라 할 때는 글말보다는 입말 중심의 분류 방법이 될 가능성이 높아, 글말까지 포괄하면서 접근하기에는 어려움이 있다. 이진희(2003)과 전영옥(2005)도 글말과 입말에 대한 구분의 문제를 단순히 이분법적인 측면에서 접근한 것이 아니라, 전자는 매체의 발달과 더불어 문화적 현상의 측면에서 입말과 글말의 혼재 양상을, 후자는 발표담화와 발표요지를 통한 실제 사례를 통해 글말과 입말의 본질을 다루고 있다는 점에서 의의가 높다. 하지만 언어 사용자들의 다양한 실제 사용을 통해 드러나는 글말과 입말의 투식(register)에 대한 면밀한 분석에 이르고 있지 못하고 원론적인 개괄에 그치고 있다는 아쉬움을 남기고 있다.

김성규(1999)는 우리말에 드러날 수 있는 잠재적 '쉼'을, 음성적이고 음운론적인 면뿐만 아니라, 형태, 통사적인 측면까지 두루 다루고 있어 '쉼'에 대한 개괄적인 접근으로 주요한 참고 자료가 된다. 아울러 교육적인 측면에서 초등학교 저학년 읽기에서의 '쉼'의 사용 가능성에 주목하면서 이를 교육적인 측면에서 보다 포괄적으로 확대하는 것이 바람직함을 주장하고 있다. 다만 이런 교육적인 측면을 초등학교에 저학년 읽기에 국한시키고 있다는 점은 한계로 파악된다.

이호영(1990), 양영하(2002), 이창호(2010), 임규홍(1997) 등도 언어적 측면에서 '쉼'의 기능에 대한 면밀한 분석을 통해 '쉼'이 지니는 다양한 언어 사용 현상의 부면을 드러내고 있다. 학습자들의 입말 사용의 교육에 그대로 적용시키기는 어렵지만, 언어 사용 영역에서 '쉼'의 기능적인 측면을 교육적인 측면에서 응용 가능할 수 있다는 점에서 의의가 있다.

Sari Lumoa(김지홍 옮김, 2004, 미발간)와 Anne Anderson 외(김지홍 옮김, 1984, 미발간)는 말하기 교육의 산출과 평가에 대한 전반적인 사항들을 다루고 있다. 특히 학교 현장에서 사용할 수 있는 입말 본연의 다양한 연구조사 문제들을 제시하고 있어 참고가 된다. 다만 외국어 교육에 초점을 둔 경우가 많기 때문에 국어 교육현장에서는 이를 재구성해야 할 필요성이 제기된다.

# 3. 연구방법 및 연구가설

## 3.1. 연구방법

### 3.1.1. 연구 대상

본 연구는 대구 C대학교 학습자들을 대상으로 이루어졌다. 조사는 크게 예비조사, 본조사, 확인조사로 진행되었고, 참여 학생 수는 예비조사에 12명, 본조사에 24명, 확인조사에 24명이었다. 예비조사와 본조사의 대상 학습자들은 각각 국어교육과 2학년 학생들과 국어 교과 교육론을 수강하는 학생들이었다. 확인조사에는 사범대학 국어교육과에 재학 중인 1학년 학생들이 참여하였다.

학습자들의 언어 수행 수준을 대략적으로 가늠할 수 있는 대학 입학 성적은 국어교육과 1, 2학년 학습자들의 경우 백분위 70~80(%)대에 분포하며, 국어 교과 교육론을 수강하는 학습자들의 경우 다양한 학과의 학습자들이 참여하기 때문에, 대략적으로 50~60(%)대에 분포하고 있다고 할 수 있다.[2)] 이를 정리하면 〈표 1〉와 같다.

〈표 1〉 연구 대상

| 조사 과정 | 예비조사 | 본조사 | 확인조사 |
|---|---|---|---|
| 조사 시기 | 2011.03.14~ 2011.03.18 | 2011.03.28~ 2011.04.01 | 2011.04.11~ 2011.04.15 |
| 조사 대상자 | 국어교육과 2학년 | 교과 교육론 수강 대상자 | 국어교육과 1학년 |
| 조사 인원 | 12명 | 24명 | 24명 |

2) 이는 연구 대상 학습자들이 속한 대학의 입학 성적 산출 자료집에 근거하였다.

### 3.1.2. 연구 절차

말하기와 쓰기는 표현 과정이라는 토대에서 공통적이지만, 전자는 면대면 상황을 고려하게 되는 경우가 많고, 후자는 그렇지 못한 점에서 차이가 있다. 이런 이유로, 말하기는 청자를 고려해야 하기 때문에 쓰기에 비해 표현의 제약이 크다고 할 수 있다. 하지만 표현의 제약을 극복할 수 있는 다양한 반언어적, 비언어적 표현들을 수반함으로써 역동적인 쌍방향 의사소통의 과정을 이루어 낼 수도 있다. 반면에 쓰기는 필자 개인의 분절적이고 파편적인 내적 사고의 흐름을 문자라는 기호를 통해 논리적이고 위계적으로 드러내는 일방향 의사소통의 과정이라 할 수 있다.

이와 같은 말하기와 쓰기의 차별적인 속성을 고려하면서 효과적으로 이들 영역들의 연계와 통합의 측면에서 어떻게 다룰 것인가의 문제가 부각된다. 즉 말하기와 쓰기의 본질적인 속성들을 학습자들이 자각하고, 나아가 이는 말하기와 쓰기의 연계와 통합을 통한 유의미한 언어 활동이 되어야 한다.

하지만 말하기와 쓰기의 연계와 통합의 문제가 단순히 이들 언어 수행 과정의 단순 결합만으로는 해결되지 않는다. 이를 위해 이 글에서는 말하기에서 '쉼(pause)'을 통해 드러나는 발화 단위를 쓰기에서의 문장과 관련시켜 봄으로써 연계와 통합의 단초를 마련하고자 했다. 이는 학습자들의 말하기와 쓰기의 수행 양상에서 드러나는 발화 단위와 문장의 인식 양상을 중심으로 그 관련성이 논의될 것이다.

여기에서는 연구 절차의 신뢰도와 타당도를 높이기 위해 예비조사, 본조사, 확인조사 과정으로 구분해서 학습자들의 언어 수행 양상에 대한 조사를 진행하였다.[3] 예비조사는 〈그림 1〉과 같은 과정으로

3) 싸뤄 루오머 저(2004; 김지홍 뒤침, 미발간, 36~59쪽)에서는 말하기 과제 설계에 대한

실시되었고, 본조사와 확인조사는 〈그림 2〉의 과정으로 실시되었다.

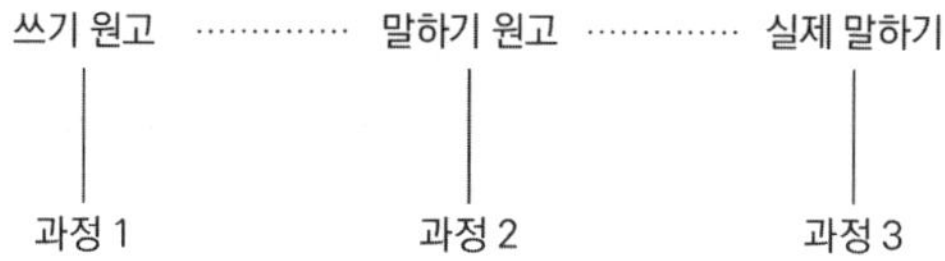


〈그림 1〉 예비조사 학습자들의 언어 수행 과정

〈그림 1〉은 예비조사 학습자들을 대상으로 실시된 언어 수행 과정이다. 쓰기 원고 작성한 이후에 말하기 원고를 재구성하도록 하였는데, 대다수의 학습자들이 쓰기 원고를 그대로 사용하는 경우가 많았다. 따라서 이후의 본조사와 확인조사에서는 이를 감안하여 말하기 원고를 먼저 작성하도록 하였다. 아울러 이후의 연구가설 및 연구결과 분석에서는 〈그림 2〉가 토대가 된다.

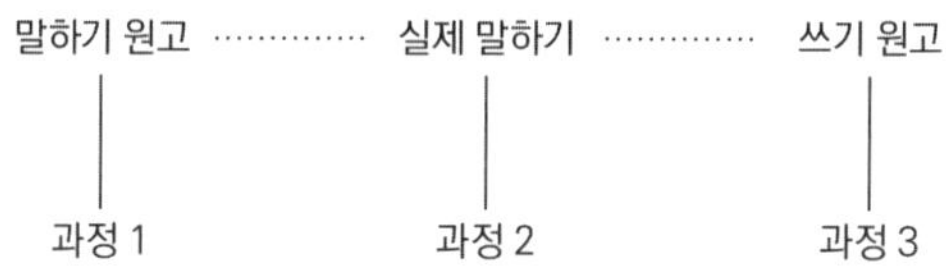


〈그림 2〉 본조사 및 확인조사 학습자들의 언어 수행 과정

〈그림 1〉과 〈그림 2〉에서 말하기 원고와 쓰기 원고는 공통적으로 국어교육과 관련된 학습자들의 경험담, 즉 초·중·고와 대학에서 받은 '국어교육과 관련된 자신의 경험담'을 반성적인 관점에서 작성하도록 한 것이다. 대략 A4 용지 한 면의 분량으로 문서 작성기를 이용해서 구성하도록 하였다.

말하기 원고 구성 시에는 학습자들에게 쓰기 원고에서 사용된 글

---

국면을 의사소통의 기능, 조사 인원, 과제의 교육적·실생활 속성, 개별 언어 사용 혹은 통합 언어 사용, 구성물 혹은 과제 중심, 시험 방식 등 다양한 면에서 논의하고 있어 참고가 된다.

말 전용의 다양한 표지들, 가령 문장 부호, 단락 구분, 띄어쓰기 등을 일절 사용하지 못하도록 하였다. 아울러 입말과 글말의 수행 과정의 차별적인 속성들을 헤아려 가면서 말하기와 쓰기 원고를 구성하도록 하였다. 다만 각 원고의 내용은 일절 변경하지 말되, 입말 혹은 글말 양식으로 바뀌면서 부득이하게 수정해야 할 내용은 최소한에 그치도록 하였다.

다만 〈그림 1〉과 〈그림 2〉에서 '실제 말하기' 과정은 발표 형식으로 이루어지는데, 원고를 참고하되 그대로 읽는 수준에 그치면 평가 대상에서 아예 제외하는 형식으로 진행되었다. 즉 원고는 참고하되 전형적인 입말 형식에 부합하는 말하기가 될 수 있도록 학습자 상호 평가에서 이를 주요한 평가 항목으로 설정하였다.[4] 전체적인 과정은 학습자들에게 과제 제출, 수업 시간에 실시간 과제 확인, 그리고 시험의 형식으로 실시되었다.

### 3.1.3. 분석 방법

이 글에서는 학습자들의 말하기와 쓰기에서 '쉼'을 통한 발화의 구분 단위와 문장을 연계와 통합의 관점에서 주요한 관련 분석 대상으로 삼았다. 입말의 전형적인 표지라고 할 수 있는 '쉼'은 발화 구분의 주요한 요소라고 할 수 있다.[5] 또한 이는 글말에서 드러나는 문장과

---

4) 전영옥(2005)에서는 발표담화와 발표요지 간을 비교하면서, 발표담화에서 드러나는 현상을 발표요지를 그대로 읽은 부분, 발화요지를 참고로 덧붙인 부분, 발표요지에는 없는 부분으로 나누어 설명하고 있다. 이는 발표담화를 애초에 글말로 보고 연구를 진행한 것이다. 〈그림 2〉에서 '과정2'의 말하기 원고를 입말 원고로 간주하였다. 물론 직관적으로 '과정2'의 말하기 원고가 완벽하게 입말 형식에 맞게 구성되었다 하더라도 실제 말하기 과정에서 일부 말하기 원고의 내용들이 변경될 것이라고 예상할 수 있다. 이는 물론 '과정2'와 '과정3'에서 드러나는 결과를 학습자들의 상호 평가를 통해 접근하게 될 것이다.

5) 전영옥(2006: 272)에서는 Bloomfield(1926), Harris(1951), Fries(1952) 등의 연구결과를 토대로 발화는 말하는 하는 행위이면서 행위의 결과물로서 앞뒤 침묵에 의해 구분되는 표현을 의미한다고 기술하고 있다. 이호영(1990: 130)에서도 억양을 다루기 위한 가장 기본적인 단위로 문장을 지칭하면서, 하나의 문장을 발화하고 나면 문장에 얹히는 높낮

연계될 가능성이 높다.6) 물론 쌍방향 의사소통을 전제하고 있는 대화에서는 문장을 '쉼'에 의한 발화 단위와 결부시키기 어려울 것이다. 대화는 화자와 청자 간의 단순한 언어적 표현 이외의 요소들이 결부되기 때문에 발표와 같은 일방향 전달 방식과는 많은 차이를 보일 것이기 때문이다.7)

하지만 이 글에서 실시한 발표 중심의 형식에서는 대화에서와는 달리 '쉼'을 통해 구현되는 발화 단위가 글말의 문장이라는 단위와 관련을 맺을 가능성이 높을 것이다. 이는 학습자들이 평가와 관련된 공적 발표 상황임을 감안해서, 말하기에서 오는 불안과 내용 기억의 부담을 극복하기 위해 완전한 입말 형식보다는 글말 형식에 의존할 가능성이 있기 때문이다.8)

아울러 학습자들의 말하기와 쓰기에서 드러나는 '쉼'을 통해 구분되는 발화 단위와 문장의 관련성을 논의하기 위해서는 우선 '쉼'에 대한 개념적 정의가 필요하다.9) 이는 학습자들의 말하기 상호 평가

---

이 형태가 완전히 종결되며 거의 반드시 숨을 쉬게 되므로 문장은 하나의 억양단위인 동시에 숨 단위로 보고 있다. 물론 여기에서는 말마디와 말토막이라는 문장 이하의 단위로 세분화해서 억양의 문제를 보다 심도 있게 다루고 있다는 점에서 이 글과는 연구 초점상에서 차이를 보인다.

6) 이호영(1990: 132)에서도 하나의 문장을 발화하고 나면 대개의 경우 숨을 쉬게 되는데, 문장이 지나치게 긴 경우는 문장 안에서 숨쉬기를 한다는 점을 지적하면서 이는 말마디라는 단위로 설정하고 있다. 즉 숨 쉬는 단위가 자의적으로 지정되는 것이 아니라, 문장이나 그 내부의 구나 절의 경계와 일치함을 지적하고 있다.

7) 전영옥(2006)에서는 구어의 단위를 화용적, 음운적, 통사적, 의미적인 요소로 나누어 그 기준을 제시하였다. 음운적인 요소로 쉼과 억양을 통사적인 요소로 종결어미를, 그리고 화용적인 요소로는 차례 맡기를 제시하고 있다. 이 글에서는 화용적인 측면은 고려하지 않았으며, 음운적인 측면과 통사적인 측면을 고려했다고 볼 수 있다.

8) 입말과 글말의 구분은 이분적인 잣대로는 접근하기 힘들다. 이미 많은 선행연구들에서 이 문제를 지적하고 있는 바와 같이, 입말과 글말은 정도의 차이이지 명확하게 이분법적으로 구분될 수 있는 것은 아니다. 그런 점에서 오히려 입말체나 글말체 혹은 구어체나 문어체의 표현들이 적절하다고 볼 수 있다.

9) 즉, 이 글에서는 조사 대상 학습자들에게 '긴 쉼'과 '짧은 쉼'으로 구분하라고 제시하였지만, 실제로 논의 결과 항목에서 검토한 것은 '긴 쉼'에 한정하였다. 즉, '긴 쉼'은 학습자들의 의도성이 다분히 간여되는, 가령 청자들에 대한 주의환기, 내용상의 전환, 내용상의

시에 '쉼'의 구분이 제대로 되고 있는지에 대한 평가 측면과 밀접한 관련을 맺기 때문이다. 아울러 이 글에서 입말과 글말에 대한 학습자들의 수행 양상의 자각에 대한 주요한 기제로 사용되고 있는 것이 '쉼'과 '문장'이기 때문이다. 특히 '쉼'은 입말의 정체성이 뭔지를 학습자들에게 자각할 수 있는 계기가 될 수 있을 것이다.[10)]

특히 '쉼'의 양상은 매우 자의적으로 접근될 가능성이 있다. 그것은 '쉼'의 양상이 학생들에게 인지되기 어려운 매우 '짧은 쉼'에서 의도적으로 혹은 비의도적으로 발표 중에 멈추게 되는 '긴 쉼'의 양상까지 다양할 것이기 때문이다.[11)] 이 글에서는 학습자들의 의도적인 '긴 쉼'의 양상에 초점을 두었다. 이는 여기에서 실시하는 발표가 원고를 중심으로 한 의도된 말하기이기 때문이다. 즉 입말다운 말하기를 실시하되, 입말에서 부각되는 '긴 쉼'의 양상이 글말에서 어떤 단위와 관련될 수 있는지를 고찰하기 위해 의도적으로 입말 원고에서 '긴 쉼'의 양상을 학생들에게 인식시킨 것이다.

이상의 과정은 일정한 주제하에 발표 형식으로 다수의 청자들을 대상으로 진행되었다. 청자들로 상정된 학습자들은 입말 형식에 맞게 발표가 되었는지의 여부를 평가하게 된다. 또한 입말의 중요한 기능 요소인 '쉼'을 '짧은 쉼'과 '긴 쉼'으로 제시하여 청자들이 발표를 듣는 중에 말하기 원고에 표시하도록 하였다. 이는 말하기 이후에

---

강조 등과 관련될 것이다. 시간적으로 본다면 대략 '짧은 쉼'은 1/1000~200/1000초(ms)로, '긴 쉼'은 1초 전후(ms) 혹은 1초 이상 정도로 구분해 볼 수 있을 것이다.

10) 물론 '쉼'만이 입말의 정체성을 드러내는 요소는 아니다. 즉 입말을 입말답게 해 주는 요소에는 '쉼'만이 아니라, 다양한 반언어적 비언어적 요소들이 있다. 다만 이 글에서는 글말과의 연계와 통합이라는 측면에서 '쉼'이 그 고리 역할을 할 수 있는 주요한 기제라고 간주하고 학습자들의 수행 양상을 고찰한 것이다.

11) 임규홍(1997: 111)에서는 '쉼'의 담화적 기능과 관련하여 '주의 집중하기'를 관련시키고 있다. 이 경우에는 문장 중간에 쉼이 실현되는 것이 아니라, 문장과 문장 또는 단락과 단락에 '긴 쉼'이 실현되는 것으로 제시하고 있다. 아울러 Baek(1987: 320)에서는 쉼을 '짧은 쉼(short pause)', '긴 쉼(long pause)', '최종 쉼(terminal pause)'으로 구분하여 제시하고 있다.

화자와 청자들 간의 '긴 쉼'의 구분 양상을 비교하여 평가하게 된다. 즉 화자가 말하기 원고에서 실제 말하기를 상정하고 표시했던 '긴 쉼'의 구분 양상과 실제 말하기에서 드러난 '긴 쉼'의 구분 양상이 현저하게 차이가 있는 경우는 평가 점수를 낮게 주는 것으로 제시하였다. 평가표는 〈표 2〉와 같다.

**〈표 2〉 말하기 상호 평가표**

<table>
<tr><td colspan="10">말하기 상호 평가표</td></tr>
<tr><td rowspan="5">내용<br>대상자</td><td rowspan="3">평가 항목</td><td colspan="8">① 읽기가 아닌 말하기에 충실한 발표가 되었는가?</td></tr>
<tr><td colspan="8">② '쉼'의 구분이 적절하게 이루어지고 있는가?</td></tr>
<tr><td colspan="8">③ 듣는이를 배려한 말하기가 되고 있는가?</td></tr>
<tr><td colspan="3">①</td><td colspan="3">②</td><td colspan="3">③</td></tr>
<tr><td>상<br>(4)</td><td>중<br>(3)</td><td>하<br>(2)</td><td>상<br>(4)</td><td>중<br>(3)</td><td>하<br>(2)</td><td>상<br>(4)</td><td>중<br>(3)</td><td>하<br>(2)</td></tr>
<tr><td>○○○</td><td></td><td></td><td></td><td></td><td></td><td></td><td></td><td></td><td></td></tr>
<tr><td>○○○</td><td></td><td></td><td></td><td></td><td></td><td></td><td></td><td></td><td></td></tr>
<tr><td>○○○</td><td></td><td></td><td></td><td></td><td></td><td></td><td></td><td></td><td></td></tr>
<tr><td>○○○</td><td></td><td></td><td></td><td></td><td></td><td></td><td></td><td></td><td></td></tr>
<tr><td>:</td><td></td><td></td><td></td><td></td><td></td><td></td><td></td><td></td><td></td></tr>
</table>

〈표 2〉는 학습자들이 실제 말하기를 청자의 입장에서 평가하게 되는 척도표이다. 즉 조사 대상 학습자들은 다른 학습자들이 발표 시에 평가 항목 세 가지를 중심으로 각각 '상', '중', '하'로 평가하게 된다. 평가 항목 ①과 ③은 읽기 위주가 아닌 말하기다운 발표가 되었는지에 초점을 맞춘 것이다. 평가 항목 ②는 말하기에서 드러나는 주요한 기능 요소들 중의 하나인 '쉼'을 화자가 제대로 인식하면서 발표가 되고 있는지와 관련된 항목이다.

특히 ②항목은 '과정2'에서 학습자들 자신의 말하기 원고에 '긴 쉼'과 '짧은 쉼'으로 구분해서 표시하도록 하였으며, 이를 바탕으로 실제 말하기인 '과정3'에서 '쉼'의 여부가 적절하게 드러났는지를 청자인 학습자들로 하여금 평가하도록 한 것이다. 물론 ‘쉼’여부가 표시된 말하기 원고는 실제 말하기가 이루어지기 전에 과제로 제출하도록 하였다.

이는 학습자가 자신의 말하기 원고를 최대한 입말 중심의 발표에 가깝도록 유도하기 위함이었다. 대다수 학습자들은 원고를 바탕으로 발표할 시에, 말하기가 아닌 원고 읽기 중심으로 발표가 이루어지는 경우가 많기 때문이다.[12] 즉 말하기 원고는 읽기 중심이 될 가능성이 높기 때문에, ‘쉼’의 구분 제시는 학습자들에게 실제 말하기의 상황을 상정하도록 유도하기 위한 방편이었다.

## 3.2. 연구가설

두 가지 연구가설이 앞선 연구방법에서 제시된 〈그림 2〉와 관련해서 〈그림 3〉과 같이 제시될 수 있다. 즉 연구가설 1은 ‘과정 1’과 ‘과정 2’, 연구가설 2는 ‘과정 2’와 ‘과정 3 간에 적용된다. 전체적으로 말하기 수행 영역이 쓰기 수행 영역으로 전환된다. 아울러 이는 학습자들에게 입말에서 글말로의 전환에 대한 자각 측면과 관련될 수 있다.

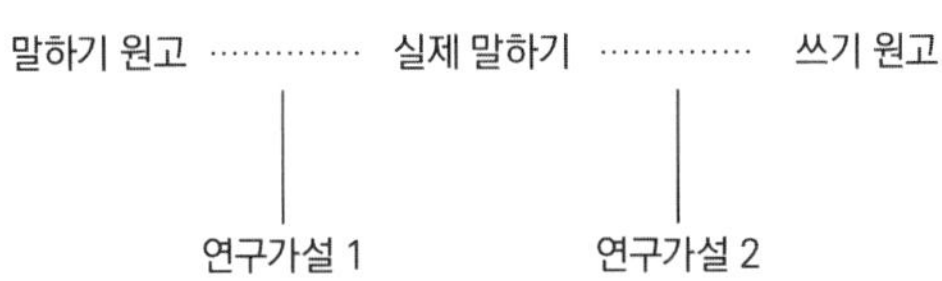


〈그림 3〉 연구가설과 관련된 언어 수행 과정

12) 이는 실제로 학교 현장에서도 말하기 교육이 제대로 이루어질 수 없는 상황을 제공하는 주요한 원인이 되기도 한다. 특히 중·고등학교 현장에서 발표가 이루어지는 경우에 대다수 학습자들은 말하기 원고를 그대로 읽는 경우가 많고, 특히 입말 중심의 원고가 아닌 글말 중심의 원고를 발표 시에 그대로 사용하게 된다. 이는 결국 말하기 교육이 쓰기 교육에 구속되어 버리는 상황이 된다. 임칠성(2010)에서는 이런 문제를 일부분 다루고 있어 참고가 된다.

〈그림 3〉에서 연구가설 1과 2는 연속선상에 있다. 즉 말하기와 쓰기는 이분법적으로 구분되는 입말과 글말 수행이 아니라, 정도의 차이에 따른 구분 양상이라는 점을 감안한 것이다. 가설 1은 '과정 1'과 '과정 2', 가설 2는 '과정 2'와 '과정 3' 간의 관련성으로 상정하였다.

가설 1은 말하기 원고에 상정된 '긴 쉼'을 양상을 실제 말하기에서 드러나는 '긴 쉼'의 양상과 비교했는데, 여기에서는 화자와 청자 측면이 모두 고려된다. 화자에게는 실제 말하기에 앞서 말하기 원고를 작성하면서 최대한 실제 말하기에 일치되게 작성할 것을 요구하였는데, 여기에서 '긴 쉼'이라는 말하기 특유의 속성을 관련시켜 말하기와 관련된 언어 사용의 자각을 높이려고 하였다. 아울러 청자들은 화자의 실제 발표를 들으면서 '긴 쉼'을 원고에 표시하도록 하였다. 이를 통해 화자와 청자 간의 '긴 쉼' 여부에 대한 일치도를 확인할 수 있으며, 나아가 화자의 말하기 원고와 실제 말하기에서의 '긴 쉼'의 일치 여부를 직·간접적으로 검증할 수 있다.

가설 2는 쓰기와 말하기에 드러나는 일정한 사고 혹은 의미 구획의 단위로 쓰기에서는 문장, 그리고 말하기에서는 '긴 쉼'의에 의해 구분되는 발화 단위를 상정하고, 이 두 언어 수행 양상의 결과를 관련시켰다.

**연구가설 1: 화자와 청자들 간에는 공통된 '긴 쉼'의 양상이 있을 것이다.**

이 가설은 발표를 하게 되는 학습자들이 자신의 말하기 원고를 글말이 아닌 입말 양식에 부합하도록 작성하는 것과 관련된다. 실제 말하기에서 드러나는 다양한 반언어적, 비언어적 요소들이 말하기 원고에는 드러나기 어렵기 때문에, 학습자들이 입말의 속성들에 대해 자각하기가 어렵다. 따라서 학습자들은 입말에서 발화 단위의 구분에 주요하게 작용하는 '쉼'을 말하기 원고에 삽입함으로써 실제적인 말하기에서 발생될 수 있는 측면을 일정 부분 잘 고려할 수 있을 것이다.

실제 말하기에서 '쉼'으로 드러나는 양상과 말하기 원고에서 예측된 '쉼'의 양상 간에는 분명 차이가 있다. 이는 아무리 말하기 원고를 입말의 형식에 부합하게 작성하더라도 실제 말하기에서 고려되는 다양한 상황 변수들을 화자가 모두 예측하고 말하기 원고를 작성하기는 힘들기 때문이다. 따라서 '쉼'의 양상도 특정 상황에 따라 달리 구현될 수도 있다. 이는 '짧은 쉼'의 경우는 그럴 가능성이 더 높을 것이다.

하지만 화자로서 예측한 '쉼'의 양상과 실제로 말하기 과정에서 산출된 '쉼'의 양상이 전혀 일치하지 않는다면, 이는 화자가 작성한 말하기 원고가 입말의 속성을 제대로 반영하지 못했다고도 볼 수 있다. 아울러 제한된 분량과 짧은 시간 내의 말하기에서 '긴 쉼'의 불일치가 상당수 발견된다면, 이는 분명 화자가 실제 말하기에서 벌어지는 다양한 상황 변수들을 적절하게 예상하거나 조절하지 못했을 것으로 추측할 수 있다.

즉 이 글에서 상정한 말하기는 학습자들이 연습할 수 있는 일정한 시간을 확보한 상태에서의 제한된 분량과 짧은 시간 내의 발표 형식이다. 이는 화자가 상정한 '긴 쉼'의 양상과 실제 말하기에서 드러난 '긴 쉼'의 양상을 비교하기에 적합한 형식이라 할 수 있다. 아울러 이는 청자들로 상정된 학습자들의 '긴 쉼'에 대한 인식 부합 결과도 용이하게 비교될 수 있다.

**연구가설 2: '긴 쉼'에 의해 구분된 발화 단위는 쓰기에서 문장 단위와 관련될 것이다.**

이 가설은 말하기와 쓰기의 연계와 통합에 관한 것이다. 기존의 말하기 교육은 쓰기와의 밀접한 관련성을 맺고 이루어지는 경우가 많다. 특히 학습자들은 발표나 토론 등에서 사용될 원고를 미리 작성하여 말하기 현장에서 그대로 사용하는 경우가 많다. 이는 어린 학습자들일수록 그 정도가 심하다. 이런 과정은 말하기가 아닌 쓰기, 아울러 쓰기에서 읽기로 연결되는 글말 중심의 언어 사용으로 귀착되어 버리고 만다.

물론 말하기와 쓰기, 그리고 읽기의 영역이 일정 부분 겹치는 것은 언어 사용 영역의 교육에서는 당연하다.[13] 하지만 지나치게 특정 영역에만 국한되어 교육된다면 이는 언어 사용 영역에서의 불균형한 상황이 될 수밖에 없다. 즉 본 가설은 학습자들이 입말과 글말에서의 상호 관련성을 고려하면서도 입말다운 양식을 부각시킬 수 있는 요소 가운데 하나가 '쉼'이라고 보았다. 이는 '쉼'의 기능이 말하기에서 호흡을 조정하는 동시에, 일정한 발화 단위의 의미 구획과도 밀접한 관련성을 맺고 있다는 논리를 받아들인 것이다.

하지만 이 글은 언어심리학이나 음성학적인 견지에서 접근할 수 있는 1/1000(ms)초 단위의 짧은 '쉼'보다는 문장 이상 수준의 '긴 쉼'에 초점을 두었다. 이는 기계적 처리를 통한 음성학적 접근이 이 글의 분석 초점이 아니기 때문이다. 학습자들의 입말과 글말 사용에서 드러나는 연계와 통합의 문제를 다루기 위해, 입말에서 '긴 쉼'을 통해 드러나는 발화 단위를 글말에서는 문장과 관련시킨 것이다.

즉 입말 원고를 작성한 이후에 이를 내용 변화 없이 글말 원고로 수정하면서 입말에서 '긴 쉼'에 의해 구획된 발화 단위들이 글말 원고에서 '문장' 단위와 관련될 수 있을 것이라 상정할 수 있다. 이는 학습자들이 말하기와 쓰기를 일정한 시간 간격을 두고 수행한 이후에 이루어지기 때문에, 귀납적으로 파생되는 언어 사용 영역의 속성들을 파악하는 주요한 계기가 될 것이다.

---

13) 김수업(2006: 219~220)에서는 이런 언어 사용 영역의 겹침을 도식화시켜 보여주고 있어 참고가 된다.

## 4. 연구결과 및 교육상 의의

이 글은 화자와 청자들 간, 필자와 화자의 언어 수행 양상을 일정한 의미 구획 단위를 통해 비교, 검증하였다. 이는 예비조사, 본조사, 확인조사로 나뉘어 실시되었다. 하지만 실제 연구결과 논의에서 예비조사는 연구 절차상의 타당성 문제로 제외되었다. 연구가설은 화자와 청자들 간의 관계, 필자와 화자 간의 관계를 다룬 두 가지로 구성되었다.

### 4.1. 연구결과 논의

#### 4.1.1. 본조사

"화자와 청자들 간에는 공통된 '긴 쉼'의 양상이 있을 것이다."라는 연구가설 1에 대한 본조사 대상 학습자 24명의 결과는 〈표 3〉과 같다. 청자의 입장에 있는 23명의 학습자들이 화자의 발표에 대해 '긴 쉼'과 '짧은 쉼'을 구분해서 표시했다. 이 중에서 이 글은 '긴 쉼'만을 조사 대상으로 검토하였다. '청자(횟수)'란은 23명 청자들의 '긴 쉼'에 대한 표시를 모두 헤아려 평균을 낸 값이다. '일치 비율'은 화자와 청자들 간의 '긴 쉼'에 대한 일치 횟수를 계산한 것이다.

〈표 3〉 화자와 청자들의 '긴 쉼'에 대한 일치 비율: 본조사

| 대상자 \ 구분 | 화자(횟수) | 청자(횟수): 평균 | 일치 비율(%) |
|---|---|---|---|
| 홍○○ | 16 | 4.5 | 28.1 |
| 박○○ | 17 | 3.8 | 22.4 |
| 김○○ | 13 | 2.3 | 17.7 |
| 김○○ | 14 | 4.6 | 32.9 |
| 심○○ | 9 | 2.2 | 24.4 |

| 구분<br>대상자 | 화자(횟수) | 청자(횟수): 평균 | 일치 비율(%) |
|---|---|---|---|
| 홍○○ | 13 | 2.6 | 20.0 |
| 정○○ | 16 | 6.8 | 42.5 |
| 여○○ | 18 | 5.4 | 30.0 |
| 박○○ | 19 | 4.8 | 25.3 |
| 조○○ | 22 | 6.6 | 30.0 |
| 이○○ | 15 | 2.4 | 16.0 |
| 이○○ | 13 | 3.8 | 29.2 |
| 조○○ | 20 | 6.1 | 30.5 |
| 박○○ | 15 | 3.4 | 22.7 |
| 최○○ | 14 | 2.8 | 20.0 |
| 김○○ | 15 | 2.4 | 16.0 |
| 박○○ | 20 | 5.8 | 29.0 |
| 신○○ | 16 | 1.7 | 10.6 |
| 구○○ | 3 | 1.3 | 23.1 |
| 김○○ | 15 | 3.6 | 24.0 |
| 박○○ | 13 | 4.2 | 32.3 |
| 정○○ | 8 | 2.3 | 28.8 |
| 최○○ | 25 | 4.3 | 17.2 |
| 박○○ | 22 | 3.6 | 16.4 |
| 평　균 | 15.46 | 3.80 | 24.55 |

〈표 3〉의 일치 비율에서도 드러나고 있듯이, 화자와 청자들 간의 일치 비율은 비교적 낮은 것으로 드러났다. 즉 〈표 3〉에 드러난 일치 비율의 수치만으로도 화자와 청자들 간의 합의된 '긴 쉼'의 관계는 실제로 유의미한 것으로 보기는 어렵다.[14]

14) 직관적으로 본 가설의 통계 검증을 위해서는 화자가 말하기 원고로 상정한 것에서 드러난 '긴 쉼'의 양상에 대해서만 청자들의 반응을 물어 그 판단으로만 검증해야 함이 옳다. 가령 화자에서 상정한 '긴 쉼'의 양상에 대해 청자들은 '○' 혹은 '×'로 표시하여 자신의 판단을 드러내는 것이다. 하지만 이 반응 역시 청자로 상정된 학습자들 개인의 주관적인 잣대로 접근가능하기 때문에 통계적인 절차를 통해 그 타당성을 오롯이 드러내기는 힘들다. 따라서 이 글에서는 청자의 입장이 된 학습자들이 자유롭게 반응하도록 한 것이다.
일단 검증 통계량은

조사 대상 학습자들에게 '긴 쉼'에 대한 접근 측면을 일정한 시간에 따른 의도적 멈춤 정도로 '짧은 쉼'과 구별해서 표시하도록 요구하였고, 아울러 실제 말하기에서도 평가의 주요한 항목으로 이런 측면을 반영한다고 주지시켰음에도 화자와 청자들 간에 드러나는 '긴 쉼'의 양상은 상당히 다르게 드러났다. 이는 말하기 원고에서의 '긴 쉼'에 대한 화자의 잠정적 인식과 실제 말하기에서 구현된 '긴 쉼' 간의 격차, 그리고 화자와 청자들 간의 '긴 쉼'에 대한 인식 격차의 두 가지 측면에서 오는 차이라 할 수 있다.

첫 번째 측면은 말하기 원고와 실제 말하기 사이에서 오는 '긴 쉼'에 대한 인식상의 차이이다. 이런 차이를 최대한 줄이기 위해 평가 측면에서 이와 관련된 항목을 넣었음에도 불구하고, 인식의 격차는 크게 벌어진 것으로 드러났다. 이는 말하기 원고에서 상정된 '긴 쉼'의 양상이 실제 말하기에 수반된 여러 상황에 의해 변화된 것으로 추측해 볼 수 있다. 두 번째 측면은 화자와 청자들 간의 '긴 쉼'에 대한 인식상의 격차인데, 이는 청자들이 실시간으로 이루어지는 발표에서 '긴 쉼'과 '짧은 쉼'에 대한 구분 기준을 제대로 설정하지 못했거나, 설정은 했지만 짧은 시간 안에 이루어지는 실시간의 발표에서 '쉼'의 양상을 제대로 포착하지 못했을 가능성과 관련된다.

〈그림 4〉는 〈표 3〉의 위에서 일곱 번째 '정○○' 학습자의 말하기 원고이다. 사선 표시 중에서 '/'는 '짧은 쉼'을 '//'는 '긴 쉼'을 나타내며, 아래 숫자는 전체 '긴 쉼'의 횟수이다. 아울러 동그라미는 '긴 쉼'

---

$$z=\frac{\hat{p}-p}{\sqrt{\frac{p(1-p)}{n}}}=\frac{0.2455-0.5}{\sqrt{\frac{0.5(1-0.5)}{371}}}$$

$$=-9.80$$

이며, 위의 검증 통계량 값은 기각치인 $-z_{0.025}=-1.96$보다 작으므로, 영가설을 "화자와 청자 간에는 공통된 '긴 쉼'의 양상이 없을 것이다"는 기각되며, 따라서 연구가설 1에서 제시한 이는 화자와 청자 간에는 합의된 '긴 쉼'의 양상의 관련성은 있지만, 정적 상관이 아닌 부적 상관관계를 드러낸 것이다. 따라서 화자와 청자 간에는 공통된 '긴 쉼'의 구분 양상은 매우 부족하거나 혹은 거의 드러나지 않는 것으로 보는 것이 적절하다.

잊혀지지 않는 이름들-국어선생님들

0821

장성태/김병호/이준/곽재순/이인태/신태철/이분들은모두/저의담임이자/국어선생님들
의/성함입니다//저는신기하게도/중학교일학년때부터/고삼졸업할때까지/담임선생님
이/모두국어선생님이었습니다//그래서누군가가저에게/너는어떤국어교육을받아왔
나/라고물어본다면/먼저이선생님들의/얼굴이떠오를것같습니다//이런국어선생님들
과의/끈질긴인연과만남으로/저는국어라는과목을/무척좋아하게되었고/또국문과에
두번이나입학하게되었습니다//이중에서특별히기억나는선생님이있다면/중삼때담
임선생님이신/이준선생님입니다//제가기억하는선생님은/매일자습시간에/좋은글들
을발췌해서읽어주시거나/또복사해서나눠주셨습니다//그리고매일한명씩나와서/삶
나누기라는것을했는데/어제하교하면서있었던일이나/아니면책을읽고서/또그게아
니면오락실가서게임하면서느꼈던/아주사소한이들을/반친구들앞에나와서발표하
는시간을가졌는데/지금생각해보니까/이것도말하기능력을키우기위한/어떤선생님
의재미있는발상이아니었을까요//방학때는반친구하나하나한테까지/자필로편지를
쓰시고/답장을보내라고하셨는데/그것도지금곰곰히생각해보니까/답장이라는글을
쓰게끔하려는/선생님의의도가아니었나하는생각을해보았습니다//특히저는국어과
목을 좋아해서시험을좀잘쳤습니다/그래서국어과목에어면자만심같은것을가지고
있었는데/그때중간고사를잘치고우쭐대는마음이있을때/선생님이직접책을하나주
셨어요//그게이책인데/첫장에/너는공부를하는것이아니라학문을하는것이다/계속정
진해라/라고적어주셨어요//그때제가크게느낀게있어서/아/나도선생님처럼되어보면
어떨까/하고막연하게생각했습니다//국어라는과목이다른과목들하고달라서/수업시
간뿐만아니라/수업밖의일상생활과도연관많기때문에/그점을선생님께서잘알고지
도하시것 같습니다/너는어떤국어교육을받아왔나/라는질문은/너는어떤선생님에게
교육을받아왔는가/와별다를게없다는생각이듭니다//그래서너는앞으로어떤국어교
육을할래/라고물어본다면/오히려어떤국어선생님이되어야할까/라고고민을해봐야
할것같습니다//몇해전한글날특집방송으로/엠비시에서실험을했는데/갓지은밥을밀
폐용기에넣고/한쪽에는긍정적인말만계속하고/다른쪽에는부정적이거나짜증스러
운말만계속했더니/긍정적이고좋은말만한쪽에는/효소가생겨서/술을빚을수있는누
룩이되었고/반대편에는/시꺼먼곰팡이가피었다고합니다/학생들이/누룩이되게도/또
곰팡이가되게도하는것은/말을다루고/말을가르치는/우리들의몫이아닌가합니다//그
래서저는/교육현장에서/기본적인/국어와/문학교육뿐만아니라/일상생활에서도/국어
교사로서/사람을살리는말을가지고/아이들의잠재력을끌어내고/또그아이들도생활
에서/서로를살리는말을할수있는사람으로/키워보려합니다//장성태/김병호/이준/곽재
순/이인태/신태철/이선생님과의만남처럼/앞으로/제가만나게되는아이들에게도/잊혀
지지않는/하나의이름으로남고싶습니다//

16

〈그림 4〉 '정○○' 학습자의 말하기 원고

의 횟수이다. 학습자의 신상 정보를 노출시키기 않기 위해 띠지를 이용해 이름과 학번을 가려 놓았다.

'짧은 쉼'의 경우는 강조해야 할 어휘, 혹은 수식어와 피수식어 사이, 절, 구 등에서 이루어지고 있으며, '긴 쉼'의 경우는 모두 발화 종결 단위에서 이루어지고 있는 것이 특징이다. 종결어미는 대부분

격식체인 '-습니다'로, 일부는 비격식체인 '-요'로 끝나고 있다. 입말 중심의 말하기에서는 많은 학습자들이 비격식체 형태의 두루 높임 해요체를 많이 사용하는데, 위 학습자는 실제 발표에서도 격식체인 합쇼체 형태로 말하기를 하였다. 앞서 언급한 대로 선생님들의 성함을 관련된 부분을 제외하고는 거의 문장 중심으로 '긴 쉼'의 양상이

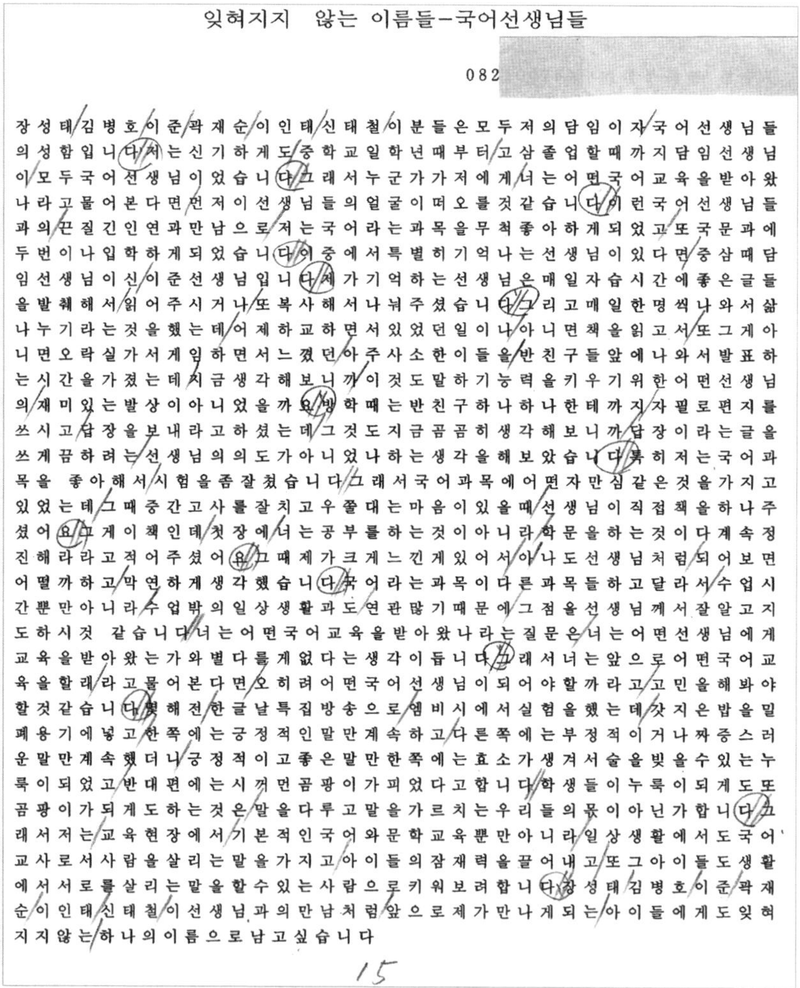

잊혀지지 않는 이름들-국어선생님들

082

장성태김병호이준곽재순이인태신태철이분들은모두저의담임이자국어선생님들
의성함입니다저는신기하게도중학교일학년때부터고삼졸업할때까지담임선생님
이모두국어선생님이었습니다그래서누군가가저에게너는어떤국어교육을받아왔
나라고물어본다면먼저이선생님들의얼굴이떠오를것같습니다이런국어선생님들
과의끈질긴인연과만남으로저는국어라는과목을무척좋아하게되었고또국문과에
두번이나입학하게되었습니다이중에서특별히기억나는선생님이있다면중삼때담
임선생님이신이준선생님입니다제가기억하는선생님은매일자습시간에좋은글들
을발췌해서읽어주시거나또복사해서나눠주셨습니다그리고매일한명씩나와서삶
나누기라는것을했는데어제하교하면서있었던일이나아니면책을읽고서또그게아
니면오락실가서게임하면서느꼈던아주사소한이들을반친구들앞에나와서발표하
는시간을가졌는데지금생각해보니까이것도말하기능력을키우기위한어떤선생님
의재미있는발상이아니었을까요방학때는반친구하나하나한테까지자필로편지를
쓰시고답장을보내라고하셨는데그것도지금곰곰히생각해보니까답장이라는글을
쓰게끔하려는선생님의의도가아니었나하는생각을해보았습니다특히저는국어과
목을 좋아해서시험을좀잘쳤습니다그래서국어과목에어떤자만심같은것을가지고
있었는데그때중간고사를잘치고우쭐대는마음이있을때선생님이직접책을하나주
셨어요그게이책인데첫장에너는공부를하는것이아니라학문을하는것이다계속정
진해라라고적어주셨어요그때제가크게느낀게있어서아나도선생님처럼되어보면
어떨까하고막연하게생각했습니다국어라는과목이다른과목들하고달라서수업시
간뿐만아니라수업밖의일상생활과도연관많기때문에그점을선생님께서잘알고지
도하시것 같습니다너는어떤국어교육을받아왔나라는질문은너는어떤선생님에게
교육을받아왔는가와별다를게없다는생각이듭니다그래서너는앞으로어떤국어교
육을할래라고물어본다면오히려어떤국어선생님이되어야할까라고고민을해봐야
할것같습니다몇해전한글날특집방송으로엠비시에서실험을했는데갓지은밥을밀
폐용기에넣고한쪽에는긍정적인말만계속하고다른쪽에는부정적이거나짜증스러
운말만계속했더니긍정적이고좋은말만한쪽에는효소가생겨서술을빚을수있는누
룩이되었고반대편에는시꺼먼곰팡이가피었다고합니다학생들이누룩이되게도또
곰팡이가되게도하는것은말을다루고말을가르치는우리들의몫이아닌가합니다그
래서저는교육현장에서기본적인국어와문학교육뿐만아니라일상생활에서도국어
교사로서사람을살리는말을가지고아이들의잠재력을끌어내고또그아이들도생활
에서서로를살리는말을할수있는사람으로키워보려합니다장성태김병호이준곽재
순이인태신태철이선생님과의만남처럼앞으로제가만나게되는아이들에게도잊혀
지지않는하나의이름으로남고싶습니다

15

〈그림 5〉 '정○○' 학습자의 말하기에 대한 청자의 수행 결과

이루어졌다.

〈그림 5〉은 '정○○' 학습자의 발표를 듣고, 청자의 입장에서 '쉼'을 표시한 한 학습자의 수행 결과이다. 23명 모든 학습자의 수행 결과를 지면상 제한이 있기 때문에 일치도가 높은 학습자만 일부 제시했다. 〈그림 5〉에서 아래 숫자는 '정○○' 학습자의 말하기 원고에서 제시했던 '긴 쉼'의 횟수와 실제 청자의 입장에서 수행되었던 '긴 쉼'의 일치 횟수를 가리킨다.

〈그림 5〉에 드러난 청자의 전체적인 '긴 쉼'의 지각 양상은 화자의 입장에서 제시된 바와 비슷하게 드러났다. 이는 '정○○' 학습자가 말하기 원고에서 자신이 상정한 '긴 쉼'의 양상을 발표를 통해 잘 구현했다고 볼 수 있다. 물론 현재로서는 이 구현된 양상을 입말 문법의 규범적인 토대라고 간주될 수 있는 것에 견주어 볼 수는 없다.15) '쉼'의 양상이 명확하게 규범적 토대 위에서 다루어지기는 어렵기 때문에, 화자와 청자 간의 비교를 통해서 잠정적으로 '쉼'의 양상을 파악해 볼 수 있을 뿐이다.

〈표 4〉는 필자의 관점과 화자의 관점에서 작성한 원고를 바탕으로 도출된 연구가설 2에 대한 24명 학습자들의 본조사 결과이다. 필자와 화자가 동일한 피험자이기 때문에, 여기에서의 초점은 입말과 글말의 수행 결과에 있다. 즉 입말 원고에서 '긴 쉼'에 의해 구분된 발화 단위가 글말에서의 문장과 얼마나 의미 구획의 측면에서 일치하는가에 논의의 초점이 있다.

---

15) Sari Luoma(2004; 김지홍 옮김, 미발간, 22쪽)에서는 "발화는 짤막한 생각의 단위들로 짜여 있다. 그 단위들은 주제상의 연결과 반복은 물론 통사적 접속사에 의해서로 서로 이어진다. (…중략…) 일부 말하기 상황에서는 완벽한 절과 하위 종속절을 지닌, 좀더 글말다운 문법을 요구한다. 이는 대표적으로 격식 갖춘 말하기 상황이다. 여기에는 학회 발표와 같이 준비된 이야기를 포함할 수 있다"라고 제시하고 있다. 본 연구조사에서도 이런 맥락에서 '쉼'의 양상을 도입한 것이다. 즉 이 글은 말하기에서 보다 정형화되고 규범적인 틀을 제시하여 학습자들의 말하기 평가에서의 타당성 여부를 높이고, 나아가 학교 현장에서 말하기와 관련된 교수·학습 방법과 평가 측면에서의 용이성을 이끌어내기 위한 것과도 밀접하게 관련된다.

〈표 4〉 필자와 화자의 수행 일치 비율: 본조사

| 구분<br>대상자 | 필자<br>문장 수 | 화자<br>'긴 쉼' 횟수 | 일치 횟수 | 일치 비율(%) |
|---|---|---|---|---|
| 홍○○ | 21 | 16 | 14 | 87.5 |
| 박○○ | 18 | 17 | 14 | 82.4 |
| 김○○ | 16 | 13 | 10 | 76.9 |
| 김○○ | 15 | 14 | 14 | 100 |
| 심○○ | 17 | 9 | 7 | 77.8 |
| 홍○○ | 16 | 13 | 13 | 100 |
| 정○○ | 22 | 16 | 14 | 87.5 |
| 여○○ | 22 | 18 | 13 | 72.2 |
| 박○○ | 24 | 19 | 17 | 89.5 |
| 조○○ | 22 | 22 | 19 | 86.4 |
| 이○○ | 20 | 15 | 15 | 100 |
| 이○○ | 18 | 13 | 12 | 92.3 |
| 조○○ | 21 | 20 | 18 | 90.0 |
| 박○○ | 16 | 15 | 14 | 93.3 |
| 최○○ | 15 | 14 | 11 | 78.6 |
| 김○○ | 19 | 15 | 11 | 73.3 |
| 박○○ | 21 | 20 | 17 | 85.0 |
| 신○○ | 22 | 16 | 14 | 87.5 |
| 구○○ | 18 | 3 | 2 | 66.7 |
| 김○○ | 17 | 15 | 10 | 66.7 |
| 박○○ | 13 | 13 | 13 | 100 |
| 정○○ | 23 | 8 | 8 | 100 |
| 최○○ | 27 | 25 | 25 | 100 |
| 박○○ | 16 | 22 | 18 | 81.8 |
| 평균 | 19.13 | 15.46 | 13.46 | 86.47 |

표에서의 일치 비율은 화자 측면에서 상정된 '긴 쉼'을 기준으로 삼았다. 즉 말하기 원고의 '긴 쉼'으로 구분된 발화 단위를 쓰기 원고에서의 문장 위치와 비교하였다. 필자 측면에서의 문장은 절이 아닌 마침표가 찍힌 형태를 기준으로 삼았다.

〈표 4〉에 드러난 바와 같이, '긴 쉼'을 통해 구분된 발화 단위는 쓰기 원고의 문장과 통계 검증상으로 유의미한 관련성으로 드러났다.[16] 특히 문장과의 일치 여부가 100%인 학습자들도 있다. 대략 '긴 쉼'의 횟수는 문장 개수 이하로 분포하였고, 문장의 개수와 거의 일치하는 경우도 있었다. 즉 입말 원고라고에서 '긴 쉼'으로 구분된 발화 단위는 글말의 문장과 유사하게 분포하는 것으로 드러나고 있어, 연구가설 2는 수용된다고 할 수 있다.

하지만 학습자들이 실제 입말 형식에 가까운 말하기 원고를 글말 형식에 그대로 적용하지는 않았을 것이다. 직관적으로 쓰기 원고를 작성하면서 말하기 원고를 글말의 속성에 맞게 다듬었을 것이기 때문이다. 〈그림 6〉에서는 실제 학습자의 입말과 글말 원고를 비교하면서 가설에서 제시된 내용을 검토하고자 한다.

〈그림 6〉은 〈표 4〉의 대상자 중 위에서 일곱 번째 '정○○' 학습자의 쓰기 수행 결과이다. 입말 원고와 비교해 볼 때, 내용적인 측면에서 바뀐 부분은 거의 없다. 전체적으로 단락 구분이 다소 산만하게 드러나고 있다. 특히 잊지 못하고 있는 선생님들의 성함을 하나의 단락으로 강조해서 드러내고 있다. 아울러 인터넷 글쓰기에서 종종 드러나는 한 줄 비우기를 줄바꾸기와 동시에 사용해 단락을 구분하고 있어 혼란을 주기도 한다.

'정○○' 학습자의 경우 말하기 원고의 '긴 쉼'에 의해 발화 단위와 쓰기 원고의 '문장' 일치 비율이 '87.5%'로 드러났는데, 두 곳이 일치

---

16) 검증 통계량은

$$z = \frac{\hat{p} - p}{\sqrt{\frac{p(1-p)}{n}}} = \frac{0.8647 - 0.5}{\sqrt{\frac{0.5(1-0.5)}{371}}}$$

$$= 14.05$$

이며, 위의 검증 통계량 값은 기각치인 $z_{0.025} = 1.96$보다 크므로, 영가설을 "말하기에서 '긴 쉼'은 쓰기에서 문장 혹은 단락 구분과 관련이 없을 것이다"로 둔다면, 이는 기각된다. 따라서 연구가설 2에서 제시한 입말의 '긴 쉼'은 글말의 문장 단위와 관련이 있는 것으로 추정할 수 있다.

**잊히지 않는 이름들-국어선생님들**

국어

'장성태, 김병호, 이준, 곽재순, 이인태, 신태철'

이분들은 모두 저의 담임이자 국어선생님들의 성함입니다. 저는 신기하게도 중학교 1학년 때부터 고등학교 3학년 졸업할 때까지 담임선생님이 모두 국어선생님이었습니다. 그래서 누군가가 저에게 "너는 어떤 국어교육을 받아왔나?"라고 물어본다면 먼저 이 선생님들의 얼굴이 떠오를 것 같습니다. 이런 국어 선생님들과의 끈질긴 인연으로 저는 국어라는 과목을 무척 좋아하게 되었고 또 국문과에 두 번이나 입학하게 되었습니다.

이분들 가운데에서 특별히 기억나는 선생님이 계시다면 중학교 3학년 때 담임선생님이신 이준선생님입니다. 제가 기억하는 선생님께서는 매일 자습시간에 좋은 글들을 발췌해서 읽어 주시거나 혹은 복사해서 나눠주셨습니다. 그리고 매일 한명씩 나와서 '삶 나누기'라는 것을 했는데 그 내용은 하교하면서 있었던 일이나 책을 읽고서 혹은 오락실에서 게임하면서 느꼈던 아주 사소한 일들이었고 이것을 반 친구들 앞에서 발표하는 것이었습니다. 그런데 지금 생각해보니 이는 '말하기 능력'을 키우기 위한 선생님의 재미있는 발상이라고 생각합니다.

또 방학 때는 반 친구 한명 한명에게 자필로 편지를 쓰고 답장을 하라고 하셨는데, 이것 역시도 '답장이라는 글'을 쓰게 하려는 선생님의 의도였을 것입니다. 특히 저는 국어에 관심이 많고 국어성적이 좋아서 다른 과목에 비해 자만심이 있었습니다. 한번은 중간고사를 잘 치르고 우쭐대는 마음이 있을 때 선생님께서 책 한권을 주셨는데 그 첫 장에는 "너는 공부를 하는 것이 아니라 학문을 하는 것이다. 계속 정진해라."라고 적어 주셨습니다. 그때 제가 느끼는 바가 크게 있어서 "아! 나도 선생님처럼 되어보면 어떨까?"하고 막연하게 생각했습니다. 국어는 다른 과목들과 달라서 수업시간뿐만 아니라 수업 밖의 일상생활과도 연관이 많기 때문에 그 점을 선생님께서 잘 알고 지도하시 것 같습니다.

"너는 어떤 국어교육을 받아왔나?"라는 질문은 '너는 어떤 선생님에게 교육을 받아 왔는가'와 별다를 것이 없다는 생각이 듭니다. 그래서 "너는 앞으로 어떤 국어교육을 할 것인가?"라고 물어본다면 오히려 '어떤 국어선생님이 되어야 할 것인가'에 대해 고민을 해야 할 것 같습니다.

몇 해 전 MBC 한글날 특집 방송의 실험에서 갓 지은 밥을 밀폐용기에 넣고 한 쪽에는 긍정적인 말만을 계속하고 다른 한쪽에는 부정적이거나 짜증스러운 말만 계속했더니, 전자에서는 효소가 생겨서 술을 빚을 수 있는 누룩이 되었고 나머지 후자 쪽에는 시꺼먼 곰팡이가 피었다고 합니다. 학생들이 누룩이 되게도 곰팡이가 되게도 하는 것은 말을 다루고 말을 가르치는 우리들의 몫일 것입니다. 그래서 저는 교육현장에서 기본적인 국어와 문학교육뿐만 아니라 일상생활에서도 국어교사로서 '사람을 살리는 말'을 통해 아이들의 잠재력을 끌어내고 또 그 아이들도 생활에서 '서로를 살리는 말'을 할 수 있는 사람으로 키우고자 합니다.

'장성태, 김병호, 이준, 곽재순, 이인태, 신태철'

이 선생님과의 만남처럼 앞으로 제가 만나게 되는 아이들에게도 잊히지 않는 하나의 이름으로 남고 싶습니다.

**〈그림 6〉 '정○○' 학습자의 글말 원고**

하지 않았다. 선생님의 성함을 나열하고 있는 첫 번째와 여덟 번째 단락이 실제로 말하기 원고에서는 '긴 쉼'으로 구분되지 않았다. 쓰기에서는 하나의 단락으로 구성하면서 말하기에서는 독자적인 사고구획 단위로 고려하지 않고, '짧은 쉼'으로 처리하고 있는 것이 특징이다. 하지만 대다수 '긴 쉼'에 의해 구분된 발화 단위는 쓰기에서 문장 구분과 유사한 양상을 보여주고 있다.

### 4.1.2. 확인조사

국어교육과 1학년 24명의 학습자들을 대상으로 한 확인조사의 결과도 본조사와 마찬가지로 연구가설에 따라 구분하여 검증된다. 연구가설 1에 따른 화자와 청자의 '긴 쉼'에 대한 인식 양상의 결과는 〈표 5〉과 같다. '청자' 열의 평균은 23명 청자들의 일치 횟수를 평균한 값이다.

**〈표 5〉 화자와 청자들의 '긴 쉼'에 대한 일치 비율: 확인조사**

| 대상자 \ 구분 | 화자(횟수) | 청자(횟수): 평균 | 일치 비율(%) |
|---|---|---|---|
| 강○○ | 11 | 3.6 | 32.7 |
| 고○○ | 12 | 5.4 | 45.0 |
| 김○○ | 10 | 4.8 | 48.0 |
| 김○○ | 9 | 3.2 | 35.6 |
| 김○○ | 6 | 2.2 | 36.7 |
| 김○○ | 12 | 4.8 | 40.0 |
| 김○○ | 9 | 3.8 | 42.2 |
| 박○○ | 10 | 2.4 | 24.0 |
| 배○○ | 7 | 3.1 | 44.3 |
| 백○○ | 8 | 3.6 | 45.0 |
| 신○○ | 7 | 2.6 | 37.1 |
| 양○○ | 6 | 2.8 | 46.7 |
| 유○○ | 5 | 2.2 | 44.0 |
| 이○○ | 8 | 3.8 | 47.5 |
| 이○○ | 7 | 3.3 | 47.1 |
| 이○○ | 8 | 4.2 | 52.5 |
| 이○○ | 16 | 5.2 | 32.5 |
| 이○○ | 15 | 2.4 | 16.0 |
| 임○○ | 10 | 2.6 | 26.0 |

| 대상자 \ 구분 | 화자(횟수) | 청자(횟수): 평균 | 일치 비율(%) |
|---|---|---|---|
| 정○○ | 7 | 1.9 | 27.1 |
| 조○○ | 9 | 1.4 | 15.6 |
| 조○○ | 5 | 2.1 | 42.0 |
| 주○○ | 9 | 2.8 | 31.1 |
| 차○○ | 11 | 2.9 | 26.4 |
| 평 균 | 8.92 | 3.21 | 35.99 |

결과에서 드러난 바와 같이, 화자와 청자들 간의 '긴 쉼'에 대한 일치 비율은 본조사와 마찬가지로 높은 것으로 드러나지 않았다.17) 다만 본조사에 비해 화자가 상정한 '긴 쉼' 횟수가 다소 줄었다(15.46 → 8.92). 하지만 화자의 반응에 일치하는 청자들 간의 '긴 쉼' 횟수는 거의 줄지 않았으며(3.80 → 3.21), 특히 화자와 청자들 간의 '긴 쉼' 일치 비율은 상당히 높아졌다(24.55% → 35.99%).

이는 학습자의 언어 수행 수준에 따른 인식 수준의 차이 측면에서 접근할 수 있다. 즉 확인조사 대상 학습자들은 '짧은 쉼'과 '긴 쉼'에 대해 본조사 학습자들에 비해 더 차별적인 인식 수행의 측면으로 접근했다고 볼 수 있다.18) 아울러 확인조사 대상 학습자들은 본조사 학습자들에 비해 입말 언어 수행에 대해 보다 높은 '언어 자각(language

---

17) 검증 통계량은

$$z=\frac{\hat{p}-p}{\sqrt{\frac{p(1-p)}{n}}}=\frac{0.3599-0.5}{\sqrt{\frac{0.5(1-0.5)}{214}}}$$

$$=-4.04$$

이며, 위의 검증 통계량 값은 기각치인 $-z_{0.025}=-1.96$보다 작으므로 가설을 기각하게 된다. 따라서 본조사와 마찬가지로 화자와 청자들 간의 공통된 '긴 쉼'의 관계는 매우 부족하거나 거의 없는 것으로 볼 수 있다.

18) '화자'와 '청자들' 간의 일치 비율과 관련된 본조사 〈표 3〉과 확인조사 〈표 5〉에 드러난 두 모집단의 일치 비율에 차이가 있는지 여부를 확인하는 검증은 다음과 같이 세울 수 있다. 영가설은 일치 비율에 차이가 없는 것으로, 대립가설은 차이가 있는 것으로 상정한다.

$$H_0: p_1=p_2 \quad \text{vs} \quad H_1: p_1 \neq p_2$$

이를 검정하기 위한 검증 통계량은

awareness)'의 면을 드러냈다고 할 수 있다.

이는 또한 말하기에서의 유창성(fluency)의 문제와도 관련될 수 있다. 유창성은 말하기 속도 및 쉼과 같이 발화의 시간 측면에 관련되는데, 일반적으로 막힘없이 빠르게 말할 내용을 전개하는 경우를 일컫는다. 하지만 무조건 막힘없이 빠르게 말하는 것만으로 유창성의 문제를 다룰 수는 없다. 이는 발화 단위의 구분에 따른 의미 전달의 용이성, 즉 청자의 관점에서의 언어 수행에 대한 자각과 밀접하게 관련될 수 있다. 즉 확인조사 대상 학습자들은 본조사 대상 학습자들에 비해 화자와 청자 측면에서 공히 더 분명한 발화 단위의 산출과 수용에 기여했다고 볼 수 있다.19)

〈그림 7〉은 〈표 5〉의 위에서 두 번째 '고○○' 학습자의 말하기 원

---

$$Z=\frac{(\hat{p_1}-\hat{p_2})-(p_1-p_2)}{\sqrt{\hat{p}(1-\hat{p})\left(\frac{1}{n_1}+\frac{1}{n_2}\right)}}$$

이다. 여기서 $\hat{p}$ 는 가중 평균된 표본 비율로서,

$$\hat{p}=\frac{n_1\hat{p_1}+n_2\hat{p_2}}{n_1+n_2}$$

이다. 주어진 자료를 활용하면,

$$n_1=214,\ \hat{p_1}=0.2453,\ n_2=371,\ \hat{p_2}=0.91$$

이며,

$$\hat{p}=\frac{214\times0.3598+371\times0.2452}{214+371}=0.2872$$

이다. 이들을 활용한 검증 통계량은

$$z=\frac{0.2453-0.3598}{\sqrt{0.2872\times(1-0.2872)\left(\frac{1}{214}+\frac{1}{371}\right)}}=-2.95$$

이다. 이는 유의수준 5%에서 기각역 $-z_{0.025}=-1.98$ 보다 작으므로 가설을 기각한다. 즉 모집단의 일치 비율에는 차이가 있다고 결론 내릴 수 있다.

19) 본조사와 확인조사 대상 학습자들의 언어 수행 수준을 비교해 볼 수 있는 기준은 대학입학 성적 이외에는 없었다. 물론 이 글에서 확인조사 대상자들의 입학 성적이 본조사의 대상자들에 비해 높은 것은 사실이지만, 성인 수준에 이른 학습자들을 단순하게 수능 성적의 잣대로만 비교하기에는 무리가 있다. 또한 수능 관련 입학 성적과 말하기 수행 능력이 꼭 비례한다고 볼 수도 없기 때문에 말하기 유창성에 대한 문제는 보다 확대된 연구의 필요성이 제기된다. 아울러 확인조사 참여 학습자들은 전공 수업의 일환으로 실시된 과제 및 평가였기 때문에 본조사 대상 학습자들보다 말하기 준비에 많은 시간을 보냄으로써 보다 유창한 말하기 수행이 되었다고 추측해 볼 수 있다.

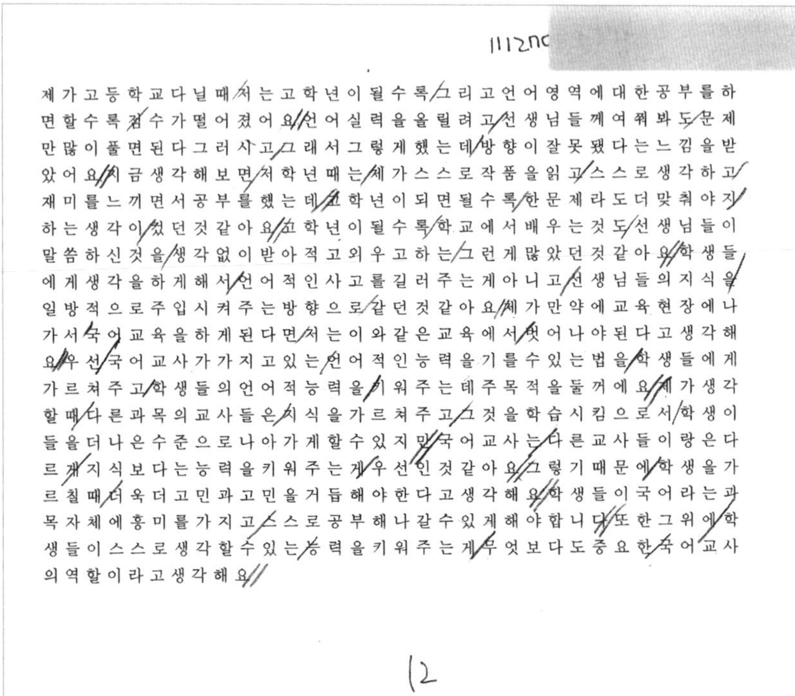
제가고등학교다닐때/저는고학년이될수록/그리고언어영역에대한공부를하
면할수록점수가떨어졌어요//언어실력을올릴려고/선생님들께여쭤봐도/문제
만많이풀면된다그러시고/그래서그렇게했는데/방향이잘못됐다는느낌을받
았어요//지금생각해보면/저학년때는/제가스스로작품을읽고/스스로생각하고/
재미를느끼면서공부를했는데//고학년이되면될수록/한문제라도더맞춰야지/
하는생각이/컸던것같아요//고학년이될수록/학교에서배우는것도/선생님들이
말씀하신것을/생각없이받아적고외우고하는/그런게많았던것같아요//학생들/
에게생각을하게해서/언어적인사고를길러주는게아니고/선생님들의지식을/
일방적으로주입시켜주는방향으로/갔던것같아요//제가만약에교육현장에나
가서/국어교육을하게된다면/저는이와같은교육에서/벗어나야된다고생각해
요//우선/국어교사가가지고있는/언어적인능력을기를수있는법을/학생들에게
가르쳐주고/학생들의언어적능력을/키워주는데주목적을둘꺼에요//제가생각
할때/다른과목의교사들은/지식을가르쳐주고/그것을학습시킴으로서/학생이
들을더나은수준으로나아가게할수있지만//국어교사는/다른교사들이랑은다
르게/지식보다는능력을키워주는게/우선인것같아요//그렇기때문에/학생을가
르칠때/더욱더고민과고민을거듭해야한다고생각해요//학생들이국어라는과
목자체에흥미를가지고/스스로공부해나갈수있게해야합니다//또한그위에/학
생들이스스로생각할수있는/능력을키워주는게/무엇보다도중요한/국어교사
의역할이라고생각해요//

12

〈그림 7〉 '고○○'의 말하기 원고

고이다. 총13회의 '긴 쉼'이 이루어졌는데, 화자 본인은 12회로 잘못 인식하였다. 맨 아래의 '12'라는 숫자가 화자 본인이 '긴 쉼'에 대한 대해 그 횟수를 표기한 것이다. 위에서 다섯 번째, 아래에서 여섯 번째 줄에서의 발화문 내 연결 지점에서 이루어진 '긴 쉼'의 구분을 제외하고는 모두 발화문 종결 위치에서 '긴 쉼'의 구분이 이루어졌다. 아울러 원고의 제일 마지막 부분에서도 '긴 쉼'이 이루어지고 있는 것이 특징적이다.

'고○○' 학습자의 경우, 전체적으로 두루 높임 해요체를 사용함으로써 입말에 가까운 말하기 양상을 구현했다고 할 수 있다. '긴 쉼'과 '짧은 쉼'의 구분에서 특징적인 현상은, 발화문 중간에서 두 번의 '긴 쉼' 구분이 이루어졌는데, 연결되는 절에서 후행절을 강조하기 위한 의미에서 이루어진 것으로 판단된다. '짧은 쉼'은 대체적으로 발화문의 연결 구간, 수식어와 피수식어 사이, 목적어 뒤에서 주로 이루어지고 있다.

〈그림 8〉은 '고○○' 학습자에 대한 청자 입장에서의 '긴 쉼'에 대한 수행 결과이다. 오른쪽 상단 부분이 띠지로 가려져 있는데, 윗부분은 청자 입장, 아랫부분은 화자 학습자의 학번과 성명이다. 총 11번의 '긴 쉼'의 구분이 이루어졌는데, 화자와 청자 간의 일치된 '긴 쉼' 구분은 10번 이루어졌다.

'고○○' 학습자의 경우도 앞선 본조사의 '정○○' 학습자의 경우와 마찬가지로 비교적 청자들 간의 '긴 쉼'에 대한 구분의 결과가 화자

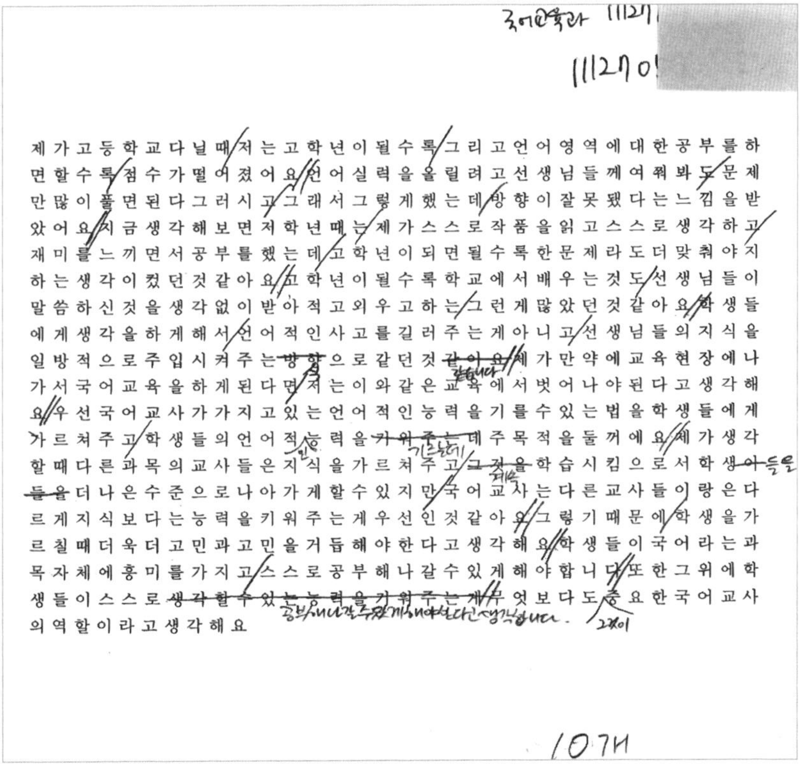
제가고등학교다닐때저는고학년이될수록그리고언어영역에대한공부를하
면할수록점수가떨어졌어요언어실력을올릴려고선생님들께여쭤봐도문제
만많이풀면된다그러시고그래서그렇게했는데방향이잘못됐다는느낌을받
았어요지금생각해보면저학년때는제가스스로작품을읽고스스로생각하고
재미를느끼면서공부를했는데고학년이되면될수록한문제라도더맞춰야지
하는생각이컸던것같아요고학년이될수록학교에서배우는것도선생님들이
말씀하신것을생각없이받아적고외우고하는그런게많았던것같아요학생들
에게생각을하게해서언어적인사고를길러주는게아니고선생님들의지식을
일방적으로주입시켜주는방향으로갔던것같아요제가만약에교육현장에나
가서국어교육을하게된다면저는이와같은교육에서벗어나야된다고생각해
요우선국어교사가가지고있는언어적인능력을기를수있는법을학생들에게
가르쳐주고학생들의언어적능력을키워주는데주목적을둘꺼에요제가생각
할때다른과목의교사들은지식을가르쳐주고그것을학습시킴으로서학생아
들을더나은수준으로나아가게할수있지만국어교사는다른교사들이랑은다
르게지식보다는능력을키워주는게우선인것같아요그렇기때문에학생을가
르칠때더욱더고민과고민을거듭해야한다고생각해요학생들이국어라는과
목자체에흥미를가지고스스로공부해나갈수있게해야합니다또한그위에학
생들이스스로생각할수있는능력을키워주는게무엇보다도중요한국어교사
의역할이라고생각해요

〈그림 8〉 '고○○' 학습자의 말하기에 대한 청자의 수행 결과

입장에서의 구분 결과와 합치도가 높은 편이다. 그림 〈그림 8〉에 드러난 청자 반응의 경우에는 발화문의 종결에서 거의 화자 입장과 일치하고 있다. 아울러 〈그림 8〉에서 청자는 화자가 발표 시에 기존의 말하기 원고와 차이가 있는 부분들을 수정하고 있는 부분이 특징적이다. 몇몇 종결 어미에서 해요체가 합쇼체로 바뀌고, 지시사가 새롭

〈표 6〉 필자와 화자의 수행 일치 비율: 확인조사

| 구분 / 대상자 | 필자 문장 수 | 화자 '긴 쉼' 횟수 | 일치 횟수 | 일치 비율(%) |
|---|---|---|---|---|
| 강○○ | 14 | 11 | 7 | 63.6 |
| 고○○ | 11 | 12 | 10 | 83.3 |
| 김○○ | 17 | 10 | 8 | 80.0 |
| 김○○ | 17 | 9 | 7 | 77.8 |
| 김○○ | 20 | 14 | 10 | 83.3 |
| 김○○ | 14 | 12 | 11 | 91.7 |
| 김○○ | 12 | 9 | 8 | 88.9 |
| 박○○ | 10 | 10 | 9 | 90.0 |
| 배○○ | 15 | 7 | 5 | 71.4 |
| 백○○ | 17 | 8 | 6 | 75.0 |
| 신○○ | 9 | 7 | 7 | 100.0 |
| 양○○ | 15 | 10 | 8 | 80.0 |
| 유○○ | 11 | 7 | 4 | 57.1 |
| 이○○ | 15 | 8 | 8 | 100.0 |
| 이○○ | 13 | 7 | 6 | 85.7 |
| 이○○ | 14 | 8 | 5 | 62.5 |
| 이○○ | 9 | 11 | 9 | 81.8 |
| 이○○ | 10 | 15 | 9 | 60.0 |
| 임○○ | 11 | 10 | 9 | 90.0 |
| 전○○ | 15 | 9 | 8 | 88.9 |
| 조○○ | 13 | 9 | 6 | 66.7 |
| 조○○ | 12 | 5 | 4 | 80.0 |
| 주○○ | 14 | 9 | 8 | 88.9 |
| 차○○ | 15 | 10 | 9 | 90.0 |
| 평균 | 13.46 | 9.46 | 7.54 | 80.69 |

게 삽입되고, 기존 낱말이 새로운 낱말로 대치되는 등의 현상을 보이고 있다.

〈표 6〉은 문장과 '긴 쉼'에 의해 구분된 발화 단위 간의 일치 여부를 필자와 화자의 관점에서 다룬 연구가설 2에 대한 확인조사 결과이다. 문장 수나 긴 쉼 횟수가 전체적으로 본조사에 비해 줄었고, 일치 비율도(86.47%→80.69%) 약간 낮아진 것이 특징적이다.

다만 앞선 본조사 대상의 학습자들과 비교해 볼 때, 일치 비율은 큰 차이가 없는 것으로 판단된다. 즉 대다수의 학습자들은 문장 혹은 단락을 말하기 원고에서 '긴 쉼'으로 간주하는 경향이 있었다. 통계 검증으로도 연구가설 2는 유의미한 것으로 볼 수 있다.[20)]

〈그림 9〉는 〈표 6〉의 대상자 중에서 위에서 두 번째 '이○○' 학습자의 쓰기 원고이다. 총 4개의 단락과 11개의 문장으로 구성되어 있다. 자신의 경험담이 상대방에게 적절하게 설득하는 형식으로 전개되고 있다. 각 단락을 짧게 구성하여 독자로 하여금 시각적으로 편의성을 도모하도록 유도하고 있으며, 이는 가독성을 높이는 요소로 작용할 수도 있다.

앞선 〈그림 7〉의 입말 원고와는 달리 전체적으로 합쇼체 종결 어미로 문장을 끝맺고 있다. 단락 구분도 비교적 명확하게 일정한 의미덩이로 이루어지고 있다. 입말 원고에 비해 내용상의 차별성은 거의 드러나지 않지만, 앞선 본조사의 '정○○' 학습자에 비해 입말 원고와 글말 원고의 차이가 비교적 두드러지게 나타나는 것이 특징적이다.

---

20) 검증 통계량은

$$z = \frac{\hat{p} - p}{\sqrt{\frac{p(1-p)}{n}}} = \frac{0.8069 - 0.5}{\sqrt{\frac{0.5(1-0.5)}{323}}}$$

$$= 11.03$$

이며, 위의 검증 통계량 값은 기각치인 $z_{0.025} = 1.96$보다 크므로, 본조사와 마찬가지로 영가설은 기각되며, 이는 '긴 쉼'이 글말의 문장과 단락의 의미 구획과 관련됨을 알 수 있다.

국
1112705

**나는 어떤 국어교육을 받아왔고,**
**앞으로 현장에서 어떤 국어교육을 하고 싶은가?**

저의 고등학교 시절에 저는 고학년이 될수록, 그리고 언어영역에 대한 공부를 하면 할수록 점수가 점점 떨어졌습니다. 언어 실력을 향상시키고자 선생님들의 조언을 구했으나 문제를 많이 풀어보라는 말씀들이 대부분이었습니다. 그로부터 언어영역의 문제를 열심히 풀면 풀수록 그때의 제가 공부하고 있는 언어의 방향이 잘못되었다는 느낌이 들었습니다.

지금 돌이켜 생각해 보았을 때, 저학년 때는 저 스스로 작품을 읽고 거기에서 스스로 생각하면 재미와 감동을 느끼는데 초점을 두었던 반면에, 고학년이 되면 될수록 오로지 한 문제라도 더 맞추는데 목표를 두었기 때문인 것 같습니다. 고학년이 되면 될수록 학교의 국어교육도 선생님들께서 말씀하시는 것을 아무런 비판적 사고나 의문 없이 받아 적고 외우고 하는 식이 주를 이루게 되었습니다. 학생들에게 생각을 하여 언어적인 사고를 길러주는 교육방향이 아닌 선생님들의 지식을 주입시켜주는 일방적인 국어교육이 되어 갔습니다.

제가 교육현장에 나가서 국어교육을 하게 된다면 이와 같은 교육에서 벗어나야 한다고 생각합니다. 우선 국어교사가 가지고 있는 언어적 능력과 자질을 기를 수 있는 법을 학생들에게 가르쳐 주고 언어적 능력을 키워주는데 주목적을 두어야 합니다. 다른 과목의 교사들은 지식을 가르쳐주고 그를 학습시킴으로써 학생들이 좀 더 나은 수준으로 나아가게 할 수 있지만, 제가 생각할 때 국어교사는 다른 교사들과 달리 지식보다는 능력을 키워주는 것이 우선이 되어야 한다고 생각합니다.

그렇기 때문에 더욱더 학생들을 가르칠 때, 고민과 고민을 거듭해야 진정한 국어교육을 할 수 있습니다. 학생들로 하여금 국어라는 과목 자체에 흥미를 가지고 스스로 공부해 나갈 수 있는 바탕을 만들어 주고, 그 위에 학생들이 스스로 생각해 나갈 수 있는 능력을 키워주는 게 무엇보다도 중요한 국어교사의 역할이라고 생각합니다.

**〈그림 9〉 '고○○' 학습자의 쓰기 원고**

이상의 본조사와 확인조사를 통해 연구가설 1은 유의미하지 않은 것으로 연구가설 2는 유의미한 것으로 드러났다. 두 연구가설의 결과를 통해, 입말과 글말 사용에 대한 인식의 양상은 실제로 이분법적으로 획일화시킬 수 없으며, 이는 글말과 입말에 대한 수행 정도의 문제로 접근해야 함을 알 수 있었다. 즉 이 글에서 상정한 '말하기 원고–실제 말하기–쓰기 원고'에서 '긴 쉼'에 의해 구분되는 일정한 발화 단위는 실제 말하기에 드러난 결과에 유사하기보다는 쓰기 원고에 가까웠다. 따라서 보다 차별적인 입말 수행을 유도할 수 있는 다양한 교수·전략이 필요함을 알 수 있었다.

### 4.2. 교육상 의의

이상의 두 가지 연구가설과 그 결과 논의를 바탕으로 두 가지 정도의 교육상 의의를 이끌어 낼 수 있다.

첫째, 글말과 입말의 연속선상에서 언어 수행에 대한 자각의 문제가 고려되어야 한다는 점이다. 언어 자각의 문제는 외국어가 아닌 모국어를 대상으로 하는 국어교육에서 언어 수행에 대한 학습자들의 상위 인지 영역과 밀접하게 관련되기 때문에 교육적으로 중요한 함의를 지닌다고 할 수 있다.

이는 앞선 조사 결과에서 드러난 바와 같이, 이는 특정 언어 사용 영역이 다른 언어 사용 영역에 종속되어 그것의 수행 가치를 잃어버릴 수 있을 때 특히 중요하게 부각될 수 있다. 즉 입말다운 말하기가 아닌, 글말에 종속되는 말하기는 학교 현장에서 말하기 교육의 정체성에 혼란을 일으키거나 혹은 말하기 교육에 대한 방법적 측면에 대한 인식의 부재와 관련된다는 점에서 심각한 문제가 될 수 있다. 이는 실제 학교 현장에서, 특히 어린 학습자들일수록 심각하게 일어날 수 있는 문제이다.

따라서 말하기와 쓰기를 연계·통합하되, 말하기와 쓰기 수행 영역에서 독자적으로 부각될 수 있는 요소가 무엇인지와 관련된 연구가 이루어져야 할 것이다. 이 글은 이런 점에서 말하기와 쓰기가 입말과 글말의 측면에서 '긴 쉼'과 '문장'의 연계를 통해 각각의 독자성을 유지하면서 어떻게 연계·통합될 수 있을지에 대한 교육적 단초를 제공했다는 점에서 의의를 지닌다.

둘째, '쉼'에 대한 교수·학습 방법론적 측면이다. 말하기에서 드러나는 다양한 비언어적, 반언어적 요소들이 실제 학교 현장에서 제대로 다루어지고 있는지에 대해서는 의심스럽다. 특히 반언어적 요소들은 말하기 수행에 매우 미세한 의미작용을 일으킬 수 있다. 모국어 교육에서는 말하기 교육과 관련된 이런 미세한 측면에 대한 인식의 틀을 새롭게 재구성해야 할 것으로 고려된다.

학습자들의 반응 결과에서도 드러났듯이, '쉼'에 대한 학습자들의 인식은 일관되게 드러나기보다는 상당히 자의적인 양상으로 드러남을 알 수 있었다. 이는 말하기와 관련된 '쉼'의 기능적인 측면과 관련해서 교육적 조치가 필요하다는 점을 보여주고 있는 것이라 할 수 있다.

즉 이 글은 학습자들의 '쉼'에 대한 인식 양상을 화자와 청자의 측면에서 모두 이끌어내고 논의했다는 점에서 의의를 지닌다. 아울러 '쉼'의 종류에 대한 기본적인 교수·학습 방법론상의 분류가 필요하며, 특히 '긴 쉼'에 대해서는 발화 단위의 의미 구획과 관련하여 보다 심도 있는 논의가 필요함을 역설했다는 점에서 교육적 의의가 있다.

## 5. 마무리

이 글은 학습자들의 글말과 입말 수행의 관련 양상을 다루었다. 글말에서는 '문장'을, 입말에서는 이에 대응하는 것으로 '쉼'을 주요한 속성으로 비교하였다. 아울러 이들 글말과 입말 속성들의 상관관계를 고찰하기 위해, 학습자들의 쓰기와 말하기에 드러난 언어 수행 양상의 결과를 통해 비교하였다. 이를 위해 두 가지 연구가설이 제시되었고, 이는 일정한 통계 절차를 통해 검증되었다.

첫 번째 연구가설 "화자와 청자들 간에는 공통된 '긴 쉼'의 양상이 있을 것이다"는 그 관련성이 매우 적거나 없는 것으로 드러났다. 이는 실제 말하기에서 화자와 청자들 간의 반응은 많은 차이를 보인다는 점과 관련된다. 물론 실시간으로 이루어지는 발표 중심의 말하기에서 주변 상황이 말하기와 듣기에 끼치는 영향이 있다손 치더라도, 실제 발표 이전에 '쉼'에 대해 평가 측면 등에서 학습자들이 충분히 이를 인식했음에도 불구하고, 이는 유의미하게 화자와 청자들 간에 작용하지 않았다.

발표도 정도의 차이는 있지만 입말의 한 영역이며, 입말의 다양한 속성들을 포함하고 있다. 특히 '쉼'은 입말의 전형적인 속성이라 할 수 있으며, 이는 화자와 청자들 간에 입말의 수행에 대한 인식의 측면을 부각시킬 수 있는 주요한 매개체가 될 수 있다. 따라서 '쉼'에 대한 입말 규범의 기본적인 토대가 형성되는 것이 필요하다. 하지만 이 글의 조사에 따르면 화자와 청자들 간에는 '쉼'에 대한 공통된 인식의 토대가 매주 부족함을 알 수 있었다. 이는 차후 우리 국어교육에서 입말교육에 대한 기본적인 이론적 토대 형성이 시급하다는 점과 밀접하게 관련된다고 할 수 있다.

두 번째 연구가설 "말하기에서 '긴 쉼'은 쓰기에서 문장 혹은 단락 구분과 관련될 것이다"는 유의미한 것으로 드러났다. 이는 말하기 원고에서 상정된 '긴 쉼'의 양상과 실제 쓰기에서 드러난 문장의 관련성을 다룬 것인데, 실제로 매우 유의미하게 관련되는 것으로 결과는 드러났다.

즉 이 글에 드러난 학습자들의 언어 수행 양상의 결과만으로는 말하기 원고는 실제 말하기에서 구현된 입말이라기보다는 화자들이 잠재적으로 상정한 글말에 가까운 입말 형식이라고 할 수 있다. 이는 교육적으로 매우 중요한 문제를 포함하는데, 말하기가 쓰기에 귀속되어 입말 구현으로서의 속성을 잃고 글말에 귀속되어 버린다는 점이다. 따라서 말하기 원고를 구성하더라도 입말 구현에 적합한 방식을 모색하는 것이 교수·학습 방법상으로 주요한 문제가 될 수 있다.

입말 영역은 국어 교육현장에서 교수·학습 내용이나 방법, 평가 등 여러 측면에서 이론과 실제의 괴리가 있어 왔다. 특히 학교 현장에서의 입말교육은 그야말로 입시를 위해 매우 단편적으로 이루어졌거나 혹은 여러 교육적 환경의 미비로 인해 제대로 이루어지지 못한 것이 현실이었다.

이 글의 조사는 이런 점에서 글말과 입말을 연계와 통합의 관점에서 어떻게 접근할 것인지의 문제를 단편적으로나마 제시했다는 점에서 의의를 지닌다. 하지만 이 글은 글말과 입말과의 관계를 통해 각 언어 수행 영역들의 독자성을 어떻게 구축해야 나가고, 나아가 이를 바탕으로 국어교육에서 연계와 통합의 관점에서 각 영역들이 어떻게 구성되어야 할지에 대한 구체적인 방안에 대한 세부적인 논의는 이루어지지 못했다. 또한 일부 조사 대상자들을 피험자로 삼았고, 학습자들의 실시간 말하기를 정밀하게 담아낼 수 있는 전자기기 미사용 등으로 인하여 과학적인 조사가 이루어지지 못한 점 등이 한계로 남는다.

# 언어와 언어 사용에 대한 자각

## 1. 언어 자각의 의의

초·중·이 및 대학의 국어과 교수·학습 현장에서 국어와 국어 사용의 본질적 의미가 무엇인지에 대한 고민은 매우 적었거나 거의 없었다고 해도 과언이 아니다. 그렇다 보니 국어라는 과목의 정체성에 대한 문제가 교육과정이 바뀔 때마다 논란이 되어 왔고, 이는 고스란히 학교 현장에 반영되었다. 과연 '국어'와 '국어 사용'은 무엇인가? 이런 본질적인 문제에 대한 논의는 곧 국어에 대한 철학적인 문제로 귀결될 수 있다.

우리 국어교육 역사는 매우 짧다. 한글이라는 위대한 탄생이 정치적·사회적 위압과 나라 강탈로 인해 제대로 그 결실을 맺지 못하다가, 불과 지난 몇 십 년 이래 조금씩 우리 겨레의 삶에 자리 잡게 되었다. 그렇다 보니 정작 우리 겨레의 소중한 말과 글을 제대로 돌아보고 자리매김해 볼 수 있는 기회가 적었던 것이 사실이다. 그런 연유로 우리의 말과 글이 외국어로 인해 심하게 그 정체성이 흔들리고 심지어는 특정 외국어를 공용어로 삼자는 말이 심심치 않게 나오고 있는 실정에까지 이르렀다.

이를 비단 국어교육을 하는 이들에게 모두 책임 전가할 수는 없겠지만, 그 일말의 책임감을 국어교육을 하는 이들도 피할 수는 없을 것이다. 그렇다면 과연 지금의 이런 국어교육에 대한 총체적인 위기의 문제에 적극적으로 대처할 수 있는 방법은 무엇일까. 이는 결국 국어에 대한 철학의 부재를 극복하는 것이다.[1] 즉 국어란 무엇이며, 국어에 대해 잘 안다는 것은 무엇이며, 나아가 그 앎이 지니는 삶과의 연계성은 무엇인지 등에 대한 문제이다.

언어 자각[2]은 이런 국어교육의 상황에서 매우 중요한 문제로 부각될 수 있는 주제이다. 언어 자각은 언어와 언어 사용에 대한 총체적인 인식의 부면이라 할 수 있다. 이는 특히 외국어 교육에서 학습자들의 정서적 몰입과 흥미 유발의 측면에서 언어 교육의 핵심 문제로 중요하게 다루어져 왔다. 아울러 언어와 관련된 교육과정 구성 시에 학습자들의 수준과 위계에 적절한 언어와 언어 사용의 내용 구성에 중요한 관련성을 맺어 왔다.

하지만 언어 자각의 문제는 쉽사리 그 범위를 헤아리기 어려운 부

---

1) 김수업(2006: 223)에서는 국어교육과 관련하여 배달말 철학의 문제를 말에 대한 공시적 앎의 영역으로 구분하고 있어 참고가 된다.

2) 국어과 교육과정에서는 이를 '국어 의식'으로 제시하고 있다. 교육과학기술부(2008: 141)과 2011 국어과 교육과정 개정을 위한 3차 토론집(2011: 23)에서 이와 관련된 내용들이 제시되고 있다. 특히 후자는 국어 의식을 "개인적 혹은 사회적으로 형성된 국어에 대한 지식과 태도, 언어 인식(language awareness)과 관련된 개념으로 학습자는 국어 의식을 가짐으로서 국어와 자신의 국어 사용에 대한 민감성과 태도를 기를 수 있게 된다. 학습자의 국어 의식을 시간에 따라 변화할 수 있다. 따라서 국어에 대한 지식을 넓게 하고 국어에 대한 관심과 사랑을 높이고자 하는 문법 교육은 의미를 갖는다. 문법 교육에서는 학습자가 자신의 국어 의식 자체를 비판적으로 성찰하고 점검할 수 있는 기회를 제공할 수 있다. 개인들의 국어 의식의 집합체를 상정하여 '우리 나라 사람은 국어 의식이 약하다'처럼 사용할 수 있다."로 설명하고 있다. 주로 문법 과목과 관련하여 국어 의식을 제시해 놓고 있고 있으므로 실제 언어 자각의 범위를 매우 좁혀 놓는 결과를 초래하였다. 즉 언어 자각은 언어뿐만 아니라 언어 사용과도 밀접한 관련을 맺는 인식의 측면인데, 이를 현행 교육과정과 새 교육과정에서는 간과하고 있다.

분이 있다. 한편으론 철학적이고 거시적인 측면에서 접근해야 하며, 다른 한편으론 언어와 언어 사용에 따르는 지엽적인 인식론적 문제로만 논의될 수 있다. 그렇기 때문에 그 범위 설정을 명확하게 하지 않고 접근하게 되면 이론과 실제의 측면에서 괴리를 드러낼 수 있다. 따라서 연구 방법과 범위에 따라 언어 자각의 문제를 구체적으로 다루어야 할 필요성이 제기된다.

글말과 입말은 언어 사용과 관련하여 그 양식 간의 미세한 차이를 자각하는 데 주요한 인식 양식으로 다루어질 수 있다. 특히 모국어 교육은 외국어 교육과는 달리 언어 사용에 있어 의사소통상의 어려움을 자각하기 어려운 점이 있기 때문에, 교육적인 측면에서 보다 미세한 모국어의 결을 자각하는 데 초점을 두어야 한다. 이는 학습자들의 수준과 연령이 높아질수록 더 필요하게 된다.

이를 위해 이 글에서는 언어 자각의 개념과 그 주변 개념들을 살피고, 국어교육과 관련된 언어 자각의 측면이 어떻게 접근될 수 있는지의 문제를 개괄적으로 다룬다. 이는 국어의 공시적 앎 측면과 매우 밀접하게 관련되며 전개될 수 있다. 아울러 국어교육의 철학적 기반을 다지는 주요한 이론적 바탕이 되며, 국어과 교육과정과 교과서를 만드는 데도 이론적으로 많은 도움이 될 것이다.

나아가 이 글은 언어 자각의 이론적 개괄을 바탕으로, 학습자들의 실제 글말과 입말 사용에 드러난 언어 자각 양상을 살핀다. 즉 언어 자각의 양상에서 주요하게 부각되는 글말과 입말 사용을 통해 드러난 학습자들의 반성적 사고 활동을 예비 국어과 교사들을 대상으로 접근한다. 이를 통해 학습자들의 언어 자각 양상을 반성적 사고 활동의 차원에서 구체적으로 살피고, 나아가 예비 국어과 교사들의 언어 자각 양상에 대한 인식력을 높이는 데 연구의 목적이 있다.

## 2. 언어 자각의 개념 및 관련 내용들

### 2.1. 개념

언어 자각은 원래 모국어 교육보다는 외국어 교육에서 학습자들의 언어와 언어 사용에 대한 인식의 향상과 관련된 개념으로 사용되어 왔다.[3] 물론 모국어 교육의 맥락에서도 폭넓게 적용되기도 하였다. 이 절에서는 모국어 교육의 관점에서 언어 자각의 기본적인 개념 파악과 그 얼개에 대한 폭넓은 접근을 시도한다.

모국어 교육에서는 언어 그 자체에 대한 자각이 매우 필요한데, 이는 결국 언어란 민족의 개념과 불가분의 관계를 맺고 있다는 거시적인 측면에서부터, 언어는 인간의 실존에 대한 확인이라는 관점에서 미시적으로 접근할 수 있다. 아울러 언어 그 자체가 지니는 구조와 체계를 통해 보다 복합적인 관점에서 접근할 수 있다. 즉 언어를 사용하면서 사용 주체의 반성적 사고 능력과 밀접한 관련을 맺는 것이다.

Bolitho, R. 외(2003: 251)에서는 언어 자각은 심적 속성으로, 언어 사용에서 동기화된 주의 기울이기를 통해 발전되며, 학습자들에게 언어가 어떻게 작용하는지에 대한 통찰력을 점진적으로 얻게 할 수 있다고 개관하고 있다. 그것은 또한 학습자들이 그와 같은 통찰력을 얻을 수 있도록 도와주는 것을 목표하는 교육적인 접근으로 보고 있다. Carter, R.(2003: 64)에서는 언어 자각은 언어에 대한 고양된 의식과 언어의 문법과 기능들에 대한 민감성이 학습자들에게서 발생하는

3) Hawkins, E.(1999: 124)에서는 1970년대 영국의 학교 교육과정에서 문맹, 외국어 학습의 실패 등의 문제를 극복하기 위해 새롭게 부각된 언어 교육과정의 틀로 제시하고 있다. 간혹 언어 인식으로 번역되기도 하는데, 이 글에서는 '인식'이라는 표현이 갖는 의미의 폭이 매우 넓고 애매하기 때문에, 스스로 깨달아 앎의 본질에 이를 수 있음을 드러내는 '자각'이라는 표현을 사용했다.

것을 가리킨다. 이 접근은 제2언어와 외국어 학습, 그리고 모국어 교육의 맥락에서 전개되어 왔으며, '언어에 대한 지식'의 용어로 지칭되고 있다.

아울러 언어 자각은 기존의 형태와 통사 중심의 문법을 극복하여 담화 중심의 언어 사용 양상에 초점을 두고 있다. 이는 언어 사용에 대한 총체적인 접근 방식으로서 문식성이라는 보다 더 확장된 언어 사용 교육의 속성과 결부된다. 아울러 교육과정의 틀에서 보자면, 기존의 의사소통 중심 언어 교육(CLT)과 더불어 학습자 중심의 과제 중심 언어 교육(TBLT)이 핵심 토대가 된다.

Bolitho, R. 외(2003)에서는 기존의 언어 자각에 대한 내용들을 집약하고, 정리해서 10가지의 질문, 응답 형식으로 제시하였다. 이를 질문 중심으로 된 것을 간략하게 뒤쳐서 재구성하면 〈표 1〉과 같다.

〈표 1〉 언어 자각과 관련된 10가지 질문

| 차례 | 질문 |
|---|---|
| 1 | 언어 자각에 대한 정의 |
| 2 | 언어 자각의 접근 원리들, 목적들, 절차들 |
| 3 | 언어 자각과 기존 언어 이론들 간의 관계 |
| 4 | 언어 자각과 기존 언어 학습 이론들 간의 관계 |
| 5 | 언어 자각과 기존 교수 이론들 간의 관계 |
| 6 | 언어 자각과 기존 교사 교육 모형 간의 관계 |
| 7 | 언어 자각에서 정서의 역할 |
| 8 | 언어 자각 접근의 사용에 대한 타당한 이유 |
| 9 | 언어 자각을 통한 성취 결과 |
| 10 | 언어 자각의 미래 |

〈표 1〉에서는 언어 자각과 관련된 주요한 내용들을 일목요연하게 질문과 응답 형식으로 제시하고 있는데, 개괄적으로는 언어 자각과 관련된 개념 규정에 초점을 두고 있는 양상이다. 여기에서 무엇보다 강조하고 있는 것은 언어 자각을 기존의 기존 언어 교육의 틀 내에서

그것의 차별적인 속성이 무엇인지를 부각시키려 한다는 점이다.

즉 언어 자각을 강조하는 언어 교육은 무엇보다 학습자들의 자발성과 동기 유발을 최우선적으로 고려한다. 이는 담화와 텍스트라는 맥락을 중시하는 학습자들의 언어 사용 양상과 밀접하게 관련을 맺으며, 실생활 중심의 언어 및 언어 사용에 대한 깨달음으로 연결된다. 또한 학습자 중심의 언어 교육에 바탕을 두면서도 과제 중심 언어교육과 관련된 학습자들의 문제 해결 전략을 강조한다. 특히 이들 측면들을 학습자들의 정서적 몰입과 관련되며, 나아가 학습자들의 긍정적 태도, 자존감 등 언어의 심층적 처리에 요구되는 다차원적 표상을 구성하게 된다.[4)]

특히 Wright, T.(1993: 298)에서는 언어 자각의 개념을 도식화해서 잘 보여주고 있다. 여기에서는 학습자를 언어 사용자로 보면서 전문 언어 분석가와 교사와의 관계를 적절하게 규정하고 있다. 이 그림에서는 언어 교육과 관련된 주요한 요소들이 언어 자각을 중심으로 관련성을 맺고 있음을 보여주고 있다는 점에서 언어 자각이라는 것이 언어 교육에서 중심적인 요소로 다루어 질 수 있음을 시사한다. 아울러 학습자에게만 제한된 언어 자각이 아니라, 언어 전문 분석가와 교사가 학습자와 함께 공유될 수 있는 언어 자각의 얼개를 구성하다

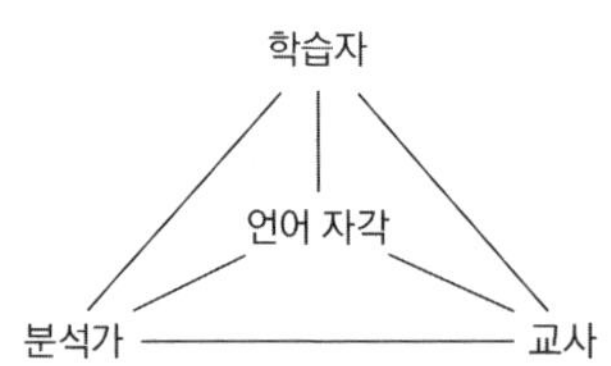


**〈그림 1〉 학습자, 분석가, 그리고 교사들 간의 관계**

4) Bolitho, Rod 외(2003: 257)은 언어 자각은 언어 교육의 한 접근 방식으로, 교사들과 학습자들에 의해 일단 그 대의가 이해되면, 그들이 지식-기반 접근 방법들만으로 결코 이룰 수 없었던 한 언어의 '내면으로 들어갈'수 있도록 하며, 나아가 이는 학습자들이 언어와 그 목표 문화에 대해 비판적으로 사고할 수 있는 능력을 발전시킬 수 있게 된다고 제시하고 있다.

는 점에서 특징적이다.

## 2.2. 언어와 언어 사용[5)]

언어는 언어 사용의 관계는 단순하게 1 : 1의 대응 관계로만 볼 수 없다. 언어는 그 자체로 존재하는 정태적인 것이지만, 언어 사용이란 사용자와 관련 상황, 다양한 사회적 맥락들이 관련되어 매우 복잡하게 구현되는 동태적인 양상의 결과물이다. 그렇다면 언어와 언어 사용의 관계를 어떻게 접근해야 될 것인지가 주요한 언어 교육의 문제가 된다.

즉 언어와 언어 사용의 관계를 도식적으로 형상화해야만 언어 자각의 문제를 본격적으로 다룰 수 있다. 이는 언어 자각의 문제가 지니는 추상적인 문제를 극복하는 데 매우 주요한 기제가 된다. 이 글에서는 언어와 언어 사용의 관계를 언어 자각과 관련해서 〈그림 2〉와 같이 단순하게 도식화시켜보자 한다.

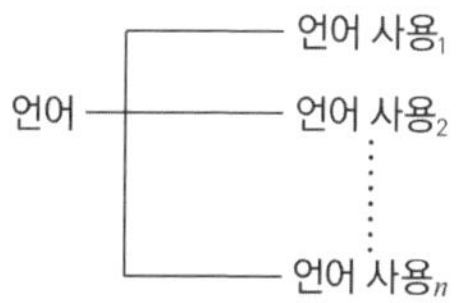


**〈그림 2〉 언어와 언어 사용의 관계**

하지만 위의 간략한 도식화 이후에 남는 문제는 과연 언어 자각의 문제를 어디에 자리매김 시키고 나아가 언어와 언어 사용 간에 어떻게 적용할지의 문제이다. 직관적으로 언어와 언어 사용은 맥락의 문제에 깊이 관련된다. 맥락의 문제는 언어와 언어 사용의 문제를 구분

---

5) 김지홍(2010)에서는 언어와 언어 사용에 깃든 여러 가지 의미를 내재주의 언어 철학을 바탕으로 하여 언어 이해와 산출의 여러 측면에서 깊이 있게 다루고 있어 참고가 된다.

해 주는 요소로 작용하기 때문이다. 하지만 맥락의 문제는 매우 복잡하고 다층적인 작용 양상이기 때문에 쉽사리 접근하기 어렵다.[6]

즉 언어 자각의 문제는 맥락과 관련해서 언어와 언어 사용을 결합해야 하는 매우 복합적인 문제로 부각될 수밖에 없다. 따라서 언어와 언어 사용 간의 관계를 적절하게 결합시킬 수 있도록 그 자리가 놓여야 할 것이다. 위의 〈그림 2〉에 덧붙여 언어 자각의 자리를 고려한다면 〈그림 3, 4, 5〉들과 같이 다양하게 도식화될 수 있다.

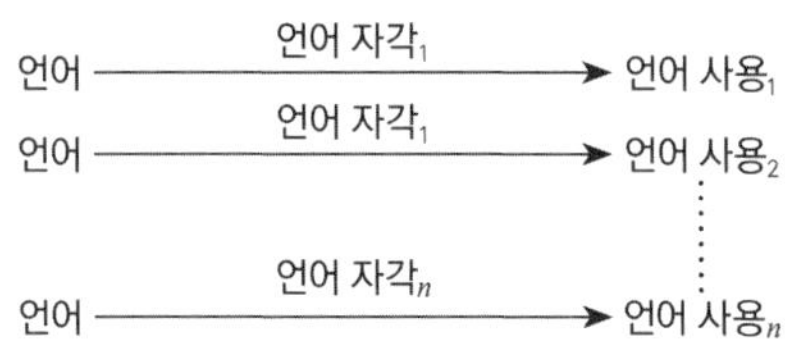


**〈그림 3〉 언어 자각의 관계 양상 1**

〈그림 3〉은 언어 자각을 언어와 언어 사용 중간 영역에 두고 있는데, 이는 직관적으로 언어 자각이 언어와 언어 사용을 매개하는 역할을 하는 것으로 볼 수 있는 양상이다. 즉 언어가 전제되고 그에 따른 언어 사용이 뒤따를 때 언어 자각이 언어와 언어 사용을 이어주는 주요한 심적 작용을 한다는 것이다. 하지만 이 양상에서는 심적 작용 양상으로서의 언어 자각을 어떻게 구체적으로 도출해 낼 수 있는지가 어려운 문제로 남는다.

6) 2007개정 국어과 교육과정에서 상황 맥락과 사회적 맥락으로 간략하게 맥락의 문제를 제시하고 있다. 직관적으로 전자는 텍스트나 담화와 관련된 내적 맥락으로 후자는 외적 맥락으로 볼 수 있다.

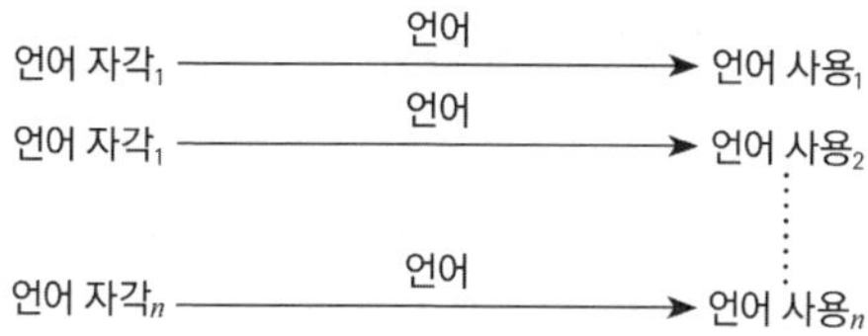


**〈그림 4〉 언어 자각의 관계 양상 2**

〈그림 4〉는 언어 자각을 언어와 언어 사용에 선행하는 것으로 두는 양상이다. 이는 언어와 언어 사용 이전에 표현과 관련된 계획하기의 양상과 언어 자각을 관련시켜 볼 수 있을 것이다. 즉, 〈그림 4〉은 추상적으로만 언급될 수 있는 언어 이전의 사고의 수준을 보다 구체적인 언어 자각의 측면으로 형상화할 수 있다.

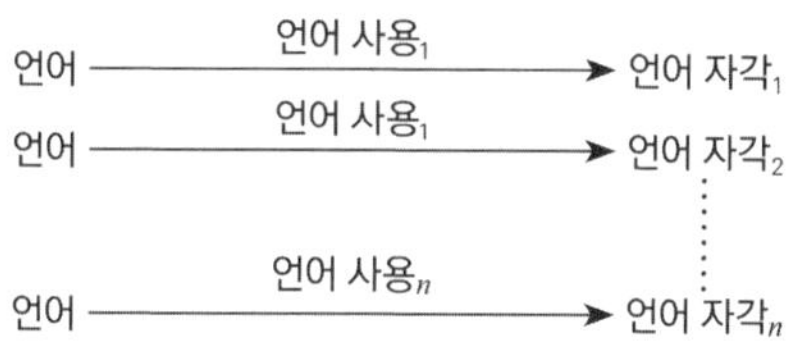


**〈그림 5〉 언어 자각 관계 양상 3**

〈그림 5〉는 언어 자각이 언어와 언어 사용 이후에 놓이는 것으로, 언어 자각을 반성적 사고의 개념으로 접근할 수 있는 양상이다. 즉 언어와 언어 사용에 따르는 의사소통 결과 및 맥락과 관련된 적절성의 여부에 대한 총체적인 평가와 관련하여 언어 자각의 측면을 구체적으로 논의할 수 있는 양상이다.

즉 이상의 몇몇 〈그림〉에 드러나는 언어 자각 양상은 범박하게 언어 그 자체와 사용에 대한 양상을 모두 포함하거나 포함되는 것으로 볼 수 있다. 즉 언어 자각의 문제는 언어와 언어 사용과 다양한 관계로 접근될 수 있으며, 나아가 언어와 언어 사용이 관련된 여러 맥락과 밀접하게 관련되는 양상으로 다루어 질 수 있다.

## 2.3. 글말과 입말 투식(register)

언어와 언어 사용에서 글말(written language)과 입말(oral language)의 구분은 언어 변이(variations) 및 언어 투식(register)과 밀접한 관련이 있다. 결국 인간 언어의 주된 표출 방식 혹은 매체는 글말과 입말 양식이라는 점이다. 물론 인터넷이 활성화되고 널리 보급됨에 따라 전자말(electron language)[7]이 등장하기는 했지만, 기본적으로 이 매체도 글말과 입말이 혼합된 구성체라는 점에서 글말과 입말이 가장 기본적인 언어의 표출 양식이라고 할 수 있다.

언어 자각은 이런 언어의 두 가지 다른 표출 양식의 인식과 밀접하게 관련될 수 있다. 일상의 삶 속에서 글말과 입말의 두 언어 표출 양식은 끊임없이 서로 간에 영향을 주면서 변해간다. 학습자들은 이런 두 매체 양식에 대한 쓰임을 분명하게 구분할 수 있어야 하는데, 이는 곧 언어와 언어 사용에 대한 보다 올바른 자각의 문제와 부합되는 것이다.

특히 외국어와는 달리 모국어는 글말과 입말의 구분에 따른 적절한 사용이 때로는 매우 미세한 언어 사용에 따른 의미 관계를 형성하고, 때로는 인간 관계를 형성하는 데 주요하게 작용한다는 점에서 매우 중요하다. 또한 글말과 입말의 사용은 모국어를 막 배우기 시작하는 학습자들뿐만 아니라, 논술이나 토론 등에서의 적절한 언어 사용과도 밀접한 관련을 맺는다. 따라서 이와 같은 글말과 입말의 적절한 구분 및 사용은 언어 자각의 측면에서 주요하게 다룰 수 있는 측면이라 할 수 있다.

하지만 이분법적인 잣대로만 글말과 입말을 구분한다면 이는 오히려 언어와 언어 사용에 있어 글말과 입말이 지니는 역동성을 저해할

7) 김수업(2006: 46~48)에서는 전자와 전자말의 문제를 비교적 상세하게 국어교육의 관점에서 제시하고 있어 참고가 된다.

수 있다. 따라서 정도의 차이에 따른 미묘한 쓰임새에 초점을 두어야 할 것이다. 가령 글말, 입말다운 글말, 글말다운 입말, 입말 등으로 세부적인 구분이 필요하며, 이는 모국어에서 글말과 입말에 대한 보다 미세한 언어와 언어 사용에 대한 자각이 요구된다.

### 2.4. 비판적 언어 자각(CLA)

비판적 언어 자각은 언어 자각의 측면을 사회적 관습의 측면에서 드러나는 언어 사용을 통해 접근하는 것이다. 이는 사회적 관습이 언어 사용에 제한을 가하며 이런 제한은 부득불 인간 관계의 미묘한 맥락과 상황에서 다양한 발생할 수 있다는 점을 감안하게 된다는 것이다. 특히 언어 교육의 관점에서 비판적 언어 자각은 언어 자각의 구체적인 측면을 더 부각시킨다고 할 수 있다. 학습자들이 그들이 사용하는 언어 사용 방식과 더불어 다른 이들의 언어 사용에 의해 그들이 어떻게 자리매김 될 수 있는지의 문제를 다룰 수 있기 때문이다.

즉 언어 사용은 인간의 관계에서 두드러지게 부각되는 작고 큰 권력의 문제와 밀접하게 관련된다. 이는 언어와 언어 사용에 대한 자각의 측면이 단지 언어에만 초점이 있는 것이 아니라, 인간 관계의 사회적, 정치적 측면에까지도 깊은 영향을 줄 수 있다는 점이다. 언어 사용과 관련된 크고 작은 권력의 문제는, 작게는 대화에서 대화의 말 순서를 먼저 붙잡기 위한 언어 사용의 경쟁에서, 넓게는 언어를 통해 드러나는 다양한 이념적, 정치적인 표출의 문제까지 관여된다고 할 수 있다.

비판적 언어 자각에서는 또한 사회적 지위, 계층, 지역 등에 따른 다양한 언어적 차이가 발생하는 하는데, 이는 단순한 언어적 차이에 대한 인식이라기보다는 사회적, 정치적, 경제적 측면의 양상까지도 결정하는 것으로 파급된다.[8] 결국 언어와 언어 사용은 단순한 언어 그 자체의 문제로 끝나는 것이 아니라, 끊임없이 사회적, 정치적, 경제적인 인간 관계의 여러 측면의 부분까지 간여하게 된다. 이런 점에서 비판적 언어 자각의 문제는 언어와 언어 사용의 자각에서 중요한 문제라 할 수 있다.[9)]

특히 비판적 언어 자각의 문제는 다문화 사회에서 매우 중요한 현실 문제로 발생한다. 다양한 문화적, 인종적, 종교적 차이에서 발생하는 언어 사용의 문제들이 인간 관계에 직접적으로 관련되고, 이로 인한 언어와 언어 사용의 문제가 사회 비판적 관점에서 매우 중요한 문제로 대두된다.[10)]

나아가 비판적 자각의 문제는 미시 사회학에서 어빙 고프만(Erving

---

8) 저명한 사회 언어학 교수인 Wolfram, W.는 "우리가 한 사람의 언어나 방언, 심지어 한 개의 단어를 근거로 그 사람이 놓은 배경, 성격, 의도까지 확대하여 판단하는 것을 안 것은 충격적이다."라고 하였다(이관규 외 옮김, 2008: 305). 이는 단적으로 언어가 지니는 미묘한 사회적, 정치적 이데올로기의 표출과 밀접한 관련을 맺는 것이라 할 수 있다.

9) Clark, R. 외(1999: 67)에서는 교육과정과 관련된 비판적 언어 자각의 문제를 상세하게 다루고 있어 참고가 된다. 그곳에서는 11가지 정도를 글쓰기와 관련된 비판적 언어 자각의 문제로 상정해서 상세하게 다루고 있어 참고가 된다.
   (1) 대학 맥락에서 쓰기와 관련하여 권력과 지위의 문제에 대한 의식 끌어올리기
   (2) 쓰기가 어떻게 사회 문화적, 그리고 제도적 맥락에 겹쳐지는지에 대한 의 식 끌어올리기
   (3) 읽기, 쓰기 과정들과 실행들에 대한 신비성 제거하기와 문제화하기
   (4) 쓰기 어려움은 개인적 결합에 있는 것이 아니라, 쓰기 과정의 본질적 속성이라는 점을 인식하기
   (5) 쓰기는 언어의 정확한 사용뿐만 아니라, 목표에 대한 의미에 관여한다는 것을 포함하는 사고 과정임을 강조하기
   (6) 맥락, 목적, 그리고 형식 간의 관계를 비판적으로 조사하기
   (7) 쓰기는 필자의 정체성을 구성한다는 방식들에 대한 자각 끌어올리기
   (8) 필자–독자의 관계에 주의 기울이기
   (9) 귀속, 지시하기, 그리고 표절을 포함한 내적 텍스트의 실행을 둘러싼 독창성과 소유권에 대한 문화적 요인들과 신념들 이해하기
   (10) 논의 목적들과 실행들을 비판적으로 조사하기
   (11) 옳음과 적절함에 대한 전통적 개념들에 질문 던지기

10) 노먼 페어클럽 지음(김지홍 뒤침, 2011)에서는 언어와 권력의 문제를 담화 차원에서 설득력 있게 다루고 있어, 모국어 교육에서 언어에 담긴 이념의 문제를 다루는 데 좋은 참고가 된다.

Goffman)이 이야기하는 체면(face)의 문제와도 밀접하게 관련되는데, 즉 인간 관계를 맺기 위한 언어 사용에서, 상대방의 체면을 올리고 내림으로써 다양한 관계 형성을 하게 되는 것이다.[11] 이는 체면에 실린 언어 사용의 문제가 비단 표면적인 의미 전달을 넘어 미묘한 인간 관계의 위계성을 형성하는 데 주요한 기제로 작용할 수 있다는 것이다.[12]

## 3. 언어와 언어 사용에 드러난 반성적 사고 양상

이 글에서는 학습자들의 언어와 언어 사용에 대한 인식의 과정과 결과를 학습자들의 반성적 사고의 측면에서 다룬다. 특히 말하기와 쓰기 활동의 연계를 통해 글말과 입말의 양식에 대한 언어와 언어 사용에 대한 인식을 토대로, 다양한 관점에서 언어와 언어 사용에 대한 실질적인 언어 자각의 측면을 학습자들의 언어 활동의 결과를 토대로 다룬다.

이를 위해 학습자들의 자발적인 말하기와 쓰기의 토대와 환경을 구성하는 것이 중요하다. 왜냐하면 학습자들의 자발성이 전제되지 않은 언어 사용 활동은 엄밀한 의미에서 반성적 사고 활동을 이끌어 내기 어렵기 때문이다. 즉 학습자들의 동기와 흥미가 유발되어야 학습자들의 언어와 언어 사용에 대한 자각의 측면을 보다 실질적으로

11) 마이클 머카씨 지음(김지홍 뒤침, 2010)에서는 체면의 문제를 사회적 협약의 담화 갈래에서 주요한 관계 형성의 양상으로 다루고 있어 참고가 된다.

12) Clark, R.(1999: 67)에서는 다음과 같이 비판적 언어 자각의 중요성을 강조하고 있어 참고가 된다. "…CLA as a curriculum aim is not only relevant but even crucial to modern life: people need do understand the ideological nature of discourse in order to gain control over the way in which their communicative practices. (…하략…)"로 제시하는데, 여기에서는 담화에서의 의사소통 실행과 관련한 이념적 본질을 문제를 언급하면서 힘과 권력의 측면에서 의사소통상의 담화에 접근하고 있는 양상을 보여주고 있다.

이끌어 낼 수 있기 때문이다.

이 글에서는 예비 국어과 교사인 학습자들을 대상으로 일정한 주제를 제시하고, 글말과 입말의 양식에 걸맞은 언어 활동을 할 수 있도록 과제를 구성하였다. 이는 언어 사용 과정을 통해 언어를 바라보게 되고, 아울러 언어 사용 그 자체의 본질적인 측면이 무엇인지를 고민하는 계기가 된다. 뿐만 아니라 학습자들은 말과 글에 내재한 문법의 차별적인 속성에 대한 자각하는 계기가 될 수도 있다. 즉 문법에 대한 규범적인 접근이 아니라 실제 언어 사용에서 드러나는 말과 글의 문법적 규칙을 귀납적으로 이끌어낼 수 있을 것이다.

하지만 어떤 과정을 통해 학습자들의 언어와 언어 사용에 대한 자각을 이끌어 낼 수 있을 것인가의 문제가 가장 중요하다. 언어 자각이란 언어와 언어 사용에 대한 주의 깊은 인식의 결과에서 나오기 때문에, 학습자들이 언어와 언어 사용에 대한 접근의 양상이 용이할 수 있도록 과제들이 구성되어야 한다. 뿐만 아니라, 무엇보다 학습자들의 자발적인 동기 유발이 강조되어야 한다.

〈표 2〉는 학습자들에게 과제로 제시하여 실제 언어 활동에 이르기까지의 과정을 간략하게 정리한 것이다. 과제 내용은 학습자들이 예비 국어교사인 점을 감안하여 자신이 받아 온 국어 수업에 대한 반성적 관점에서 돌아보고, 나아가 자신이 현장에 서면 어떻게 학생들을 지도할 것인지의 문제를 다룬 것이다. 언어 수행 과정은 크게 세 과정인데, '말하기 원고'의 경우 '실제 말하기'에서 발생할 수 있는 입말의 다양한 상황을 모두 예상하지 못한다는 점에서 글말과 입말의 혼

〈표 2〉 언어 자각과 관련된 활동

<table>
<tr><td rowspan="2">대상 학습자</td><td colspan="3">• 대구C대학교 국어교육과 1,2학년 36명</td></tr>
<tr><td colspan="3">• 대구C대학교 교직 이수자 24명</td></tr>
<tr><td>과제 내용</td><td colspan="3">▶자신이 받아 온 국어 수업에 관련된 경험담</td></tr>
<tr><td>언어 수행 과정</td><td>말하기 원고</td><td>실제 말하기</td><td>쓰기 원고</td></tr>
<tr><td>언어 사용 양식</td><td>글말/입말</td><td>입말</td><td>글말</td></tr>
</table>

재 양상으로 보았다.

즉 〈표 2〉에서 드러난 바와 같이, 대상 학습자들은 주로 글말과 입말의 양식에 따른 말하기와 쓰기, 혹은 말하기와 쓰기가 혼재된 양상의 활동을 통해 언어와 언어 사용에 대한 반성적 사고의 측면에서 언어 자각에 대한 생각을 직·간접적으로 드러내었다. 이는 결국 모국어가 지닌 구조와 체계뿐만 아니라, 실제 모국어의 사용을 통해 인식되는 다양한 양상의 표출과 관련된다.

## 3.1. 글말과 입말의 차이 인식

앞선 〈표 2〉에서의 제시와 같이 학습자들은 일정한 과제의 수행을 통해 글말과 입말 양식의 원고 작성 및 실제 말하기 과정을 거쳤다. 이런 일련의 과정을 통해 글말과 입말의 수행의 양식에서 어떤 차이가 발생하는지를 자각할 수 있었을 것이다. 특히 예비 국어 교사로서 모국어 사용에서의 글말과 입말의 차이에 대한 인식은 국어교육에서 가장 근본 토대가 된다. 이하에서의 몇몇 학습자들을 중심으로 글말과 입말의 자각에 대한 인식 양상의 결과를 살펴본다. 학습자들이 실제 글말과 입말의 사용을 통해 드러나는 차이를 대체적으로 잘 인식하는 것으로 드러났다.

> 막연히 쓸 때는 호흡을 생각하지 않지만, 말하기에서는 호흡을 생각하게 됩니다. 쓴 것을 읽을 때는 보통 속으로 읽으니 호흡을 생각하지 않습니다. 그러나 말하기에서는 밖으로 소리를 내어야 하니 호흡이 중요합니다. 불필요한 호흡을 하거나 호흡이 필요한 곳에서 호흡을 하지 않으면 듣는이가 불편함을 느낄 수도 있고, 올바르게 뜻이 전달되지 않을 수도 있습니다. 쓰기에서는 비언어적 표현과 반언어적 표현이 드러나지 않지만, 말하기에서는 드러납니다. 얼굴 표정, 몸짓, 옷차림 등을 뜻하는 비언어적 표현과 어조, 음색, 속도 등을 뜻하는 반언적 표현은 말하기에서 중

요한 요소입니다. (국어교육과, 전○○)

무엇보다 가장 큰 차이는 입말에서는 존댓말을 썼는데, 글말에서는 반말로 썼다는 것이다. 청중들 앞에서 말하는 입말의 입장에서는 존댓말을 써야하지만 불특정다수들이 읽는 글말에서는 반말을 써도 큰 상관은 없다는 점이다. (국어교육과, 이○○)

글말과 입말의 차이점은 여러 가지가 있는데, 그 중 첫 번째로 표현적인 부분을 들 수 있습니다. 글말에서는 문장부호나 띄어쓰기만 할 수 있을 뿐, 감정을 표현하기에 어려움이 있는데, 그것이 입말로 넘어가게 되면 말하는 사람의 표정이나 목소리, 몸짓, 말투 등을 통해 듣는 사람에게 좀 더 다양하게 표현될 수 있습니다. 또한 글말은 이미 준비하여 원고로써 존재하여 정확하지만, 그것이 입말로 넘어가는 과정에서 기억에 의존하여 말을 하다 보니 예를 들어 제가 썼던 원고에서 '좋아하는 편입니다'라고 썼던 부분을 실제로 발표를 하는 과정에서는 '좋아합니다'라고 말하는 등 입말이 원고에 맞지 않게 부정확함을 알 수 있었습니다. (국어교육과, 박○○)

또한 실제 글말과 입말 수행 과정을 통해 글말과 입말에서 사용되는 낱말이나 문장 선택의 미묘한 차이를 통해 귀납적으로 입말과 글말의 양식을 자각하는 경우도 있었다. 이는 특히 모국어의 미묘한 사용 측면과 관련을 맺기 때문에 국어 교육현장에서 학습자들에게 요구되는 중요한 부분이라 할 수 있다.

가장 큰 차이점을 말하자면, 입말은 말하고자 하는 바와 실제 발화 사이에 차이가 발생하고 변화가 있는 반면에 글말은 고정적이었다. 준비된 원고를 다 외웠다하더라도 실제 입말에서는 다르게 표현되는 경우가 전체적으로 많이 발생하였는데 특히 의미는 같지만 다른 표현들이 사용되기도 하고 때로는 생략이 되기도 하였다. 예를 들면 원고에는 "국어라는 과목을 무척 좋아한다"라고 하더라도 실제 입말에서는 "국어를 엄청 좋아한다"라고 발화된다. 그리고 이것을 다시 말한다하더라도 동일하게 할지는 알 수 없다. 그러나 글말의 경우에는 그것이 고정되어 있고 읽을 때마다 동일하다. 그래서 "국어라는 과목을 무척 좋아한다"는 변하지 않고 지속된다. (국어국문학과, 정○○)

## 3.2. 문법 지식의 인식 및 적용에의 문제

글말과 입말의 수행에서 드러나는 문법적 양상도 분명한 차이가 있을 것이다. 이는 글말과 입말의 양식 각각에서 낱말과 문장의 쓰임에 많은 차이가 있기 때문이다. 특히 규범적이고 정형화된 글말과 달리 입말에서는 다소 글말 문법과는 상이한 문법적 사용 양상이 드러날 수 있을 것이다. 이는 입말 문법 나름의 규칙체계의 형성이 필요한 부분이라 할 수 있다. 학습자들은 글말과 입말 양식의 수행 과정에서 국어 문법에 대한 수행 측면을 귀납적으로 자각할 수 있을 것이다. 이는 탐구 중심, 학습자 중심의 문법 교육과도 그 궤를 같이 한다고 볼 수 있다.

입말로 표현할 때는 글말과는 다르게 조사가 바뀐다든지 혹은 말을 덧붙여서 설명할 수 있습니다. 말을 할 때는 조사를 틀려도 말을 이어나갈 수 있고 좀더 세부적인 설명을 하고 싶을 때 즉흥적으로 말을 추가하여 쓸 수 있습니다. 하지만 글말을 계획을 세우고 쓰는 글이다 보니 조사도 일정하고, 수정할 수 없으며 즉각적으로 새로운 단어를 덧붙일 수도 없다고 생각합니다. (국어교육과, 임○○)

글말과 입말에서 기능은 같지만 다르게 쓰이는 경우가 있었다. 예를 들면 부사격 조사에 있어 입말의 경우 '한테'가 자연스럽게 쓰이고, '에게'

는 조금 어색하나 글말에서는 둘 다 어색하지 않았다. (국어국문학과, 정○○)

위 학생들은 조사의 사용과 관련한 글말과 입말의 차이에 대한 간략하게 서술하고 있다. 즉 입말에서는 조사의 사용이 약간은 자유로운 반면 글말에서는 그렇지 못함을 과제를 통해 자각했음을 알 수 있다. 아울러 종결 어미의 문법적 사용에 있어 글말과 입말 사용의 차이점이 부각되는 경우도 있었다.

글말에서는 '~입니다, ~했습니다'와 같이 격식적인 말투를 사용하지만, 실제로 입말에서는 '~던데요, ~예요'와 같은 비격식적인 말투를 더 흔히 사용함을 알 수 있었습니다. (국어교육과, 박○○)

입말과 글말의 스타일은 많이 다르다. 대표적으로 '~요'체를 많이 쓰는 입말에 비해 글말에서는 전반적으로 '~다'로 끝나는 다소 건조하고 공식적이 듯한 느낌을 주는 종결어미를 많이 사용한다. (국어교육과, 허○○)

다음 학습자들은 문법과 비문법의 이분적인 방식으로, 글말과 입말에 접근하고 있다. 자칫 이런 문제는 글말은 문법적이고, 입말은 비문법적인 잣대로 접근할 가능성이 높아 교육적인 조치가 필요한 부분이라 여겨진다. 즉 글말은 엄격한 규칙에 적용받는 반면에 입말은 그런 규칙이 없다는 것으로 간주되는 것으로 오인되어 자칫 입말은 아무렇게나 해도 된다는 것으로 학습자들에게 받아들여질 가능성이 있다. 엄연히 입말에도 입말의 규칙이 있다는 점을 교육적으로 지도해야 할 부분이다.

입말은 거의 비문법적이고, 글말은 문법적이라 할 수 있다. 입말을 할 때에는 우리가 생각나는 대로 말을 하기 때문에 비문법적일 때가 많다.

그러나 글말은 앞에서도 말했듯이 문장부호나 띄어쓰기를 제대로 지켜서 적기 때문에 문법적이라 할 수 있다. (지리교육과, 박○○)

입말은 대체로 규범적인 문법 규칙의 적용을 많이 받지 않는다. 그에 반해 글말은 일반적으로 규범적인 규칙의 적용을 많기 받기 때문에 글말을 쓸 때에는 띄어쓰기, 맞춤법, 문장 성분의 호응 등의 문법 규칙을 잘 고려하여야 한다. (국어교육과, 황○○)

## 3.3. 다양한 수사학적 전략에 대한 인식

수사학은 언어 사용과 관련된 매우 포괄적 학문 영역이다. 고대 그리스와 로마의 웅변술에서 문장 작법 중심의 수사학으로, 아울러 최근에는 다양한 학문 분야에서 의사소통 영역과 관련을 맺고 있다. 그만큼 언어와 언어 사용에 대해 수사학이 지니는 응용력이 강하게 부각될 수 있다고 할 수 있다.

국어교육 내의 테두리에서도 직·간접적으로 글말과 입말의 수행 양상에서 다양한 각도로 수사학적 지식의 응용 가능성을 타진해 왔고, 학습자들도 또한 직·간접적으로 이런 수사학적 지식들을 습득해 왔을 것이다. 특히 글말과 입말 수행에서 수사학적 지식의 사용은 글말과 입말의 본질적인 차이를 구체적으로 인식하게 해 주는 기제로 작용할 것이다. 이는 근본적으로 글말과 입말의 사용이 독자와 청자를 전제하고 있지만, 전자는 시간성이 전제되지 않은 반면, 후자는 시간성에 매우 얽매이는 속성을 지녔기 때문이다. 이런 점들이 주제를 전달하는 데 있어 글말과 입말의 수행 양상의 본질적인 차이를 인식하게 되는 주요한 계기가 될 수 있을 것이다.

글말과 입말 사용을 통해 글쓰기에서의 단락 구분과 띄어쓰기의 기본적 이유를 늦게나마 깨달을 수 있었고, 그 사용의 적절성이 세삼 중요하게 다가왔다. 또한 단순한 읽기 과정을 통한 반복 암기로는 표현해야 하는 '반언어적 표현'을 자연스럽게 연출할 수 없었고, 청중들이 체감하는 느낌도 동일했던 것으로 보인다. 글말에서 사용한 문어체와 말하기에서 사용한 구어체의 실감되는 차이는 실로 엄청난 것임을 청중들의 반응에서 느낄 수 있었다. (…중략…) 내용적 측면에서 단어 사용의 차이점도 나타났는데, 본인의 대본 다섯 번째 문단의 "막상 시작해 보니 나름 잘 알고 있다 생각했던 국어가 마치 처음 보는 외국어처럼 보였습니다."라는 문장을 표현함에 있어 '보였습니다'라는 말하기가 아닌 '느껴졌습니다'라고 실제 말하기에서 표현한 부분을 통해, 말하기에서는 문장의 완성보다는 진심으로 하나의 문장을 통해 표현하고자 하는 느낌과 내용을 전달하고, 청중과의 소통이 가능한 단어 선택이 필요함을 알 수 있었다. (국어교육과, 조○○)

입말에서 쓰는 단어와 글말에서 쓰는 단어가 다르다는 것을 알 수 있다. 대표적으로 '~필요하겠죠'가 '~요구된다'로 바뀌었고, '(진출한다고) 봐요'가 '(진출하게)된다'로, '문학시간이든'이 '문학시간에도'로 교체되었다. 이를 바탕으로 입말과 글말의 특징을 분석해 보면 입말은 단순하면서도 구체적이고 흔한 어휘를 사용하는 반면, 글말에서는 정교하면서도 다소 추상저이고 글말보다는 덜 흔한 어휘를 사용한다는 사실을 알 수 있다. (국어교육과, 허○○)

위의 학습자들 말하기에서의 낱말 선택의 중요성을 지적하고 있으며, 이는 전체 말하기의 내용과 느낌을 전달하는 데 있어 매우 중요한 요소임을 강조하고 있다. 특히 글말과 입말에 사용되는 다양한 낱말의 쓰임이 어떻게 변화되는지를 언어 사용의 수사적 측면에서 뚜렷하게 인식하고 있다.

또한 청중에 대한 고려가 보다 나은 말하기의 주요한 전략으로 취급될 수 있음을 간접적으로 전달하고 있다. 이는 고대 수사학의 웅변술에서 강조하던 에토스적인 부분과 관련이 있다. 특히 청중에 대한 고려는 고급 수준에서 말하기에서 가장 중요한 요소로 볼 수 있다. 약간의 차이는 있지만 다음 학생은 글말과 입말의 전체 구성 방식 측면에서 수사학적인 영역과 관련된다.

> 글말에서는 서론, 본론, 결론과 같은 명확한 구성 방식이 있는 반면에 입말에서는 그와 같은 도식적인 구성 방식은 없는 듯합니다. 따라서 화자는 청자의 반응에 매우 세심하게 반응하면서 매순간 발표 내용을 고려해야 하기 때문에 많이 힘들고, 아울러 그런 준비 시간도 더 많이 걸리는 것 같습니다. (국어국문학과, 김○○)

수사학은 애초 입말 중심의 웅변술에서 시작되었지만, 근대 이후 일본을 건너 우리나라에 들어오면서 문장 작법 위주의 수사학으로 그 범위가 매우 협소해졌다. 때로는 문학 글쓰기에서 문장을 다듬는, 혹은 비유나 은유와 같은 문체적인 측면을 부각시키는 매우 제한적 글쓰기의 방식으로 학교 현장에서 다루어지기도 하였다. 다음 학생들은 그런 범위에서 글말과 입말의 수행 양상에 접근하고 있다.

> 쓰기에서는 비유와 은유 등을 자유롭게 쓰지만, 말하기에서는 비유와 은유 등을 생략하게 되고, 하고자 하는 말에만 집중하게 됩니다. 발표하면서 이 점을 가장 크게 느꼈습니다. 또한 글을 읽는 사람은 느끼면서 읽을 시간을 두고 읽으나, 듣는 사람은 느끼기보다는 정보를 읽어내는 것에 초점을 둡니다. 따라서 작가와 읽는이는 청자가 독자를 염두해 두고 글을 쓰거나 읽어야 합니다. (국어교육과, 전○○)

### 3.4. 국어교육에 대한 총체적 문제 인식에의 자각

이 절에서는 학습자들의 글말과 입말 사용에의 자각을 통해 예비 국어 교사로서의 언어와 언어 사용에 대한 총체적인 자각과 관련된다. 즉 글말과 입말 수행을 통해 그 동안 학습자 개인이 국어교육의 관점에서 무엇을 학습해 왔고, 아울러 무엇을 잘못 학습해 왔으며, 나아가 앞으로 학교 현장에서 학습자들을 어떻게 지도할 것인지의 문제와 밀접하게 관련된다.

> 저는 입말이 글말보다 더 많은 내용을 사람들에게 전달해 줄 수 있다고 느꼈습니다. 입말은 내용과 더불어 발표자의 느낌도 알려줄 수 있기 때문이다. 도 글말보다 입말이 더 많은 노력이 든다는 것도 깨달았습니다. 글말은 적으면 그만이지만, 입말은 청중들에게 더 자연스럽고 신뢰를 줄 수 있도록 그만큼 연습하고 수정해 나가면서 완성된다는 것을 이번 과제를 통해 배웠기 때문입니다. 그러므로 앞으로 어디에서든 발표를 할 때는 그 내용을 더 많이 공부하고 말하는 것을 연습함으로써 지금의 발표보다 더 나은 모습이 되도록 노력하겠습니다. 아울러 예비 국어교사로서 학교 현장에서 학생들의 자연스럽고도 알찬 말하기를 이끌어 낼 수 있는 방법도 고민해 보고자 합니다. (국어교육과, 김○○)

> 이번 과제를 수행하면서 평소에 쓰는 글말과 입말이 같은 언어임에도 불구하고, 상황에 따라 달리 쓰인다는 것을 몸소 새로이 알게 된 것 같습니다. 평소 말하는 습관과 글을 쓸 때의 습관이 얼마나 차이가 나는지도 느끼게 되었습니다. 앞으로 국어교사가 되면 학생들에게 말과 글이 달리 어떻게 사용되는지를 쉼과 띄어쓰기, 문장 부호 등을 지도할 수 있겠다라는 생각이 들었습니다. (국어교육과, 이○○)

위 학습자는 글말과 입말 수행을 통해 입말 수행의 어려움을 토로하면서 나아가 예비 국어교사로서 말하기 교수·학습에 대한 고민까지 드러내고 있다. 특히 자신의 글말과 입말 수행의 경험을 통해 입말 수행에 대한 반성적 고찰에까지 이르고 있다는 점에서 국어교육적 틀에서 언어 자각의 한 양상을 살필 수 있다.

대략 머리로는 알고 있었지만, 실제로 겪어보니 글말과 입말의 거리가 구체적으로 눈에 들어왔고, 입말을 기호화한 글말을 보고 다시 입말화를 하는 것이 어떤 어려움이 있으며, 읽기가 아닌 말하기는 엄청난 차이점이 있다는 점 등을 새롭게 알게 되었다. 국어교사를 향해 나아가면서 끊임없이 고민해야 답을 찾을 수 있을 것이라는 생각이 들었다. (국어교육과, 신○○)

위 학생은 글말과 입말을 전환을 통해 글말과 입말의 양식에 적합하게 언어 사용을 이끌어내는 것의 어려움을 토로하고 있다. 이는 결국 국어교육의 전체 틀에서 접근한다면, 모국어의 미세한 측면을 실제로 언어와 언어 사용의 측면에서 자각하게 되는 것이고, 나아가 국어교사로서 학습자들의 언어 자각 측면을 이끌어 낼 수 있는 계기가 될 것이다. 또한 자신의 언어 사용 습관과 관련해서 언어 자각의 측면을 이끌어내는 경우도 있었다.

사람마다 말을 할 때 쉼, 말투 등 여러 가지 습관이 있는데, 이번 발표를 준비하고 발표를 하면서 나는 아직 내 습관이 무엇인지 정확히 모르고 있다는 생각을 하게 되었다. 그래서 이런 말하기 연습을 하면서 내 말하기의 습관을 정확히 할 수 있다면 발표뿐만 아니라 평소에 대화를 할 때에도 도움이 될 수 있을 것이다. 이는 예비 국어 교사인 나에게 매우 절실하게 필요한 부분이다. 앞으로 학교 현장에 나아가면 이 점을 명심하여 학생들에게 말하기와 쓰기에서 어려움을 겪지 않도록 할 것이다. (국어교육과, 주○○)

저는 이번 발표를 하면서 제가 글말과 입말이 많이 다르다는 점을 알았습니다. 특히 제가 사투리도 많이 사용하고 표준어에 맞지 않는 비문법적인 요소가 많이 있다고 느꼈습니다. 국어교사가 될 입장에서 글말과 입말의 구분해서 다루어 본 이번 과제는 저에게 많은 것을 느끼게 해 주었습니다. 앞으로 말과 글을 다루어야 하는 전문가가 될 사람으로서 말과 글의 작용 양상에 대해 꼼꼼하게 살펴야겠다는 생각이 들었습니다. (국어교육과, 차○○)

또한 어떤 학습자는 실제 과제 수행을 통해 자신의 말하기와 쓰기에서 드러나는 습관을 인식하고, 이를 국어교육 관점에서 학습자들에게 어떻게 지도할 것인지를 반성적 측면에서 표출하기도 하였다.

입말에서 자신의 말투 및 사투리가 가장 많은 영향을 미치게 되었다면, 글말에서는 그 동안 배우고 쌓아 왔던 문학적 관습에 많이 의존하게 되는 것 같다. 이는 국어 교사가 가장 경계해야 할 대목인 것 같다. 글말과 입말에 대한 표준어의 사용의 정확하게 익혀 이를 학생들에게 잘 가르쳐야겠다는 생각이 들었다. (교육학과, 박○○)

이상 3장에서는 학습자들의 입말과 글말 양식을 바탕으로 한 말하기와 쓰기를 통해 드러난 다양한 인식의 결과를 언어 자각의 측면에서 다루었다. 2장에서 다룬 언어 자각의 테두리에서만 본다면 비판적 언어 자각(CLA)에 대한 양상이 거의 드러나지 않은 것이 특징적이다. 이는 이 글에서 사용한 과제의 속성 측면에서 기인하거나 혹은 언어와 언어 사용에 결부되는 다양한 사회 비판적 모습을 학습자들이 거의 자각하지 못한 결과라 할 수 있을 것이다.

## 4. 마무리

이 글에서는 언어 자각 및 그 주변 개념을 살폈고, 나아가 학습자들의 언어와 언어 사용을 반성적 사고 양상의 측면에서 언어 자각과 관련시켰다. 실제 학습자들의 말하기와 쓰기, 즉 입말과 글말 양식의 인식에 드러난 다양한 양상을 언어 자각이라는 큰 틀 속에 포함시키고 국어교육에서 언어 자각의 측면이 어떻게 드러날 수 있을지에 대한 문제를 다루었다.

구체적으로 2장에서는 언어 자각의 개념을 중심으로 언어와 언어 사용, 글말과 입말 투식, 비판적 언어 자각의 문제를 간략하게 다루었다. 이들 개념들은 모두 언어 자각의 개념 틀 속에서 관련되는 것으로, 외국어 교육뿐만 아니라 국어교육에서도 학습자들의 언어와 언어에 대한 인식의 측면을 확대할 수 있는 주요한 개념으로 다루어질 수 있음을 살폈다.

3장에서는 2장의 언어 자각 및 주변 개념들에 대한 적용의 문제를 다루었다. 이는 학습자들의 언어와 언어 사용에서 귀납적으로 파생되는 다양한 인식의 측면과 관련되게 구성되었고, 여기에서 도출된 학습자들의 여러 인식 결과는 언어 자각의 측면과 관련하여 논의되었다. 2장의 언어 자각과 관련하여 언급된 여러 개념의 측면들이 실제 학습자들의 언어와 언어 사용 결과에서 도출되었지만, 비판적 언어 자각의 양상은 드러나지 않았다.

언어 자각은 외국어 교육뿐만 아니라 국어교육에서도 주요한 개념으로 다루어져야 한다. 이는 국어교육의 철학적 바탕을 마련하는 단초가 될 뿐만 아니라, 나아가서는 국어교육의 정체성을 문제를 근원적으로 다룰 수 있는 핵심 개념이 될 수 있다. 이런 점에서 이 글은 언어 자각의 개념과 그 적용 가능성의 문제를 일정 부분 다루었다는 점에서 의의를 지닌다. 하지만 언어 자각이 국어교육의 철학적 기반 마련과 관련하여 어떻게 구성될 수 있을지에 대해서는 문제만 제기하는 것으로 그쳤다.

# 띄어쓰기에 대한 인식

## 1. 언어 사용과 띄어쓰기

문법 과목은 2009 개정 국어과 교육과정에서 독서와 결합됨으로써 고등학교 선택과목으로서의 독자성을 잃게 되었고, 이는 문법 과목의 정체성에 혼란을 주었다. 학교 현장에서 국어를 가르치는 대다수의 교사들은 문법이 국어 과목의 가장 기본 과목임을 잘 알고 있다. 이는 비단 문법 과목이 학교 현장에서 그 역할을 제대로 하고 있지 못함을 문제 삼은 것이지, 문법 과목 자체의 필요성마저도 부인하는 것은 아니다.

그렇다면 현 시점에서 필요한 것은 학교 현장에서 문법 과목이 유용하면서도 꼭 필요하다는 인식의 전환에 있다. 무엇보다 문법 과목이 다양한 언어 사용 상황에서 왜 필요한지를 학습자들에게 유효하게 전달할 수 있어야 하고, 그것에 부합하는 다양한 내용 마련이 따라야 한다.

이 글에서는 이런 점을 감안하여 언어와 언어 사용을 결합해서 다룰 수 있는 띄어쓰기를 논의의 대상으로 삼고자 한다.[1] 띄어쓰기는 학교 현장에서 일반적으로 쓰기의 평가 요소, 특히 분석적 측면의 평가에서 고려되며, 읽기에서도 가독성을 높이는 주요한 요인으로 다루어진다. 문법 영역에서는 어문 규정과 관련해서 띄어쓰기를 교육 내용으로 편성하고 있다.

즉 띄어쓰기는 문법에서의 품사 지식의 응용과 밀접하게 관련되며, 이는 쓰기에서 그 지식적인 면을 직접 적용한다는 점에서 중요하다. 특히 이 점은 문법과 쓰기 영역을 통합하여 학습자들의 언어와 언어 사용의 측면을 유효적절하게 다룰 수 있다는 점에서 중요하다.[2]

다만 이런 띄어쓰기의 교육적 효용성을 이끌어 내기 위한 선행 작업으로서 이루어져야 할 것이 바로 학습자들의 띄어쓰기에 대한 인식 양상에 대한 현장 연구 조사이다. 이는 학교 문법적 측면에서 이루어진 띄어쓰기 관련 내용들을 학습자들이 실제 언어 사용 상황인 읽기와 쓰기에서 적절하게 적용하고 있는지를 우선적으로 점검하는 것과 관련된다.

이런 문제의식을 바탕으로, 이 글은 학교 문법 내의 띄어쓰기 관점에서 의존명사와 어미, 의존명사와 조사 간의 띄어쓰기를 조사 대상 학습자들이 어떻게 인식하고 있는지를 살피고자 한다.[3] 이들 항목들

---

1) 언어와 언어 사용에 대한 심층적 논의는 김지홍(2010)을 참고할 수 있다.

2) 띄어쓰기는 기본적으로 문법적인 측면이 강하게 부각되지만, 정작 학교 현장에서는 쓰기와 관련되거나, 혹은 저학년 학습자들의 경우에는 읽기와 관련되어 지도되는 경우가 많다. 이는 띄어쓰기가 문법 과목의 필요성을 강조하는 데 그 대표성을 띌 수 있느냐의 문제와도 관련된다. 즉 띄어쓰기가 문법 과목의 필요성을 강조하는 데 주요한 내용 항목으로 제시되기에 적절한가의 문제가 따른다.

그렇다면 과연 현재 초·중·이 학교 현장에서 문법이라는 과목의 필요성과 효용성을 어떤 식으로 찾아야 할 것인가의 문제가 제기될 수 있다. 이미 학교 현장에서 문법 과목은 독서와 통합됨으로써 그 독자성을 상실하였다. 아울러 수능 과목에서도 해마다 그 출제 빈도가 줄어들고 있다. 그런 상황에서 대안은 통합 중심의 언어 교육이 될 수밖에 없다. 즉 읽기와 쓰기를 문법과 통합하거나 혹은 문학과 문법을 통합한 형식으로, 문법 지식의 측면을 활용하는 방안을 모색해야 한다는 것이다. 그런 점에서 띄어쓰기는 분명 문법 과목의 필요성을 강조하는 데 주요한 교육 내용으로 부각될 수 있다.

은 시각적으로 동일한 형태들이 문법적 기능에 따라 띄어쓰기의 양상이 달라진다는 점에서 흥미로운 관찰 대상이다. 아울러 문법화와 관련해서 이들 단위들이 어떻게 차별적으로 인식되는지를 검토해 보는 것도 의미 있는 조사가 될 것이다.

이를 통해 이 글은 현장 연구 조사의 틀에서 띄어쓰기에 대한 학습자들의 인식 정도를 실질적으로 살필 수 있다. 또한 학습자들이 학교문법 내에서의 띄어쓰기의 문제를 얼마나 제대로 인식하고 있는지를 점검할 수 있는 계기가 되며, 나아가 규범으로서의 띄어쓰기와 실제 인식상으로 드러나는 띄어쓰기 간에는 어떤 차이가 있는지를 구체적으로 고찰할 수 있을 것이다.

---

3) 필자는 '데'와 '-는데/은데', '지'와 '-ㄴ지/은지'의 띄어쓰기에 대해 글쓰기 전문가들조차도 자주 오류를 범하고 있다는 사실을 신문이나 국어교육 관련 학술지에서 자주 발견할 수 있었다. 특히 '데'와 관련해서는 어떤 경우에 붙이고, 띄어야 하는지를 구분하지 못하는 경우를 많이 볼 수 있었다. 이는 '데'가 의존명사이기는 하지만, 연결 어미로 문법화가 진행되고 있기 때문이라고 할 수 있다. (1)의 경우는 전체가 오류이며, (2)의 경우는 붙여 쓰고, 띄어 쓰는 기준을 제대로 인식하지 못한 경우이다. 즉 이 글에서는 이런 문제의 발견이 논의를 구성하는 시발점이 되기도 하였다.

(1) ○○○ 아나운서는 수술 후 최근 스포츠서울과의 통화에서 "건강검진을 했는데. 초기에 발견이 돼 수술을 잘 마쳤다"고 밝혔다. 그러면서 향후 계획에 대해서는 "내년이면 MBC에 입사한지 20년인데. 한번도 제대로 쉰 적이 없는 것 같다. (…하략…) ○○○은 "얼마 전 연애를 시작한지 얼마되지 않은 커플이 방문했다"며 "남자 분은 톱스타고 여자분은 신인인 커플이다. 연애 초반이라 밀고 당기기가 한창인 것 같았다"고 말했다. (…하략…)

(2) 말하기 불안을 가시적으로 이해하고 분석하는데 필요한 심전도 분석은 차후 말하기 불안과 관련된 교육 내용에 반영할 수 있음을 염두해 두고, 3단계에 걸쳐 설명하였다. (…중략…) 본 연구의 의의는 자율신경계의 반응을 말하기 불안을 가시적이고 과학적으로 이해하고 분석하기 위한 방법을 제한했다는 데 있다. (…하략…) 말하기 불안 현상을 이해하고 이를 극복하는 전략이 말하기 교육의 중요한 내용임을 주지의 사실이다. 하지만 현행 말하기 교육에서는 말하기 불안의 원인을 소개하고 이를 극복하기 위한 상식적인 수준의 내용을 소개하는데 그치고 있다. 말하기 불안의 측정은 의학적 개념이 개입됨으로 인해 그동안 많은 사람들이 논의 자체를 기피해 왔다는 점에 주목하여, 이를 쉽게 이해하고 분석할 수 있는 방법과 모형을 구안하는데 중점을 두었다. (…하략…)

## 2. 선행연구

띄어쓰기는 학교 현장에서 주로 쓰기와 관련해서 지도되어 왔다. 아울러 띄어쓰기는 학교 문법 내의 어문 규정에서 다수의 장을 별도로 마련하여 다루고 있다. 따라서 본 절에서는 띄어쓰기와 직접적으로 관련성 있는 문법적 측면의 기존 연구들을 문법화의 측면에서, 아울러 쓰기와 관련한 학교 현장 연구들이 띄어쓰기와 관련하여 어떻게 직·간접적으로 진행되어 왔는지를 살펴보고자 한다.

정희창(2002), 오현진(2008), 박대아(2010)는 띄어쓰기에 드러나는 다양한 오류의 양상 및 띄어쓰기와 관련된 인식의 변화 양상 등을 여러 층위의 언중들을 대상으로 하여 다루고 있어 참고가 된다. 다만 이들 연구들은 대개 규범적인 측면에서 논의를 전개하고 있어 실제 언중들의 띄어쓰기 인식에 대한 문제를 어떻게 접근할지의 문제와는 거리가 있는 것으로 판단된다.

안주호(1999)와 허재영(2001)은 문법화의 관점에서 띄어쓰기 인식의 문제를 직접 다루고 있다. 전자는 일부 학습자들을 대상으로 띄어쓰기 인식에 대한 문제를 설문지 형식으로 접근하고 있으며, 후자는 중학교 교과서를 중심으로 문법화의 관점에서 드러나는 띄어쓰기의 문제를 심층적으로 다루고 있어 참고가 된다.

하치근(2003, 2006, 2008)의 일련의 연구는 '데', '바', '지'에 대한 문법화의 과정을 의존명사, 연결 어미, 종결 어미 등의 관점에서 상세하고 논의하고 있으며, 또한 박승윤(1997)은 '밖에'의 문법화 과정을 의존명사와 조사의 관점에서 상세하고 다루고 있어, 문법화 현상의 관점에서 띄어쓰기에 어떻게 접근해야 할지에 대한 좋은 참고 자료가 된다. 그러나 하치근의 일련의 연구는 실제 어문 규정과는 약간은 다르게 띄어쓰기를 다루고 있어 문법 교육의 틀에서 재구성해서 접근해야 한다.

남지애(2008)은 실제 중학교 학습자들에 드러나는 띄어쓰기와 관련된 다양한 문법적 인식의 측면을 모둠 토의의 양상으로 드러내고, 이를 현장 연구의 관점에서 접근하고 있다는 데서 의의를 찾을 수 있다. 이 연구는 모둠 토의에 드러나는 학습자들의 문법 인식과 언어 인식 위계화 양상의 연결에서 좀 더 세밀한 이론적 고찰이 요구된다는 문제점을 남기고 있다.

그 밖에 권영환(1996)은 의존명사에서 어미로의 변화 과정을 공시적 관점에서 상세하고 보여주고 있으며, 최운호(1999)는 형태소 분석의 틀에서 연결 어미를 어떻게 다루어야 할지를 전산언어학의 관점에서 다루고 있어 참고가 된다.

## 3. 연구방법 및 연구가설

### 3.1. 연구방법

#### 3.1.1. 연구 대상자 및 조사 기간

일반적으로 현장 연구 조사는 예비조사, 본조사, 확인조사 과정으로 실시되며, 표집 대상자도 모집단을 대표할 수 있어야 한다. 하지만 이 글은 띄어쓰기 인식과 관련된 시론적 성격의 논의로, 조사 대상 학습자의 표집과 현장 조사 구성 과정에 일정한 한계가 따랐다. 이는 한 번의 조사로 끝나기보다는 차후 다양한 조사 형식으로 띄어쓰기와 관련된 연구가 필요하다는 점과 관련된다.

이런 한계를 감안하여 이 글은 표집 대상자로 지방 소도시 중 2와 인문계 고 2 학습자들을 조사 대상 학습자로 선정하여 본조사만 실시하였다. 중 2와 고 2 학습자들을 조사 대상 학습자로 선정한 이유는 다음과 같다.

중 2의 경우는 띄어쓰기와 관련하여 의존명사, 조사 등과 관련된 품사 지식을 갓 숙지한 대상자이다.[4] 따라서 이 대상자들은 기초적인 띄어쓰기에는 큰 문제가 없겠지만, 품사와 관련된 문법 지식이 구체적으로 적용되는 띄어쓰기에는 다수의 오류를 드러낼 것이라고 판단되었다. 고 2의 경우는 중 2에 비해 맞춤법과 관련된 심화된 내용들을 글쓰기와 관련된 논술 수업이나 수능 관련 수업을 통해 숙지한 대상자이다. 따라서 고 2는 중 2보다 문법 지식의 응용과 관련된 띄어쓰기에서 보다 유의미한 인식 양상을 보여줄 대상자로 판단되었다. 따라서 이는 두 집단의 조사 대상자들을 통해 의존명사와 조사, 어미 등의 띄어쓰기에 대한 학습자들의 인식의 정도와 그 차이를 살펴볼 수 있고, 나아가 문법 교육에서 이들 언어 형태들을 어떻게 하면 보다 효과적으로 학습자들에게 전달할 수 있을지의 문제를 해결하는 데 좋은 참고 자료가 될 수 있을 것이다.

아울러 조사 대상자들을 통한 띄어쓰기 인식에 대한 조사 결과는

---

4) 이는 교육과정에서도 드러난다. 2007 국어과 교육과정에서 중·고등학교의 띄어쓰기와 관련된 내용을 제시하면 아래 〈표〉와 같다. 즉, 중 1의 경우는 띄어쓰기의 결정과 직결되는 품사와 관련된 내용을 학습하게 됨으로써, 조사나 의존명사, 아울러 어미와 관계되는 일부 띄어쓰기에 대한 내용을 직·간접적으로 숙지하게 된다.

**〈표〉 2007 교육과정상의 내용**

| 학년 | 영역 | 내용 |
|---|---|---|
| 중1 | 문법 | • 품사의 개념, 분류, 기준, 특성을 이해한다. |
| 고 2~3 | 문법 | • 한글 맞춤법 원리와 표준어 규정을 이해하고, 단어를 올바르게 사용한다. |

또한 가장 최근 교육과정인 2011 교육과정에서는 아래 〈표〉와 같이 맞춤법과 관련된 내용들이 제시되고 있다.

**〈표〉 2011 교육과정상의 내용**

| 학년군 | 영역 | 내용 |
|---|---|---|
| 중1~3학년군 | 문법 | • 어문 규범의 기본 원리와 내용을 이해한다.<br>• 품사의 개념과 특성을 이해하고 단어를 적절하게 사용한다. |
| 고 선택과목 (국어 I) | 문법 | • 한글 맞춤법의 원리와 내용을 알고 교양 있는 표기 생활에 대해 알아본다. |

물론 초등학교의 경우도 띄어쓰기와 관련된 기본적인 내용들이 교육과정상에 제시되고 있다. 하지만 이 글에서는 조사하려는 문법 지식의 응용과 관련한 심화된 띄어쓰기를 학습했다고는 보기 어렵기 때문에 초등학교 학습자들을 이 글의 조사 대상에서는 고려하지 않았다.

향후 어문 규정과 관련된 띄어쓰기의 실태 조사에서 언어 사용자의 수준과 위계를 고려하는 데 주요한 참고 자료가 될 수 있을 것이다. 조사에 참여한 대상자,[5] 조사 시간, 조사 기간은 〈표 3〉과 같다.

〈표 3〉 조사 개관

| 조사 / 내용 | 조사 내용 | |
|---|---|---|
| 조사 대상 | 중학교 2학년 | 고등학교 2학년 |
| 학습자 수 | 150명 | 150명 |
| 조사 기간 | 2011.11.7~2011.11.18 | 2011.11.21~2011.11.30 |
| 조사 시간 | 45분 | 45분 |

### 3.1.2. 조사 내용

조사 항목은 동일 형태의 의존명사와 어미, 의존명사와 조사로 구분된다. 구체적인 검사지는 〈표 4〉와 같다. 이는 두 집단의 학습자들에게 동일하게 두 가지 형태를 동시에 제시하고 조사하였다. 전체적으로 띄어쓰기를 하지 않고 학습자들에게 제시하였다.

〈표 4〉의 '1)~10)'번까지는 의존명사와 어미, '11)~20)'번까지는 의존명사와 조사에 대한 것이다. 조사 결과 논의에서도 의존명사와 어미, 의존명사와 조사에 관련된 내용만 검토한다.

조사 대상 항목들이 동일 형태임에도 불구하고, 문장에서의 기능과 의미에 따라 띄어쓰기의 양상이 달라지기 때문에 띄어쓰기에서 오류가 많이 발생할 것으로 추측된다.[6] 특히 문법적인 측면에서 의존명사와 어미, 그리고 의존명사와 조사를 제대로 구분하지 못하는

5) 본조사 표본 집단 학습자의 수는 두 집단 모두 150여 명이 넘었으나, 일부 검사지에 제대로 표기를 하지 못했거나 혹은 일부만 표기한 학습자들을 제외하고 150명으로 한정하였다.

6) 정희창(2002)에서는 국립국어연구원에서 운영하고 있는 띄어쓰기와 관련된 문의 상담에서 연결 어미와 의존명사의 띄어쓰기에 대한 문의 빈도수가 상당히 높았음을 지적하고 있다.

〈표 4〉 띄어쓰기와 관련된 검사지

| ※ 다음 각 문장의 띄어쓰기를 "/"로 구분해서 표시해 주세요. |
|---|
| 1) 철수는형편이어려운데다가사고까지당했다 |
| 2) 철수는돈은잘버는데건강이좋지않다 |
| 3) 철수는돈을버는데온통정신이팔려있다 |
| 4) 내가가는데그녀가왔다 |
| 5) 사실너를알게된지얼마안되잖아 |
| 6) 그가언제돌아올지확실하지않다 |
| 7) 내가그분과인연을맺은지벌써10년이흘렀다 |
| 8) 금강산에가본바과연절경이더군 |
| 9) 내가조사한바그것은사실이아니다 |
| 10) 하천유입을사전에차단한바있다 |
| 11) 그밖에문제를풀사람이없다 |
| 12) 그밖에또무슨문제가있다 |
| 13) 그가그러는것도이해할만은하다 |
| 14) 그녀는혼자만의여행을떠났다 |
| 15) 어제일을본대로들은대로이야기해봐라 |
| 16) 큰것은큰것대로따로모아둬라 |
| 17) 이제나이를먹을만큼먹었으니죽어도여한이없다 |
| 18) 부모님에게만큼은잘해드리고싶었다 |
| 19) 그는집에서뿐만아니라밖에서도사람들에게너그럽게대한다 |
| 20) 모두들구경만할뿐누구하나거드는이가없었다 |

학습자들은 이런 면을 띄어쓰기에 고스란히 반영할 것이다.

아울러 〈표 4〉에서 주의해야 할 부분은 항목 '4)'이다. 이 경우 두 가지 띄어쓰기가 가능하다. 즉 '가는∨데'와 '가는데'가 모두 가능하다. 전자는 '가는 곳'에, 후자는 '가는 상황'에 초점을 두며 사용되는 경우이다. 따라서 학습자들이 이런 맥락을 정확하게 파악하고 이 문제의 적합성을 지적할지에 대해 조사하게 된다. 물론 조사를 실시하는 교사들에게 이 점을 명확하게 주지시켰다.[7)]

7) 조사에는 중·고등학교에서 10년 이상의 경력이 있으신 두 분의 국어 선생님께서 참여해 주셨다. 조사 이후에 '4)'와 관련하여 학습자들에게서 질문이 나왔는지에 대해 문의한 결과, 조사 담당 선생님들께서는 특별한 질문이 없었음을 지적해 주셨다. 하지만 조사의 과정이 모든 끝난 이후에, 담당 선생님들께서 문법과 쓰기의 통합 교육 차원에서 이 부분을 상세하게 학습자들에게 설명해 주도록 부탁했다. 이는 차후 문법과 작문 과목의 통합 가능성의 좋은 예가 되었음을 선생님들은 지적해 주셨다. 감사의 말씀을 전한다.

### 3.2. 연구가설

여기에서는 의존명사와 어미, 의존명사와 조사에 대한 학습자들의 띄어쓰기 인식과 문법화의 관점에서 이들 단위들의 띄어쓰기 인식 양상에 대한 가설과 관련된 내용이다. 연구가설 1과 2로 구분되어 제시된다.

연구가설 1: 수준과 연령에 따른 띄어쓰기의 인식 양상에는 차이가 있을 것이다.

앞선 두 교육과정에서는 띄어쓰기에 대한 이론적인 부분들을 일부 제시해 준다. 초등학교에서는 기본적인 띄어쓰기에 치중한 반면, 중학교부터 문법 지식의 적용과 관련된 띄어쓰기를 본격적으로 지도해야 하는 내용을 담고 있다. 아울러 고등학교에서는 맞춤법과 관련된 심화된 내용들을 다루도록 교육과정에 그 내용이 설계되어 있다.

이 글은 이런 점을 감안해, 일정한 수준과 연령대의 학습자들은 기본적인 띄어쓰기에는 큰 차이가 없겠지만, 문법 지식이 본격적으로 적용되는 띄어쓰기에는 차이를 보일 것이라고 보았다. 즉 이 글의 표본 집단인 중 2와 고 2 학습자들 간의 띄어쓰기 인식 양상에서는 유의미한 차이가 있을 것이라고 상정하였다.

이는 띄어쓰기와 관련된 언어와 언어 사용에서의 차이를 반영한 것이다. 즉 띄어쓰기와 관련된 문법적 지식을 갓 습득했거나 그렇지 못한 학습자들과 이미 그 내용들을 숙지하고 있는 대상자들 간에는 언어 사용 측면에서 그 차이가 드러날 것이라고 상정한 것이다.

연구가설 2: 문법화의 단계에 따른 띄어쓰기 단위의 인식 양상에는 차이가 있을 것이다.

본 가설은 문법화라는 다단계 현상을 띄어쓰기를 통해 통계적으로 고찰해 보려는 시론적 성격의 논의와 관련된다. 직관적으로 문법화의 과정이 거의 완료된 언어 항목들과 그 과정이 진행 중인 항목들 간에는 띄어쓰기에서 일정한 차이를 고려할 수 있을 것이다. 하지만 그 과정의 이행 정도를 언중들이 쉽사리 인지하기는 어려울 것이다.

따라서 본 가설은 문법화의 진행 과정에 초점을 두기보다는 의존명사를 중심으로 문법화 과정에 있는 다양한 언어 항목들 간에는 인식의 차가 있을 것이라는 점을 상정하였다. 즉 이런 과정에 대한 인식의 차를 일정한 표집 대상 학습자들의 띄어쓰기 인식을 통해 살펴보게 된다.

물론 띄어쓰기가 문법화의 정도를 가늠하는 단초를 제공한다고 단적으로 말할 수는 없다. 다만 시각적으로 동일한 언어 항목들이 실제 띄어쓰기에서 달리 사용된다는 점은 분명 문법화의 과정에서 파생된 결과일 수 있다. 아울러 언중들에게 이와 같은 점들이 언어 사용 양상에서 어떻게 반영되고 있는지를 검토하는 것도 중요한 논의 대상이 될 수 있기 때문이다.

## 4. 연구 결과 및 교육상 의의

현행 한글 맞춤법 규정에서 띄어쓰기와 직접적으로 관련된 내용은 제5장 41항에서 50항까지이다. 물론 총칙 2항에 문장의 각 단어는 띄어 씀을 원칙으로 한다는 대원칙을 제시하고 있다. 총칙의 내용은 단어의 품사 문제와 직결되는 것이다. 띄어쓰기의 원리는 품사에 대한 이론 및 그것의 쓰임과 관련된다. 이 점에서 의존명사와 어미, 그리고 조사는 띄어쓰기와 관련된 문법적 지식의 활용 측면에서 교수·학습의 주요한 내용이 될 수 있다.

이 글은 이 점을 감안하여 각 표집 대상자들의 검사지에 드러난 조사 대상 단위의 띄어쓰기 결과를 중심으로 오류의 여부를 수치화하고 그 유의미성을 검증하였다. 오류는 조사하고자 하는 띄어쓰기 형태에만 국한된다. 이하에서는 두 가지 연구가설을 중심으로 그 결과를 논의한다.

## 4.1. 연구 결과 및 논의

각 조사 항목들은 일정하게 묶어서 구분할 수 있다. 크게 의존명사와 어미, 그리고 의존명사와 조사로 구분된다. 세부적으로는 '1)~4)'는 '데', '5)~7)'은 '지', '8)~9)'는 '바', '11)~12)'는 '밖에', '13)~14)'는 '만', '15)~16)'은 '대로', '17)~18)'은 '만큼', '19)~20)'은 '뿐'으로 구분된다.

〈표 5〉 평가에 반영된 띄어쓰기 부분

| 의존명사와 어미 | 의존명사와 조사 |
|---|---|
| 1) 철수는형편이어려운데다가사고까지당했다 | 11) 그밖에문제를풀사람이없다 |
| 2) 철수는돈은잘버는데건강이좋지않다 | 12) 그밖에또무슨문제가있다 |
| 3) 철수는돈을버는데온통정신이팔려있다 | 13) 그가그러는것도이해할만은하다 |
| 4) 내가가는데그녀가왔다 | 14) 그녀는혼자만의여행을떠났다 |
| 5) 사실너를알게된지얼마안되잖아 | 15) 어제일을본대로들은대로이야기해봐라 |
| 6) 그가언제돌아올지확실하지않다 | 16) 큰것은큰것대로따로모아둬라 |
| 7) 내가그분과인연을맺은지벌써10년이흘렀다 | 17) 이제나이를먹을만큼먹었으니죽어도여한이없다 |
| 8) 금강산에가본바과연절경이더군 | 18) 부모님에게만큼은잘해드리고싶었다 |
| 9) 내가조사한바그것은사실이아니다 | 19) 그는집에서뿐만아니라밖에서도사람들에게너그럽게대한다 |
| 10) 하천유입을사전에차단한바있다 | 20) 모두들구경만할뿐누구하나거드는이가없었다 |

### 4.1.1. 의존명사와 어미의 띄어쓰기에 대한 논의

우선 의존명사와 어미에 대한 항목 '1)~10)'은 현행 어문 규정에 맞추어 〈표 6〉과 같이 띄어쓰기를 할 수 있다.

몇몇 연구자 혹은 교과서에 따라 〈표 6〉에 제시된 띄어쓰기의 양상과 다르게 접근하는 경우도 있다. 이는 띄어쓰기에 대한 언중들의

〈표 6〉 의존명사와 어미의 띄어쓰기 규범적 양상

| 의존명사와 어미의 구별 | |
|---|---|
| 1) 철수는형편이어려운∨데다가사고까지당했다<br>2) 철수는돈은잘버는데건강이좋지않다<br>3) 철수는돈을버는∨데온통정신이팔려있다<br>4) 내가가는∨데그녀가왔다<br>내가가는데그녀가왔다[8] | 5) 사실너를알게된∨지얼마안되잖아[9]<br>6) 그가언제돌아올지확실하지않다<br>7) 내가그분과인연을맺은∨지벌써10년이흘렀다<br>8) 금강산에가본바과연절경이더군<br>9) 내가조사한바그것은사실이아니다<br>10) 하천유입을사전에차단한∨바있다 |

사용 인식의 차이가 반영되고 있다는 점과 관련된다. 다만 이 글은 학교 문법 틀하의 어문 규정에 따라 그 쓰임의 기준을 결정하였다. 물론 국어 어문 규정에 제시된 것이라도 완벽한 것은 아니다. 다만 시간과 공간에 따라 언어 사용의 모습이 변해가기 때문에 완벽한 어문 규정은 없다는 점을 감안하면서, 이 글은 실제 학습자들의 언어 사용 결과에 대한 인식의 정도를 논의할 것이다.

연구가설 1은 "연령과 수준에 따른 띄어쓰기 인식 양상에는 차이가 있을 것이다"로, 이는 중학생과 고등학생 학습자들 간의 띄어쓰기

---

8) 이 경우는 붙이거나 띄우는 경우 모두를 인정하였다. 다만 띄우는 경우와 붙이는 경우를 구분해서 정답으로 모두 인정하였다.

9) 하치근(2006: 36)에서는 '지'와 '-는지/은지'의 문제를 문법화의 과정에서 다루고 있는데, 이는 띄어쓰기의 문제와도 깊은 연관이 있어 참고가 된다. 이 논문에서는 의존명사로서의 '지'를 확대해서 다루고 있어 어문 규정과는 차이가 있다.

ㄱ. 그 아이라면 검사를 받은 지가 일주일도 안 되지 않았습니까?
ㄴ. 그가 집에 있을 지가 의문이다.
ㄷ. 그는 겁결에 어떻게 온 지 모르게 집으로 달려 왔다.
ㄹ. 육이오동란 당시에 그 마을의 양민이 어떻게 학살 당했는 지에 대한 근거를 찾을 길이 없다.
ㅁ. 그 골동품이 역사적인 가치가 있는 지의 여부를 감정한 결과는 다음과 같다.

즉, 현행 어문 규정에서는 '동안'의 의미를 지니는 'ㄱ'의 경우만 띄어 쓰는 것으로 그 이외에는 모두 붙여 쓰는 것으로 다룬다. 즉 전자를 의존명사로, 후자들은 모두 어미의 관점으로 다루고 있다. 하지만 하치근(2006)에서는 'ㄱ'은 '동안', 'ㄴ, ㄷ'은 '회의', 'ㄹ, ㅁ'은 '사실'의 의미를 갖는 의존명사로 다루고 있다. 이 글은 어문 규정을 따르면서 실제 학습자들이 이 단위를 띄어쓰기에서 어떻게 인식하는지를 면밀하게 검토하였다.

에 대한 인식 수준의 양상에서 일정한 차이가 있을 것이라는 점과 관련된다. 즉 고등학교 학습자들이 중학생 학습자들에 비해 띄어쓰기 인식 양상에서 보다 나은 수준을 보일 것이라고 상정한 것이다.

의존명사와 어미에 대한 띄어쓰기의 인식 결과는 〈표 7〉과 같다. 여기에서 기울임과 진함으로 표시된 것이 의존명사이고, 그 외는 어미에 해당된다. 아울러 '1)'에서 '4)'는 '데', '5)'에서 '7)'까지는 '지', '8)'에서 '10)'까지는 '바'의 형태를 중심으로 구분된다.

〈표 7〉 '1)~10)' 항목의 정답자 수와 정답률

| 항목 \ 대상자 | 중 2(150명) | | 고 2(150명) | |
|---|---|---|---|---|
| | 정답자 수(명) | 정답률(%) | 정답자 수(명) | 정답률(%) |
| **1)** | **46** | **30.7** | **52** | **34.7** |
| 2) | 133 | 88.7 | 135 | 90.0 |
| **3)** | **9** | **6.0** | **28** | **18.7** |
| 4)[10] | 134 | 89.3 | 124 | 82.7 |
| | **16** | **10.7** | **26** | **17.3** |
| **5)** | **25** | **16.7** | **76** | **50.7** |
| 6) | 139 | 92.7 | 87 | 58.0 |
| **7)** | **12** | **8.0** | **57** | **38.0** |
| 8) | 127 | 84.7 | 68 | 45.3 |
| 9) | 108 | 72.0 | 46 | 30.7 |
| **10)** | **47** | **31.3** | **96** | **64.0** |

우선 '데'와 '-는/은데'인 '1)~3)' 항목을 살펴보면, 띄어야 할 곳을 붙여 쓰는 경우가 많음을 알 수 있다. 특히 띄워야 할 '3)'의 경우 그 정답률이 중학생(6.0%)과 고등학생(18.7%) 학습자들 공히 매우 낮은 것으로 드러나고 있다. 이는 항목 '2)'와 극히 대조적으로 드러나고

10) 〈표 7〉의 '4)'의 칸에서 윗부분은 붙여 쓴 경우이고, 아랫부분은 띄어 쓴 경우의 학습자 수이다. '4)'의 경우는 띄어쓰기에 대한 학습자들의 인식 여부를 알기 위해서뿐만 아니라, 쓰기와 문법 영역을 통합해서 지도할 수 있다는 점에서 제시하였다.

있다는 점에서 특징적이다. '4)'의 경우도 많은 수의 학습자들이 띄어쓰기보다는 붙여 쓰고 있음을 알 수 있다. 즉 '데'와 '-는/은데'의 경우 많은 학습자들이 의존명사 '데'를 정확하게 인식하고 있지 못하고 있음을 알 수 있다.

'지'와 '-ㄹ/은지'도 비슷한 결과를 보여주고 있다. 다만 의존명사로서의 '지'의 경우 중학생 학습자들의 경우는 정답률이 매우 낮지만, 고등학생들의 경우 '5)'와 '7)'에서 약간의 차이를 보여주고 있다. 즉 '5)'에서는 절반 이상의(50.7%) 학습자들이 정확하게 인식한 반면, '7)'은 그보다 정답률(38.0%)이 낮아지고 있다. 모두 경과한 시간의 의미를 나타내는 의존명사인데, 이런 차이를 보이는 것은 해석상의 의문점으로 남는다. 다만 통계 수치상으로는 고등학생 학습자들이 띄어쓰기를 해야 하는 의존명사의 경우에는 정답률이 높은 것으로, 즉 오류율이 낮은 것으로 해석할 수 있다. 하지만 붙여야 하는 어미의 경우는 중학생 학습자들의 정답률이 높은 것으로 볼 수 있다. 이는 중학생 학습자들의 띄어쓰기에 대한 정확한 문법 지식의 활용에 기인하는 것으로 보기는 어려울 듯하다.

'바'와 '-ㄴ바'의 경우에는, 어미로 붙여 쓰는 '8), 9)'의 경우에는 중학생 학습자들의 정답률이 고등학생 학습자들에 비해 훨씬 높다. 하지만 의존명사로 띄어쓰는 '10)'의 경우는 고등학생 학습자들의 정답률이 두 배 이상 높다. 이는 중학생 학습자들의 띄어쓰기에 대한 인식의 정확도를 단순히 그 수치로만 해석할 수 없음을 보여주는 대목이다.

즉 중학생 학습자들은 대체로 붙여 쓰는 경우가 많은데, 이는 어떤 언어 단위를 붙이고 띄어야 하는지에 대한 정확한 인식이 수반된 결과라기보다는 문법 지식의 부족에서 오는 경향이나 습관으로 보아야 할 것이다.[11] 즉 이 경우도 앞선 '지'와 '-ㄹ/은지'와 마찬가지로 고등

11) 이는 조사 이후 간략한 질문지를 통해 학습자들의 띄어쓰기 결과에 대한 이유를 파악하

학생 학습자들의 경우에 띄어쓰기를 해야 하는 의존명사의 경우에는 정답률이 유의미할 정도의 차이, 즉 인식상의 차이가 있는 것으로 해석할 수 있다. 이상의 결과를 통계 검증을 통해 그 유의미성을 살펴보면 〈표 8〉[12]과 같다.

〈표 8〉 '1)~10)' 항목의 연구가설 1에 대한 검증 결과

| 항목 | 정답자수(중) | 정답자수(고) | 정답률(중) | 정답률(고) | 통합비율 | z값[13] | 기각여부 |
|---|---|---|---|---|---|---|---|
| 1 | 46 | 52 | 0.31 | 0.35 | 0.33 | -0.74 | 수용 |
| 2 | 133 | 135 | 0.89 | 0.90 | 0.89 | -0.37 | 수용 |
| 3 | 9 | 28 | 0.06 | 0.19 | 0.12 | -3.34 | 기각 |
| 5 | 25 | 76 | 0.17 | 0.51 | 0.34 | -6.23 | 기각 |
| 6 | 139 | 87 | 0.93 | 0.58 | 0.75 | 6.96 | 기각 |
| 7 | 12 | 57 | 0.08 | 0.38 | 0.23 | -6.17 | 기각 |
| 8 | 127 | 68 | 0.85 | 0.45 | 0.65 | 7.14 | 기각 |
| 9 | 108 | 46 | 0.72 | 0.31 | 0.51 | 7.16 | 기각 |
| 10 | 47 | 96 | 0.31 | 0.64 | 0.48 | -5.66 | 기각 |

〈표 8〉은 두 집단 간에 인식상의 차이가 없다는 영가설로 두고 검증한 결과이다. 중학생과 고등학생 두 집단의 비교 결과, 항목 '1)'과 '2)'만이 그 차이가 없는 것으로 드러났고, 그 외 항목들은 수치상 모두 차이가 있는 것으로 검증되었다. 하지만 '6), 8), 9)'의 경우는 중학생 학습자들의 일치율이 고등학생에 비해 더 유의미한 양상으로 드러났다. 즉 중학생 학습자들이 더 높은 인식의 일치율을 보였다.[14]

---

는 과정으로 실시되었다. 띄어쓰기 이유에 대한 학습자들의 간략한 인식의 결과들이 각주 14)에 제시되어 있다.

12) 항목 4)는 생략되었다. 이는 항목 4)가 붙여 쓰고, 띄어 쓰는 두 가지 경우가 모두 정답으로 인정되며, 아울러 항목 4)는 정답률을 확인하는 데 그 초점이 있기보다는 앞선 언급에서와 같이 쓰기 교육과의 연계선상에서 제시한 항목이기 때문에 통계 검증에서는 제외하였다.

13) z검증에서 유의수준 5%로 기각치는 1.96임.

따라서 의존명사와 어미에 관련된 연구가설 1은 언어 형태에 따라 가설의 기각과 수용의 여부가 달라지는 것으로 해석될 수 있다.

연구가설 2는 "문법화의 단계에 따른 띄어쓰기 단위의 인식 양상에는 차이가 있을 것이다"로, 문법화 과정에 관련되어 있는 언어 형태들이 띄어쓰기에서 일정한 인식의 차이를 드러낼 것이라고 본 것이다. 동일한 언어 형태가 문법화의 진행에 따라 문장에서의 기능과 위치가 달라지고, 아울러 띄어쓰기에도 이러한 과정의 결과가 반영된다. 특히 의존명사와 어미는 그것의 문법화 과정이 띄어쓰기에 반영됨에 따라 언어 사용자들에게 많은 혼란을 줄 수 있다.

'데'의 경우는 의존명사의 정답률이 어미에 비해 중·이 학습자들 모두에게서 낮은 것으로 드러났다. '지'의 경우도 마찬가지이다. 하지만 '바'의 경우는 다르다. 중학생 학습자들의 경우는 '데'와 '지'와 비슷한 양상이지만, 고등학생 학습자들의 경우 의존명사에 대한 정답

---

14) 앞선 조사 결과의 논의에서도 제시되었듯이, 중학생 학습자의 인식 비율이 유의미할 정도로 높았다는 점을 수치만으로 받아들이기 어려운 점이 있다. 즉 띄어쓰기에 대한 문법적 지식의 올바른 적용에 따랐기보다는 문자의 시각적인 측면과 결부된 의미의 독립성 인식에 따른 결과라고 판단되었다. 따라서 조사 이후에 조사 담당 선생님께서 사후 조사 형식으로 조사 대상 항목들 모두에 대해 어떤 경우에 붙이고, 띄우는지에 대한 이유를 파악하기 위해 개괄적인 질문지를 학습자들에 제시했다. 즉 각 항목에 대해 왜 붙이고 띄어야 하는지를 간략하게 작성하도록 하였다. 특히 붙여 쓰는 경우가 정답인 '6), 8), 9)'와 관련해서는 중학생 학습자들의 경우가 매우 높은 정답률이 나왔는데, 이유는 정확한 문법적 지식의 수반에 따른 결과라기보다는 다분히 직관적인 판단에 따른 경우가 많았다. 특히 중학생 학습자들의 경우 이런 사례가 대부분이었다. 다만 고등학교 학습자들의 경우 비교적 정확한 문법 지식이 수반되어 띄우고 붙이는 경우를 정확하게 아는 경우도 다수 발견되었다.

중학교 학습자들에게서 대체적으로 나온 내용을 몇 가지로 재구성해본다면, "띄어쓰기를 해야 할 곳이 아니라고 생각했기 때문에", "띄어 쓰면 보기에 안 좋은 것 같아서", "그냥 붙여 써야 할 것 같아서" 등이 대다수를 차지했다. 즉 의존명사와 어미 간의 올바른 문법 지식의 적용에 따른 띄어쓰기 결과라기보다는, 다분히 직관에 기댄 자의적 결과라 할 수 있다.

그에 비해 고등학생 학습자들의 사후 반응 결과에서는 다음과 같이 내용들이 일부 제시되었다. 몇 가지를 재구성해 본다면, "'지'의 경우는 시간의 경과와 관련해서는 띄어 쓰고, 그 외는 붙여 쓰기 때문에", "'바'는 '적'으로 바꾸어 쓸 수 있어 독립된 의미를 지니기 때문에 띄어쓰기를 해야 합니다", 등이 올바르게 제시된 내용의 예이다.

률이 높은 것으로, 즉 오류 비율이 낮은 것으로 드러났다. 즉 〈표 9〉와 같이 정리될 수 있다.

〈표 9〉 언어형태에 따른 정답률 비교

| 정답률 / 언어형태 | 어미 : 의존명사 | |
|---|---|---|
| | 중 2 | 고 2 |
| '데' | 어미 > 의존명사 | 어미 > 의존명사 |
| '지' | 어미 > 의존명사 | 어미 > 의존명사 |
| '바' | 어미 > 의존명사 | 어미 < 의존명사 |

중학교 학습자의 경우에는 문법화가 더 진행된 어미가 의존명사에 비해 오류율이 낮은 것으로, 하지만 고등학교 학습자의 경우에는 '데'나 '지'의 경우는 어미가 오류율이 낮지만, '바'의 경우는 문법화가 덜 진행된 의존명사가 오류율이 더 낮은 것으로 드러났다. 전체적으로 문법화가 거의 완료 단계에 이른 어미가 문법화 과정 중에 있는 의존명사에 비해 그 오류율이 낮은 것으로 드러났다. 연구가설 2인 문법화에 따른 인식 결과의 구체적인 통계 검증 결과는 〈표 10〉과 같다.

〈표 10〉 '1)~10)' 항목의 연구가설 2에 대한 검증 결과

| 항목 (집단) | | 의존명사 | 어미 | 의존명사 정답률 | 어미 정답률 | 통합 비율 | z값 | 기각 여부 |
|---|---|---|---|---|---|---|---|---|
| 중 | 1~3 | 55 | 133 | 0.18 | 0.89 | 0.42 | −14.26 | 기각 |
| | 5~7 | 37 | 139 | 0.12 | 0.93 | 0.39 | −16.46 | 기각 |
| | 8~10 | 47 | 235 | 0.31 | 0.78 | 0.63 | −9.72 | 기각 |
| 고 | 1~3 | 80 | 135 | 0.27 | 0.90 | 0.48 | −12.68 | 기각 |
| | 5~7 | 133 | 87 | 0.44 | 0.58 | 0.49 | −2.73 | 기각 |
| | 8~10 | 96 | 114 | 0.64 | 0.38 | 0.47 | 5.21 | 기각 |

〈표 10〉에서 드러난 바와 같이 결과는 모두 기각되는 것으로 드러났다. 이는 이 글에서 제시한 "문법화의 단계에 따른 띄어쓰기 단위

의 인식 양상에는 차이가 있을 것이다"를 영가설(귀무가설)로 두고 검증하였기 때문이다. 즉 결과는 차이가 있는 것으로 드러났다. 다만 고등학생 학습자들에게서 항목 '8)~10)'인 '바' 형태는 양의 z값으로 기각되는데, 이는 차이는 있되 인식의 결과에서 의존명사가 어미보다 그 결과 값이 높았기 때문이다.

가설에서 제기한 일정한 차이 여부를 통계 수치를 통해 살펴보자면 다음과 같다. z값에서 드러났듯이, '데'의 경우는 중·고 학습자 모두가 어미로 인식하는 경향이 크고, '지'의 경우도 역시 두 집단 학습자 모두 어미로 인식하는 경향이 큰데, 다만 고등학교 학습자의 경우 그 인식 정도가 낮아지고 있는 점이 특징적이다. 즉 어느 면에서는 의존명사로 인식하고 있다는 것이다.

하지만 '바'의 경우는 중학생 학습자의 경우는 어미로, 고등학생 학습자의 경우는 의존명사로 인식하는 경향이 높은 것으로 볼 수 있다. 이는 고등학교 학습자들이 '바'와 관련된 문법적인 내용들을 인식하고 있어서 이를 띄어쓰기에 적용했거나, 혹은 '바'를 독립된 의미로 파악하고 있다는 점과 관련된다.

요약하자면, '데'와 '지'의 경우는 중·고 학습자들 모두가, '바'의 경우는 중학생 학습자가 어미로 인식하는 경우가 검증상 유의미하게 드러났다. 따라서 이들 언어 형태들이 상대적으로 문법화가 많이 진행된 결과로 인식되었다고 볼 수 있다. 다만 '바'의 경우는 고등학교 학습자들에게는 문법화가 덜 진행된 의존명사로 유의미하게 인식되고 있다. 이는 '바' 형태에 대한 적절한 문법 교육의 영향이라고도 할 수 있을 것이다.

#### 4.1.2. 의존명사와 조사의 띄어쓰기에 대한 논의

다음은 항목 '11)'에서 '20)'에 대한 논의 결과이다. 우선 어문 규정에 따른 의존명사와 조사에 관련된 '11)'번에서 '20)'번까지의 띄어쓰기 양상은 〈표 11〉과 같다.

〈표 11〉 의존명사와 조사 띄어쓰기의 규범적 양상

| 의존명사와 조사의 구별 | |
|---|---|
| 11) 그밖에문제를풀사람이없다<br>12) 그∨밖에또무슨문제가있다<br>13) 그가그러는것도이해할∨만은하다<br>14) 그녀는혼자만의여행을떠났다<br>15) 어제일을본∨대로 들은∨대로이야기해봐라<br>16) 큰것은큰것대로따로모아둬라 | 17) 이제나이를먹을∨만큼먹었으니죽어도여한이없다<br>18) 부모님에게만큼은잘해드리고싶었다<br>19) 그는집에서뿐만아니라밖에서도사람들에게너그럽게대한다<br>20) 모두들구경만할∨뿐누구하나거드는이가없었다 |

연구가설 1과 관련된 의존명사와 조사에 대한 띄어쓰기의 인식 결과는 〈표 12〉와 같다. 표에서 진함과 기울임으로 표시된 것이 의존명사이고 그 외는 조사이다. 결과에서 드러나듯이, 앞선 의존명사와 어미의 항목들과는 달리 의존명사와 조사 간의 띄어쓰기에서는 고등학생 학습자들이 중학생들보다 대체적으로 정확한 인식의 양상을 보여주고 있다.

〈표 12〉 '11)~20)' 항목의 정답자 수와 정답률

| 항목 \ 대상자 | 중 2(150명) | | 고 2(150명) | |
|---|---|---|---|---|
| | 정답자 수(명) | 정답률(%) | 정답자 수(명) | 정답률(%) |
| 11) | 69 | 46.0 | 54 | 36.0 |
| **12)** | **57** | **38.0** | **87** | **58.0** |
| **13)** | **27** | **18.0** | **71** | **47.3** |
| 14) | 142 | 94.7 | 144 | 96.0 |
| **15)** | **14** | **9.3** | **47** | **31.3** |
| 16) | 129 | 86.0 | 118 | 78.7 |
| **17)** | **44** | **29.3** | **86** | **57.3** |
| 18) | 26 | 17.3 | 46 | 30.7 |
| 19) | 21 | 14.0 | 54 | 36.0 |
| **20)** | **42** | **28.0** | **80** | **53.3** |

의존명사에 대한 띄어쓰기 정답률은 제시된 언어 형태 모두에서 고등학생 학습자들의 인식 정답률이 높았지만, 붙여 쓰는 것이 올바른 조사 '대로'와 '밖에'의 경우에는 유의미하지 않지만 중학생 학습자들의 정답률이 높은 경우도 있었다. 통계 검증을 통한 구체적인 결과는 〈표 13〉과 같다.

〈표 13〉 '11)~20)' 항목의 연구가설 1에 대한 검증 결과

| 항목 | 정답자수(중) | 정답자수(고) | 정답률(중) | 정답률(고) | 통합비율 | z값 | 기각여부 |
|---|---|---|---|---|---|---|---|
| 11 | 69 | 54 | 0.46 | 0.36 | 0.41 | 1.76 | 수용 |
| 12 | 57 | 87 | 0.38 | 0.58 | 0.48 | -3.47 | 기각 |
| 13 | 27 | 71 | 0.18 | 0.47 | 0.33 | -5.42 | 기각 |
| 14 | 142 | 144 | 0.95 | 0.96 | 0.95 | -0.55 | 수용 |
| 15 | 14 | 47 | 0.09 | 0.31 | 0.20 | -4.73 | 기각 |
| 16 | 129 | 118 | 0.86 | 0.79 | 0.82 | 1.67 | 수용 |
| 17 | 44 | 86 | 0.29 | 0.57 | 0.43 | -4.89 | 기각 |
| 18 | 26 | 46 | 0.17 | 0.31 | 0.24 | -2.70 | 기각 |
| 19 | 21 | 54 | 0.14 | 0.36 | 0.25 | -4.40 | 기각 |
| 20 | 42 | 80 | 0.28 | 0.53 | 0.41 | -4.47 | 기각 |

〈표 13〉에서 '밖, 만, 대로'가 조사로 사용된 '11), 14), 16)'번 항목들은 통계 검증상 띄어쓰기 인식의 결과에서 차이가 없는 것으로 드러났다. 항목 '11)'과 '16)'은 중학생의 인식 정답률이 높지만 유의미하지 않고, 항목 '14)'의 경우는 고등학생의 인식 정답률이 높지만 역시 검증 결과상 유의미하지 않다. 그 외는 모두 중학생과 고등학생 집단 간에 유의미한 차이가 나는 것으로 기각되고 있다. 즉 대체적으로 고등학교 학습자들의 띄어쓰기 인식 결과가 나은 것으로 드러났다.

연구가설 2는 의존명사와 조사의 문법화에 따른 인식상의 차이가 띄어쓰기에도 반영될 것으로 상정한 것이다. 즉 문법화에 따라 인식상의 차이가 일정하게 드러날 것이라고 상정하였다. 전체 결과는 〈표

14〉와 같다.

〈표 14〉 언어 형태에 따른 정답률

| 정답률 / 언어형태 | 조사 : 의존명사 | |
|---|---|---|
| | 중 2 | 고 2 |
| '밖에'(11, 12)[15] | 조사 > 의존명사 | 조사 < 의존명사 |
| '만'(13, 14) | 조사 > 의존명사 | 조사 > 의존명사 |
| '대로'(15, 16) | 조사 > 의존명사 | 조사 > 의존명사 |
| '만큼'(17, 18) | 조사 < 의존명사 | 조사 < 의존명사 |
| '뿐'(19, 20) | 조사 < 의존명사 | 조사 < 의존명사 |

'15)'번 항목의 의존명사 '대로'의 경우는 전체 항목에서 정답률이 가장 낮은데, 이 형태의 경우는 두 곳 모두에서 띄어쓰기를 하기보다는 한 곳에만 띄어쓰기를 하는 경우가 많았다. 즉 '본∨대로 들은대로' 혹은 '본대로 들은∨대로'와 같은 형태가 다수 발견되었다. 이는 동일 형태 관형사형을 제대로 인식하지 못한, 즉 문법적 지식에의 결여로 수반되는 인식상의 오류라고 볼 수 있다.

또한 '18)'번과 '19)'번 항목의 조사 '만큼'과 '뿐'의 띄어쓰기 양상도 그 정답률이 중학생과 고등학생 학습자들 공히 낮은 것으로 드러났다. 이 형태들은 조사가 겹치는 경우로, 학습자들이 조사들 간을 붙여 쓰기보다는 띄어 쓰는 형태로 인식하는 경우가 많아 정답률이 낮은 것으로 드러났다. 즉 '부모님에게∨만큼은'과 '집에서∨뿐만'과 같은 형태가 다수 발견되었다.[16]

---

15) '12)'번 항목은 '밖에'는 '의존명사+조사'의 형태이다. 이 글의 조사에서는 이를 조사인 '밖에'와 동일한 형태로 보고 조사를 진행하였다.

16) 이런 현상은 조사 대상 학습자들이 조사와 의존명사를 전혀 구분하지 못하기 때문에 생기는 현상이라고 할 수 있다. 띄어쓰기를 품사의 구분에 의해 적용하기보다는 한 낱말의 글자 수가 많으면 이의 시각적 편의성을(읽기의 가독성 확보) 확보하기 위해 띄어쓰기를 적용한다는 것이다. 이는 사후 조사에서 학습자들에게 왜 '부모님에게∨만큼은', '집에서∨뿐만'과 같이 띄어야 하는지에 대한 질문했을 때, "낱말이 너무 길어서"라는 지적 이외에는 적절한 답변이 나오지 않았다는 점을 통해 추론할 수 있었다.

결론적으로 언어 형태와 학습자들에 따라 띄어쓰기의 인식 결과가 다르게 드러나고 있음을 조사 결과는 보여주고 있다. 나아가 동일한 언어 형태의 문법화 과정에 따른 문장에서의 기능을 띄어쓰기와 직접적으로 연관시켜 학습자들이 인식하는 것으로는 보기 어려울 듯하다. 연구가설 2인 문법화에 따른 인식 결과에 따른 통계 검증 결과는 〈표 15〉와 같다.

〈표 15〉 '11)~20)' 항목의 연구가설 2에 대한 검증 결과

| 항목 (집단) | | 의존명사 | 조사 | 의존명사 정답률 | 조사 정답률 | 통합비율 | z값 | 기각여부 |
|---|---|---|---|---|---|---|---|---|
| 중 | 11~12 | 57 | 69 | 0.38 | 0.46 | 0.42 | -1.40 | 수용 |
| | 13~14 | 57 | 142 | 0.38 | 0.95 | 0.66 | -10.38 | 기각 |
| | 15~16 | 14 | 129 | 0.09 | 0.86 | 0.48 | -13.29 | 기각 |
| | 17~18 | 44 | 26 | 0.29 | 0.17 | 0.23 | 2.46 | 기각 |
| | 19~20 | 42 | 21 | 0.28 | 0.14 | 0.21 | 2.98 | 기각 |
| 고 | 11~12 | 87 | 54 | 0.58 | 0.36 | 0.47 | 3.82 | 기각 |
| | 13~14 | 71 | 144 | 0.47 | 0.96 | 0.72 | -9.35 | 기각 |
| | 15~16 | 47 | 118 | 0.31 | 0.79 | 0.55 | -8.24 | 기각 |
| | 17~18 | 86 | 46 | 0.57 | 0.31 | 0.44 | 4.65 | 기각 |
| | 19~20 | 80 | 54 | 0.53 | 0.36 | 0.45 | 3.02 | 기각 |

〈표 15〉에서 드러난 바와 같이 문법화에 따른 차이는 연구가설 2를 영가설로 두고, 즉 문법화에 따른 차이는 없는 것으로 두고 통계 검증한 결과, 중학생 집단에서 항목 '11)'과 '12)'의 경우만 차이가 없는 것으로 드러났다. 이는 중학생 집단의 경우 '밖'과 '밖에'의 정확한 쓰임새를 알지 못하기 때문에 띄어쓰기에도 이런 점이 그대로 반영

아울러 이 항목들은 필자가 조사 항목으로 설정할 때, 조사와 의존명사를 동일 조건(가령 글자 수 등)하에 두어야 하는데, 그렇지 못했음과 관련되는 조사상의 문제이기도 하다. 가령 "부모님에게만큼은"을 17)의 항목 예와 같이 "부모님만큼"으로, "집에서뿐만"은 20)의 항목 예와 같이 "집뿐"으로 구성해야 보다 적절한 예문이 되었을 것으로 사료된다. 차후 연구과제에서 이런 문제들이 고려되어야 할 것이다.

된 결과라 할 수 있다.

하지만 그 외 언어 형태들에서는 의존명사와 조사의 문법화에 따른 유의미한 차이가 있는 것으로 조사 결과는 보여주고 있다. 하지만 음의 기각 역과 양의 기각 역에서 드러나듯이, 문법화 과정에 따라 띄어쓰기의 인식 양상이 일정하게 관련되는 양상으로 드러나지는 않았다. 즉 문법화가 거의 완료된 상태의 형태인 조사가 문법화가 진행 중인 의존명사에 비해 띄어쓰기의 오류율이 현격하게 낮게 드러나지는 않았다는 점이다.

〈표 15〉에 나온 결과를 통해 다음과 같은 점이 지적될 수 있다. '만'과 '대로'의 경우 중·고 학습자 모두 조사로 인식하는 경우가 높았으며, '만큼'과 '뿐'은 의존명사로 인식하는 경우가 높았다. 물론 통계 수치상으로 전자의 경우가 훨씬 더 유의미한 양상이다. 다만 '만'의 경우는 중·고 학습자들 간에 약간의 차이가 나는데, 중학생 학습자의 경우 조사로 인식하는 수치가 높지만 유의미하지 않은 수준이고, 고등학생 학습자의 경우 의존명사로 인식하는 경우가 유의미한 수준으로 드러났다. 아울러 앞선 의존명사와 어미에 비해 의존명사와 조사의 경우에는 문법화 과정에 따른 의존명사와 조사 간의 띄어쓰기 인식 양상의 차이가 언어 형태에 따라 다소 불균형하게 드러난 점이 특징적이다.

요약하자면, '만', '대로'의 경우 중·고 학습자들 모두가 조사로 인식하는 것이 유의미한 수치로 드러나는 점으로 미루어, 이들 언어 형태들은 상대적으로 문법화가 더 진행된 것으로 볼 수 있다. 하지만 '만큼', '뿐'은 중·고 학습자들 모두 의존명사로 인식하는 경우가 유의미한 수치로 드러나기 때문에 이들 형태들은 상대적으로 문법화가 덜 진행된 것으로 추측해 볼 수 있다.[17)]

17) 문법화의 정도는 의존명사를 중심으로, 그에 결합하는 선·후행 요소의 결합 분포의 폭과 관련된 문제이다. 아울러 그 의미가 어휘적인가, 문법적인가의 문제를 중심으로 논의될 수 있다. 따라서 이 글은 제시된 연구가설 2를 중심으로 띄어쓰기를 통해 문법화의 정도

이상 연구 결과 및 논의를 정리하자면 다음과 같다. 연구가설 1과 관련된 내용은, 의존명사와 어미의 경우는 언어 형태에 따라 그 인식의 정답률이 차이가 났고, 의존명사와 조사의 경우는 고등학교 학습자가 전반적으로 인식의 정답률이 높은 것으로 드러났다. 다만 의존명사와 어미의 경우에, 중학교 학습자들의 경우 띄어 경우와 붙여 쓰는 경우의 차이가 매우 심하게 나는 언어 형태가 있었는데, 이는 학습자들의 문법 지식에 대한 부족에서 기인하는 것으로 판단되었다. 이는 고등학교 학습자의 경우도 크게 다르지 않았다.

연구가설 2의 경우는, 전반적으로 언어 형태에 따라 인식의 차이가 나는 것으로 드러났다. 의존명사와 어미의 경우는, 대체로 학습자들이 어미로 인식하는 경우가 많아 상대적으로 문법화가 더 진행된 것으로 볼 수 있다. 하지만 의존명사와 조사의 경우는 언어 형태에 따라 인식의 차이가 심하게 드러나고 있어, 문법화 정도를 언어 형태에 따라 달리 접근해야 할 것으로 판단되었다.

## 4.2. 교육상 의의

국어교육의 틀에서 띄어쓰기는 쓰기의 주요한 교육 내용으로 다루어져 왔다. 하지만 비중 있게 교육되기보다는 글의 시각적인 측면에서 오는 읽기의 편의성, 즉 가독성 향상을 위한 피상적인 내용으로 다루어져왔지 어문 규정에 내재된 문법적 원리와 함께 심도 있게 다루어지지 못했다. 따라서 학교 현장에서는 학습자들에게 어려운 어문 규정을 단순히 외우게 하거나 혹은 아예 교육 내용으로 다루지 않고 넘어가는 경우가 많았다.

이 글에서는 이런 문제의식을 바탕으로, 문법 지식의 활용 측면에

---

를 가늠해 보고자 시도한 시론적 성격의 논의로, 문법화의 문제를 본격적으로 다룬 논의라고 보기는 어렵다. 다만 띄어쓰기를 통해 문법화의 정도를 가늠해보고자 했다는 점에서 의의가 있다.

서 띄어쓰기에 대한 학습자들의 인식 양상을 다루었다. 두 가지 가설의 제시하에, 우선 일정한 수준과 연령대의 학습자들의 띄어쓰기에 대한 인식의 양상의 차이를 다루었다. 또한 이를 문법화와의 관련성 측면에서 논의하였다. 이로부터 두 가지 교육상의 의의를 도출할 수 있다.

첫째, 의존명사와 어미, 그리고 의존명사와 조사 간에 드러나는 중·이 학습자들의 띄어쓰기 인식 결과에서, 그 인식 양상은 다소 차별적으로 드러났다. 전체적으로 고등학교 학습자들의 인식의 정도가 나은 것으로 드러났지만, 몇몇 언어 형태에서는 정반대의 경우도 있었다. 하지만 전반적으로 띄어쓰기 인식의 정답률이 낮아, 문법 교육에서의 교육 내용이나 방법론 측면의 문제점이 제기되었다.

특히 의존명사와 어미 간 동일 언어 형태의 띄어쓰기 결과에서 중학생 학습자들의 경우 붙여 쓰는 경우가 올바른 경우, 그 정답률이 매우 높게 나왔다. 그에 반해 띄어 써야 하는 경우에는 상대적으로 매우 낮게 정답률이 나왔다. 이는 중학생 학습자들이 띄어쓰기와 관련된 문법 지식을 제대로 숙지하여 활용하고 있는가에 의구심을 갖게 하는 부분이었다. 이 점에서는 고등학교 학습자들의 경우도 큰 차이가 나지 않는다.

따라서 이런 문제는 문법 교육 시에 동일하거나 유사한 언어 형태로 분포하는 의존명사와 어미, 의존명사와 조사의 교육은 품사 지식의 측면에서 개별적으로 지도할 것이 아니라, 쓰기와 연계된 통합 교육의 방식으로 전개될 필요가 있다. 아울러 이런 언어 형태들을 문법 교수·학습 상황에서 형태나 기능면으로 범주화할 필요가 있음을 조사 결과 및 논의에서 제기했다.

둘째, 띄어쓰기 인식 양상과 문법화와의 관련성이다. 띄어쓰기와 문법화의 과정이 밀접하게 결부되는 것은 아니다. 다만 문법화 과정의 결과, 일정한 언어 형태의 쓰임이 띄어쓰기 사용과 일정 부분 관련된다는 점에서 그 연결 고리를 찾을 수 있다. 즉 문법화와 그에 따른 띄어쓰기 사용 양상은 결국 시·공간을 공유하는 언중들의 인식 결과이기 때문이다.

이 점에서 이 글은 의존명사와 어미, 그리고 의존명사와 조사 간의 문법화 양상에 따른 띄어쓰기 인식 양상을 관련시켜보았다. 언어 형태에 따라 그 인식의 차이가 부각되었으며, 이는 문법화 진행 과정과 밀접하게 관련되기보다는, 언어 형태에 따라 그 차이가 부각되었다. 이는 띄어쓰기에 대한 인식의 결과와 맥락을 공유하는 점이다.

문법화의 과정에 관련 있는 띄어쓰기의 인식의 측면은, 사회언어학적이고 국어사적인 면과 밀접하게 부합된다. 즉 문법화와 관련된 띄어쓰기의 인식 측면은, 문법 교육에서 동일 형태의 언어 단위가 언중에게 그 변화 양상과 더불어 어떻게 인식되는지를 언어 사용의 관점에서 구체적으로 살펴볼 수 있다는 점에서 교육적 의의가 있다고 할 수 있다.

## 5. 마무리

이 글은 문법 교육의 틀에서 학습자의 띄어쓰기 양상에 대한 인식을 조사하였다. 일반적으로 학교 현장에서 띄어쓰기는 쓰기 교육의 주요한 교육 내용과 평가 항목으로 중점적으로 다루어져 왔다. 하지만 띄어쓰기는 읽기나 쓰기 교육에서 시각적 편의성을 제공하는 수단임을 넘어 주요한 문법 지식, 즉 문법화와 관련되기도 하다.

하지만 이 글은 문법화와 관련된 띄어쓰기의 문법적 측면을 상세하게 다루기보다는 문법화 과정에 따르는 동일 언어 형태에 대한 인식의 문제를 두 가지 연구가설을 통해 살펴보았다. 즉 문법 교육의 틀에서 어문 규정에 제시된 띄어쓰기의 양상을 기준으로 삼고 수준과 연령이 다른 학습자들의 띄어쓰기 인식 측면을 조사하였다.

첫 번째 가설은 수준과 연령에 따른 띄어쓰기 인식의 양상이다.

이 글에서는 중학교 2학년과 고등학교 2학년 학습자들을 대상으로 하여 띄어쓰기 인식의 양상을 조사하였다. 결과는 '데'와 관련된 일부 의존명사와 어미, 그리고 '밖에', '만', '대로'가 조사로 사용된 경우에만 수용되었다. 그 외는 모두 기각되어 중학생과 고등학생 학습자들 간의 띄어쓰기 인식 양상에는 차이가 있는 것으로 드러났다. 하지만 언어 형태들에 따라 약간씩의 차이가 있었고, 특히 중학생 학습자들의 경우 띄어 쓰는 것보다 붙여 쓰는 것에 더 익숙해 있거나, 혹은 문법적 지식의 결여로 띄워야 하는 곳을 붙여 쓰는 경우가 더 많은 것으로 드러났다.

두 번째 가설은 동일 언어 형태의 문법화 진행에 따른 띄어쓰기 인식의 양상이다. 즉 이 글은 문법화의 진행 과정에 따라 일정한 언어 형태들이 띄어쓰기 인식 양상에 차이가 있을 것이라고 상정하였다. 이는 조사나 어미는 문법화의 종결에 따라 반드시 다른 자립 단위에 부속되어 쓰이는 것이기 때문에 문법화가 진행 중인 의존명사에 비해 띄어쓰기의 오류 비율이 낮을 것이라는 점과도 관련될 수 있다. 하지만 조사 결과는 언어 형태와 학습자들에 따라 그 오류 수준이 달리 드러나는 것으로 드러났다.

이 글은 일정한 수준과 연령의 표집 대상 학습자들을 대상으로 띄어쓰기에 대한 인식의 문제를 다루어보았다. 하지만 띄어쓰기와 관련하여 조사된 내용이 몇몇 언어 형태에 국한되었고, 아울러 표집 대상자의 선정에서도 그 대표성에 한계가 따랐다. 하지만 그간 문법 교육의 관점에서 띄어쓰기에 대한 학습자들의 인식 양상에 대한 조사가 드물었고, 그 점에서 이 글은 문법화와 관련된 띄어쓰기 현장 연구 조사의 시발점이 되었다는 점에서 의의가 있다.

# 참고문헌

## 1. 단행본

교육과학기술부(2007), 『고등학교 교육과정 해설』, 교육과학기술부.
교육과학기술부(2008), 『고등학교 교육과정 해설』, 교육과학기술부.
교육과학기술부(2008), 『국어 중학교 교육과정 해설』, 교육과학기술부.
교육과학기술부(2009), 『고등학교 교육과정 해설』, 교육과학기술부.
교육과학기술부(2009), 『국어 고등학교 교육과정 해설』, 교육과학기술부.
교육과학기술부(2011), 『2011 개정 국어과 교육과정』, 교육과학기술부.
김광해(1997), 『국어지식 교육론』, 서울대학교 출판부.
김봉군 외(2003), 『독서』, 금성출판사.
김수업(2006), 『배달말 가르치기』, 나라말.
김지홍(2010), 『언어의 심층과 언어교육』, 경진.
김현희 외(2003), 『독서 치료의 실제』, 학지사.
노대규(1996), 『한국어의 입말과 글말』, 국학자료원.
노명완 외(2003), 『독서』, 교학사.
민현식(1999), 『국어 정서법 연구』, 태학사.
박성창(2000), 『수사학』, 문학과지성사.
박영목 외(2003), 『독서』, 교학사.
박영목 외(2012), 『독서와 문법』 I, 천재교육.
박용익(2010), 『대화분석론』, 백산서당.
서정수(1995), 『문장력 향상의 길잡이』, 사닥다리.

서정현 외(2003), 『'나'를 찾는 검색어』, 이슈투데이.
성태제(2005), 『현대 기초통계학의 이해와 적용』, 교육과학사.
소홍렬 외(1992), 『대화의 철학』, 서광사.
송하춘 외(2003), 『독서』, 박영사.
수험문장평가연구회(2005), 『면접·자기소개서』, 문장.
심재기 외(2003), 『독서』, 중앙교육진흥연구소.
신헌재 외(2003), 『국어과 협동학습 장안』, 박이정.
안주호(1997), 『한국어 명사의 문법화 현상 연구』, 한국문화사.
오세영 외(2003), 『독서』, 미래엔컬처그룹.
오택환(2008), 『협동작문의 이론과 실제』, 역락.
우한용 외(2003), 『독서』, 민중서림.
윤여탁 외(2012), 『독서와 문법』 I, 미래엔.
윤희원 외(2011), 『중학국어』 3, 금성출판사.
이경륜(2005), 『자기소개서 백점, 면접 백점』, 세창미디어.
이규호(1999), 『대화의 철학』, 시공사.
이남호 외(2012), 『독서와 문법』 I, 비상교육.
이삼형 외(2003), 『독서』, 포넷.
이삼형 외(2012), 『독서와 문법』 I, 지학사.
이성하(1998), 『문법화의 이해』, 한국문화사.
이성호(2009), 『교육과정론』, 양서원.
이주행 외(2003), 『고등학교 화법』, 금성출판사.
이창덕 외(2010), 『화법교육론』, 역락.
임천택(2002), 『학습자 중심의 국어과 평가』, 박이정.
전은주(1999), 『말하기·듣기 교육론』, 박이정.
정달영(1997), 『국어 단락이론과 작문 교육』, 집문당.
정희모(2006), 『글쓰기 교육과 협력학습』, 삼인.
최지현 외(2003), 『독서』, 천재교육.

## 2. 논문


고영근(2004), 「국어문법교육의 방향 탐색」, 『우리말 연구』 15, 우리말학회.

구현정(2001), 「대화의 원리를 바탕으로 한 말하기 교육」, 『외국어로서의 한국어교육』 25·26, 연세대학교 언어연구교육원 한국어학당, 303~330쪽.

권영환(1996), 「메인이름씨 구성의 씨끝되기에 대하여」, 『우리말 연구』 6, 우리말학회, 115~140쪽.

김기호(2009), 「고전 독서론 연구의 현황과 과제」, 『한국사상과 문화』 50, 한국사상문화학회, 43~82쪽.

김남식(2003), 「독서치료의 이론적 이해」, 『상담과 선교』 41, 한국상담선교연구원, 33~67쪽.

김대행(2002), 「내용론을 위하여」, 『국어교육연구』 10, 서울대학교 국어교육연구소, 7~31쪽.

김대행(2006), 「국어생활·국어문화·국어교육」, 『국어교육』 119, 한국어교육학회, 1~30쪽.

김대행(2007), 「국어교육의 위계화」, 『국어교육연구』 19, 서울대학교 국어교육연구소, 7~37쪽.

김도남(2006), 「해석 공동체의 개념 탐구」, 『국어교육학연구』 26, 국어교육학회, 277~309쪽.

김라연(2007), 「총체적 쓰기 평가와 분석적 쓰기 평가의 상관 연구」, 『이중언어학』 35, 이중언어학회, 103~126쪽.

김성규(1999), 「잠재적 휴지의 실현」, 『선청어문』 27, 서울대학교 국어교육과, 831~859쪽.

김세영 외(2001), 「과학텍스트의 읽기 및 이해에 대한 결속장치의 선택적 영향」, 『한국정보과학회 언어공학연구회 학술발표 논문집』, 한국정보과학회 언어공학연구회, 226~232쪽.

김수업(1992), 「듣기에 관한 하나의 조사」, 『배달말교육』 10, 배달말교육학회, 103~138쪽.
김영미(2010), 「차기 국어과 교육과정의 발전적 방향: 09개정 국어과 교육과정에 있어서 선택과목의 편성과 운영 방안에 대한 한 검토」, 『청람어문교육』 41, 청람어문교육학회, 109~136쪽.
김용석(1987), 「국어과 교육과정·교과서에 대하여」, 『모국어교육』 5, 배달말교육학회, 195~215쪽.
김윤미(2006), 「거시규칙을 적용한 중학생들의 텍스트 요약 실태 분석」, 『교육과정평가연구』 9, 한국교육과정평가원, 137~158쪽
김재봉(1995), 「문 주제 중심의 텍스트 요약과 거시규칙」, 『텍스트언어학』 3, 한국텍스트언어학회, 31~82쪽.
김재봉(1997), 「텍스트 요약 전략에 대한 국어교육학적 연구」, 조선대학교 박사논문.
김정훈(1997), 「요약하기 책략 지도 방안 연구」, 교원대학교 석사논문.
김주환(2010), 「국어과 교육과정의 통합성 연구」, 『새국어교육』 85, 한국국어교육학회, 71~96쪽.
김종백 외(2005), 「작문의 교수-학습에서 반성적 쓰기의 활용」, 『청람어문교육』 32, 청람어문교육학회, 21~44쪽.
김종영(2012), 「말하기 교육, 무엇을 어떻게 할 것인가?」, 『수사학』 16, 한국수사학회, 65~95쪽.
김지홍(2007), 「언어와 언어 사용에 대한 자각」, 『국어문학』 42, 국어문학회, 419~478쪽.
김지홍(2011), 「르펠트의 언어 산출 모형에서 몇 가지 문제」, 『언어』 36(4), 한국언어학회, 887~901쪽.
김창원(2009), 「국어 교과의 정당성과 정체성에 대한 회의」, 『한국초등국어교육』 40, 한국초등국어교육학회, 72~96쪽
김태구(2014), 「요약규칙에 관한 텍스트언어학적 연구」, 고려대 석사논문.
김현강(2010), 「담화 자료의 비언어적 요소의 전사 방법 연구」, 『어문론총』 53, 한국문학언어학회, 85~106쪽.

남지애(2008), 「문법 인식을 통한 띄어쓰기 교육 연구」, 서울대 석사논문.

노명완 외(2006), 「읽기 평가틀에 대한 비교 연구」, 『교육과정평가 연구』 9(1), 교육과정평가원, 159~184쪽.

노은희(2009), 「말하기와 쓰기의 통합에 대한 일고찰」, 『작문연구』 8, 한국작문학회, 77~109쪽.

노은희 외(2012), 「2011개정 국어과 교육과정 '듣기·말하기' 영역에 대한 비판적 고찰」, 『국어교육학연구』 44, 국어교육학회, 261~293쪽.

노환홍(2008), 「자아경험과 예술치료」, 『뷔허너와 현대문학』 30, 한국뷔허너학회, 353~380쪽.

류보라(2010), 「국어 교과서의 통합 단원 구성 방식 연구」, 『국어교육학연구』 39, 국어교육학회, 313~337쪽.

문선모 외(2009), 「선행지식과 교재친숙도가 독해의 사고구술 반응에 미치는 효과」, 『교육과정평가 연구』 12(3), 교육과정평가원, 83~107쪽.

문혜경(2000), 「협동작문을 통한 작문 지도 방법 연구」, 서울교대 석사논문.

박대아(2010), 「고등학생 글쓰기의 띄어쓰기 오류 유형과 지도 방안」, 『우리어문연구』 38, 우리어문학회, 331~361쪽.

박승윤(1997), 「'밖에'의 문법화 현상」, 『언어』 22, 한국언어학회, 57~70쪽.

박영민(2006), 「반성적 쓰기를 활용한 작문 평가 방안」, 『새국어교육』 73, 한국국어교육학회, 33~59쪽.

박영민 외(2008), 「반성적 쓰기가 중학생의 설명문 쓰기 수행에 미치는 영향」, 『국어교육』 125, 한국어교육학회, 137~162쪽.

박영민 외(2006), 「반성적 쓰기 활동이 학생필자의 쓰기 능력 및 효능감에 미치는 영향」, 『한국교육학연구』 12(1), 안암교육학회, 87~102쪽.

박은미(2009), 「의사소통과 실존적 상호소통」, 『시대와 철학』 20(3), 한국철학사상연구회, 265~309쪽.

박인기(2010), 「국어교육과 매체언어 문화」, 『국어교육학연구』 37, 국어교육학회, 137~158쪽.

박정규(2011), 「국어 띄어쓰기 규정의 검토와 개선안 연구」, 『어문연구』

132, 한국어문교육연구회, 441~465쪽.
박창균(1999), 「대화분석을 통한 말하기 교수-학습 방법 연구」, 경인교대 석사논문.
박창균(2007), 「언식성의 개념과 성격에 관한 고찰」, 『화법연구』 10, 한국화법학회, 269~296쪽.
배창빈(1999), 「말듣기·말하기 수행평가 기준 연구」, 서울교육대 석사논문.
서수현(2008), 「요인 분석을 통한 쓰기 평가의 준거 설정에 대한 연구」, 고려대학교 박사논문.
서수현(2012), 「쓰기 평가 협의 과정에 나타난 쓰기 평가자의 인식 연구」, 『국어교육학연구』 44, 국어교육학회, 335~367쪽.
서영진(2010), 「담화 유형별 위계 설정」, 『새국어교육』 85, 한국국어교육학회, 141~166쪽.
서영진(2013), 「고등학생의 말하기 효능감 구인 연구」, 『국어교육』 135, 한국어교육학회, 185~213쪽.
서종훈(2008), 「자기소개서 쓰기에 대한 연구」, 『새국어교육』 80, 한국국어교육학회, 251~271쪽.
서종훈(2008), 「독서의 가치에 대한 비판적 소고」, 『새국어교육』 92, 한국국어교육학회, 161~190쪽.
서종훈(2009), 「말하기 수행평가 사례 연구」, 『국어교육』 129, 한국어교육학회, 57~85쪽.
서종훈(2009), 「학습자의 단락 인식 양상 연구」, 경상대학교 박사논문.
서종훈(2010), 「언어 수행 수준과 읽기의 상관관계 연구」, 『우리말 연구』 27, 우리말학회, 209~243쪽.
서종훈(2011), 「글말과 입말에 대한 수행 사례 연구」, 『국어교육학연구』 41, 국어교육학회, 505~541쪽.
서종훈(2011), 「2009 개정 국어과 교육과정에 대한 비판적 고찰」, 『우리말교육현장연구』 8, 우리말교육현장학회, 289~318쪽.
서종훈(2012), 「독서의 가치에 대한 비판적 소고」, 『새국어교육』 92, 한국국어교육학회, 161~190쪽.
서종훈(2012), 「학습자의 띄어쓰기 인식 양상 연구」, 『언어과학연구』 62, 언어과학회, 153~178쪽.
서종훈(2012), 「글말과 입말 사용에 드러난 언어 자각 양상 연구」, 『우리말교육현장연구』 10, 우리말교육현장학회, 174~200쪽.
서종훈(2013), 「말하기에 드러난 '쉼' 인식 양상 연구」, 『어문학』 119, 한국어문학회, 1~30쪽.
서종훈(2014), 「담화 갈래와 평가 주체에 따른 쓰기 평가 상관 연구」, 『우리말교육현장연구』 14, 우리말교육현장학회, 73~108쪽.
서종훈(2014), 「단락 중심의 협동 작문 방안 고찰」, 『국어교육연구』 56, 국어교육학회(Since 1969), 111~136쪽.
서종훈(2014), 「화법 교육에서의 대화의 속성과 위상 고찰」, 『언어과학연구』 68, 언어과학회, 165~190쪽.
서종훈(2015), 「요약하기에 드러난 거시규칙 적용 양상 고찰」, 『국어교육학연구』 50, 국어교육학회, 307~346쪽.
서　혁(1994), 「요약능력과 요약 규칙」, 『국어교육연구』 4, 국어교육학회, 113~143쪽.
성숙자(2003), 「협동 작문의 유형과 개선점」, 『우리말글』 13, 우리말글학회, 161~182쪽.
신경득(1987), 「자기소개서 쓰기에 대하여」, 『모국어교육』 5, 모국어교육학회, 141~155쪽.
신지영(2008), 「말하기의 조음 및 운율 요소에 대한 평가」, 『한국어학』 38, 한국어학회, 109~143쪽.
신호철(2007), 「국어교육의 상보적 통합」, 『문법 교육』 7, 한국문법교육학회, 49~72쪽.
심선희(2009), 「요약 규칙을 적용한 요약하기 지도 프로그램의 효과」, 부산대학교 석사논문.
손지희(2009), 「몰입경험의 교육적 가치」, 이화여자대학교 석사논문.

송재림(2008), 「협동작문의 효과성 연구」, 한양대학교 석사논문.

안종복 외(2005), 「정상적인 쉼의 길이와 빈도에 대한 규준 확립을 위한 예비 연구」, 『언어치료연구』 14(3), 한국언어치료학회, 229~237쪽.

안주호(1999), 「의존명사와 관계된 형태들의 표기실태와 문제점」, 『한국어교육학회지』 100, 한국어교육학회, 279~305쪽.

양건승(2007), 「자기소개서 텍스트의 수사학적 분석과 한국어교육 적용 연구」, 경희대학교 대학원.

양명희(2000), 「띄어쓰기의 원리와 현실」, 『관악어문연구』 25, 서울대학교 국어국문학과, 183~199쪽.

양영하(2002), 「구어담화에 나타난 '쉼'의 기능」, 『담화와 인지』 9(2), 담화·인지언어학회, 79~100쪽.

오택환(2010), 「쓰기 수행평가에서 동료평가자간 신뢰도 분석」, 『국어교육연구』 47, 국어교육학회, 91~116쪽.

오현진(2008), 「고등학생의 띄어쓰기에 대한 인식 변화 연구」, 『우리어문연구』 30, 우리어문학회, 383~407쪽.

우순조(2010), 「띄어쓰기 규정 모호성 개선 방안 연구」, 『언어학』 58, 사단법인 한국언어학회, 205~235쪽.

유동엽(2003), 「일상 대화의 논쟁 원리와 전략에 대한 연구」, 『국어교육학연구』 16집, 서울대학교 국어교육연구소, 295~321쪽.

이광모(2005), 「글쓰기 평가 규범의 해석학적 근거」, 『해석학 연구』 15, 한국해석학회, 161~185쪽.

이기갑(2010), 「구술발화의 전사와 분석」, 『배달말』 47, 배달말학회, 71~95쪽.

이도영(2005), 「말하기·듣기 수업 평가 기준 마련을 위한 시론」, 『한국초등국어교육』 27, 한국초등국어교육학회, 21~44쪽.

이도영(2006), 「말하기·듣기 교수 방법 연구」, 『국어교육학 연구』 26, 국어교육학회, 253~276쪽.

이도영(2011), 「초등 듣기·말하기 교육에서 맥락 교육의 문제와 개선 방안」, 『한국초등국어교육』 47, 한국초등국어교육학회, 201~229쪽.

이만수(2002), 「독서요법에 대한 이론적 고찰」, 『독서문화연구』 2, 대진대학교 독서문화연구소, 1~31쪽.

이문규(2006), 「소통 능력 신장에 중점을 둔 말하기 교육 내용 선정의 방향」, 『국어교육』 119, 한국어교육학회, 297~324쪽.

이삼형(1994), 「설명적 텍스트의 내용 구조 분석 방법과 교육적 적용 연구」, 서울대 박사논문.

이성만(1994), 「텍스트의 의미 구조」, 『배재대인문논총』 8, 배재대학교, 129~198쪽.

이성영(2005), 「국어과 교사의 쓰기 영역 평가 전문성 기준과 모형」, 『국어교육』 117, 한국어교육학회, 353~376쪽.

이성영(2008), 「읽기 발달 단계에 대한 연구」, 『국어교육』 27, 한국어교육학회, 51~80쪽.

이성영(2009), 「생태학적 타당한 독서 교육을 위하여」, 『한국초등국어교육』 22, 한국초등국어교육학회, 123~156쪽.

이순영(2006), 「독서 동기와 몰입 독서의 영향에 관한 비판적 고찰」, 『국어교육학연구』 26, 국어교육학회, 403~425쪽.

이영진(2012), 「쓰기 평가 방식에 관한 학생들의 인식 차이 분석」, 『작문연구』 14, 한국작문학회, 239~268쪽.

이은주(2001), 「몰입에 대한 학습동기와 인지전략의 관계」, 『교육심리연구』 15(3), 한국교육심리학회, 199~216쪽.

이재기(1997), 「소집단 협동적 작문활동에 대한 고찰」, 『청람어문교육』 17, 청람어문교육학회, 263~312쪽.

이정모(2005), 「지식유형과 인지양식이 글 요약과 이해에 미치는 영향」, 『인지과학』 16(4), 한국인지과학회, 271~285쪽.

이주섭(2010), 「차기 초등 국어과 교육과정의 내용 개선 방향」, 『청람어문교육』 41, 청람어문교육학회, 57~81쪽.

이지양(2003), 「문법화의 이론과 국어의 문법화」, 『정신문화연구』 26(3), 한국학중앙연구원, 211~239쪽.

이진희(2003), 「언어의 구어성과 문어성에 관한 연구」, 『독일문학』 85, 한국독어독문학회, 528~542쪽.
이창덕(1998), 「국어교육과 대화분석」, 『한국초등국어교육』 14, 한국초등국어교육학회, 39~64쪽.
이창호(2010), 「발화 중 휴지 시간이 갖는 의미」, 『한국어학』 46, 한국어학회, 353~386쪽.
이호영(1990), 「한국어의 억양체계」, 『언어학』 113, 사단법인 한국언어학회, 129~151쪽.
임규홍(1997), 「'쉽'의 언어 기능에 대한 연구」, 『한글』 235, 한글학회, 93~125쪽.
임규홍(2010), 「'문법'과 '독서'의 통합성」, 『문법교육』 12, 한국문법교육학회, 36~94쪽.
임두순(1989), 「독해전략 훈련의 학습효과 연구」, 중앙대 박사논문.
임칠성(2005), 「중등학교 듣기·말하기 교육과정의 교육 내용 고찰」, 『화법연구』 8, 한국화법학회, 71~99쪽.
임칠성(2008), 「화법 교육과정의 '담화 유형'에 대한 범주적 접근」, 『화법연구』 12, 한국화법학회, 149~189쪽.
임칠성(2009), 「화법과 작문의 교육내용 대비 고찰」, 『연구발표회 자료집』 15, 한국작문학회, 5~28쪽.
임칠성(2010), 「국어과 교육과정의 영역 설정과 운영 방안」, 『청람어문교육』 41, 청람어문교육학회, 35~55쪽.
임칠성(2010), 「바람직한 화법 교육과정 구조와 내용 체계 연구」, 『국어교육』 131, 한국어교육학회, 119~140쪽.
임칠성(2012), 「화법의 관계 연구」, 『화법연구』 20, 한국화법학회, 365~389쪽.
임택균(2013), 「관계적 차원의 화법교육 문제」, 『화법연구』 22, 한국화법학회, 191~220쪽.
장경현(2003), 「문어/문어체·구어/구어체 재정립을 위한 시론」, 『한국어 의미학』 13, 한국어의미학회, 143~165쪽.

장경희 외(2006), 「말하기 능력 평가에 관한 요구 조사 연구」, 『한국언어문화』 31, 한국언어문화학회, 353~388쪽.

전영옥(2005), 「발표담화와 발표요지 비교 연구」, 『텍스트언어학』 19, 한국텍스트언어학회, 209~246쪽.

전영옥(2006), 「국어의 발화 단위 연구」, 『한말연구』 19, 한말연구학회, 271~299쪽.

전원대(2010), 「텍스트 의미 구조 유형에 따른 요약하기 지도 방안」, 부산대 석사논문.

전은주(2004), 「말하기 영역의 교육과정 내용에 대한 타당성 고찰」, 『화법연구』 7, 한국화법학회, 173~201쪽.

전은주(2006), 「화법교육 변천사」, 『국어교육』 119, 한국어교육학회, 229~266쪽.

정구향(2010), 「2009개정 고등학교 국어 선택 교육과정의 현황과 과제」, 『청람어문교육』 41, 청람어문교육학회, 83~108쪽.

정미현(2003), 「협의 중심의 과정 중심 글쓰기 효율성」, 『국어교육』 112, 한국어교육학회, 95~130쪽.

정희모(2009), 「대학글쓰기 평가의 신뢰도와 타당도 향상을 위한 한 방안」, 『작문연구』 9, 한국작문학회, 277~305쪽.

정희모(2010), 「글쓰기 평가에서 객관-주관주의 대립과 그 함의」, 『우리어문연구』 37, 우리어문학회, 217~250쪽.

정희모 외(2009), 「대학생 글에 대한 총체적 평가와 분석적 평가의 결과 비교 연구」, 『청람어문교육』 39, 청람어문교육, 251~273쪽.

정희창(2002), 「틀리기 쉬운 띄어쓰기」, 『새국어 생활』 12(1), 국어연구원, 17~32쪽.

조재윤(2006), 「국어과 말하기·듣기 평가 실태 조사 연구」, 『화법연구』 9, 한국화법학회, 115~141쪽.

조재윤(2006), 「말하기 평가 방법간 신뢰도 분석 연구」, 『국어교육학 연구』 27, 국어교육학회, 493~514쪽.

조재윤(2009), 「일반화가능도 이론을 이용한 쓰기 평가의 오차원 분석 및 신뢰도 추정 연구」, 『국어교육』 128, 한국어교육학회, 325~357쪽.

조한익 외(2011), 「심리적 독립과 자기 주도적 학습의 관계서 몰입경험의 매개효과」, 『청소년학연구』 18(1), 한국청소년학회, 109~134쪽.

천경록(1992), 「덩이글의 주제구성 방법연구」, 한국교원대학교 석사논문.

천경록(2005), 「국어과 교사의 읽기 영역 평가 전문성 기준과 모형」, 『국어교육』 117, 한국어교육학회, 327~352쪽.

최운호(1999), 「언어 변화와 언어 처리」, 『인지과학』 10(2), 한국인지과학회, 35~43쪽.

하치근(2003), 「'데' 짜임월의 문법화 과정 연구」, 『한글』 261, 한글학회, 97~121쪽.

하치근(2006), 「'지' 짜임월의 문법화 과정 연구」, 『우리말 연구』 18, 우리말학회, 27~55쪽.

하치근(2008), 「'바' 짜임월의 문법화 과정 연구」, 『한글』 281, 한글학회, 289~315쪽.

한연희 외(2011), 「2011 국어과 교육과정 듣기·말하기 영역 수직적 조직 분석」, 『화법연구』 19, 한국화법학회, 389~424쪽.

허선익(2010), 「논설문의 요약글 산출 과정에 관련된 변인 분석」, 경상대 박사논문.

허재영(2001), 「문법화와 띄어쓰기 교육」, 『교육 한글』 14, 한글학회, 5~29쪽.

허재영(2004), 「문법 교육과정 변천」, 『문법교육』 1, 한국문법교육학회, 1~42쪽.

허재영(2006), 「독서 교육 연구사」, 『독서연구』 15, 가톨릭교육문화원, 207~240쪽.

홍기선(1995), 「비언어 커뮤니케이션 분류에 대한 연구」, 『커뮤티케이션 과학』 13(15), 고려대학교 정보문화연구소, 3~23쪽.

황성근(2009), 「말하기 교육에서 글쓰기의 효과와 연계방안」, 『작문연구』 8, 한국작문학회, 111~137쪽.

황재웅(2008), 「쓰기 워크숍에 의한 작문 교육 방안」, 『국어교육』 127, 한국어교육학회, 163~193쪽.

## 3. 번역서

Alberto Manguel, 정명진 뒤침(2000), 『독서의 역사』, 세종서적.
Clark, H., 김지홍 뒤침(1996), 『언어사용 밑바닥에 깔린 원리』, 도서출판 경진.
Grabe and Kaplan, 허선익 뒤침(1996), 『쓰기 이론과 실천 사례』, 박이정.
Herbert H. Clark, 김지홍 뒤침(2009), 『언어사용 밑바닥에 깔린 원리』, 도서출판 경진.
Martin Bygate, 김지홍 뒤침(2002), 『말하기』, 범문사
Willem J. M. Levelt, 김지홍 뒤침(2008), 『말하기: 그 의도에서 조음까지』(1~2권), 나남.
Larry Andrews, 이관규 외 뒤침(2008), 『언어 탐구와 인식』, 박이정.
Wallace, 김병원 외 뒤침(1994), 『담화의 의식과 시간』, 한국문화사.
Michael J. Wallace, 김지홍 뒤침(2009), 『언어교육 현장 조사 연구』, 나라말.
Michael MaCarthy, 김지홍 뒤침(2010), 『입말 그리고 담화 중심의 언어교육』, 도서출판 경진.
Norman Fairclough, 김지홍 뒤침(2011), 『언어와 권력』, 도서출판 경진
van, Djik, 정시호 뒤침(2000), 『텍스트학』, 아르케.

## 4. 원서

ASHE-ERIC (2001), "The Range of Collaborative Writing Opportunities", *Higher Education Report*, 28(6), 23~36.

Beattie, G. (1978), "Floor apportionment and gaze in conversational dyads", *British Journal of Social and Clinical Psychology*, 17, 7~16.

Back Eung-Jin(1987), *The Pause in Middle Korean. Harvard Studies in Korean Linguistics II*, Hanshin Publishing Company.

Beriter and Scardamalin (1987), *The Psychology of Written Composition*, Hillsdle, NJ: L.Erlbaum.

Boomer, D. S. (1965), "Hesitation and grammatical encoding", *Language and Speech*, 8, 148~158.

Brown, A. L. and Day J. D. (1983), "Macrorules for Summarizing Texts: The Development of Expertise", *Journal of Verbal Learning and Behavior*, 22.

Bolitho, R. et al. (2003), "Ten question about language awareness", *ELT Journal*, 57(3), 251~259.

Carter, R. (2003), "Key Concepts in ELT: Language awareness", *ELT Journal*, 57(1), 64~65.

Clark, R. and R. Ivanic (1999), "Raising critical awareness of language: A curriculum aim for the new millennium", *Introduction to Critical Language Awareness: Special Issue of Language Awareness*, 8(2), 63~70.

Csikszentmihalyi, M. (1975), *Beyond Boredom and Anxiety*, San Francisco: Jossey-Bass Publishers.

Dale, Helen (1992), *Collaborative Writing: A singular we*, Ph D. Ma: The University of Wisconsin.

Goldman Eisler, F. (1972), "Pauses, Clauses, Sentences", *Language and Speech*, 15, 103~113.

Good, D. A., and Butterworth, B. (1980), "Hesitancy as a conversational resource: Some methodological implications", In H.W. Dechert & M. Raupach (Eds), *Temporal variables in speech*. The Hague: Mouton.

Hawkins, E. (1984), *Awareness of Language: An Introduction. Cambridge*, Cambridge University Press.

Hawkins, E. (1999), "Foreign Language Study and Language Awareness", *Language Awareness*, 3(4), 124~142.

James, C. and P. Garrett (1992), *Language Awareness in the Classroom*, Harlow: Longman.

Jefferson, G. (1989). "Preliminary notes on a possible metric which provides for a'standard maximum' silence of approximately one second in conversation. Multilingual Matters", *Clevedon*, 166~196.

Kintsch, W. & van Dijk, T. A. (1978), "Toward a Model of Text Comprehension and Production", *Psychological Review*, 85(5), 363~394.

Kintsch & van Dijk, W. (1983), *Strategies of discourse comprehension*, Academic Press.

Kintsch, W. (1993), "Information Accretion and Reduction in Text Processing: Inference", *Discourse Processes*, 16, 193~202.

Kintsch, W. (1998), *Comprehension*, Cambridge Univ. Press.

Colins M. Brown and Peter Hagoort (eds.) (1999), "The Neurocognition of Language", Oxford: Oxford University Press, 83~122.

M. A. Gernsbacher & T. Givon (1995), *Coherence in Spontaneous Text*, John Benjamins.

Shotter, J. (1993), *Conversational Realities: Constructing Life Through Language*, Thousand Oaks, CA: Sage.

Stewart, J., Zedkier, K. E., & Witteborn, S. (2005), *Together: Communicating Interpersonally: A Social Construction Approach*(6th ed), Roxbury Pub Co.

van Dijk, T. A. (1979), "Recalling and summarizing complex discourse", In Burghardt, W. and Holker, K. (eds.), *Text processing*, de Gruyter. Berlin. S. 49-118.

van Dijk (1980), *Macrostructures*, Hillsdale, N.J.: Erlbaum.

van Dijk, T. A. (1977): *Semantic Macro-Structures and Knowledge Frames in Discouse Comprehension: In Marcel Adam Just, Partricia A. Carpenter: Cognitive*

*Processes in Comprehension. Lawrence Erlbaum Associates*, Inc. Publishers. Hillsdale, New Jersey.

Walker, Marilyn A. Joshi, Aravind K. and Prince, Ellen F. (1998), *Centering Theory in Discourse*, Calrendon press.

Weigle, S. C. (2002), *Assessing Writing*, Cambridge Press.

Wright, T. and R. Bolitho (1993), “Language awareness: A missing link in teacher education?”, *ELT Journal*, 47(4), 292~304.

# 찾아보기

지은이 서종훈(徐從熏/Suh, Jong-Hoon)

1973년 경남 진주 출생으로 경상대학교 사범대학 국어교육과 및 같은 학교 대학원을 졸업했다(교육학 박사). 국어 단락에 대한 연구서로 『국어교육과 단락』, 말하기 교육에 대한 번역서로 『모국어 말하기 교육』, 『영어 말하기 교육』을 펴냈으며, 국어교육에 관한 논문을 다수 발표하였다. 경남과학고등학교 등에서 고등학교 교사로 근무했으며, 현재는 대구가톨릭대학교 사범대학 국어교육과에 재직하고 있다.

**국어교과교육론**



**1판 1쇄 인쇄**_2015년 12월 20일
**1판 1쇄 발행**_2015년 12월 30일

**지은이**_서종훈
**펴낸이**_양정섭
**펴낸곳_도서출판 경진**
**등록**_제2010-000004호
**블로그**_http://kyungjinmunhwa.tistory.com
**이메일**_mykorea01@naver.com

**공급처_(주)글로벌콘텐츠출판그룹**
**대표**_홍정표
**편집**_송은주 **디자인**_김미미 **기획·마케팅**_노경민 **경영지원**_안선영
**주소**_서울특별시 강동구 천중로 196 정일빌딩 401호
**전화**_02-488-3280 **팩스**_02-488-3281
**홈페이지**_http://www.gcbook.co.kr

**값** 20,000원
**ISBN** 978-89-5996-495-6 93370


※ 이 도서의 국립중앙도서관 출판예정도서목록(CIP)은 서지정보유통지원시스템 홈페이지(http://seoji.nl.go.kr)와 국가자료공동목록시스템(http://www.nl.go.kr/kolisnet)에서 이용하실 수 있습니다(CIP제어번호: CIP2015033710).